Institut für ausländisches öffentliches Recht
und Völkerrecht

Beiträge
zum
ausländischen öffentlichen Recht und Völkerrecht

Herausgegeben in Gemeinschaft mit
**Friedrich Glum, Ludwig Kaas, Erich Kaufmann,
Rudolf Smend, Heinrich Triepel**
von
Viktor Bruns

Heft 9

Berlin und Leipzig 1928

Walter de Gruyter & Co.

vormals G. J. Göschen'sche Verlagshandlung — J. Guttentag, Verlagsbuchhandlung
Georg Reimer — Karl J. Trübner — Veit & Comp.

Das Recht des Ausnahmezustands im Auslande

(Frankreich, Belgien, Niederlande, Italien, England, Irland)

bearbeitet

im

Institut für ausländisches öffentliches Recht und Völkerrecht

Berlin und Leipzig 1928

Walter de Gruyter & Co.

vormals G. J. Göschen'sche Verlagshandlung — J. Guttentag, Verlagsbuchhandlung
Georg Reimer — Karl J. Trübner — Veit & Comp.

Vorbemerkung.

Der Ausnahmezustand ist — das ist mit seiner Eigenart als Ausnahmerecht gegeben — ein besonders problematischer Gegenstand der Gesetzgebung, der Rechtsanwendung, der Rechtswissenschaft. Der Reichsgesetzgebung ist das immer wieder geforderte, von Art. 48 der Weimarer Verfassung in Aussicht genommene Ausführungsgesetz bisher nicht gelungen. Die Anwendung des Art. 48 selbst (wie die beinahe jedes anderen Ausnahmerechts) hat zu einer kaum übersehbaren Fülle von Streitfragen geführt. Die Wissenschaft endlich hat sich nicht nur mit diesen Fragen des positiven Rechts, seines Inhalts und seiner Fortbildung zu beschäftigen gehabt, sondern darüber hinaus mit letzten Fragen der Staats- und Rechtslehre, die unausweichlich bei tieferem Eindringen in jene Einzelfragen auftauchen.

Diese ganze Problematik ist zu verschiedenen Zeiten von verschiedener Dringlichkeit. Sie drängt sich in Zeiten der Krisis und des Übergangs plötzlich auf und schwindet in anderen wiederum oft zu sehr aus dem Gesichtskreise. Perioden zunehmender politischer Beruhigung und Konsolidierung bieten die Möglichkeit und stellen die Aufgabe, bevor die Lehren der Krisis vergessen sind, diese Lehren zu klären und aus ihnen die theoretischen und gesetzgeberischen Folgerungen zu ziehen.

Eine gewisse Reife des Problems in diesem Sinne ist gegenwärtig innerhalb eines erheblichen Teiles des europäischen Kulturkreises eingetreten. Der damit gestellten Aufgabe soll die vorliegende Veröffentlichung als Vorarbeit dienen. Sie enthält zunächst das Ausnahmezustandsrecht von sechs europäischen Ländern — jedes für sich in seinem geschichtlich begründeten gegenwärtigen Stande, unter Berücksichtigung der Handhabung (zumal im Kriege), der Rechtsprechung und Literatur. Sie zeigt einerseits die strenge Bedingtheit jedes nationalen Rechts durch die nationale Eigenart von Staat und Volk, Geschichte und Rechtssystem. Sie enthält anderseits aber auch für die Problematik jeder anderen Rechtsordnung die vielfache Anregung, die schon von einer solchen einfachen Nebeneinanderstellung unvermeidlich ausgeht.

Der ursprüngliche Plan dieser Arbeit sah eine stärkere Verarbeitung des Gesamtstoffs und damit eine stärker betonte systematische Geschlossenheit des Ganzen vor. Während der Durchführung stellte sich heraus, daß die eigentliche rechtsvergleichende Bearbeitung des Gegenstandes eine bisher fehlende Ermittelung und Zusammenstellung des Rechtsstoffes der einzelnen Länder noch voraussetzte. Diese Sammlung wurde sehr viel weiter angelegt, als der hier vorgelegte Ausschnitt erkennen läßt. Infolge wiederholten Wechsels und vielfacher Inanspruchnahme der Mitarbeiter sind zunächst nur die hier zusammengestellten Beiträge druckreif geworden, die in verschieden enger Fühlung der Bearbeiter miteinander entstanden und für die die Bearbeiter persönlich verantwortlich sind. Gerade in dieser Form dürften sie am geeignetsten sein, der Lösung jener weiteren, rechtsvergleichenden Aufgabe einen Teil des Weges zu bahnen, ohne ihr vorzugreifen.

Smend.

Inhaltsverzeichnis.

Der Ausnahmezustand in Frankreich. *)

Von Fritz Mandry.

Wie in anderen Fragen politischer Organisation hat das französische Recht in der Frage des Ausnahmezustandes der Rechtsentwicklung im kontinentalen Europa als Vorbild gedient. In der Einrichtung des Belagerungszustandes hat es für den Fall, in dem sich die normale staatliche Ordnung zur Abwehr außerordentlicher Gefahren als unzureichend erweist, eine Regelung geschaffen, die sich die Mehrzahl der europäischen Staaten zu eigen gemacht, und die insbesondere in das frühere Recht der deutschen Einzelstaaten und des Deutschen Reichs Eingang gefunden hat.

Geschichtliche Entwicklung.

I. Die Entwicklung, die in Frankreich zur Ausbildung dieser Institution geführt hat, hat sich nur langsam vollzogen. Sie beginnt in den ersten Jahren der großen Revolution nach Einführung rechtsstaatlicher Verfassungsgrundsätze und erreicht ihren Abschluß erst nach den inneren Kämpfen der Restaurationszeit und der Jahre 1848 und 1849. Die Geschichte des französischen Ausnahmezustandsrechts ist nicht nur eine Geschichte des Belagerungszustandes. Der Belagerungszustand war weder die erste noch die einzige Einrichtung, die das französische Recht in den Jahren nach der Revolution zum Zwecke der Ausübung einer verstärkten Staatsgewalt in Fällen besonderer Gefahr geschaffen hat. Der Unstetigkeit der politischen Entwicklung dieser Zeit entspricht vielmehr ein Neben- und Hintereinander verschiedener diesem Zwecke dienender Vorschriften, die ohne einheitliche Idee, ihre Entstehung dem jeweiligen Bedürfnis der Machthaber verdanken [1]).

*) Literatur: Th. Reinach, De l'état de siège 1885. Velut, Le régime de l'état de siège 1910. Carret, l'organisation de l'état de siège politique 1916. Romain, l'état de siège politique 1918. Plait, L'état de siège et la restitution de la liberté individuelle pendant la guerre 1914—1919, 1920. Barrière, Le droit public français dans la première période de la guerre 1922. Joseph Barhélemy, Le droit public en temps de guerre in Revue du Droit public 1915 und 1916. Renouvin, Les formes du gouvernement de guerre (Publication de la Dotation Carnegie pour la paix internationale).

[1]) Von den den Belagerungszustand betreffenden Texten abgesehen, sind zu nennen: Gesetz vom 21. Oktober 1789 „contre les attroupements ou loi martiale"; Gesetz vom 24. messidor VII (12. Juli 1799) „sur la repression du

Die Einrichtung des Belagerungszustandes tritt erst von der Restaurationszeit ab als allgemeine Institution des Ausnahmezustandes in den Vordergrund. Ihre rechtliche Unterlage besteht in einem Gesetz vom 10. Juli 1791 [2]), zwei Gesetzen vom 10. und 19. Fruktidor des Jahres V (1797) [3]) und einem Napoleonischen Dekret vom 24. Dezember 1811 [4]). Von ihnen kommt den Gesetzen aus dem Jahre V besondere Bedeutung zu. Nach dem Dekret vom 10. Juli 1791 ist der Belagerungszustand nur ein kriegsrechtlicher Begriff. Er bedeutet den Zustand tatsächlicher Belagerung, in dem sich militärische Plätze und Posten im Falle eines Angriffs oder einer Einschließung durch einen äußeren Feind befinden. An diesen Zustand sind Wirkungen rechtlicher Art für die Befehlsgewalt des Militärkommandanten geknüpft, die im wesentlichen darin bestehen, daß alle rechtlichen Befugnisse der Zivilbehörden, soweit sie die Aufrechterhaltung der inneren Ordnung und der Polizei betreffen, auf die Militärgewalt übergehen. Indem die Gesetze vom Jahre V die Anwendung dieser nur für den Kriegsfall und nur für befestigte Plätze bestimmten Regelung in anderen Fällen der Störung der öffentlichen Ordnung und an anderen Orten als befestigten Plätzen zulassen und indem sie namentlich der Exekutive das Recht einräumen, den Belagerungszustand ohne Rücksicht auf das Vorliegen eines tatsächlichen Zustandes der Belagerung zu verhängen, wird aus dem Belagerungszustand eine allgemeine politische Institution, deren Anwendung der Staatsgewalt in allen Fällen außerordentlicher Gefahr, mag sie von innen oder von außen kommen, zusteht. Die Schicksale, die dieser „politische Belagerungszustand" in den folgenden Jahrzehnten im einzelnen erfährt, können hier beiseite gelassen werden. Seine Regelung durch die alten Bestimmungen aus der Revolutionszeit und der Zeit Napoleons war Gelegenheitsgesetzgebung und als solche in mehr als einer Hinsicht unzulänglich. In der Restaurationszeit ist die Unklarheit der Rechtslage so groß, daß der Belagerungszustand von der Regierung Karls X. in Verbindung mit dem bekannten Art. 14

brigandage et des assassinats dans l'intérieur"; art. 92 der Verfassung vom 22. frimaire VIII (13. Dezember 1799), der die vorübergehende Suspension der Verfassung für zulässig erklärt.

[2]) Loi concernant la conservation, le classement des places de guerre et postes militaires, la police des fortifications etc.

[3]) Loi du 10 fructidor, qui détermine la manière dont les communes de l'intérieur de la République pourront être mises en état de guerre ou de siège; Loi du 19 fructidor contenant des mesures de salut public prises relativement à la conspiration royale art. 39.

[4]) Décret impérial relatif à l'organisation et au service des états-majors des places.

der Charte von 1814 als Mittel zu schrankenlosem Vorgehen benützt werden kann. Der Versuch einer Neuordnung im Jahre 1832 scheitert, und es bedarf der Ereignisse des Jahres 1848, damit der Belagerungszustand endlich in dem Gesetz vom 9. August 1849 eine eingehende Regelung erfährt [5]).

Geltendes Recht, Verfassung.

Das Gesetz vom 9. August 1849 ist auf Grund der Verfassung von 1848 ergangen. In der Verfassung von 1848 heißt es ausdrücklich in Artikel 106: „Ein Gesetz wird die Fälle bestimmen, in denen der Belagerungszustand erklärt werden kann, und die Form und die Wirkung dieser Maßnahmen regeln.“ In den heutigen Verfassungsgesetzen von 1875 ist vom Belagerungszustand nicht mehr die Rede. Das bedeutet nicht, daß er von ihnen abgelehnt wäre, ist vielmehr nur eine Folge der bekannten Umstände, unter denen sie zustande gekommen sind [6]), und die dazu geführt haben, daß nur die grundlegendsten Bestimmungen über die Organisation der Staatsgewalt in ihnen Platz gefunden haben. Daß die Einrichtung des Belagerungszustandes mit dem ihr durch das Gesetz von 1849 gegebenen Inhalt neben ihnen weiter bestehen blieb, ist nie ernsthaft bezweifelt worden. Es erwies sich nur als notwendig, die mit der neuen Ordnung der Gewalten nicht mehr in Einklang befindlichen Bestimmungen des Gesetzes von 1849 den neuen Verfassungsverhältnissen anzupassen. Das ist durch das Gesetz vom 3. April 1878 über den Belagerungszustand geschehen.

Gesetze über den Belagerungszustand.

Das Gesetz vom 9. August 1849 und das Gesetz vom 3. April 1878 stellen heute noch das französische Recht des Ausnahmezustandes dar. Eine grundlegende Änderung haben sie bisher nicht erfahren. Auf eine während des Krieges vorgenommene Modifikation einer Bestimmung wird im Laufe der Darstellung eingegangen.

[5]) Neben der Regelung der allgemeinen Einrichtung des Belagerungszustandes enthält dieses Gesetz Spezialbestimmungen über die Erklärung des Belagerungszustandes in Festungen und militärischen Plätzen. In ihnen hat sich der Begriff des Belagerungszustandes in seinem ursprünglichen Sinn erhalten. Man pflegt diesen militärischen oder effektiven Belagerungszustand dem politischen oder fiktiven Belagerungszustand gegenüberzustellen. In dieser Darstellung wird nur vom politischen Belagerungszustand die Rede sein.

[6]) Die Verfassungsgesetze von 1875 verdanken ihre Annahme nur dem Umstand, daß von der monarchistischen Mehrheit der Nationalversammlung in der Königsfrage keine annehmbare Lösung gefunden werden konnte. Sie waren Gegenstand eines Kompromisses zwischen einem Teil der Monarchisten und einem Teil der Republikaner, bei dem es beiden Seiten darauf ankam, sich für die Zukunft so wenig als möglich zu binden.

Die Eigenart der Einrichtung des Belagerungszustandes.

II. Die Einrichtung des Belagerungszustandes stellt eine ausdrückliche gesetzliche Regelung der der Staatsgewalt in Fällen außerordentlicher Gefahr zustehenden Ausnahmebefugnisse dar. Zwei Grundzüge sind für diese Regelung charakteristisch. Erstens: Der Staatsgewalt wird zur Bekämpfung außerordentlicher Gefahren keine unbeschränkte Handlungsvollmacht erteilt, vielmehr werden ihr nur bestimmte Ausnahmebefugnisse zuerkannt, die im einzelnen mehr oder weniger eingehend geregelt sind. Und zweitens: Der Staatsgewalt steht das Recht zur Anwendung außerordentlicher Maßnahmen nicht zu jeder Zeit zu, vielmehr darf und kann sie solche Maßnahmen nur zur Anwendung bringen, wenn und solange der Belagerungszustand besteht. Die nur unter bestimmten Voraussetzungen und nur in bestimmten Formen zulässige Erklärung des Belagerungszustandes ist die unerläßliche Voraussetzung jeder außerordentlichen Maßnahme.

Die Eigenart des französischen Rechts insbesondere.

Was die Ausgestaltung des französischen Belagerungszustandsrechts im einzelnen anbelangt, so ist sie stark beeinflußt von dem Mißtrauen, das sich in Frankreich eine Einrichtung zugezogen hatte, die sich in mehr als einem Fall gegen das bestehende Verfassungssystem gewandt hatte. Insbesondere das Gesetz von 1878 ist unter dem unmittelbaren Eindruck des sogenannten „Staatsstreichs vom 16. Mai“ [7]) und der ihm folgenden Ereignisse ergangen und hat dadurch sein Gepräge erhalten [8]). Für das französische Recht des Belagerungszustandes ist daher ein Doppeltes bezeichnend: es überträgt das entscheidende Wort bei der Verhängung des Belagerungszustandes nicht der Regierung, sondern dem Parlament als dem obersten,

---

[7]) Als „Staatsstreich vom 16. Mai“ (1877) wird der Versuch des damaligen Präsidenten Mac Mahon bezeichnet, die Regierung entgegen den Mehrheitsverhältnissen in der Kammer und im Lande in monarchistische Hände zu bringen. Er begann am 16. Mai mit der plötzlichen Entlassung des republikanischen Kabinetts Jules Simon und der Berufung des monarchistischen Kabinetts de Broglie und führte am 25. Juni zur Auflösung der Abgeordnetenkammer. Als die Neuwahlen nicht das gewünschte Ergebnis hatten, wurde dem Präsidenten von extremer Seite geraten, die Kammer ein zweites Mal aufzulösen und die Neuwahlen unter der Herrschaft des Belagerungszustandes stattfinden zu lassen. Bis dahin ist es allerdings nicht gekommen.

[8]) Namentlich die Bestimmung, die eine Verhängung des Belagerungszustandes während der Zeit der Auflösung der Abgeordnetenkammer verbietet, ist eine unmittelbare Folge dieser Ereignisse.

das Volk repräsentierenden Organ und es begnügt sich, was die Wirkungen des Belagerungszustandes anbelangt, von der Zubilligung einiger weniger, inhaltlich beschränkter Ausnahmerechte abgesehen, damit, die Militärbehörden für die Aufgaben der Polizei und der Gerichtsbarkeit in die Rechte und Pflichten der Zivilbehörden eintreten zu lassen. In der französischen Literatur wird festgestellt, daß der Belagerungszustand trotz der mit ihm verbundenen außerordentlichen Wirkungen „nicht aufhöre, ein „régime de légalité“ zu sein [9]). Wie wir sehen werden, ist dies richtig, nicht nur weil der Belagerungszustand eine durch Gesetz geordnete Einrichtung darstellt, sondern weil er die den Postulaten des Rechtsstaats entsprechenden Verfassungsgrundsätze nicht außer Kraft setzt.

Regierungspraxis während des Weltkriegs.

Wenn sich die Regierung und die Militärbehörden trotzdem während des Weltkriegs, insbesondere in seinem ersten Teil, mit zahlreichen Maßnahmen über diese Grundsätze hinweggesetzt haben, so konnten sie sich dafür rechtmäßigerweise nicht auf die ihnen durch den Belagerungszustand eingeräumte Stellung berufen. Wenn es sich überhaupt um eine Rechtfertigung dieser Maßnahmen vor dem geschriebenen Recht handeln konnte, so konnte sie nur in anderen, außerhalb des Belagerungszustandsrechts liegenden Rechtssätzen gefunden werden, die in der Rechtsprechung des Staatsrats, des obersten Verwaltungsgerichts, während des Kriegs eine neue, der Regierung entgegenkommende Auslegung erfahren haben [10]). In vielen Fällen handelte es sich aber um nichts anderes als um ein Handeln außerhalb des geschriebenen Rechts, für das die Regierung unter dem Druck der außerordentlichen Lage und getragen von der allgemeinen Zustimmung des Landes die Verantwortung zu übernehmen bereit war. Es wird sich im Laufe der Darstellung noch des öfteren Gelegenheit geben, auf das Vorgehen der Regierung und der Militärbehörden während des Krieges einzugehen. Hier sei nur festgestellt, daß aus ihm nicht der Schluß gezogen werden darf, daß der Belagerungszustand entgegen der oben aufgestellten Behauptung die rechtsstaatlichen Verfassungsgrundsätze außer Kraft setzt. Dies ist

---

[9]) Esmein-Nézard, Eléments de droit constitutionnel, 7. Aufl., 1921, Bd. I, S. 25, Anm. 57; vgl. ferner Romain a. a. O. S. 23; Barthélemy a. a. O. S. 151.

[10]) Man spricht in der französischen Rechtswissenschaft von einer „théorie des pouvoirs de guerre“, die der Staatsrat mit seiner Rechtsprechung über die Maßnahmen der Regierung und der Militärbehörden während des Krieges geschaffen habe. Über sie unten S. 27.

auch die Auffassung Barthélemys, der in seinen eingehenden Darlegungen über „das öffentliche Recht in Kriegszeiten" immer wieder darauf hinweist, daß das Vorgehen der Regierung, so gerechtfertigt es vom Standpunkt des allgemeinen Interesses war, keine Unterlage in der Gesetzgebung über den Belagerungszustand oder überhaupt im geschriebenen Recht finden konnte [11]).

Erfahrungen des Weltkrieges.

Gerade die Erfahrungen des Weltkriegs haben in Frankreich erneut die Frage aufgeworfen, ob die Einrichtung des Belagerungszustands in ihrer bisherigen Form den an sie zu stellenden Anforderungen genügt und ob nicht der Gesetzgeber in dem Bestreben, den Mißbrauch einer Einrichtung zu verhüten, die dem Zweck dienen soll, außergewöhnlicher Umstände mit den Mitteln des Rechts Herr zu werden, zu weit gegangen ist und damit gerade den von ihm selbst erstrebten Zweck verfehlt hat. Neben der resignierten Äußerung Barthélemys, daß sich gezeigt habe, „wie sehr der Versuch des Gesetzgebers, die Rechte der Exekutive in Krisenzeiten zu regeln und abzugrenzen, praktisch vergeblich" sei, findet sich manche andere Stimme, die einer Revision und Ergänzung des bisherigen Rechts des Belagerungszustandes das Wort redet. Im Laufe der Darstellung wird bei den einzelnen Fragen ein Hinweis erfolgen, ob und in welcher Richtung solche Reformwünsche bestehen.

Das zur Erklärung des Belagerungszustandes zuständige Organ.

III. Die Erklärung des Belagerungszustandes ist in Frankreich grundsätzlich Sache der gesetzgebenden Gewalt. Das Gesetz von 1849 hat diesen Grundsatz in Widerspruch mit der bisherigen Tradition, aber dem der Verfassung von 1848 zugrundeliegenden Prinzip der Volkssouveränität entsprechend aufgestellt. Er sollte die hauptsächlichste Garantie gegen einen Mißbrauch des Belagerungszustandes bilden. Nachdem unter dem zweiten Kaiserreich das Recht, den Belagerungszustand zu verhängen, wieder der Exekutive zuerkannt war [12]), kam das Gesetz von 1878 wieder auf den Grundsatz des Gesetzes von 1849 zurück.

Zuständigkeit der gesetzgebenden Gewalt.

Art. 1 § 2 lautet: „Nur ein Gesetz kann den Belagerungszustand erklären." In dem Bericht, den der Abgeordnete Franck-Chauveau

[11]) A. a. O. S. 154 ff. und bes. S. 545 ff.

[12]) Verfassung vom 14. Januar 1852, Art. 12.

als Kommissionsberichterstatter in der Abgeordnetenkammer zu diesem Gesetz erstattet hat [13]), heißt es dazu: „Die Kommission war in Übereinstimmung mit allen liberalen Verfassungen, die in Frankreich seit der Revolution existiert haben, der Ansicht, daß das Recht, die Herrschaft der Gesetze zu suspendieren, nur der Gewalt angehören kann, die sie erläßt und daß eine so exorbitante Befugnis, wie die der Verhängung des Belagerungszustandes das Attribut der Souveränität bleiben muß."

Ausnahmsweise Zuständigkeit des Präsidenten der Republik.

Die Frage, ob das Parlament nach seiner Struktur und nach seiner Arbeitsweise das für die Verhängung des Belagerungszustandes geeignete Organ sei, hat weder bei den Beratungen von 1849 noch bei denen von 1878 eine Erörterung gefunden. Man begnügte sich damit, für die Fälle, in denen das Parlament nicht versammelt ist, Vorsorge zu treffen und tat dies in der Weise, daß man für sie dem Präsidenten der Republik ein Recht zur provisorischen Erklärung des Belagerungszustandes gab. Nach der Verfassung von 1875 kann es auf drei verschiedenen Gründen beruhen, daß das Parlament nicht versammelt ist: es kann seine Tagung geschlossen sein [14]), es kann nur eine einfache Vertagung erfolgt sein [14]), und es kann endlich die Abgeordnetenkammer aufgelöst sein [15]). Während die beiden ersten Fälle dieselbe Behandlung erfahren, nimmt der Fall der Auflösung der Abgeordnetenkammer eine Sonderstellung ein.

Erklärung des Belagerungszustandes während der Tagung des Parlaments.

1. Ist das aus Senat und Abgeordnetenkammer bestehende Parlament versammelt, so kann eine Erklärung des Belagerungszustandes immer nur durch Gesetz erfolgen, und zwar nicht nur bei einer Verhängung des Belagerungszustandes über das ganze Land, sondern auch, wenn der Belagerungszustand nur über einen Teil des Landes verhängt wird. Eine Besonderheit gilt für dieses Gesetz nicht. Es bedarf eines übereinstimmenden Beschlusses von Senat und Abgeordnetenkammer, und dieser Beschluß muß vom Präsidenten der Republik in der für Gesetze allgemein vorgeschriebenen Weise promulgiert und verkündet werden. Insbesondere kann die Initiative zu diesem Beschluß nicht nur von der Regierung, sondern wie bei allen Gesetzen auch vom Parlament ausgehen. Ist das letztere der Fall, so ist der

---

[13]) Revue générale d'administration 1878, Bd. 1, S. 603 ff.
[14]) Verfassungsgesetz vom 16. Juli 1875, Art. 2.
[15]) Verfassungsgesetz vom 25. Februar 1875, Art. 5.

Präsident zur Promulgation und Verkündung des Belagerungszustandes nicht weniger verpflichtet als sonst bei Gesetzen. Er kann nur von dem ihm allgemein durch die Verfassung eingeräumten Recht innerhalb einer bestimmten Frist eine zweite Beratung der Gesetze zu verlangen [16]), Gebrauch machen. Führt diese wieder zu demselben Ergebnis wie die erste Beratung, wird also der Beschluß auf Erklärung des Belagerungszustandes aufrecht erhalten, so sind seine Einflußmöglichkeiten erschöpft und er muß unbedingt zur Verkündung des Belagerungszustandes schreiten. Eine andere Frage ist dann allerdings, inwieweit in einem solchen Falle die vom Parlament mit der Verhängung des Belagerungszustandes beabsichtigten Wirkungen tatsächlich erzielt werden. Die Regierung, der die Vollziehung des Belagerungszustandes obliegt, kann hier ihren Widerstand um so stärker geltend machen, als ihr der Belagerungszustand, wie wir unten sehen werden, keine automatischen Folgen aufzwingt, sie vielmehr in der Anwendung der außerordentlichen Befugnisse frei läßt.

Erklärung des Belagerungszustandes bei Vertagung des Parlaments.

2. Sind die Kammern nicht versammelt, sei es weil die Session geschlossen, sei es weil eine bloße Vertagung erfolgt ist, so kann der Präsident der Republik durch Dekret den Belagerungszustand erklären. Die Erklärung bedarf der Zustimmung des Ministerrats und unterliegt der sofortigen Entscheidung des Parlaments, das zwei Tage nach ihrem Erlaß ohne weitere Einberufung von Rechts wegen zusammentritt.

Fällt die Entscheidung der Kammern über den vom Präsidenten erklärten Belagerungszustand zustimmend aus, so bleibt dieser fortbestehen. Fällt sie negativ aus — und diese Bedeutung hat es auch, wenn Abgeordnetenkammer und Senat zu keinem einheitlichen Beschluß kommen — so tritt der Belagerungszustand nur mit Wirkung ex nunc, d. h. mit Wirkung vom Zeitpunkt des Inkrafttretens des Aufhebungsbeschlusses der Kammern außer Kraft [17]). Das bedeutet,

---

[16]) Verfassungsgesetz vom 16. Juli 1875, Art. 7.

[17]) Man schließt dies daraus, daß das Gesetz sagt, daß die Kammern über die „Aufhebung" des Belagerungszustandes beschließen (Art. 5). Der vom Präsidenten verhängte Belagerungszustand ist also vorbehaltlos in Kraft getreten und in seiner Wirkung nicht von der nachträglichen Zustimmung der Kammern abhängig gewesen. Romain a. a. O., S. 183; Reinach a. a. O., S. 138. Von diesen Schriftstellern wird unterschieden, ob die Kammern den Belagerungszustand „aufheben", weil die Verhängung durch den Präsidenten rechtswidrig war oder weil sie ihnen nur inopportun erschien. Nur im zweiten Falle sollen die Wirkungen des Belagerungszustandes eingetreten sein, im ersten Falle dagegen nicht, weil die Verfügung des Präsidenten rechtswidrig

daß die von ihm hervorgerufenen Wirkungen nicht rückwirkend vernichtet werden, sondern daß sie für die Zeit des Bestehens des Belagerungszustandes ihre Gültigkeit behalten und erst mit seiner Aufhebung aufhören, zulässig zu sein. Etwaige auf Grund des Belagerungszustandes getroffene Maßnahmen, wie die Beschlagnahme von Waffen, das Verbot von Zeitungen, sind daher nicht als von Haus aus nichtig anzusehen, vielmehr werden sie erst mit dem Zeitpunkt der Aufhebung des Belagerungszustandes unrechtmäßig. Kriegsgerichtliche Urteile behalten selbst über diesen Zeitpunkt hinaus ihre Geltung ebenso wie kriegsgerichtliche Verfahren nach ausdrücklicher Vorschrift ihren Fortgang nehmen. Sollen auch diese Wirkungen beseitigt werden, oder soll es überhaupt so angesehen werden, als ob der Belagerungszustand nie bestanden hätte, so bedarf es eines besonderen Beschlusses des Parlaments in dieser Richtung. Der bloße Aufhebungsbeschluß hat diese Wirkung nicht.

Erklärung des Belagerungszustandes bei Auflösung der Abgeordnetenkammer.

3. Ist die Abgeordnetenkammer aufgelöst [18]), so kann, wie das Gesetz zunächst allgemein ausspricht (Gesetz von 1878 Art. 3 Abs. 1), „eine Erklärung des Belagerungszustandes durch den Präsidenten der Republik auch nicht provisorisch erfolgen". Diese Bestimmung verdankt ihre Entstehung unmittelbar den Ereignissen, die den Anstoß zu dem Gesetz von 1878 gegeben haben, und auf die schon oben kurz hingewiesen worden ist [19]). Die Gefahr, die im Anschlusse an den „Staatsstreich vom 16. Mai" bestanden hatte, daß sich die Regierung dazu verleiten ließ, während der Zeit der Auflösung der Abgeordnetenkammer den Belagerungszustand als Mittel zur Beeinflussung der Neuwahlen zu verhängen, sollte durch sie für immer gebannt werden.

Die Bedenken, die ein vollkommenes Verbot des Belagerungszustandes während einer bestimmten Zeit hätte hervorrufen müssen,

---

gewesen sei. Diese Unterscheidung ist theoretisch richtig, sie ist aber praktisch nur dann von Bedeutung, wenn sich die Kammern in ihrem Aufhebungsbeschluß in einer die Gerichte bindenden Form über die Gründe der Aufhebung aussprechen. Den Gerichten selbst steht, wie unten des näheren darzulegen, eine Nachprüfung der Erklärung des Präsidenten nicht zu.

[18]) Nach Art. 5 des Verfassungsgesetzes vom 25. Februar 1875 hat der Präsident der Republik an sich das Recht, die Abgeordnetenkammer mit Zustimmung des Senats aufzulösen. Dieses Recht hat aber längst aufgehört, ein Faktor im französischen Staatsleben zu sein. Seine erste und letztmalige Anwendung ist im Jahre 1877 erfolgt.

[19]) S. 12, Anm. 7.

haben aber doch zu einer Ausnahme von der allgemeinen Regel geführt: Im Falle eines Krieges [20]) kann der Präsident der Republik, auch wenn die Abgeordnetenkammer aufgelöst ist, den Belagerungszustand in den vom Feind bedrohten Gebieten erklären. Er ist aber verpflichtet, innerhalb kürzest möglicher Frist die Wahlkollegien einzuberufen und die Kammern zu versammeln. Dagegen bleibt bei außerordentlichen Störungen der öffentlichen Sicherheit und Ordnung, die von innen kommen, mögen sie noch so sehr die Grundfesten des Staates angreifen, der Belagerungszustand grundsätzlich unzulässig. Seine Verhängung kann erst erfolgen, wenn die Wahloperationen abgeschlossen sind, worüber eine Zeit von bis zu 40 Tagen verstreichen kann.

Ist im Falle eines Krieges eine Erklärung des Belagerungszustandes durch den Präsidenten erfolgt, so entscheiden die Kammern über seine Aufrechterhaltung, sobald sie nach den Neuwahlen wieder zusammentreten. Wie schon gesagt, ist der Präsident verpflichtet, für den baldigen Zusammentritt der Kammern zu sorgen. Selbst für den Fall, daß er allen seinen Pflichten genügt, kann darüber aber, wenn die Verhängung des Belagerungszustandes unmittelbar nach Auflösung der Abgeordnetenkammer erfolgt ist, eine Frist von 40 Tagen vergehen, innerhalb der der Belagerungszustand nur auf Grund der Verfügung des Präsidenten fortbesteht.

Für die Entscheidung des Parlaments gilt dasselbe wie in dem Fall, in dem das nicht aufgelöste Parlament nicht versammelt ist. Sprechen sich die Kammern gegen den Belagerungszustand aus, so tritt er nur mit Wirkung ex nunc außer Kraft und es bedürfte eines besonderen Beschlusses, wenn es so angesehen werden sollte, als ob der Belagerungszustand nie bestanden hätte.

Voraussetzungen der Erklärung des Belagerungszustandes.

IV. Das Gesetz von 1878 läßt die Verhängung des Belagerungszustandes nur „bei drohender Gefahr im Falle eines Krieges oder eines bewaffneten Aufstandes" zu (Art. 1 Abs. 1). Das Gesetz von 1849 kannte eine weitere Fassung. Nach ihm konnte der Belagerungszustand „bei drohender Gefahr für die innere oder äußere Sicherheit" erklärt werden. Der Änderung durch das Gesetz von 1878 lag die Absicht zugrunde, die Anwendung des Belagerungszustandes auf die wirklichen Fälle äußerster Gefahr zu beschränken. Die Ausdrücke des Gesetzes von 1849 erschienen dem Gesetzgeber von 1878 dafür

---

[20]) Unter Krieg ist hier nie Bürgerkrieg verstanden. Das Gesetz spricht ausdrücklich von „guerre étrangère".

zu unbestimmt. Zwar hat es nicht an Stimmen gefehlt, die sich für eine Beibehaltung der alten Fassung ausgesprochen haben, aber schließlich behielten diejenigen die Oberhand, die der Ansicht waren, daß „in einem Lande, wo die öffentliche Gewalt so stark organisiert sei wie in Frankreich, nur ein Krieg oder ein bewaffneter Aufstand eine Gefahr für die Sicherheit des Landes bilden könne“ [21]).

Wie aus dem schon erwähnten Bericht, den der Abgeordnete Franck-Chauveau in der Abgeordnetenkammer erstattet hat, hervorgeht [22]), bestand die Absicht, durch die im Gesetz aufgestellten Voraussetzungen des Belagerungszustandes auch das Parlament in seiner Eigenschaft als den Belagerungszustand verfügendes Organ zu binden. Diese Absicht ist nicht erreicht worden. Das Gesetz von von 1878 entbehrt der verfassungsmäßigen Kraft. Als gewöhnliches Gesetz unterliegt es der freien Verfügung des Gesetzgebers und kann von ihm auch eine Abänderung für einen einzelnen Fall erfahren. Als eine solche wäre es anzusehen, wenn das Parlament den Belagerungszustand in einem Falle verhängt, in dem die im Gesetz aufgestellten Voraussetzungen nicht vorliegen. Der Fall ist bisher in Frankreich nicht praktisch geworden. Soweit die Rechtswissenschaft zu ihm Stellung nimmt, ist sie aber der Ansicht, daß eine Bindung des Parlaments an die gesetzlichen Voraussetzungen des Belagerungszustandes nicht besteht [23]).

Dagegen behalten diese Voraussetzungen ihre volle Bedeutung, wenn eine Erklärung des Belagerungszustandes durch den Präsidenten der Republik erfolgt. Erklärt er den Belagerungszustand, ohne daß die gesetzlichen Voraussetzungen vorliegen, so handelt er rechtswidrig. Zur Nachprüfung ist in der oben dargestellten Weise das Parlament berufen, dagegen sind die Gerichte zu einer Nachprüfung nicht berechtigt (unten S. 38).

Form der Erklärung des Belagerungszustandes.

V. Eine besondere Form der Erklärung des Belagerungszustandes kennt das französische Recht nicht. Die Erklärung des Belagerungszustandes erfolgt je nach ihrem Urheber durch Gesetz oder durch Dekret. Die für diese Akte vorgeschriebenen Förmlichkeiten müssen

---

[21]) Abg. Franck-Chauveau in seinem Bericht an die Kammer a. a. O. S. 606.

[22]) Es heißt dort (a. a. O. S. 606): „nous avons pensé .... qu'il fallait protéger le droit commun contre les entraînements ou les erreurs même du pouvoir législatif.“

[23]) Reinach a. a. O. S. 127; Romain a. a. O. S. 170; Barthélemy a. a. O. S. 144.

erfüllt sein, damit der Belagerungszustand in Kraft tritt, und es genügt, wenn sie erfüllt sind. Ein weiteres wird nicht verlangt. Der Gedanke, die mit dem Ausnahmezustand eintretende Änderung des Rechtszustandes den Staatsbürgern augenfällig anzukündigen, hat nur in den Anfängen der französischen Rechtsentwicklung eine Rolle gespielt[24]), er hat sich später wieder vollkommen verloren. Kann sich demnach die Staatsgewalt auf eine bloße Verkündung des Belagerungszustandes im offiziellen Gesetzblatt beschränken, so schließt dies nichts aus, daß sie im einzelnen Falle von sich aus noch besondere Maßnahmen (Anschlag usw.) ergreift, um den Staatsbürger auf die neue Lage aufmerksam zu machen. Eine besondere Ankündigung kennt das französische Recht dagegen noch, wenn mit Gewalt gegen Ansammlungen eingeschritten werden soll[25]). Es ist im einzelnen des Näheren bestimmt, in welcher Form Ansammlungen, die sich auf der Straße gebildet haben, aufzufordern sind, sich zu zerstreuen, bevor mit Gewalt vorgegangen werden darf. Die Aufforderung hat von einem mit einer Schärpe in den Farben der Republik bekleideten Gemeindebeamten oder sonstigen Beamten auszugehen, sie ist je nachdem zu wiederholen und durch Trommelschlag besonders zu unterstreichen.

Räumliche Ausdehnung des
Belagerungszustandes.

VI. Der Belagerungszustand war in Frankreich von jeher eine Maßnahme, von der nur gegenüber einzelnen Gebietsteilen Gebrauch gemacht worden ist. Dementsprechend bestimmt Art. 1 § 2 des Gesetzes von 1878, daß das Gesetz, das den Belagerungszustand verhängt, die Gemeinden, Arrondissements und Departements, auf die er sich erstreckt, zu bezeichnen habe.

Man hat aus dieser Bestimmung ein Verbot, den Belagerungszustand über das ganze Land zu erstrecken, herauslesen wollen[26]), allerdings zu Unrecht. Es mag richtig sein, daß dem Gesetzgeber von 1878 der Gedanke an eine solche Ausdehnung des Belagerungszustandes fern gelegen hat. Entscheidend ist, daß die sprachliche Auslegung der Bestimmung in keiner Weise dazu zwingt, sie für verboten zu halten, und daß ein etwa entgegengesetzter Wille des Gesetzgebers um so mehr außer Betracht bleiben kann, als sich die sozialen Verhältnisse im weitesten Sinne des Wortes seit seiner Zeit

---

[24]) Nach der loi martiale vom 21. Oktober 1789 hatte, solange das Ausnahmerecht galt, am Rathaus eine rote Fahne zu hängen.

[25]) Gesetz vom 7. Juni 1848 „sur les attroupements".

[26]) Barthélemy a. a. O., S. 146.

grundlegend geändert haben. Die Regierung hat daher auch zu Anfang des Weltkrieges keinen Anstoß daran genommen, den Belagerungszustand über ganz Frankreich zu verhängen. Um dem Buchstaben des Gesetzes zu genügen, hat sie allerdings ausdrücklich verfügt, daß, wie es in dem Dekret vom 2. August 1914 heißt, „die 86 französischen Departements, das Gebiet von Belfort sowie die 3 Departements von Algier" im Belagerungszustand seien [26a]).

Zeitliche Dauer des Belagerungszustandes

VII. Das Gesetz von 1849 enthielt über die zeitliche Dauer des Belagerungszustandes keine besondere Bestimmung. Nach ihm bestand der Belagerungszustand fort, bis er durch einen Beschluß des Parlaments oder im Falle der Vertagung des Parlaments durch einen Beschluß des Präsidenten der Republik wieder außer Kraft gesetzt wurde. Dies konnte zur Folge haben, daß der Belagerungszustand länger als nötig aufrechterhalten blieb, wenn sich das Parlament seine Aufhebung nicht genügend angelegen sein ließ. So hat der Belagerungszustand in einigen der im Jahre 1871 in Belagerungszustand versetzten Departements ununterbrochen bis 1786 fortbestanden.

Demgegenüber sieht jetzt das Gesetz von 1878 ein selbsttätiges Außerkrafttreten des Belagerungszustandes vor, indem es bestimmt, daß bei der Erklärung des Belagerungszustandes seine Zeitdauer festzusetzen sei. Ist die in der Erklärung festgesetzte Zeit abgelaufen, so tritt der Belagerungszustand von selbst außer Kraft, es sei denn, daß er durch eine neue Erklärung aufrechterhalten wird (art. 1 § 2).

Die Bestimmung des Gesetzes ist dahin zu verstehen, daß die Festsetzung der Zeitdauer des Belagerungszustandes in den üblichen Zeiteinheiten zu erfolgen hat, d. h. also z. B. in Monaten oder Wochen. Nicht genügen soll die bloße Bezeichnung des Anlasses, während dessen Andauerns der Belagerungszustand fortbestehen soll.

Der Zweck der Vorschrift wird nur erreicht, wenn sich die Kammern bei der Verhängung des Belagerungszustandes aus freier Entschließung an sie halten. Da die Gesetze über den Belagerungszustand, wie schon erwähnt, keine verfassungsmäßige Kraft haben, besteht für sie eine Bindung auch in dieser Richtung nicht. Bei der Verhängung des Belagerungszustandes, die zu Anfang des Krieges erfolgt ist, fand die Vorschrift keine Berücksichtigung. Der Belagerungszustand wurde für „die ganze Dauer des Krieges" erklärt, dem Präsidenten der Republik allerdings das Recht vorbehalten, ihn vorher aufzuheben [26b]).

[26a]) Bullitin des lois 1914 Partie princ. S. 2248.

[26b]) Gesetz vom 5. Aug. 1914 Bull. des lois 1914, Partie princ. S. 2228.

Die Wirkungen des Belagerungszustandes im allgemeinen.

VIII. Das französische Belagerungszustandsrecht ist ganz auf den Gedanken eingestellt, daß es sich nur darum handle, der Staatsgewalt in gewissen Fällen ein entschiedeneres und schlagfertigeres Auftreten zu ermöglichen, als es ihr der Apparat der zivilen Bürokratie für gewöhnlich gestattet. Es begnügt sich deshalb damit, unter Verzicht auf die Einräumung weitgehender Ausnahmebefugnisse den für die Aufrechterhaltung der öffentlichen Sicherheit und Ordnung wesentlichsten Teil der Staatsgewalt von der Zivilbehörde auf die Militärbehörde übergehen zu lassen.

Abänderung des Belagerungszustandsrechts.

Es ist allerdings zu berücksichtigen, daß sich der abweichenden Ausgestaltung des Belagerungszustandes im einzelnen Fall, insbesondere einer Verschärfung seiner Wirkungen besondere Schwierigkeiten nicht in den Weg stellen. Wie schon mehrfach erwähnt, entbehren die Gesetze über den Belagerungszustand der verfassungsrechtlichen Kraft. Es kommt dazu, daß auch eine Garantie der Grundrechte, wie sie die Weimarer Verfassung kennt und wie sie frühere französische Verfassungen gekannt haben, in der heutigen französischen Verfassung fehlt [27]). Das Parlament, das an sich schon in jedem einzelnen Falle mit der Verhängung des Belagerungszustandes befaßt wird, ist daher in der Lage, wenn es ihm angebracht erscheint, durch einfaches Gesetz dem Belagerungszustand einen wesentlich anderen Inhalt zu geben, als er ihn nach den Gesetzen über den Belagerungszustand hat.

Nach dem Gesetz von 1849 (Art. 7—9), das insoweit allein maßgebend geblieben ist, hat die Erklärung des Belagerungszustandes folgende Wirkungen: Erstens, sie läßt die Polizeigewalt von der Zivilbehörde auf die Militärbehörde übergehen; zweitens, sie macht die Militärgerichte in einem des näheren bestimmten Umfang für die Aburteilung von Zivilpersonen zuständig, und drittens, sie verschafft der Militärbehörde das Recht, in beschränktem Umfang des näheren bestimmte Eingriffe in gewisse Grundrechte vorzunehmen, die sonst nicht zulässig sind.

---

[27]) Nach einer viel vertretenen Ansicht soll allerdings die „Erklärung der Menschenrechte" von 1789 noch mit verfassungsrechtlicher Kraft in Geltung sein. Vgl. einerseits Duguit, Traité de droit constitutionnel, 2. Aufl., Bd. 3, S. 562 ff., andererseits Carré de Malberg, Contribution à la théorie générale de l'Etat, Bd. 2, S. 578 ff.

Über diese drei Wirkungen hinaus sehen die Gesetze über den Belagerungszustand eine Außerkraftsetzung des gewöhnlich geltenden Rechts nicht vor. Es bleibt insbesondere das Verhältnis von gesetzgebender und vollziehender Gewalt und das Verhältnis von Regierung und Militärbehörde vom Belagerungszustand unberührt.

Die parlamentarische Kontrolle während des Belagerungszustandes.

1. Daß das Verhältnis von gesetzgebender und vollziehender Gewalt durch den Belagerungszustand nicht berührt wird, gilt zunächst für die Kontrolle der Regierung durch das Parlament. Wie in normalen Zeiten bleibt die Regierung im Belagerungszustand fortlaufend dieser Kontrolle unterworfen. Sie ist für die Maßnahmen die sie in Vollziehung des Belagerungszustandes vornimmt, dem Parlament nicht weniger verantwortlich als für andere Akte, und zwar kann sie von ihm jederzeit zur Rechenschaft gezogen werden; es muß nicht erst die Aufhebung des Belagerungszustandes eingetreten sein. Andererseits stehen dem Parlament nur die gewöhnlichen Mittel parlamentarischer Einflußnahme zur Verfügung. Ein besonderes Recht, die Aufhebung ihm nicht genehmer Maßnahmen zu verlangen, hat es nicht.

Von besonderer Bedeutung ist in diesem Zusammenhang die Frage, ob der Präsident der Republik von dem ihm nach der Verfassung zustehenden Recht, die Tagungen des Parlaments zu schließen [28]), auch unter der Herrschaft des Belagerungszustands Gebrauch machen darf. In der französischen Rechtswissenschaft wird die Ansicht vertreten, daß die Kammern im Belagerungszustand ständig versammelt sein müßten und daß sie darauf schon nach geltendem Recht einen Anspruch hätten, der sich aus den besonderen Bestimmungen des Gesetzes von 1878 ergebe, die dafür Sorge tragen, daß das Parlament, wenn es im Zeitpunkt der Verhängung des Belagerungszustandes noch nicht versammelt ist, umgehend oder doch sobald wie möglich zusammentritt [29]). Die Richtigkeit dieser Ansicht muß bezweifelt werden. Ihr steht entgegen, daß die allgemeinen Vorschriften der Verfassung durch ein einfaches Gesetz

[28]) Verfassungsgesetz vom 16. Juli 1875 Art. 2. Dieses Recht ist kein unbeschränktes. Die jedes Jahr von Rechts wegen im Januar beginnende ordentliche Session darf der Präsident erst nach Ablauf von fünf Monaten schließen; dagegen kann er die Schließung außerordentlicher Tagungen jederzeit aussprechen.

[29]) Barthélemy a. a. O., S. 143.

keine Einschränkung erfahren können, auch dann nicht, wenn es sich wie hier um einen speziellen Fall handelt; und außerdem erscheint es mehr als zweifelhaft, daß der Wille, das Parlament solle während des Belagerungszustandes ständig versammelt sein, in dem Gesetz von 1878 zum Ausdruck gebracht ist. Die Ansicht, die dem Präsidenten der Republik das Recht, die Tagungen des Parlaments während des Belagerungszustandes zu schließen, abspricht, bleibt daher auch in der Literatur vereinzelt. Dagegen begegnet man vielfach der Meinung [30]), daß es sich hier um einen ausgesprochenen Mangel des französischen Rechts handle, und daß durch eine ausdrückliche Regelung dahin Vorsorge getroffen werden sollte, daß die Volksvertretung während des Belagerungszustandes — mindestens nicht gänzlich — ausgeschaltet werden kann [31]). Die ganze Frage ist im Anschluß an die Praxis während des Krieges aufgeworfen worden. Während des Krieges, der die Verhängung des Belagerungszustandes über ganz Frankreich herbeigeführt hatte, ist die Tagung des Parlaments in zwei Fällen durch den Präsidenten der Republik geschlossen worden: das erste Mal am 3. September 1914 die Tagung, die am 4. August begonnen hatte [32]), das zweite Mal am 23. Dezember 1914 die Tagung, die am 22. Dezember begonnen hatte. Erst vom Januar 1915 ab blieb das Parlament bis zum Ende des Krieges ununterbrochen versammelt.

Das Verordnungsrecht der Exekutive.

Daß das Verhältnis von gesetzgebender und vollziehender Gewalt vom Belagerungszustand nicht berührt wird, gilt ferner insofern, als er eine Erweiterung des Verordnungsrechts der Exekutive nicht herbeiführt. Dem Präsidenten der Republik steht auch im Belagerungszustand nur sein gewöhnliches Verordnungsrecht zu, d. h. er kann Verordnungen zur Ausführung von Gesetzen, Polizeiverordnungen für das ganze Land und Organisationsverordnungen erlassen, dagegen bleibt es ihm versagt, in die Vorschriften der Gesetze einzugreifen [33]). Und ebenso steht den Militärbehörden als den

---

[30]) Romain a. a. O., S. 189 ff. und S. 486; Carret a. a. O., S. 50 f.

[31]) Während der fünf Monate der ordentlichen Tagung ist dies schon bisher nicht möglich.

[32]) Nézard bezeichnet in Esmein-Nézard, Eléments de droit constitutionnel, Bd. 2, S. 101 diese Vertagung als „klar dem Geiste der Verfassung entgegen". Vgl. aber S. 163 f.

[33]) Die Frage des Verordnungsrechts des Präsidenten der Republik macht der Theorie gewisse Schwierigkeiten. In der Praxis erläßt der Präsident Ver-

mit der Vollziehung des Belagerungszustandes beauftragten Organen ein allgemeines Verordnungsrecht nicht zu. Sie sind nur im Rahmen der ihnen zustehenden Polizeigewalt, wie die Zivilbehörden in gewöhnlichen Zeiten berechtigt, allgemeine Anordnungen zu treffen. Die Vorschriften der Gesetze sind auch für sie unantastbar.

Die Kriegsrechtsprechung des Staatsrats.

Was das Verordnungsrecht des Präsidenten anbelangt, so hat hier allerdings der Krieg für die besonderen Verhältnisse, die er im Gefolge hatte, in der Rechtsprechung des Staatsrates einer neuen Anschauung zum Durchbruch verholfen. Während es bis dahin unbestritten blieb, daß der Präsident gesetzliche Bestimmungen weder außer Kraft setzen, noch abändern dürfe, hat sich der Staatsrat für die Kriegszeit zu wiederholten Malen in einem anderen Sinne ausgesprochen. Den Anlaß dazu gab das Vorgehen der Regierung — formell natürlich des Präsidenten —, die unbekümmert um die dem Verordnungsrecht der Exekutive gesetzten Schranken, namentlich in den Anfängen des Krieges [34]) auf den verschiedensten Gebieten Dekrete erlassen hat, die in den Bereich der Gesetzgebung eingegriffen haben. So sind von ihr namentlich Änderungen im Beamtenrecht, in der Organisation der Kriegsgerichte, in den Bestimmungen über die Kriegsdienstpflicht, aber auch auf anderen Gebieten im Wege der Verordnung getroffen worden [35]). Soweit der Staatsrat im recours pour excès de pouvoir mit der Frage der Rechtmäßigkeit dieser Verordnungen befaßt worden ist, hat er sich in bejahendem Sinn ausgesprochen [36]). Er hat sich auf Art. 3 des Verfassungsgesetzes vom 25. Februar 1875 berufen, der dem Präsidenten der Republik die Überwachung und die Sicherung der Ausführung der Gesetze überträgt, und hat den Satz aufgestellt,

---

ordnungen der im Text genannten Art. Auf die Verfassung kann nur das Recht auf Erlaß von Ausführungsverordnungen gegründet werden (Verfassungsgesetz vom 25. Februar 1875 Art. 3). Über die Stellungnahme der Theorie vgl. Duguit a. a. O., Bd. 4, S. 661 ff. und Carré de Malberg a. a. O., Bd. 1, S. 548 ff.

[34]) Solange das Parlament nicht versammelt war, aber auch später, nachdem das Parlament wieder zusammengetreten war.

[35]) Durch ein Gesetz vom 30. März 1915 ist allein 34 solchen Verordnungen die nachträgliche Genehmigung durch das Parlament erteilt worden.

[36]) Anders die Rechtsprechung der Zivilgerichte: Entscheidung des Kassationshofs vom 30. November 1916 und 5. Januar 1917. Dalloz, Recueil périodique 1917, 1, 43; vom 3. November 1917, Sirey, Lois et arrêts 1917, 1, 145; vgl. die Entscheidung des Appelhofs von Nîmes vom 4. November 1915. Dalloz 1916, 2, 25.

daß das Recht, für die Ausführung der Gesetze zu sorgen, in Verhältnissen, wie sie der Krieg geschaffen hat, auch das Recht zur Abänderung oder Außerkraftsetzung gesetzlicher Bestimmungen in sich begreifen könne. Die Verordnungen der Regierung wegen Kompetenzüberschreitung aufzuheben, hat er deshalb abgelehnt [37]).

Die Stellungnahme der Rechtswissenschaft.

In der Theorie hat diese Ansicht des Staatsrats wenig Zustimmung gefunden. Man hält es für unrichtig, daß sich ein Recht der Exekutive, in gesetzliche Vorschriften einzugreifen, der Verfassung entnehmen lasse [38]). Dagegen gibt man durchaus zu, daß sich ein Vorgehen, wie es der Regierung während des Krieges beliebt hat, unter Umständen unter anderen Gesichtspunkten rechtfertigen lasse. Auch in der Theorie steht man auf dem Standpunkt, daß der Staat nicht einem formalen Prinzip, dem der Legalität, geopfert werden dürfe und daß es deshalb die Regierung im Falle äußerster Gefahr auf sich nehmen dürfe, die Grenzen ihrer Kompetenz zu überschreiten — übrigens ein Standpunkt, zu dem sich die Regierung schon 1910 bei einem Streik der Eisenbahner selbst offiziell bekannt hatte [39]). Nur versucht man es nicht, diesem Standpunkt eine rechtliche Unterlage zu geben [40]), oder wenn man es versucht, so spricht man von einem „Notrecht" oder „Notwehrrecht", das nicht im Rahmen der Verfassung seinen Platz hat, sondern außerhalb der Verfassung sich unmittelbar aus dem Recht des Staates auf Selberhaltung herleitet [41]). Die Frage, in welchem Sinne ein solches „Notrecht" anzuerkennen ist — eine Frage, die für jeden Staat in dem Augenblick

[37]) Entsch. Verrier vom 30. Juli 1915. Recueil des arrêts du Conseil d'Etat 1915, S. 257; Heyriès vom 28. Juni 1918, Rec. 1918, S. 651; Fabre vom 16. Januar 1920, Recueil 1920, S. 38; Syndicat patronale de la Boulangerie de Paris vom 24. Mai 1920, Rec. 1920, S. 499.

[38]) Nézard a. a. O., Bd. II, S. 99 ff.; Carré de Malberg a. a. O., Bd. I, S. 683, Anm. 33; Duguit a. a. O., Bd. III, S. 703. Vgl. auch Barthélemy a. a. O., S. 557 ff.

[39]) Briand am 29. Oktober 1910 als Ministerpräsident in der Kammer: „Si en face d'une éventualité qui aurait mis la patrie en danger, le gouvernement n'avait pas trouvé dans la loi la possibilité de défendre l'existence de la nation en sauvegardant ses frontières, s'il n'avait pu s'assurer la disposition de ses chemins de fer, c'est-à-dire des instruments essentiels de la défense nationale, eût-il dû recourir à l'illégalité, il y serait allé; son devoir eût été d'y aller."

[40]) Nézard a. a. O., S. 101.

[41]) Duguit a. a. O., Bd. 3, S. 700 ff. und Bd. 4, S. 739; Hauriou, Précis de droit constitutionnel, S. 502 f.

aktuell wird, wo seine gesetzte Rechtsordnung den Geboten seiner Selbsterhaltung nicht mehr gerecht wird, — ist hier nicht weiter zu verfolgen, wo es sich um die Darstellung gerade der Einrichtungen handelt, durch die diese Rechtsordnung in den Stand gesetzt werden soll, allen — auch außerordentlichen — Anforderungen zu genügen.

Die „théorie des pouvoirs de guerre".

Die Rechtsprechung des Staatsrats zum Verordnungsrecht der Exekutive in Kriegszeiten hat ihr Seitenstück, — was hier des Zusammenhanges wegen vorweggenommen sei, — in seiner Rechtsprechung zur Polizeigewalt in Kriegszeiten. Auch hinsichtlich der Polizeigewalt hat der Staatsrat entschieden, daß sie in Kriegszeiten einen weiteren Umfang habe und zu stärkeren Eingriffen berechtige als in Friedenszeiten [42]). Man spricht in der französischen Literatur von einer „théorie des pouvoirs de guerre", die der Staatsrat mit seiner Kriegsrechtsprechung geschaffen habe [43]). Sie läuft darauf hinaus, daß Maßnahmen der Exekutive, die an sich unzulässig sind, auch ohne daß sie in der besonderen Gesetzgebung über den Belagerungszustand vorgesehen sind, nur auf Grund der besonderen Verhältnisse, unter denen von ihnen Gebrauch gemacht worden ist, für berechtigt erklärt werden. Die Bedeutung dieser Rechtsprechung ist eine grundlegende. Sie führt dazu, daß die Exekutive in außergewöhnlichen Verhältnissen nicht mehr nur, wie es an sich dem Sinn und Zweck der Einrichtung des Belagerungszustandes entspricht, in dieser Einrichtung das Recht zu außerordentlichen Maßnahmen findet, sondern daß sie darüber hinaus ein solches Recht unmittelbar aus den besonderen Erfordernissen der außerordentlichen Lage herleiten kann. In das französische Ausnahmerecht ist damit ein vollkommen neues Element gebracht. Die Ausnahmebefugnisse der Staatsgewalt sind nicht mehr in der Einrichtung des Belagerungszustandes abschließend abgezirkelt; vielmehr können über den hier gezogenen Rahmen hinaus außerordentliche Verhältnisse außerordentliche Maßnahmen rechtfertigen. Es bleibt allerdings zu berücksichtigen, daß die Rechtsprechung des Staatsrats, von der hier die Rede ist, bisher nur Kriegsverhältnisse, und zwar nur solche wie sie der Weltkrieg in Frankreich geschaffen hat, betrifft. Aber es ist klar, daß die ihr zugrunde liegende Idee für alle außerordent-

---

[42]) S. darüber unten S. 32.

[43]) Jèze, Revue du droit public 1924, S. 594 ff.; derselbe, Les principes généraux du droit administratif, 3. Aufl. La technique juridrique du droit public français, S. 406 ff.; Bosc, Revue du droit public 1926, S. 186 ff.

lichen Situationen Geltung beanspruchen kann. Eine Ausdehnung dieser Rechtsprechung auf andere Fälle liegt daher, wie auch in der französischen Literatur angedeutet wird [44]), durchaus im Bereich der Möglichkeit.

Die Praxis der Ermächtigungsgesetze

Daß in den Gesetzen über den Belagerungszustand eine Erweiterung des Verordnungsrechts der Exekutive für außerordentliche Situationen nicht vorgesehen ist, ist nicht nur von der Regierung während des Krieges als lästig empfunden worden. Auch in der Literatur wird die Ansicht vertreten, daß es sich hier um einen Mangel des französischen Rechts handle, dem durch eine Ergänzung der Gesetze über den Belagerungszustand abzuhelfen sei [45]). Bei diesem Urteil, dem die Erfahrungen der Kriegszeit zugrunde liegen, mag es mitgesprochen haben, daß man zwar auch in Frankreich Gesetze, durch die die Regierung im einzelnen Falle zum Erlaß von Verordnungen ermächtigt wird, kennt, namentlich auch während des Krieges gekannt hat, daß es der Regierung aber immer nur in beschränktem Maße gelungen ist, eine solche Ermächtigung vom Parlament zu erlangen. Der Plan einer umfassenden Ermächtigung, wie ihn die Regierung Briand während des Krieges gehegt hat, ist beim Parlament auf unerschütterlichen Widerstand gestoßen (Dezember 1916) [46]). Inzwischen haben sich hier auch in Frankreich unter dem Druck der Finanzmisere die Verhältnisse geändert. Die Notwendigkeit, der sich immer drohender gestaltenden Finanzlage durch entscheidende Eingriffe in die staatliche Organisation entgegenzuwirken, hat das Parlament zum ersten Male im März 1924, zum zweiten Mal im August 1926 zur Annahme eines Gesetzes bewogen, durch das die Regierung in umfassender Weise ermächtigt wurde, in den Bereich der Gesetzgebung fallende Fragen im Wege der Verordnung zu regeln [46a]).

[44]) Bosc a. a. O., S. 257.

[45]) Hauriou a. a. O., S. 503: „Die Wahrheit ist, daß die Ausdehnung der Befugnisse der Exekutive für Kriegszeiten und auch für die Zeit eines Streiks den Gegenstand eines im voraus aufgestellten Gesetzes bilden sollte, das nach reiflicher Überlegung und vielleicht auch nach Aufnahme einer Bestimmung in die Verfassung, wie es für das Gesetz über den Belagerungszustand von 1849 geschehen ist, zu erlassen wäre. Nach den Erfahrungen des Krieges von 1914 und der Streiks der letzten 20 Jahre wäre dieses Gesetz nicht schwierig abzufassen. Es ist jetzt bewiesen, daß das Gesetz über den Belagerungszustand ungenügend ist; man muß es durch ein Gesetz über den Kriegszustand und den Streik vervollständigen."

[46]) Die Regierung wollte zu allen Maßnahmen ermächtigt werden, die „die Erfordernisse der nationalen Verteidigung gebieten" und die eine Ergänzung oder Abänderung der bestehenden Gesetze notwendig machen. Vgl. Rolland, Revue du droit public 1918 S. 542 ff, [46a]) Devaux, le régime des décréts 1927.

Das Verhältnis von Regierung und Militärbehörde.

2. An dem Unterordnungsverhältnis, das zwischen Militärbehörden und Regierung besteht, ändert sich dadurch nichts, daß die ersteren im Belagerungszustand Aufgaben der Polizei und der Gerichtsbarkeit übernehmen. Auch im Belagerungszustand sind die Militärbehörden den Weisungen der nach den Grundsätzen des parlamentarischen Systems gebildeten Regierung unterworfen. Diese hat es in der Hand, ihnen durch Instruktionen für den einzelnen Fall oder durch allgemeine Richtlinien ihr Verhalten vorzuschreiben. Entscheidenden Einfluß auf die Handhabung des Belagerungszustandes kann sie namentlich dadurch ausüben, daß sie, wie es während des Kriegs zu wiederholten Malen geschehen ist, nähere Anweisungen darüber erteilt, in welchem Umfange die Militärbehörden an die Stelle der Zivilbehörden treten und Aufgaben der Polizei und der Gerichtsbarkeit übernehmen sollen.

Der Übergang der Polizeigewalt vor der Zivilbehörde auf die Militärbehörde.

IX. Der Übergang der Polizeigewalt von der Zivilbehörde auf die Militärbehörde im Belagerungszustand bedeutet nicht die unmittelbare und vollständige Ausschaltung der Zivilbehörde auf diesem Gebiet. Der Zivilbehörde ist es vielmehr überlassen, hier im Rahmen ihrer bisherigen Zuständigkeit weiter tätig zu werden, solange und soweit sich die Militärbehörde nicht veranlaßt sieht im Interesse des mit der Verhängung des Belagerungszustandes verfolgten Zweck selbst einzugreifen. Der Bestimmung, daß „die Befugnisse, mit denen die Zivilbehörde für die Aufrechterhaltung der Ordnung und der Polizei bekleidet war, im vollen Umfang auf die Militärbehörde übergehen," fügt das Gesetz von 1849 ausdrücklich hinzu: „Nichtsdestoweniger fährt die Zivilbehörde fort, diejenigen Befugnisse weiter auszuüben, deren die Militärbehörde sie nicht entsetzt hat." (Art. 7.)

In erster Linie steht es der Regierung zu, den Umfang zu bestimmen, in welchem die Militärbehörde Aufgaben der Polizei übernehmen soll. Nur soweit eine solche Bestimmung nicht erfolgt ist, entscheidet die Militärbehörde nach eigenem pflichtmäßigen Ermessen. Ein besonderer formeller Akt ist für die Übernahme nicht erforderlich; sie vollzieht sich einfach dadurch, daß die Militärbehörde tätig wird und von der ihr eingeräumten außerordentlichen Kompetenz Gebrauch macht [47].

[47]) Entsch. des Kassationshofs v. 11. Juni 1915; Dalloz, Rec. 1915, 1. 157.

Praxis während des Weltkriegs.

Während des Kriegs hat sich an Stelle eines getrennten Vorgehens der beiden Behörden eine besondere Art der Zusammenarbeit herausgebildet, die, ohne rechtlich vorgeschrieben zu sein, sich praktisch besonders bewährt hat. Die Polizeigewalt wurde im wesentlichen weiter von der Zivilbehörde ausgeübt; diese erließ ihre Anordnungen aber erst, nachdem sie die Zustimmung der Militärbehörde eingeholt und erhalten hatte. Der Vorzug dieses Verfahrens war ein doppelter. Die Ausübung der Polizeigewalt blieb in den Händen der Organe, die von Haus aus über die dazu erforderliche Sach- und Rechtskenntnis verfügten, andererseits wurde aber verhindert, daß diese dabei in Widerspruch mit den Absichten der in erster Linie zuständigen Militärbehörde gerieten [47a].

Nur Übergang der Polizeigewalt.

Was auf die Militärbehörde im Belagerungszustand übergeht, ist nicht die gesamte vollziehende Gewalt. Der Militärbehörde ist nur das Recht eingeräumt, die Polizeigewalt auszuüben, Was an staatlicher Verwaltungstätigkeit nicht unter diesen Begriff fällt, bleibt außerhalb ihrer Kompetenz und wird wie bisher von der Zivilbehörde in alleiniger Zuständigkeit erledigt. Dagegen umfaßt die auf die Militärbehörde übergehende Polizeigewalt den ganzen Bereich polizeilicher Aufgaben, d. h. sie erstreckt sich sowohl auf die allgemeine als auf die örtliche Polizei, auf die Verwaltungspolizei sowohl als auf die Kriminalpolizei.

Umfang der Polizeigewalt.

Die Befugnisse, die die Militärbehörde aus der Polizeigewalt herleiten kann, sind im wesentlichen keine anderen als die Befugnisse, die der Zivilbehörde in normalen Zeiten zustehen. Das Gesetz verfügt den Übergang der Polizeigewalt, es verfügt keine Änderungen in ihrem Inhalt. Die Militärbehörde ist wie die Zivilbehörde an die Gesetze gebunden. Sie ist nur zu Maßnahmen berechtigt, zu denen sie in den Gesetzen eine Ermächtigung findet. Da eine Außerkraftsetzung des gewöhnlichen für polizeiliche Maßnahmen geltenden Rechts nur in dem beschränkten Umfang des Art. 9 des Gesetzes von 1849 vorgesehen ist, gilt für das polizeiliche Vorgehen der Militärbehörde im Belagerungszustand mit geringen Ausnahmen dasselbe wie für das der Zivilbehörde in normalen Zeiten. Während des Krieges ist dies vom Kassationshof, der obersten Instanz der ordentlichen Gerichtsbarkeit, in zahlreichen Entscheidungen, in denen er zu der Rechtmäßigkeit militärischer Maßnahmen Stellung zu nehmen hatte,

[47a]) Romain a. a. O. S. 266.

ausgesprochen worden [48]. Die entscheidende Frage stellte sich für ihn immer dahin, ob die Maßnahme, deren Rechtmäßigkeit zur Diskussion stand, in den Rahmen der der Zivilbehörde in normalen Zeiten zustehenden Polizeigewalt fiel oder nicht. Unter diesem Gesichtspunkt ist vom Kassationshof für rechtmäßig erklärt worden: die Festsetzung einer Polizeistunde für Wirtschaften [49], der Erlaß einer nächtlichen Verkehrssperre für Zivilpersonen [50], das Verbot der Anbringung undurchsichtiger Schaufenster an Wirtschaften [51] u. a. m. Dagegen hat er, weil außerhalb der Befugnisse der Polizei gelegen, für rechtswidrig erklärt: das unbeschränkte Verbot für Zivil- und Militärpersonen, eine Wirtschaft zu besuchen [52], die Schließung einer Wirtschaft [52], das schrankenlose Verbot des Handels mit Alkohol [53].

Formvorschriften.

Zu den Bestimmungen, an die die Militärbehörde in Ausübung der Polizeigewalt gebunden ist, gehören auch die gesetzlichen Vorschriften über die Form polizeilicher Akte. Läßt die Militärbehörde sie außer acht, so kann dies, wenn es sich um zwingende Vorschriften handelt, die Ungültigkeit einer Maßnahme nicht weniger zur Folge haben als bei einem entsprechenden Verhalten der Zivilbehörde [54]. Als solche zwingende Vorschriften kommen u. a. die Bestimmungen des Gesetzes vom 5. April 1884 über die Form ortspolizeilicher Anordnungen in Betracht. Nach ihnen müssen allgemeine Erlasse der Ortspolizei in der üblichen Weise publiziert und angeschlagen, Einzelverfügungen durch persönliche Zustellung bekanntgemacht werden (Art. 96).

Recht zum Erlaß von Polizeiverordnungen.

Wie der Zivilbehörde steht auch der Militärbehörde neben dem Recht zu Einzelverfügungen das Recht zum Erlaß allgemeiner Vor-

[48] Entsch. vom 20. April 1916, Dalloz 1916, 1, 131: „Attendu que s l'art. 7 de la loi du 9 août 1849 édicte qu'aussitôt l'état de siège déclaré, lesi pouvoirs dont l'autorité civile était revêtue pour le maintien de l'ordre et de la police passent tout entiers à l'autorité militaire, ces pouvoirs ne sont pas modifiés ni étendus." Ebenso oder ähnlich in vielen anderen Entscheidungen.

[49] Entsch. v. 11. Juni 1915; Dalloz, 1915, 1, 157; Sirey, Lois et arrêts 1916, 1, 25.

[50] Entsch. v. 17. Aug. 1916; Dalloz 1916, 1, 275.

[51] Entsch. v. 28. Okt. 1915; Dalloz 1916, 1, 25; Sirey 1917, 1, 25.

[52] Entsch. v. 20. April 1916; Dalloz 1916, 1, 129; Sirey 1917, 1, 25; Entsch. v. 2. Juni 1916; Dalloz 1916, 1, 129.

[53] Entsch. v. 15. Juli 1915; Dalloz 1916, 1, 23 u. a.

[54] Vgl. dazu Entsch. des Kassationshofes v. 11. Juni 1915; Dalloz 1915, 1, 157.

schriften im Rahmen der Polizeigewalt zu. Aber wie die Zivilbehörde ist auch sie zur Aufstellung eigener Strafbestimmungen für Zuwiderhandlungen gegen ihre Anordnungen nicht berechtigt. Die Bestrafung dieser Zuwiderhandlungen kann nur nach Art. 471 Nr. 15 des Strafgesetzbuches, der den Verstoß gegen rechtmäßige Anordnungen der Verwaltungsbehörden mit einer Geldstrafe von 1 fr. bis 5 fr. bedroht, erfolgen, wenn nicht in einem Spezialgesetz höhere Strafen festgesetzt sind.

Die Kriegsrechtsprechung des Staatsrats.

Auf die Rechtsprechung des Staatsrats über den Umfang der Polizeigewalt in Kriegszeiten ist schon oben hingewiesen worden [55]. In seiner wörtlichen Formulierung lautet das vom Staatsrat aufgestellte Prinzip, wie folgt [56]: „Die Grenzen der Polizeibefugnisse, über die die öffentliche Gewalt für die Aufrechterhaltung der Ordnung und der Sicherheit auf Grund der Gemeindegesetzgebung und des Gesetzes vom 9. August 1849 verfügt, können in Kriegszeiten, wo die Interessen der nationalen Verteidigung dem Prinzip der öffentlichen Ordnung eine größere Ausdehnung geben und für die öffentliche Sicherheit schärfere Maßnahmen verlangen, nicht dieselben sein wie in Friedenszeiten; es ist Sache des Richters, unter dessen Kontrolle die polizeilichen Befugnisse ausgeübt werden, bei der Würdigung der Gesetzmäßigkeit der Maßnahmen, zu denen sich die zivilen und die militärischen Behörden zu greifen verpflichtet glauben, der sich aus dem Kriegszustand ergebenden Notwendigkeiten nach Maßgabe von Zeit und Ort und nach Maßgabe der Natur der Gefahr, deren Beseitigung es gilt, Rechnung zu tragen." Dementsprechend hat der Staatsrat in einer ganzen Reihe von Fällen Maßnahmen des Militärs für rechtmäßig erklärt, die zweifellos aus dem Rahmen der gewöhnlichen Polizeigewalt herausfielen und die auch in der Gesetzgebung über den Belagerungszustand keine Rechtfertigung finden konnten.

An dieser Rechtsprechung ist abgesehen von der außerordentlichen Ausdehnung, die sie der Polizeigewalt gibt, von besonderer Bedeutung die Rolle, die dem Richter zugeteilt wird. Eine feste Abgrenzung der Befugnisse, die die Polizeibehörde aus den außerordentlichen Verhältnissen eines Krieges soll herleiten können, wird nicht gegeben. Es wird dem Richter überlassen, im einzelnen Falle

---

[55]) S. 27.

[56]) Entsch. v. 28. Februar und 27. Juni 1919, v. 9. Jan., 30. April und 21. Mai 1920 und v. 3. Februar 1922; Recueil 1919, S. 208 und 587, 1920, S. 12, 431 und 536, 1922, S. 110.

zu entscheiden, ob eine Maßnahme unter dem Gesichtspunkt der Notwendigkeit gerechtfertigt war oder nicht [57]).

Die Einrichtung des Belagerungszustandes als solche wird durch diese Rechtsprechung nicht berührt. Der Satz, daß die Polizeigewalt in Kriegszeiten einen weiteren Umfang habe als in Friedenszeiten, gründet sich nicht auf die Gesetzgebung über den Belagerungszustand. Der Staatsrat leitet ihn vielmehr unmittelbar aus den besonderen Erfordernissen einer Kriegszeit her. Es bleibt also dabei, daß der Belagerungszustand als solcher eine Erweiterung der Polizeibefugnisse, von dem Fall des Art. 9 des Gesetzes von 1849 abgesehen, nicht herbeiführt; es bedarf besonderer Umstände, die neben ihm vorliegen müssen, damit die Polizeibehörde über deren gewöhnlichen Umfang hinausgehen darf.

Außerordentliche Befugnisse der Militärbehörde.

X. Eine Erweiterung der staatlichen Machtbefugnisse hat der Belagerungszustand nur in dem beschränkten Umfang des Art. 9 des Gesetzes von 1849 zur Folge. Die Militärbehörde hat danach das Recht: 1. bei Tag und bei Nacht Haussuchungen vorzunehmen; 2. Vorbestrafte und Personen, die ihren Wohnsitz nicht in dem dem Belagerungszustand unterworfenen Gebiet haben, zu entfernen 3. die Ablieferung von Waffen und Munition anzuordnen und zu ihrer Aufsuchung und Wegnahme zu schreiten, 4. Veröffentlichungen und Versammlungen, die sie für geeignet hält, Unruhe zu stiften oder zu unterhalten, zu verbieten. Weitere Ausnahmebefugnisse stehen der Militärbehörde nicht zu. Art. 11 des Gesetzes bestimmt ausdrücklich, daß „die Bürger ungeachtet des Belagerungszustandes fortfahren, alle durch die Verfassung garantierten Rechte auszuüben, deren Genuß nicht auf Grund der vorhergehenden Artikel suspendiert ist.“

Auslegungsgrundsätze.

Bis zum Krieg war es allgemeine Auffassung, daß das Belagerungszustandsrecht als Ausnahmerecht einer engen Interpretierung bedürfe. Ganz im Gegensatz dazu haben die Ausnahmebefugnisse des Art. 9 in der Rechtsprechung des Staatsrats während des Krieges eine weite Auslegung erfahren [58]). So hat der Staatsrat erklärt, daß das Recht, Versammlungen zu verbieten, der Militärbehörde auch

---

[57]) Vgl. Jèze, Revue du droit public, 1920 S. 88 ff.

[58]) Vgl. Jèze, Revue du droit public 1915, S. 700 ff. und 1916 S. 416; Barthélemy, Revue du droit public 1916, S. 105, Anm. 1.

das Recht gäbe, die Schließung von Wirtschaften zu verfügen, da unter Versammlungen auch tatsächliche Ansammlungen zu verstehen seien, wie sie sich an allen dem Publikum zugänglichen Orten bilden könnten [59]).

Regierungspraxis während des Weltkriegs.

Es ist aber überhaupt festzustellen, daß eine Beeinträchtigung der in Art. 9 nur teilweise außer Kraft gesetzten Grundrechte während des Kriegs in viel stärkerem Maße stattgefunden hat, als es eben dieser Art. 9 gestattet. Auf die Maßnahmen, durch die das geschehen ist, im einzelnen einzugehen, ist hier nicht der Platz. In ihrer Rechtmäßigkeit zweifelhafte Eingriffe haben insbesondere das Recht der Meinungsfreiheit und das Recht der Bewegungsfreiheit erfahren, das erstere durch die Einführung einer strengen Präventivzensur[59a]), das letztere durch die Aufstellung weitgehender Verkehrsbeschränkungen [59b]). Der Staatsrat hat nie Gelegenheit bekommen, zur Rechtmäßigkeit dieser Maßnahmen Stellung zu nehmen. Die Regierung verdankt es im wesentlichen der freiwilligen Disziplin des Landes, daß diese ohne ernstlichen Widerstand zur Durchführung gebracht werden konnten.

Träger der Ausnahmebefugnisse.

Von Bedeutung ist, daß durch Art. 9 eine Außerkraftsetzung von Grundrechten nicht in dem Sinne erfolgt ist, daß jedes untergeordnete Organ von sich aus einen der hier für zulässig erklärten Eingriffe vornehmen könnte. Die Sachlage ist vielmehr die, daß es in jedem einzelnen Fall einer Anordnung der zuständigen höheren Stelle bedarf, wenn von einer dieser Maßnahmen Gebrauch gemacht werden soll. Dies ist bei den Beratungen des Gesetzes im Parlament ausdrücklich festgestellt worden [60]).

Einführung der Militärgerichtsbarkeit
für Zivilpersonen.

XI. Zu den einschneidensten Wirkungen des Belagerungszustands gehört die Einführung der Militärgerichtsbarkeit für Zivilpersonen. In dem Napoleonischen Dekret vom 24. Dezember 1811 zum ersten Male vorgesehen [61]), später von den Gerichten mit dem verfassungsmäßig garantierten Recht auf den „natürlichen Richter"

---

[59]) Entsch. v. 6. Aug. 1915; Rec. 1915, S. 276.

[59a]) Vgl. eingehend Barthélemy, Revue du droit public 1915 S. 310ff;

[59b]) Barthélemy a. a. O. S. 157; v. Hippel, Jahrbuch des öffentlichen Rechts 1927 S. 162f.

[60]) Sitzung der Assemblée nationale législative v. 9. Aug. 1849, Moniteur universel 1849, S. 2655. [61]) Art. 103.

im Widerspruch stehend erklärt [62]), war sie der umstrittenste Punkt bei den Beratungen von 1849. Auch bei ihnen ging der Streit darum, ob es angesichts des in Art. 4 der Verfassung von 1848 beibehaltenen Grundsatzes des „natürlichen Richters" [63]) verfassungsrechtlich zulässig sei, den Militärgerichten die Aburteilung von Zivilpersonen zu übertragen. Nach Ansicht der Regierung war diese Frage zu bejahen, weil die Verfassung, indem sie in Art. 106 die Forderung nach einem besonderen Gesetz über den Belagerungszustand aufgestellt habe, selbst Abweichungen von gewöhnlichem Recht vorgesehen habe [64]). Dieser Ansicht schloß sich das Parlament an. Die Einführung der Militärgerichtsbarkeit für Zeiten des Belagerungszustandes wurde mit großer Mehrheit beschlossen (Art. 8).

Abgrenzung der Zuständigkeit der Militärgerichte.

Nach der ursprünglichen Fassung des Art. 8 waren die Militärgerichte im Belagerungszustand „ohne Rücksicht auf die Eigenschaft der Haupttäter und der Gehilfen" für die Aburteilung „der Verbrechen und Vergehen gegen die Sicherheit der Republik, gegen die Verfassung, gegen die öffentliche Ordnung und den öffentlichen Frieden" zuständig. Nach der ständigen Rechtsprechung des Kassationshofs bedeutete dies keine Beschränkung der Zuständigkeit der Militärgerichte auf bestimmte Arten von Verbrechen und Vergehen [65]). Die Militärgerichte hatten vielmehr das Recht, jede strafbare Handlung zur Aburteilung zu bringen, vorausgesetzt, daß sie sich tatsächlich gegen eines der in Art. 8 benannten Schutzobjekte richtete. Während des Kriegs hat sich diese Regelung nicht bewährt. Sie führte dazu, daß die Militärgerichte mit der Aburteilung von Zivilpersonen in einem viel weiteren Maße befaßt wurden, als es dem Zweck ihrer Zuständigkeit entsprach [66]). Das Gesetz vom 27. April 1916 hat daher neben Änderungen im Verfahren der Militärgerichte auch eine Änderung in der bisherigen Regelung ihrer Zuständigkeit getroffen.

[62]) Entsch. des Kassationshofes v. 29. Juni 1832 im Fall „Geoffroy"; Sirey, Lois et arrêts 1832, 1, 428.

[63]) Art. 4 der Verfassung vom 4. November 1848 lautet: „Niemand kann seinen natürlichen Richtern entzogen werden. Es können keine außerordentlichen Kommissionen oder außerordentlichen Gerichte, unter welchem Titel oder unter welcher Bezeichnung es auch sei, geschaffen werden."

[64]) So der Innenminister Dufaure in der Sitzung des Parlaments vom 9. August 1849; Moniteur 1849, S. 2653.

[65]) Entsch. vom 17. Januar 1852; Dalloz 1852, 5, 130, und zahlreiche Entscheidungen aus der Zeit des Weltkriegs.

[66]) Eine Aufzählung von Fällen, in denen während des Krieges die Militärgerichte für zuständig erklärt wurden, bei Romain a. a. O., S. 404 ff.

Reform von 1916.

Nach der neuen Regelung gilt für den Fall eines Belagerungszustandes wegen Kriegs und für den Fall eines Belagerungszustandes wegen Aufruhrs nicht mehr dasselbe. Zwar ist für die Abgrenzung der Zuständigkeit der Militärgerichte in beiden Fällen in erster Linie dasselbe Verfahren befolgt: die der Militärgerichtsbarkeit unterworfenen Delikte werden namentlich aufgezählt. Aber diese Aufzählung ist nicht nur umfangreicher für den Fall eines Belagerungszustandes wegen Kriegs, sie wird für diesen Fall auch ergänzt durch eine allgemeine Klausel nach Art des alten Art. 8, die ihresgleichen für den Fall eines Belagerungszustandes wegen Aufruhrs nicht hat. Der Militärgerichtsbarkeit unterliegen jetzt im Falle eines Belagerungszustandes [67]) wegen Kriegs bestimmte, namentlich aufgeführte Verbrechen und Vergehen und außerdem „in allgemeiner Weise alle Verbrechen und Vergehen, die der nationalen Verteidigung Eintrag tun“[67a]); im Falle eines Belagerungszustandes wegen Aufruhrs unterliegen ihr dagegen nur Verbrechen und zwar durchweg nur solche Verbrechen, die im Gesetz ausdrücklich aufgeführt sind. In beiden Fällen kommt es auf die Eigenschaft der Haupttäter oder der Gehilfen nicht an, und in beiden Fällen erstreckt sich die Zuständigkeit der Militärgerichte auch auf strafbare Handlungen, die vor der Erklärung des Belagerungszustandes begangen worden sind, wenn im übrigen ihre Voraussetzungen vorliegen [68]).

Fakultative Zuständigkeit der Militärgerichte

Wie nach der alten Regelung ist auch nach der neuen die Zuständigkeit der Militärgerichte nur eine fakultative. Die Militärbehörde kann die Strafverfolgung einer strafbaren Handlung vor den Militärgerichten einleiten, sie muß es nicht. Solange sie es nicht getan hat, bleiben die ordentlichen Gerichte zuständig. Die Strafverfolgung kann von der Militärbehörde in jedem Stadium des Verfahrens übernommen werden, erst ein in der Sache entscheidendes Urteil schneidet ihr die Möglichkeit dazu ab. Die Übernahme der Strafverfolgung er-

---

[67]) Eine weitere Zuständigkeit zur Aburteilung von Zivilpersonen ergibt sich für die Militärgerichte für diesen Fall aus dem Gesetz über die Militärgerichtsbarkeit. Vgl. Art. 64 und 70.

[67a]) Diese allgemeine Fassung erlaubt es, entgegen der Meinung des Berichterstatters der Abg.-kammer auch Preßvergehen vor die Kriegsgerichte zu bringen. Vgl. Entsch. des Appelhofs von Paris vom 4. Januar 1918. Dalloz 1918. 2. 41 und Romain a. a. O. S. 456 Anm. 1.

[68]) Entsch. des Kassationshofes vom 18. November 1916; Dalloz 1916, 1, 22.

folgt in jedem einzelnen Fall auf Grund einer besonderen Anordnung des Befehlshabers des Militärbezirks, in dessen Bereich der Belagerungszustand besteht. Über ihre Zweckmäßigkeit entscheidet die Militärbehörde allein. Die ordentlichen Gerichte oder Strafverfolgungsbehörden haben nur das Recht, nachzuprüfen, ob sich die Militärbehörde bei der Übernahme einer Strafverfolgung innerhalb der Grenzen ihrer Zuständigkeit gehalten hat [69]).

Die zuständigen Militärgerichte.

Die im Falle des Belagerungszustandes zur Aburteilung von Zivilpersonen zuständigen Militärgerichte sind die ständigen Kriegsgerichte der einzelnen Militärbezirke. Das für ein bestimmtes, im Belagerungszustand befindliches Gebiet zuständige Gericht ist das ständige Kriegsgericht des Bezirks, dem das Gebiet angehört. Erstreckt sich der Belagerungszustand nicht auf den ganzen Bezirk, so kann der Sitz des Gerichts durch Dekret des Präsidenten der Republik in das im Belagerungszustand befindliche Gebiet verlegt werden (Art. 43 Ges. über die Militärgerichtsbarkeit).

Zusammensetzung der Kriegsgerichte.

Die Kriegsgerichte sind zusammengesetzt aus einem Oberst oder einem Oberstleutnant als Präsidenten und sechs Richtern, nämlich einem Bataillonschef oder einem Eskadronschef, oder einem Major, zwei Kapitänen, einem Leutnant, einem Unterleutnant und einem Unteroffizier (Art. 3 Ges. über die Militärgerichtsbarkeit) [69a]).

Rechtsmittel.

Eine Berufung gibt es im militärgerichtlichen Verfahren nicht. Es stehen nur Rechtsmittel zur Nachprüfung der Rechtsfrage zur Verfügung. Und zwar besteht dabei ein Unterschied für Kriegszeiten und für Friedenszeiten. In Kriegszeiten bestehen besondere Revisionsgerichte, die seit 1916 aus ordentlichen Richtern und aus Militärpersonen zusammengesetzt sind. In Friedenszeiten versieht der

---

[69]) Eine Neuerung des Gesetzes von 1916. Vgl. Entsch. des Appelhofs von Paris vom 28. Dez. 1917 und 4. Jan. 1918 Dalloz 1918. 2. 41 mit Anm. Bis dahin hatten sie nicht einmal dieses Recht.

[69a]) Im Zeitpunt des Abschlusses dieser Darstellung (Ende 1927) ist eine grundlegende Reform des Gesetzes über die Militärgerichtsbarkeit im Gange. In Aussicht genommen ist insbesondere eine anderweitige Zusammensetzung der Kriegsgerichte in Friedenszeiten. Den Vorsitz soll in Zukunft ein Zivilrichter führen. Auch sonst sind weitgehende Änderungen geplant. Die Ausführungen des Textes gehen daher auf die gegenwärtige Organisation der Militärgerichtsbarkeit nur mit wenigen Worten ein.

Kassationshof, die oberste Instanz der ordentlichen Gerichtsbarkeit, die Funktionen der Revisionsgerichte. Zu einer Entscheidung in der Sache selbst sind weder die Revisionsgerichte noch der Kassationshof berechtigt. Es steht ihnen nur zu, die Urteile der Kriegsgerichte aus einem der in Art. 74 des Gesetzes über die Militärgerichtsbarkeit aufgeführten Grunde — für den Kassationshof gibt es auch noch andere Gründe — aufzuheben.

Materielles Strafrecht.

Das Recht, das die Militärgerichte gegenüber den Zivilpersonen zur Anwendung bringen, ist kein anderes, als das Recht, das die ordentlichen Gerichte, wenn sie entscheiden würden, zur Anwendung zu bringen hätten. Eine Änderung des materiellen Strafrechts tritt mit der Verhängung des Belagerungszustandes nicht ein. Die Zivilpersonen bleiben vor dem Militärgerichte Zivilpersonen. Sie können nicht zu Strafen verurteilt werden, die nur gegenüber Militärpersonen zulässig sind [70]. Daß die Militärbehörde nicht berechtigt ist, eigene Strafbestimmungen aufzustellen, ist schon bemerkt worden [71].

Richterliches Prüfungsrecht gegenüber der Erklärung des Belagerungszustandes.

XII. Eine Nachprüfung der Erklärung des Belagerungszustandes auf ihre Rechtmäßigkeit steht den Gerichten nicht zu. Soweit es sich um eine Erklärung des Belagerungszustandes durch das Parlament handelt, ist dies unbestritten. Aber auch hinsichtlich einer Erklärung des Belagerungszustandes, die durch den Präsidenten der Republik erfolgt, ist diese Ansicht die weitaus vorherrschende [72]. Die Erklärung des Belagerungszustandes gilt als eine der staatlichen Handlungen, die in der Rechtsprechung der Gerichte, insbesondere des Staatsrats, als „actes de gouvernement" gekennzeichnet und in dieser Eigenschaft einer Nachprüfung auf ihre Rechtmäßigkeit nicht unterzogen werden. Daß eine vom Präsidenten der Republik ausgehende Erklärung des Belagerungszustandes sobald als möglich, für den Regelfall innerhalb von zwei Tagen der Beschlußfassung des Parlaments unterworfen wird, ist oben ausgeführt worden. Für das Parlament handelt es sich aber nicht darum, die Erklärung lediglich unter dem Gesichtspunkt ihrer rechtlichen Zulässigkeit zu prüfen.

---

[70]) Gewisse Ausnahmen nach Art. 268 und 269 des Gesetzes über die Militärgerichtsbarkeit.

[71]) Oben S. 32.

[72]) Jèze, la technique juridique du droit public français, S. 399 f.; Hauriou, Précis de droit administratif, 11. Aufl., S. 398; Duguit a. a. O., Bd. 2, S. 258; und viele andere. A. A. Berthélemy, Traité élém. de droit adm., 11. Aufl., S. 468.

Gegenüber den auf Grund des Belagerungszustandes getroffenen Maßnahmen.

Ist die Erklärung des Belagerungszustandes richterlicher Nachprüfung nicht zugänglich, so gilt nicht dasselbe für die Maßnahmen, die von der vollziehenden Gewalt in Ausführung des Belagerungszustandes getroffen werden. Die Gerichte haben das Recht, dieselben, mag es sich um solche der Zivilbehörde oder der Militärbehörde handeln, mögen sie individuelle Verfügungen oder allgemeine Anordnungen, Maßnahmen der gewöhnlichen Polizeigewalt oder Ausnahmemaßnahmen im Sinne des Art. 9 des Gesetzes von 1849 darstellen, in genau derselben Weise auf ihre Rechtmäßigkeit nachzuprüfen, wie die Akte der vollziehenden Gewalt in normalen Zeiten. Die Prüfung hat sich dabei darauf zu beschränken, ob die Organe, um deren Maßnahmen es sich handelt, im Bereich der ihnen nach den allgemeinen Gesetzen und den Gesetzen über den Belagerungszustand zustehenden Zuständigkeit geblieben sind. Die Frage der Rechtmäßigkeit der Erklärung des Belagerungszustandes kann nicht in sie hereinbezogen werden.

Für die durch eine rechtswidrige Maßnahme der vollziehenden Gewalt Betroffenen kommen wie in normalen Zeiten in erster Linie zwei Rechtsbehelfe in Betracht: der recours pour excès de pouvoir, der an den Staatsrat geht und auf die Aufhebung rechtswidriger Maßnahmen zielt, und die Klage auf Schadensersatz, die sich auf die Verletzung des durch rechtswidrige Maßnahme betroffenen Privatinteresses stützt, und die je nachdem vor den ordentlichen Gerichten oder den Verwaltungsgerichten anzubringen ist. Auch den Strafgerichten steht das Recht zu, die Rechtmäßigkeit von Anordnungen der Verwaltungsbehörde zu prüfen. Eine Bestrafung wegen Zuwiderhandlung gegen eine solche Anordnung kann nur erfolgen, wenn ihre Rechtmäßigkeit festgestellt ist [73]).

Beendigung des Belagerungszustandes.

XIII. Ein Außerkrafttreten des Belagerungszustandes ist auf zwei Arten möglich. Der normale Fall ist der, daß die in der Erklärung des Belagerungszustands festgesetzte Frist abgelaufen ist. Mit dem Ablauf der Frist hört der Belagerungszustand ohne weiteren Akt von selbst zu existieren auf (art. 1 § 2 Ges. von 1878). Es spielt keine Rolle, ob die Gründe, die seine Verhängung veranlaßt haben, noch fortbestehen oder nicht. Das Aufhören des Belagerungszustandes kann in

[73]) Dies geht aus Art. 471, Nr. 15 des Strafgesetzbuches, der für die Regel hier anwendbar ist, hervor. Er spricht ausdrücklich von einem Verstoß gegen „règlements légalement faits par l'autorité administrative". Unbestritten.

diesem Fall nur durch eine ausdrückliche Verlängerung der für seine Dauer festgesetzten Frist verhindert werden [74]). Außer durch Fristablauf kann der Belagerungszustand durch ausdrückliche Aufhebung seitens des zuständigen Organs ein Ende nehmen. Zuständiges Organ ist für die Regel das Parlament. Durch den Präsidenten der Republik kann eine Aufhebung nur erfolgen, wenn er den Belagerungszustand selbst erklärt, das Parlament seine Aufrechterhaltung aber noch nicht beschlossen hat, oder wenn er vom Parlament ausdrücklich dazu ermächtigt worden ist [74a]).

---

[74]) Diese Verhängung ist eine erneute Erklärung des Belagerungszustandes und kommt wie sie zustande. Vgl. Art. 1 Gesetz von 1878, letzter Satz.

[74a]) So geschehen zu Anfang des Kriegs in dem Gesetz vom 5. Aug. 1914. Vgl. oben S. 21 Anm. 26b.

Anlagen.

1. Loi du 9 août 1849 sur l'état de siège[75]).

Art. 7. Aussitôt l'état de siège déclaré, les pouvoirs dont l'autorité civile était revêtue pour le maintien de l'ordre et de la police passent tout entiers à l'autorité militaire. — L'autorité civile continue néanmoins à exercer ceux de ces pouvoirs dont l'autorité militaire ne l'a pas dessaisie.

Art. 8 (in der Fassung des Gesetzes vom 27. April 1916). Dans les territoires déclarés en état de siège, au cas de péril imminent résultant d'une guerre étrangère, les juridictions militaires peuvent être saisies, quelle que soit la qualité des auteurs principaux ou des complices, de la connaissance des crimes prévus et réprimés par les articles 75 à 85, 87 à 99, 109, 110, 114, 118, 119, 123 à 126, 132, 133, 139, 140, 141, 166, 167, 177 à 179, 188, 189, 191, 210, 211, 265 à 267, 341, 430 à 432, 434, 435, 439, 440 et 441 du Code pénal. — Les juridictions militaires peuvent, en outre, connaître: 1° des délits prévus par la loi du 10 avril 1886 établissant des pénalités contre l'espionnage; 2° des infractions prévues par la loi du 4 avril 1915, qui sanctionne l'interdiction faite aux Français d'entretenir des relations d'ordre économique avec les sujets d'une puissance ennemie; 3° des faits punis et réprimés par la loi du 17 août 1915, assurant la juste répartition et une meilleure utilisation des hommes mobilisés ou mobilisables; 4° de la provocation, par quelque moyen que ce soit, à la désobéissance des militaires envers leurs chefs dans tout ce qu'ils leur commandent pour l'exécution des lois et règlements militaires; 5° de la provocation, par quelque moyen que ce soit, aux crimes d'assassinat, de meurtre, d'incendie, de pillage, de destruction d'édifices ou d'ouvrages militaires; 6° de la provocation directe, par quelque moyen que ce soit, aux attentats contre la sûreté de l'Etat; 7° des délits prévus et réprimés par les art. 177 à 179 du Code pénal; 8° des délits commis par les fournisseurs en ce qui concerne les fournitures destinées aux services militaires, dans les cas prévus par les art. 430 à 433 du Code pénal, ainsi que par la loi du 1er août 1905 sur la

---

[75]) Die Bestimmungen dieses Gesetzes, die durch das Gesetz v. 3. April 1878 aufgehoben worden sind, sowie diejenigen, die nur den Belagerungszustand in Festungen betreffen, sind hier nicht wiedergegeben.

1. Gesetz vom 9. August 1849 über den Belagerungszustand.

Art. 7. Sobald der Belagerungszustand erklärt ist, gehen die Befugnisse, mit denen die Zivilbehörde für die Aufrechterhaltung der Ordnung und der Polizei bekleidet war, in vollem Umfange auf die Militärbehörde über. — Nichtsdestoweniger fährt die Zivilbehörde fort, diejenigen Befugnisse weiter auszuüben, deren die Militärbehörde sie nicht entsetzt hat.

Art. 8 (in der Fassung des Gesetzes vom 27. April 1916). In den Gebieten, die im Falle einer infolge eines auswärtigen Krieges drohenden Gefahr in Belagerungszustand erklärt sind, können die Militärgerichte, welches auch die Eigenschaft der Haupttäter oder der Teilnehmer ist, mit der Aburteilung der in den Art. 75—85, 87—99, 109, 110, 114, 118, 119, 123—126, 132, 133, 139, 140, 141, 166, 167, 177—179, 188, 189, 191, 210, 211, 265—267, 341, 430—432, 434, 435, 439, 440 und 441 des Strafgesetzbuches vorgesehenen und geahndeten Verbrechen befaßt werden. — Die Militärgerichte können außerdem erkennen: 1. über Vergehen im Sinne des Gesetzes vom 10. April 1886 betr. die Bestrafung der Spionage, 2. über Zuwiderhandlungen im Sinne des Gesetzes vom 4. April 1915, durch das die Vorschrift, die Franzosen die Unterhaltung wirtschaftlicher Beziehungen mit den Untertanen einer feindlichen Macht verbietet, sanktioniert wird, 3. über strafbare Handlungen im Sinne des Gesetzes vom 17. August 1915 zur gerechten Verteilung und besseren Verwendung der mobilisierten oder mobilisierbaren Männer, 4. über die Aufforderung zum Ungehorsam gegen ihre Vorgesetzten, die an Militärpersonen gerichtet wird und den Vollzug von Befehlen betrifft, die diesen zur Ausführung der Militärgesetze und Reglements erteilt werden, ohne Rücksicht auf die Mittel, durch die diese Aufforderung erfolgt, 5. über die Aufforderung zu einem Verbrechen des Meuchelmordes, des Mordes, der Inbrandsetzung, Plünderung oder Zerstörung militärischer Gebäude oder Werke, ohne Rücksicht auf die Mittel, durch die diese Aufforderung erfolgt, 6. über die unmittelbare Aufforderung zu Anschlägen auf die Sicherheit des Staates, ohne Rücksicht auf die Mittel, durch die sie erfolgt, 7. über Vergehen im Sinne der Art. 177—179 des Strafgesetzbuchs, 8. über Vergehen, die bei Lieferungen an militärische Behörden von den Lieferanten begangen

répression des fraudes et les lois spéciales qui s'y rattachent; 9° des faux commis au préjudice de l'armée, et, d'une manière générale, de tous crimes ou délits portant atteinte à la défense nationale. — Ce régime exceptionnel cesse de plein droit à la signature de la paix. — Si l'état de siège est déclaré au cas de péril imminent résultant d'une insurrection à main armée, la compétence exceptionnelle reconnue aux juridictions militaires, en ce qui concerne les non-militaires, ne peut s'appliquer qu'aux crimes spécialement prévus par le Code de justice militaire ou par les articles du Code pénal visés au § 1er du présent article et aux crimes connexes. — Dans tous les cas les juridictions de droit commun restent saisies tant que l'autorité militaire ne revendique pas la poursuite.

Art. 9. L'autorité militaire a le droit: 1° De faire des perquisitions, de jour et de nuit, dans le domicile des citoyens; — 2° D'éloigner les repris de justice et les individus qui n'ont pas leur domicile dans les lieux soumis à l'état de siège; — 3° D'ordonner la remise des armes et munitions, et de procéder à leur recherche et à leur enlèvement; — 4° D'interdire les publications et les réunions qu'elle juge de nature à exciter ou à entretenir le désordre.

Art. 11. Les citoyens continuent, nonobstant l'état de siège, à exercer tous ceux des droits garantis par la Constitution dont la jouissance n'est pas suspendue en vertu des articles précédents.

Art. 13. Après la levée de l'état de siège, les tribunaux militaires continuent de connaître des crimes et délits dont la poursuite leur avait été déférée.

2. Loi du 3 avril 1878 sur l·état de siège.

Art. 1. L'état de siège ne peut être déclaré qu'en cas de péril imminent, résultant d'une guerre étrangère ou d'une insurrection à main armée. — Une loi peut seule déclarer l'état de siège; cette loi désigne les communes, les arrondissements ou départements auxquels il s'applique. Elle fixe le temps de sa durée. A l'expiration de ce temps, l'état de siège cesse de plein droit, à moins qu'une loi nouvelle n'en prolonge les effets.

Art. 2. En cas d'ajournement des Chambres, le président de la République peut déclarer l'état de siège, de l'avis du conseil des ministres; mais alors les Chambres se réunissent de plein droit, deux jours après.

Art. 3. En cas de dissolution de la Chambre des députés, et jusqu'à l'accomplissement entier des opérations électorales, l'état de siège ne pourra, même provisoirement, être déclaré par le président de la République. — Néanmoins, s'il y avait guerre étrangère, le

werden, in den Fällen der Art. 430 bis 433 des Strafgesetzbuchs, sowie des Gesetzes vom 1. August 1905 gegen betrügerische Machenschaften und der sich daran anschließenden Spezialgesetze, 9. über Fälschungen, begangen zum Nachteil der Armee, und in allgemeiner Weise über alle Verbrechen und Vergehen, die der nationalen Verteidigung Eintrag tun. — Diese Ausnahmeregelung tritt mit der Unterzeichnung des Friedens von Rechts wegen außer Kraft. — Ist der Belagerungszustand im Falle einer wegen eines bewaffneten Aufstandes drohenden Gefahr erklärt, so erstreckt sich die den militärischen Gerichten zuerkannte außerordentliche Zuständigkeit, was Nichtmilitärpersonen anbelangt, nur auf die Verbrechen, die im Militärstrafgesetzbuch und in den im § 1 dieses Artikels genannten Artikeln des Strafgesetzbuches besonders vorgesehen sind, sowie auf die mit diesen im Zusammenhang stehenden Verbrechen. — In allen Fällen bleiben die ordentlichen Gerichte mit einer Sache so lange befaßt, als nicht die Militärbehörde ihre Verfolgung für sich in Anspruch nimmt.

Art. 9. Die Militärbehörde hat das Recht: 1. bei Tag und bei Nacht bei den Bürgern Haussuchungen vorzunehmen, 2. Vorbestrafte sowie Personen, die in den dem Belagerungszustand unterworfenen Orten nicht ihren Wohnsitz haben, zu entfernen, 3. die Auslieferung von Waffen und Munition anzuordnen, sowie zu ihrer Aufsuchung und Wegnahme zu schreiten; 4. Veröffentlichungen und Versammlungen, die sie für geeignet hält, Unruhe zu stiften oder zu unterhalten, zu verbieten.

Art. 11. Unbeschadet des Belagerungszustandes fahren die Bürger fort, alle durch die Verfassung garantierten Rechte auszuüben, deren Genuß nicht auf Grund der vorhergehenden Artikel suspendiert ist.

2. Gesetz über den Belagerungszustand vom 3. April 1878.

Art. 1. Der Belagerungszustand kann nur im Falle drohender Gefahr infolge eines auswärtigen Krieges oder eines bewaffneten Aufstandes erklärt werden. — Der Belagerungszustand kann nur durch Gesetz erklärt werden; dieses Gesetz bezeichnet die Gemeinden, Arrondissements oder Departements, auf die er sich erstreckt. Es setzt die Zeit seiner Dauer fest. Nach Ablauf dieser Zeit hört der Belagerungszustand von Rechts wegen auf, es sei denn, daß ein neues Gesetz seine Wirkungen verlängert.

Art. 2. Im Falle der Vertagung der Kammern kann der Präsident der Republik mit Zustimmung des Ministerrats den Belagerungs-

président, de l'avis du conseil des ministres, pourrait déclarer l'état de siège dans les territoires menacés par l'ennemi, à la condition de convoquer les collèges électoraux et de réunir les Chambres dans le plus bref délai possible.

Art. 4. Dans le cas où les communications seraient interrompues avec l'Algérie, le gouverneur pourra déclarer tout ou partie de l'Algérie en état de siège, dans les conditions de la présente loi.

Art. 5. Dans les cas prévus par les articles 2 et 3, les Chambres, dès qu'elles sont réunies, maintiennent ou lèvent l'état de siège. En cas de dissentiment entre elles, l'état de siège est levé de plein droit.

Art. 6. Les articles 4 et 5 de la loi du 9 août 1849 sont maintenus, ainsi que les dispositions de ses autres articles non contraires à la présente loi.

zustand erklären; alsdann treten die Kammern zwei Tage danach von Rechts wegen zusammen.

Art. 3. Im Falle der Auflösung der Abgeordnetenkammer und bis zur vollständigen Erledigung der Wahloperationen kann der Belagerungszustand nicht, selbst nicht provisorisch, vom Präsident der Republik erklärt werden. — Dessenungeachtet kann der Präsident im Falle eines auswärtigen Krieges mit Zustimmung des Ministerrats den Belagerungszustand in den vom Feind bedrohten Gebieten unter der Bedingung erklären, daß er innerhalb der kürzest möglichen Frist die Wahlkollegien einberuft und die Kammern versammelt.

Art. 4. Für den Fall, daß die Verbindungen mit Algier unterbrochen sind, kann der Gouverneur unter den Voraussetzungen dieses Gesetzes Algier ganz oder teilweise in Belagerungszustand erklären.

Art. 5. In den Fällen der Art. 2 und 3 entscheiden die Kammern, sobald sie zusammengetreten sind, über die Aufrechterhaltung oder Aufhebung des Belagerungszustandes. Geht ihre Meinung auseinander, so ist der Belagerungszustand von Rechts wegen aufgehoben.

Art. 6. Art. 4 und 5 des Gesetzes vom 9. August 1849 bleiben fortbestehen, ebenso wie die anderen Bestimmungen dieses Gesetzes, die mit dem vorliegenden Gesetz nicht in Widerspruch stehen.

Der Ausnahmezustand in Belgien. *)

Von Ernst Schmitz.

I. Die geschichtliche Entwicklung.

Die Verfassung.

Die belgische Verfassung vom 7. Februar 1831 [1]) enthält keinerlei Bestimmung über den Ausnahmezustand; sie normiert nicht bestimmte Tatbestände, deren Vorhandensein es ermöglicht, Verfassungsbestimmungen zu durchbrechen oder zeitweise außer Kraft zu setzen; sie kennt weder eine Zuständigkeit eines besonderen Organs noch eine Erweiterung der Zuständigkeiten der normalen Verfassungsorgane für den Fall, daß durch anormale Geschehnisse

---

*) Beltjens, La constitution belge revisée. Liège 1894.

Bernimolin, Réquisition de la force publique en cas de troubles (Revue de l'administration et du droit administratif de la Belgique 1887).

Bourquin, La protection des droits individuels contre les abus de pouvoir de l'autorité administrative en Belgique. Bruxelles 1912.

De Kerchove de Denterghem, De la responsabilité des ministres dans le le droit public belge. Gand-Paris 1867.

Dejongh et Yseux, Le droit et la guerre. Législation, doctrine et jurisprudence belges en matière de droit pénal militaire. Paris 1917—1919.

De Lichtervelde, La législation sur l'état de guerre et sur l'état de siège (Dejongh et Yseux, Le droit de la guerre II).

Errera, Das Staatsrecht des Königsreichs Belgien (das öffentliche Recht der Gegenwart, Bd. VII). Tübingen 1909.

Ders., Traité de droit public belge. Paris 1918.

Giron, Dictionnaire de droit administratif et de droit public. Bruxelles, I, II, 1895; III, 1896.

Ders., Droit administratif de la Belgique. IIe Ed. I. Bruxelles-Paris 1885.

Huyttens, Discussions du Congrès national de Belgique 1830—1831. Bruxelles 1844.

Hymans-Delcroix, Histoire parlementaire de la Belgique. Bruxelles ab 1878—80.

Moreau et Dejongh, Commentaire du Code Pénal Militaire. Bruxelles-Paris 1880.

Orban, Le droit constitutionnel de la Belgique. Liège-Paris Tome I 1906, Tome II 1908, Tome III 1911.

Pirenne et Vauthier, La législation et l'administration allemandes en Belgique. Histoire économique et sociale de la Guerre mondiale (Série Belge). Publications de la Dotation Carnegie.

Rogron, Code constitutionnel de la Belgique. Bruxelles 1836.

Schmitt, Carl, Die Dictatur. München-Leipzig 1921.

Thonissen, La constitution belge annotée. IIIe Ed. Bruxelles 1879;

die Verfassung, der Bestand des Staates bedroht wird. Damit schon erscheint die Möglichkeit eines Ausnahmezustandes verfassungsrechtlich ausgeschlossen. Die belgische Verfassung, aufgebaut auf dem Prinzip der Volkssouveränität (Art. 25) sieht in allen verfassungsmäßigen Organen die Repräsentanten der Nation, deren Zuständigkeit eine ausdrückliche Delegation durch den Verfassungsgeber, den „pouvoir constituant" voraussetzt, deren Befugnisse ohne dessen Eingreifen weder erweitert noch untereinander verschoben werden können. Insbesondere gilt dies auch vom König, der als Haupt der Exekutive in erster Linie als Organ des Ausnahmezustandes in Frage käme, dessen Befugnisse als Trägers der Exekutive einer Erweiterung über die durch die Verfassung gezogenen Grenzen ebensowenig fähig sind, wie ihm seine Prärogative ein Eingreifen gestattet [2].

Art. 130.

Darüber hinaus bildet der Art. 130 eine positive Schranke gegen die Möglichkeit des Ausnahmezustandes:

„Die Verfassung kann weder ganz noch teilweise suspendiert werden." [3])

Dieser Artikel, unter dem Eindruck der berüchtigten Juliordonanzen Karls X. von Frankreich eingefügt [4], richtet sich in gleicher Weise gegen Exekutive wie Legislative, so daß auch ein Gesetz, welches eine „Suspension" von Verfassungsbestimmungen gestattete, als verfassungswidrig angesehen werden müßte.

Suspension

Unter „Suspension" ist ein zeitweises Außerkraftsein von Rechtsnormen zu verstehen [5], im allgemeinen wohl auf Grund eines

---

Van den Bossche, La loi des „Pleins pouvoirs" et l'avenir du régime parlementaire (Belgique judiciaire 1926).
Annales Parlementaires.
La Belgique Judiciaire, Gazette des tribunaux belges et étrangers.
Les Pandectes belges, Corpus iuris belgici.
Pasicrisie belge, Recueil général de la Jurisprudence des cours et tribunaux.
Pasinomie, Collection complète des Lois, Arrêtés et Règlements généraux.
Revue de l'administration et du droit administratif de la Belgique.
Revue de Droit belge.

[1]) Änderungen vom 7. 9. 1893, 15. 11. 1920, 12. 2., 24. 8., 15. 10. 1921.

[2]) Giron, Dictionnaire de droit administratif et de droit public III (1896) v. Souveraineté 13, 14.

Errera, Das Staatsrecht des Königreichs Belgien (das öffentliche Recht der Gegenwart, Bd. VII). Tübingen 1909, insbes. S. 46.

[3]) „La constitution ne peut être suspendue en tout ni en partie".

[4]) Giron a. a. O., v. Constitution Nr. 2.

[5]) Pandectes belges v. Suspension.

formellen Akts. Wenn man hier unter Suspension auch die zeitweilige tatsächliche Nichtbeachtung von Verfassungsvorschriften versteht, so entspricht das jedenfalls dem Sinne der Bestimmung, durch welche der Kongreß zum Ausdruck bringen wollte „que le pouvoir constituant seul peut toucher à son oeuvre, peu importe que l'a t t e i n t e soit momentanée ou définitive" [6]). Nicht nur die formelle Außerkraftsetzung ist verfassungswidrig; auch eine Regelung, die eine Verletzung von Verfassungsbestimmungen innerhalb eines bestimmten Zeitraums gestattet, wie es die damals in Geltung befindlichen Bestimmungen über den état de siège taten [7]).

Die Entstehungsgeschichte der Bestimmung zeigt deutlich, daß man sich ihrer Bedeutung gerade hinsichtlich der Verhängung des Belagerungszustandes wohl bewußt war. In der Sitzung des Congrès National vom 5. Februar 1831 wurde von Beyts folgende Fassung des zunächst etwas anders formulierten Artikels vorgeschlagen:

„La constitution ne peut être suspendue sous aucun prétexte", und als Zweck bezeichnet die Verhinderung der Vorkommnisse in Frankreich, wo die Verfassung wiederholt in mehreren Departements außer Kraft gesetzt worden sei.

Als dann Jottrand vorschlug, anstelle von „sous aucun prétexte" zu setzen „sous aucun motif", um auszuschließen, daß man sich zur Begründung einer Suspendierung auf ein „motif" berufen könne, bemerkte der Vicomte Villain XIV:

„Läßt man die Änderung zu, so schafft man damit den Artikel ich weiß nicht welchen Gesetzbuches ab, der die Verhängung des Belagerungszustandes in den befestigten Plätzen gestattet" [8]).

Die danach erfolgende Änderung der Fassung in die dann angenommene Form bedeutet nach der herrschenden Meinung keine sachliche Änderung; und gerade darauf, daß trotz des Einwandes des Grafen Villain der Artikel der Verfassung einverleibt wurde, gründet sich die Ansicht, daß die Verhängung des Belagerungszustandes verfassungswidrig sei [9]). M. E. läßt die Tatsache, daß man den vor-

---

[6]) E r r e r a , Traité de droit public belge. Paris 1918, S. 18.

[7]) Über die Fälle der tatsächlichen Unmöglichkeit der Innehaltung von Verfassungsbestimmungen vgl. unten S. 63.

[8]) „En admettant l'amendement on abolit l'article de je ne sais quel code, qui permet la mise en état de siège des places fortes". (Vgl. zum Vorstehenden H u y t t e n s , Discussions du Congrès national de Belgique 1830—31, II. Bruxelles 1844, S. 464; O r b a n , Le droit constitutionnel de la Belgique, 1, 1906, S. 331).

[9]) G i r o n ,. Dictionnaire de droit administratif et de droit public, II verbo: force publique, S. 106.

geschlagenen Zusatz „sans aucun motif" wegließ, auch den Schluß zu, daß man es vermeiden wollte, die schwierige Frage des Ausnahmezustandes durch eine Diskussion zur Klärung zu bringen.

Alte Regelung des Kriegs- und Belagerungszustandes.

Der „Code", auf den Villain anspielte, war offensichtlich die gesetzliche Regelung des Kriegs- und Belagerungszustandes, wie sie aus der Zeit der französischen Herrschaft, nur unwesentlich geändert durch die „Instruction pour les commandants et majors de place" vom 11. Januar 1815, bestand, und wie sie sich in der Hauptsache in den Dekreten vom 8./10. Juli 1791 „concernant la conservation et le classement des places de guerre et postes militaires, la police des fortifications et autres objets y relatifs" und vom 24. Dezember 1811 „relatif à l'organisation et au service des état-majors des places" fand[10]; diese bezogen sich nur auf befestigte Plätze, ersteres nur auf bestimmte, namentlich aufgeführte. Ein wesentlicher Unterschied bestand zwischen beiden insofern, als das Dekret von 1791, für den Eintritt des Belagerungszustandes den Tatbestand der wirklichen Belagerung oder doch Tatsachen voraussetzte, die ihm in militärischer Hinsicht gleichstanden, während das Dekret von 1811 diesen Tatbeständen weitere, insbesondere den innerer Unruhen, hinzufügte und vor allem ihnen die Erklärung des Belagerungszustandes durch den Kaiser hinsichtlich der rechtlichen Wirkungen gleichstellte[11]. Der Kriegszustand wurde durch ein Dekret des Corps Législatif erklärt; im Falle, daß dieses nicht versammelt war, war der König dazu befugt, doch hatte dann das Parlament nach seinem Zusammentritt über die Entscheidung des Königs zu beschließen, wobei aber auch nur an den Fall eines wirklichen Krieges gedacht

[10]) Die wesentlichen Bestimmungen des ersteren über Kriegs- und Belagerungszustand galten in Belgien auf Grund des Arrêté vom 7 Pluviose an V (26. Januar 1797), das letztere infolge des Gesetzes vom 16 Frimaire an V (6. Dezember 1796).

[11]) Art. 53 des Dekrets vom 24. Dezember 1811 bestimmte: L'état de siège est déterminé par un décret de l'empereur ou par l'investissement, ou par une attaque de vive force, ou par une surprise, ou par une sédition intérieure, ou par des rassemblements formés dans le rayon d'investissement sans l'autorisation des magistrats (Pandectes belges, verbo: état de siège, Bd. XXXVIII, 1891, S. 551).

Vgl. dazu und zum folgenden Carl Schmitt, Die Diktatur, 1921, S. 182 ff. Nach der Instruktion von 1815 Art. 50 erklärte der König den Belagerungszustand, nur in Ausnahmefällen der Militärbefehlshaber oder der Festungskommandant.

war [12]). Dagegen wurde nach dem Dekret von 1811 auch ein fiktiver Kriegszustand ermöglicht, der vom König jederzeit nach freiem Ermessen erklärt werden konnte [13]). Damit lag in der Hand des Königs die Entscheidung über Kriegs- und Belagerungszustand in den befestigten Plätzen, der vom Standpunkt der belgischen Verfassung von 1831 aus zwar keine ausdrückliche Suspension von Verfassungsartikeln mit sich brachte, aber doch tiefgehende Eingriffe in die Grundrechte gestattete, die, wenigstens soweit der Belagerungszustand in Frage kam, mit der Verfassung nicht wohl in Einklang zu bringen waren [14]).

Daneben wird als gleichfalls in Belgien geltend der Art. 2 des Gesetzes vom 10 Fructidor an V (27. Aug. 1797) angeführt [15]), der allerdings nicht die Möglichkeit der Verhängung des Belagerungszustandes in den Kommunen des Innern vorsah [16]), aber den

---

[12]) Dekret 1791, Art. 8, 9.

[13]) Art. 52 des Dekrets von 1811 lautet: L'état de guerre est déterminé par l'une des circonstances suivantes:

1⁰ En temps de guerre. . . . . .

2⁰ En tout temps . . . . . par un décret de l'empereur, lorsque les circonstances obligent de donner plus de force et d'action à la police militaire, sans qu'il soit nécessaire de mettre la place en état de siège.

[14]) Der Kriegszustand läßt die Zivilverwaltung bestehen (Art. 7 Dekret von 1791). Die Zivilverwaltung kann Polizeiverordnungen nur im Einvernehmen mit dem Militärbefehlshaber und muß auf dessen Anfordern solche erlassen, die nach Ansicht des Militärbefehlshabers zur Sicherheit des Platzes erforderlich sind (Art. 92 Dekret 1811). Nach Art. 95 ist der Kommandant befugt, unter gewissen Voraussetzungen Fremde und Personen, deren Anwesenheit unnötig oder unerwünscht ist, zu entfernen, die Verkehrsfreiheit zu beschränken und, soweit dies im militärischen Interesse erforderlich ist, Eingriffe in das Eigentum vorzunehmen (vgl. auch die Instruktion vom 11. 1. 1815, Art. 46).

Im Belagerungszustand dagegen gehen alle Befugnisse der Zivilbehörde hinsichtlich der inneren Ordnung und Polizei auf den Militärbefehlshaber über, der sie entweder selbst ausübt oder sie ganz oder teilweise den Zivilbehörden delegieren kann. (Dekret von 1791, Art. 10; Dekret von 1811, Art. 101.) Im übrigen hat der Militärbefehlshaber vollkommene Ermessensfreiheit. Art. 53 der Instruktion von 1815:

Le gouverneur, ou le commandant, sera alors revêtu du commandement en chef sur toutes les autorités civiles et militaires.

Il réglera tout, sans avoir égard à autre chose qu'à ses instructions secrètes et aux opérations de l'ennemi.

Die ordentlichen Gerichte werden durch die Militärgerichte ersetzt, soweit der Militärbefehlshaber dies für angebracht hält (Art. 103).

[15]) Pandectes belges v. Etat de siège, S. 554.

[16]) Moreau et Dejongh, Commentaire du Code Pénal Militaire, Bruxelles-Paris 1880, Nr. 688 nehmen dies an, doch liegt offenbar eine Ver-

Belagerungszustand als in diesen bestehend erklärte im Falle einer Einschließung nicht nur durch den Feind, sondern auch durch Rebellen. Dagegen soll, wenigstens nach den Pandectes belges v. Etat de Siège Z. 4 nicht in Belgien gegolten haben der Art. XXXIX des „Loi contenant des mesures de salut public prises relativement à la conspiration royale" vom 19 Fructidor V, der der Exekutive die Befugnis zur Erklärung des Belagerungszustandes in den Kommunen des Innern „zurückgab".

Als rechtliche Grundlage für die Verhängung des Belagerungszustandes werden allgemein nur die Dekrete von 1791, 1811 und die Instruktion von 1815 genannt.

Ausnahmezustand und Verfassung.

Auf dieser Grundlage hatte sich, wie auch aus den obenerwähnten Verhandlungen der verfassunggebenden Versammlung ersichtlich, ein einheitlicher Begriff des Belagerungszustandes gebildet. Materiell enthielt der Begriff des Belagerungszustandes eine Einschränkung der Grundrechte und die Ausdehnung der Militärgerichtsbarkeit auf Zivilpersonen. Im Anschluß an Art. 138 der Verfassung, der alle den Bestimmungen der Verfassung widersprechenden Gesetze, Arrêtés, Reglements und anderen Acte für aufgehoben erklärte, mußte es zu einer Auseinandersetzung darüber kommen, ob die Verhängung des Belagerungszustandes nach dem Inkrafttreten der Verfassung noch möglich sei; dies um so eher, als die unruhigen Zeiten, die folgten, die Frage des Belagerungszustandes praktisch werden ließen.

Die Praxis.

Am 21. Oktober 1831 proklamierte der General Niellon, Kommandant von Gent, in dieser Stadt den Belagerungszustand. Das arrêté royal vom 22. Oktober desselben Jahres (Pasinomie 1831, S. 183), das die Genehmigung dieser Maßnahmen enthielt, wurde nicht veröffentlicht. Fast gleichzeitig, am 23. Oktober 1831, war auch in Antwerpen der Belagerungszustand verhängt worden, der erst am 30. Januar 1833 durch arrêté royal aufgehoben wurde, und damit begründet wurde, daß der Feind sich innerhalb des rayon d'investissement befände. In Gent wurde gleichfalls fast anderthalb Jahre [17]) der Belagerungszustand aufrecht erhalten. Die Parlamentsverhandlungen jener Zeit spiegeln die Art wieder, wie er ge-

---

wechslung zwischen Kriegs- und Belagerungszustand (auf ersteren bezog sich Art. 1 des Gesetzes) vor.

[17]) Die formelle Aufhebung erfolgte erst am 5. 3. 1833 durch arrêté royal (Pasinomie 1833, S. 47).

handhabt wurde. Die Preßzensur wurde wieder eingeführt, angeblich um die Propaganda für das Haus Oranien in der Armee zu verhindern [18]). Ausweisungen finden statt [19]); in Antwerpen erfolgen Verhaftungen ohne richterlichen Befehl; die Festgenommenen bleiben Monate im Gefängnis [20]). Über die prinzipielle Zulässigkeit des Belagerungszustandes liegt ein Urteil der Haute Cour Militaire vor [21]); sie wird damit begründet, daß durch Art. 139 der Verfassung der Code de procédure militaire aufrechterhalten sei, dessen Art. 282 das Prinzip des Belagerungszustandes enthalte; infolgedessen gelte Art. 53 des Dekrets von 1811 weiter. Die Rechtsgültigkeit der Proklamation des Belagerungszustandes in Gent wurde aber verneint, weil eine Veröffentlichung nicht erfolgt sei.

Die Theorie. Zulässigkeit des Ausnahmezustandes

Diese Begründung vermochte wenig zu befriedigen; es ist daher nicht zu verwundern, daß in der Theorie ein jahrzehntelang währender Streit darüber einsetzte, ob ein Belagerungszustand nach dem Inkrafttreten der Verfassung zulässig sei oder nicht.

---

[18]) Hymans, Histoire parlementaire de la Belgique de 1831 à 1880 I, S. 45 v. Presse

[19]) A. a. O., S. 17.

[20]) A. a. O., S. 101.

[21]) Abgedruckt bei Moreau et Dejongh, Commentaire du Code Pénal Militaire, Bruxelles, Paris 1880, S. 498, Anm. (1):

Attendu que la Constitution a abrogé, par son article 138, toutes les lois, décrets et arrêtés qui sont contraires aux dispositions qu'elle renferme;

Attendu que c'est dans le même esprit qu'elle a, par l'article 139, maintenu jusqu'à leur révision les Codes militaires;

Attendu que l'art. 282 du Code de procédure militaire, en établissant le principe de la mise en état de siège, a nécessairement maintenu l'article 53 du décret du 24 décembre 1811, qui détermine les cas où cette mesure peut avoir lieu;

Attendu que, d'après le dit article 53, la mise en état de siège, hors les autres cas y spécifiés, doit être établie par un décret émané du chef de l'état;

Attendu que la ville de Gand n'a été mise en état de siège que par une déclaration du général Niellon en date du 21 octobre 1831;

Attendu que l'arrêté de Sa Majesté, en date du lendemain, 22 octobre, approbatif de la susdite déclaration, et produit au procès, n'a pas été publié, au voeu de l'article 129 de la Constitution; qu'il n'a été ni inséré au bulletin des lois et arrêtés du gouvernement, ni au journal officiel, ni même publié ni affiché dans la ville de Gand; que dès lors cet arrêté n'a pas été obligatoire;

Attendu que de ce qui précède il résulte que la ville de Gand n'a pas été légalement mise en état de siège et que le conseil de guerre temporaire y établi, en exécution de cette mise en état de siège, n'a pas eu d'existence légale . . . . (H. C. M., 18 février 1832).

Dabei beschränkte sich die Diskussion im allgemeinen auf die Erörterung der Zulässigkeit eines politischen Belagerungszustandes, während die Möglichkeit der Verhängung des Kriegs- und Belagerungszustandes in Kriegszeiten außer Betracht blieb. Die Bemerkung Erreras [22]), die Frage des effektiven Belagerungszustandes, der eine Tatsache, eine Notwendigkeit sei, werde durch Art. 130 nicht berührt, ist in dieser Richtung kennzeichnend. Dabei aber ist natürlich die grundsätzliche Frage der Vereinbarkeit des Belagerungszustandes mit der Verfassung, die doch auch für Kriegszeiten gilt, hierbei dieselbe, wenn überhaupt der effektive Kriegs- und Belagerungszustand rechtlich erfaßt werden soll. Daß man dies wollte, geht aus den Debatten anläßlich der Neuregelung des Militärprozeßrechts hervor [23]).

Auch den Kriegszustand schaltet man aus den Erörterungen aus, weil hier die Maßnahmen weniger weittragend sind und weil er, in der Hauptsache eine militärtechnische Regelung, als innerpolitisches Mittel weniger geeignet erscheint.

Der Streit um die Zulässigkeit des Belagerungszustandes ist zum Teil daraus zu erklären, daß man von verschiedenen Begriffen des Belagerungszustandes ausgeht. Ein Teil der Schriftsteller, vor allem Giron [24]) übernahmen den überkommenen Begriff des Belagerungszustandes „qui implique la suspension des garanties constitutionnelles". Auch Errera hält im wesentlichen an ihm fest, wenn er als Folge des Belagerungszustandes eine Beschränkung der Ausübung gewisser Freiheiten — Rede-, Presse-, Versammlungsfreiheit — und die Einrichtung von Ausnahmegerichten oder doch zum mindesten eines von beiden bezeichnet. Beide kommen zu dem Ergebnis, daß der état de siège fictif verfassungswidrig sei. Vor allem ist die Frage der Ausdehnung der Militärgerichtsbarkeit auf Zivilpersonen und die verfassungsrechtliche Gültigkeit einer solchen der Punkt, um den sich die Erörterungen über die Zulässigkeit des Belagerungszustandes bewegen. Daneben erscheint die Beschränkung der Grundrechte von geringerer Bedeutung. Während die vorgenannten Schriftsteller mit anderen annehmen, daß Art. 94 der Verfassung [25])

---

[22]) Traité S. 19, A. 1; Staatsrecht des Königreichs Belgien S. 13, A. 3.

[23]) Vgl. unten S. 76.

[24]) Dictionnaire v. force publique Nr. 12, Droit administratif de la Belgique IIe Ed. I. Bruxelles-Paris 1885, Nr. 299.

[25]) Art. 94: Nul tribunal, nul juridiction contentieuse ne peut être établie qu'en vertu d'une loi, il ne peut être créé de commissions ni de tribunaux extraordinaires sous quelle dénomination que ce soit (vgl. dazu Huyttens a. a. O., Bd. IV, S. 95).

der Aburteilung von Zivilpersonen durch Militärgerichte widerspreche [26]), halten Thonissen [27]) und Orban [28]), der sich sehr stark für die Zulässigkeit des Belagerungszustandes einsetzt, die Militärgerichte nicht für juridictions extraordinaires; letzterer begründet seine Ansicht damit, daß darunter nur solche verstanden werden könnten, deren Errichtung in der Verfassung nicht vorgesehen sei. Dies sei hinsichtlich der Militärgerichte aber der Fall. Demgemäß hält Orban auch den Belagerungszustand mit allen seinen Wirkungen für zulässig.

Gegenüber diesen Meinungen, die an dem alten Begriff des Belagerungszustandes festhalten und von ihm ausgehend sich für oder gegen seine Verfassungswidrigkeit aussprechen, will eine andere Richtung zwar den Belagerungszustand für zulässig erklären, ihn in seinen Wirkungen aber derartig beschränken, daß ein Widerspruch zur Verfassung vermieden wird. Schon Rogran [29]) bezweifelt nicht die Möglichkeit der Erklärung des Belagerungszustandes, hält aber das Dekret von 1811 nur insoweit für anwendbar, als seine Bestimmungen der Verfassung nicht widersprechen, ohne allerdings sich darüber zu äußern, inwieweit dies der Fall ist. Sehr viel deutlicher Moreau et Dejongh [30]): Ob die Zivilpolizei durch die Militärpolizei ersetzt werden könne, sei zweifelhaft, sicher aber sei, daß die Zuständigkeit der Militärgerichte nicht durch die Erklärung des Belagerungszustandes erweitert werden könne. Klar äußert sich Beltjens [31]). Er hält die Militarisierung der Verwaltung und Polizei für zulässig, dagegen Art. 103 des Dekrets von 1811 [32]) nicht mehr für anwendbar [33]).

Etat de siège limité.

Man kam so zu einem Zustand, den man — im Gegensatz zu dem in Kriegszeiten unbestritten zulässigen Belagerungszustand im alten Sinne —, als „état de siège limité" [34]) bezeichnen kann, der ohne Beschränkung der Grundrechte, ohne Einsetzung von Militärgerichten

---

[26]) Vgl. Moreau et Dejongh, a. a. O., Nr. 689; Beltjens, la constitution belge revisée, Liège 1894, S. 447.

[27]) La constitution belge annotée, IIIe Ed. Bruxelles 1879, S. 281.

[28]) Le droit constitutionnel de la Belgique III, Liège-Paris 1911, S. 320.

[29]) Code constitutionnel de la Belgique. Bruxelles 1836, S. 28.

[30]) A. a. O., Nr. 688, 689.

[31]) A. a. O., Anm. 3, zu Art. 94.

[32]) Vgl. oben Anm. 14 am Ende.

[33]) Ebenso Pandectes belges a. a. O., S. 558.

[34]) De Lichterfelde, La Législation sur l'état de guerre et sur l'état de siège (Dejonghet Yseux, Le Droit et la guerre II, S. 30 ff.).

sich in einer Militarisierung der Verwaltung und Polizei erschöpfte und sich vom Kriegszustand nur durch die vollständige Unterordnung der Zivilbehörden unter die militärischen Kommandostellen unterschied. Praktisch ist dieser Belagerungszustand, den man nicht als Ausnahmezustand bezeichnen kann, soweit ich sehe, vor dem Kriege nicht mehr geworden.

Als Ergebnis ist festzustellen, daß vor dem Kriege in Belgien ein politischer Ausnahmezustand im eingangs gekennzeichneten Sinne durchweg abgelehnt wurde [35].

II. Die Unterdrückung innerer Unruhen.

Kam somit für die Unterdrückung innerer Unruhen eine Verhängung des Belagerungszustandes nicht in Betracht, so erhebt sich die Frage, wie solchen Unruhen begegnet werden konnte, die, auch wenn sie des politischen Charakters entbehren, nicht unmittelbar auf eine Änderung oder Abschaffung der bestehenden, in der Verfassung verankerten Staatsform gerichtet sind, doch eine erhebliche Gefährdung der bestehenden staatlichen Ordnung mit sich bringen, und wie sie Belgien in Zeiten wirtschaftlicher Krisen nicht selten gesehen hat.

Soweit die Polizeigewalt der Zivilbehörden zur Unterdrückung solcher Unruhen nicht ausreicht, steht ihnen das Recht zu, direkt die force publique [36] zu requirieren. Grundsatz ist, daß die force publique nur auf Anfordern der zuständigen Zivilbehörden in Aktion treten darf [37]. Berechtigt zur Requisition von Militär sind in erster Linie der Bürgermeister, subsidiär der Arrondissements-Kommissar und der Gouverneur der Provinz [38]. Ob auch die Zentralinstanz das Recht der Requisition hat, ist bestritten; jedenfalls hat die Regierung für sich das Recht in Anspruch genommen, ohne eine Requisition seitens der unteren Instanzen und deren Erfolg abzuwarten, direkt die bewaffnete Macht einzusetzen, so zum Beispiel

---

[35]) Vgl. Tribunal d'Appel de Katanga. 2 IX 1916. (Le droit et la guerre I S. 32 f.: Que c'est ainsi que, quoique l'article 130 de la Constitution déclare que la constitution ne peut jamais être suspendue en tout ou en partie et que, partant, l'état de siège ne peut être proclamé en Belgique, il est cependant reconnu que, si une ville est investie ou assiégée, l'état de siège existe en fait, et que, comme conséquence de ce fait, les garanties constitutionnelles sont suspendues.

[36]) force publique umfaßt garde civique, armée und gendarmerie nationale.

[37]) Vgl. Errera a. a. O. S. 214; Giron a. a. O. v. force publique, Nr. 8. Tribunal civil Brüssel, Belgique judiciaire XII, S. 111.

[38]) Vgl. Orban a. a. O. II S. 175, Errera, Traité, S. 310.

im März 1886 anläßlich schwerer Ausschreitungen streikender Arbeiter im Hennegau, was zu eingehenden Diskussionen im Parlament Veranlassung gab. Auf die Streitigkeiten über diese und verschiedene damit zusammenhängende Fragen, die zum Teil allerdings nur Streitigkeiten über die rechtliche Begründung der an sich nicht bestrittenen Befugnis der Regierung zum direkten Eingreifen sind, kann hier nicht näher eingegangen werden; es sei auf die Arbeit von Bernimolin, Réquisition de la force publique en cas de troubles [39]) und die Ausführungen von Pety de Thosée [40]) verwiesen.

Abgesehen von diesem Fall ist der Grundsatz der Abhängigkeit des Eingreifens des Militärs von der Requisition durch die Zivilbehörden in ministeriellen Zirkularen auch in innerpolitisch unruhigen Zeiten (1834/35) und Zeiten wirtschaftlicher Not (1845/47) betont worden [41]). Ein Gesetzentwurf über die öffentliche Sicherheit, den die Regierung am 15. Mai 1834 einbrachte und der in seinem Art. 11 mit diesem Grundsatz brach, indem er den Militärbefehlshabern die Befugnis zum unmittelbaren Eingreifen gab [42]), wurde zurückgezogen, da er keine Aussicht auf Annahme im Parlament hatte. Die ganze Frage ist eingehend behandelt in einer Anzahl in der „Belgique judiciaire" erschienener Aufsätze [43]).

Veranlassung gaben zwei Einzelfälle, der Prozeß gegen den General Chazal, der einen Zivilisten, von dem er sich beleidigt glaubte, durch einen Soldaten hatte festnehmen lassen, und die Maßnahmen des Generals Capiaumont anläßlich von Unruhen in Gent am 30. Mai 1857, wodurch er in Konflikt mit der Kommunalverwaltung geriet. Das Prinzip stellt noch einmal ein Brief Leopolds I. an den General Chazal vom 1. Mai 1861 fest, aus dem Giron (a. a. O., S. 101) den Satz zitiert: „Im allgemeinen muß jeder Bürgerkrieg durch die Ortspolizei mit Unterstützung der Bürgerwehr unterdrückt werden. Die Truppe darf erst eingesetzt werden, wenn diese Kräfte geschlagen sind." Selbständiges Eingreifen des Militärs ist nur beim Vorliegen

---

[39]) Revue de l'administration et du droit administratif de la Belgique 1887, S. 474.

[40]) Ebenda S. 892, S. 275.

[41]) Zirkulare des Justizministers vom 10. März 1834, des Kriegsministers vom 29. November 1845, 9. März 1847.

[42]) Art. 11: Si aucun officier civil ne se présente pour faire les sommations, et qu'il y ait nécessité d'agir immédiatement pour le maintien de l'ordre public, l'officier commandant remplira les formalités et règles tracées aux art. 9 et 10.

[43]) X, 1153, 1249, XIII, 1379, XIV, 449, 466, 482, XV, 1133, 1281, 1425, XVI, 67, 1073.

eines „flagrant délit" oder in Ausübung der „défense légitime" zulässig [44]).

Ist die Requisition einmal erfolgt, so wird die Art der Durchführung der Militäraktion vom Militärbefehlshaber nach militärischen Gesichtspunkten bestimmt. In dieser Hinsicht verliert die Zivilbehörde jede Möglichkeit der Einwirkung [45]). Aber sie hat es in der Hand, der Aktion des Militärs ein Ende zu machen durch die Mitteilung an den Militärbefehlshaber, daß das Militär nicht mehr benötigt werde [46]).

III. Ermächtigungsgesetze.

Müßte man auch ein Gesetz, welches den politischen Belagerungszustand verhängt, als verfassungswidrig ansehen [47]), so könnte man doch daran denken, durch ein Ermächtigungsgesetz zum Zwecke der Abwendung der Verfassung drohender Gefahren die Befugnisse der Exekutive und der Legislative in der Hand der ersteren zu vereinigen und so auf einem formalrechtlich nicht zu beanstandenden Weg zu einem Ausnahmezustand zu kommen. Denn es würde schließlich praktisch auf dasselbe herauslaufen, ob der König als Herr des Ausnahmezustandes innerhalb seiner Ermessensfreiheit eine Maßnahme trifft, die die Normen der Verfassung durchbricht, oder ob er als Delegierter der gesetzgebenden Gewalt dieselbe Maßnahme durch eine eigens dazu geschaffene Rechtsnorm juristisch unterbaut. Inwieweit eine solche Delegation nach der belgischen Verfassung und dem sie beherrschenden Prinzip der Teilung der Gewalten zulässig ist, ist schwer zu entscheiden. Zwar läßt Art. 78 die Möglichkeit eines solchen Gesetzes zu, indem er voraussetzt, daß durch ordnungsmäßig ergangene Gesetze dem König besondere Befugnisse übertragen werden: „Der König hat keine anderen Befugnisse als die, welche ihm formell die Verfassung und die einzelnen, auf Grund der Verfassung ergangenen Gesetze zuweisen." [48]) Aber die Frage ist hier, ob das Parlament Gesetze erlassen darf, durch die es seine Gesetzgebungsbefugnis delegiert, ob es, selbst ein vom „pouvoir constituant" delegierter „pouvoir constitué", das Grundprinzip

---

[44]) Über beide Begriffe vgl. Revue de l'administration 1903, S. 193 ff. Giron a. a. O. 1104 Z. 8.

[45]) Vgl. Belgique judiciaire, XIV, S. 458; Giron a. a. O. S. 101. Circular 6. Dezember 1857.

[46]) Bernimolin a. a. O. S. 483.

[47]) Errera, Traité, S. 19.

[48]) Le roi n'a d'autre pouvoir que ceux que lui attribuent formellement la constitution et les lois particulières portées en vertu de la constitution même.

der Teilung der Gewalten durchbrechen kann, ob es die Schranken, die der Tätigkeit des Königs gesetzt sind, erweitern darf, oder konkreter, ob es an Art. 67 [49]) gebunden ist, der dem König untersagt, Gesetze zu suspendieren oder Befreiung davon zu gewähren, Nur in seltenen Fällen kann, wenn die Ermächtigungsgesetzgebung überhaupt einen Zweck haben soll, der Ermächtigte es vermeiden, bestehende Gesetzesbestimmungen anzutasten.

Ermächtigungsgesetz vom 4. August 1914.

Vor 1914 ist eine Delegation nur in gewissen Grenzen erfolgt. Sie beschränkte sich auf Maßnahmen mehr technischer Natur [50]). Dies änderte sich mit dem Ausbruch des Krieges. Bereits am 4. August 1914 erging ein Gesetz, (Pasinomie belge, 1914, S. 454) durch welches dem König für die Zeit der Kriegsdauer gewisse Befugnisse übertragen wurden, die die Möglichkeit einer Änderung der bestehenden Gesetze enthielten [51]). Das Gesetz war einstimmig angenommen worden, ohne daß man sich darüber Rechenschaft gab, ob eine solche Delegation nach der Verfassung zulässig sei oder nicht. Soweit festzustellen, ist die Gültigkeit dieses Gesetzes vor den Gerichten nie in Zweifel gezogen worden, trotzdem man ihm eine weite Auslegung gab und sogar im Gegensatz zu früher [52]) die Festsetzung von Strafbestimmungen durch den König für zulässig erachtete [53]).

Dies ist allerdings insofern nicht verwunderlich, als den Gerichten die Nachprüfung der Verfassungsmäßigkeit der Gesetze entzogen

[49]) Art. 67: Il fait les règlements et arrêtés nécessaires pour l'exécution des lois sans pouvoir jamais ni suspendre les lois elles-mêmes ni dispenser de leur exécution.

[50]) Vgl. Errera Staatsrecht S. 56, S. 73, Traité S. 124; Thonissen a. a. O. Nr. 291 ff., S. 215 f.

[51]) Prendre toutes mesures généralement quelconques destinées a assurer ou à faciliter l'alimentation des populations et réprimer l'accaparement, notamment fixer le prix des denrées et marchandises de première nécessité et permettre aux autorités provinciales et communales de les réquisitionner aux prix fixés pour les mettre à la disposition des habitants ou les vendre à ceux-ci au prix coûtant; Fixer les peines applicables aux accapareurs, prescrire la confiscation et déterminer l'emploi des marchandises et denrées confisquées; Mettre à la disposition des provinces et des communes les fonds nécessaires pour l'accomplissement de leur mission; suspendre l'exécution des obligations civiles et commerciales; pourvoir, en dehors des règles établies par la loi du 15 juin 1899, à la composition de la cour militaire.

[52]) Orban a. a. O. II S. 263.

[53]) Cour de cassation, (2e Ch. 28. 4. 1915.) Pasicrisie belge 1916/16, I. S. 132: Attendu qu 'il ressort de ce texte que le roi a reçu une délégation spéciale comportant la faculté de légiférer d'une façon absolue au lieu et place du parlement pour prendre, sous la garantie du contreseing ministériel, toutes les mesures quelconques qui lui paraîtraient propres à atteindre le but de la loi.

ist. (Vgl. Justice de paix de Schaerbeck, 21. Mai 1915, Pasicrisie belge, 1915/16, III, S. 25.) [54]) Man hat sogar bezüglich der vom König auf Grund des Ermächtigungsgesetzes erlassenen Verordnungen bisweilen das Gleiche angenommen, während im allgemeinen Art. 107 der Verfassung die Nachprüfung der Gesetzmäßigkeit von Verordnungen gestattet. In dem Urteil des Tribunal de commerce in Louvain (26. Juni 1917, Pasicrisie 1917, III, S. 304) heißt es unter wörtlicher Anführung der in Anmerkung 28 zitierten Entscheidung der Cour de cassation: „Attendu que l'arrêté royal du 14 août 1914 en tant qu'émanant du pouvoir législatif délégué au Roi, échappe à la critique des tribunaux." Auch Orban, der den König in den Fällen der Ermächtigung gewissermaßen als suppléant du législateur betrachtet, hält aber im Anschluß an Giron auch bei diesen Verordnungen die Nachprüfung durch die Gerichte auf Grund des Art. 107 für zulässig.

Bedenkt man, daß die Praxis den König auf Grund des Ermächtigungsgesetzes vom 4. August 1914 zu allen Maßnahmen ermächtigt erachtet [55]), so ist festzustellen, daß während des Krieges der König einen großen Teil der Legislative und Exekutive in seiner Person vereinigte, so daß er in Verbindung mit dem Belagerungszustand tatsächlich diktatorische Befugnisse ausübte.

---

[54]) Attendu qu'il est de doctrine et de jurisprudence constant en notre pays, basées sur l'interprétation de l'article 107 de notre Constitution, que les tribunaux belges ne peuvent, sans sortir de leurs attributions, refuser d'appliquer les lois, quand bien même elles leur paraîtraient contraires à la Constitution, à plus forte raison si elles leur paraissent inopportunes (Thonissen, Constitution belge annotée, 2e édit. n. 499; Faider, Etude sur l'application des lois inconstitutionnelles, Rev. des Rev. de droit, t. XIV, p. 130 et s., Giron, Droit administratif — n° 100; Giron, Droit public, n° 177; Giron, Dict. de droit admin. et de droit public. v. Pouvoir, n° 5; Pand. belges, v^is Compétence civile (en gén.) n°s 28 et 29 Compét. respect. de l'administr. et des trib., n° 14; Séparat. des pouv, n°s 180, 540; cass., 23 juillet 1849, Pasic., 1849, I, 443; Bruxelles, 7 juillet 1847, Belg. jud., 1847, col. 1006; trib. Hasselt, 22 juillet 1848, ibid., 1848 col. 1027; Gand, 13 mars 1878, Scheyven, Rec. de droit élect., III. 192; trib. Termonde, 25 avril 1891, Pand. pér. N° 884; trib. Bruxelles 1re ch., 22 avril 1915, al. 8, in fine. (vgl. ferner Errera a. a. O. S. 141; Orban III, 76. Van den Bossche, La Loi des „Pleins pouvoirs" et l'avenir du Régime Parlementaire, Belgique judiciaire 1926 S. 578 ff. tritt für eine Erstreckung des richterlichen Prüfungsrechts auf die Verfassungsmäßigkeit der Gesetze ein, wobei er bemerkt, daß die Verfassung dem nicht entgegenstehe.

[55]) Das Urteil vom 10. Juni 1919 der Cour d'Appel in Lüttich (im Auszug wiedergegeben in einem Urteil des Tribunal civil von Lüttich vom 21. Febr. 1919, Pasicrisie belge 1919, III. 138) führt aus: „L'esprit de la loi du 4. aout 1914 a été de conférer au Roi pendant la durée de la guerre le droit de prendre seul les mesures législatives que les circonstances rendraient nécessaires.

Eine gleichfalls sehr weitgehende Ermächtigung enthält das Gesetz vom 16. Juli 1926, welches zum Zwecke der Wiederherstellung einer ordentlichen Finanzlage und der Stabilisierung den König zu einer Reihe von Maßnahmen ermächtigte, die eine Außerkraftsetzung und Neuschaffung von Rechtsnormen durch den König ermöglichten[56]. Kann es auch manchmal zweifelhaft sein, ob eine bestimmte Regelung in die Zuständigkeit der Legislative oder der Exekutive fällt, mag eine Abgrenzung zwischen beiden Zuständigkeiten theoretisch überhaupt nicht zu finden sein, so ist es doch vom Standpunkt der in der belgischen Verfassung getroffenen positiven Regelung, selbst wenn man davon ausgeht, daß es Aufgabe des Parlaments ist, seine eigene Zuständigkeit und damit auch die der Exekutive zu bestimmen, nicht zu bezweifeln, daß hier materiell eine Delegation der Legislative an die Exekutive vorliegt[57]. Daran ändert nichts, daß man die Überschrift des Entwurfs „Projet de Loi relatif à des délégations à accorder au Roi" auf Vorschlag der Section centrale der Kammer durch „Loi relatif à certaines mesures à prendre en vue de l'amélioration de la situation financière", ersetzte, um anzudeuten, daß es sich nur um eine Erweiterung der Kompetenz der Exekutive,

[56]) En vue de poursuivre le relèvement financier du pays, et la préparation de la stabilisation monétaire, le Roi peut, dans telle mesure qu'il déterminera et pendant un délai de six mois: Modifier ou compléter toutes dispositions en vigueur concernant la circulation fiduciaire; Contracter des emprunts, en régler les modalités, établir toutes exemtions fiscales y afférentes et prendre toutes mesures aux fins d'éviter ou de réduire l'inflation, de parer aux conséquences de celle-ci et d'assurer le rapatriement des capitaux; Approuver toutes modifications, dérogations ou additions aux statuts de la Banque Nationale qui seraient requises pour la réalisation des objets prévus par le présent article; Affecter des coefficients de majoration des droits, taxes et impôts de toutes natures, de manière à maintenir, s'il y a lieu, le niveau de leur rendement; Reconnaître la validité des stipulations sur la base de l'or dans tous les actes publics ou privées; Préscrire toute règle propre à rétablir la fixité des évaluations portées aux aliénations des biens domaniaux; Régler la liquidation, la vente et la disposition des biens des ressortissants ex-ennemis mis sous séquestre; Prendre toutes mesures destinées à réprimer les avis ou informations de nature à ébranler le crédit de l'Etat; Prendre toutes mesures relatives au ravitaillement de la population, et à la réduction de la consommation des produits de luxe; Edicter tous moyens de contrôle rigoureux sur le commerce des devises étrangères. La présente loi sera obligatoire le jour même de sa publication.

[57]) A. A. Vauthier, Berichterstatter im Senat (15. VII. 1926 Compte rendu analytique S. 423). Er gibt allerdings zu, daß die Maßnahmen, zu denen die Regierung ermächtigt werde, im gewöhnlichen Verlauf der Dinge von der Legislative getroffen würden, fährt dann aber fort: „Toutefois, il n'en est pas une seule qui, par sa nature, ne puisse rentrer dans la compétence du pouvoir administratif." Dagegen van den Bossche a. a. O. S. 582.

nicht um eine Übertragung von Gesetzgebungsbefugnissen an diese handle, und um eine Diskussion über die Verfassungsmäßigkeit des Gesetzes zu vermeiden [58]). Aber, wie van den Bossche [59]) mit Recht ausführt, ist das sachlich kein Gegensatz, sondern nur dieselbe Sache, von zwei verschiedenen Seiten gesehen. Wenn Jaspar auch in der Kammer ausführte, daß das Ermächtigungsgesetz sich im Rahmen der Verfassung halte, so wurden doch in der Diskussion Stimmen laut, die von Diktatur sprachen [60]) und vor allem die Freiheit der Meinungsäußerung für bedroht hielten, ja die Wiedereinführung der Zensur befürchteten [61]).

Die Annahme des Gesetzes zeigt jedenfalls, daß materiell eine Delegation der gesetzgebenden Gewalt in weiterem Maße als früher für zulässig gehalten wird. Immerhin muß betont werden, daß eine Delegation jedenfalls dann verfassungswidrig ist, wenn sie generell ist, nicht für einen bestimmten Zweck und unter Angabe der zu diesem Zweck verliehenen Befugnisse erteilt wird [62]). Die Kriegsrechtsprechung geht hier wohl etwa zu weit.

IV. Das „Notrecht“.

Es können Fälle vorkommen, in denen unter besonderen Umständen die Regierung gezwungen ist, ihre Befugnisse zu überschreiten, Verfassungsbestimmungen zuwiderzuhandeln. Die Maßnahmen, die in solchen cas de force majeure [63]) von der Regierung getroffen werden, sind verfassungswidrig, selbst wenn sie zur Aufrechterhaltung der Verfassung unbedingt notwendig waren. Ein droit de nécessité, das in jeder Verfassung implicite, wenn nicht ausdrücklich, enthalten sei, wird von Orban [64]) heftig bekämpft. Errera [65]) führt aus, daß für diese Fälle die Möglichkeit einer Indemnitätsbill bestehe, z. B. wenn die Formalitäten des Requisitionsrechts und die Proklamation des Standrechts undurchführbar ge-

---

[58]) Carton in dem Bericht der section centrale (Annales parl. S. 2174) „Il n'est pas apparu à la section centrale que le projet de loi pourrait encourir une critique d'ordre juridique ou constitutionnel. Toutefois, afin d'éviter une équivoque, il a paru préférable d'écarter le mot "délégation" contenu dans le titre du projet de loi . . . .“

[59]) a. a. O. S. 582.

[60]) Annales parlementaires S. 2175, 2180.

[61]) van Overstraaten a. a. O. S. 2180.

[62]) Im Anschluß an die französische Theorie van den Bossche a. a. O. S. 584; vgl. auch Dievoet, Annales parlementaires S. 2177.

[63]) Orban a. a. O. S. 334.

[64]) Orban a. a. O. II S. 253.

[65]) Traité S. 19.

wesen seien; dabei sei nicht einmal ein formelles Gesetz erforderlich, sondern es genüge, wenn das Parlament in irgendeiner Form die getroffene Maßnahme sanktioniere. Er verweist auf die Ereignisse des Jahres 1831 [66]). Damals habe der König französische Truppen einrücken lassen, ohne gemäß Art. 121 der Verfassung zunächst ein diesbezügliches Gesetz herbeigeführt zu haben. Die Antwort der Kammer auf die Thronrede genüge als Genehmigung [67]). Als weitere Beispiele aus neuerer Zeit wären zu erwähnen die nachträgliche Sanktion einiger königlichen Verordnungen durch Art. 4 des Gesetzes vom 4. August 1914 [68]); als Beispiel einer Verfassungsdurchbrechung die Verlegung des Sitzes der Regierung nach Ostende und die unter Erlaß einer Proklamation (Pasinomie, 1914, S. 476) erfolgte Übersiedlung nach Le Havre, Maßnahmen, die dem Art. 126 der Verfassung widersprechen, nach welchem Brüssel der Sitz der Regierung ist.

Die Annahme eines Indemnitätsgesetzes hat — das ist allerdings bestritten [69]) — nicht die Wirkung, nachträglich den unzulässigen Akt zu einem rechtmäßigen zu machen — das Parlament könnte das gar nicht, soweit es sich um Verfassungsverletzungen handelt, — sondern bedeutet nur einen Verzicht des Parlaments auf sein Recht, die Minister zur Verantwortung zu ziehen [70]). Höchstens kann in der nachträglichen Sanktion des Aktes, wenn sie in Gesetzesform erfolgt, der Erlaß eines Gesetzes gleichen Inhalts liegen.

Notstand und Ausnahmezustand.

Der Zusammenhang zwischen Notstandshandlungen und Ausnahmezustand im eingangs erwähnten Sinne ist klar: die Notstandshandlung ist stets verfassungswidrig, der Ausnahmezustand verfassungsgemäß. Praktisch stellt der durch die Verfassung vorgesehene Ausnahmezustand eine Einschränkung der Notstandsfälle dar. Denn während ohne ihn beim Vorliegen eines Notstandes tatsächlich alles dem Belieben der Exekutive überlassen bleibt, wird sie durch die Regelung des Ausnahmezustandes auch unter anormalen Verhältnissen — es werden nur sehr wenige äußerste Fälle sein,

---

[66]) Vgl. Orban a. a. O. I S. 334.

[67]) Die Antwort enthält darüber nur folgende Bemerkung (Pasinomie belge, II, 1831/32, S. 142): s'il faut vivement regretter que l'imminence du danger n'ait pas permis au gouvernement de réunir les mandataires de la nation pour sanctionner, comme ils l'eussent fait, les mesures commandées par le salut de l'Etat, la Belgique n'en a pas moins vu avec reconnaissance qu'au premier signal elle pouvait compter sur l'amitié du peuple français et sur le soutien de son puissant monarque.

[68]) Vgl. auch Revue de l'administration 1919 S. 204.

[69]) Nicht ganz deutlich Errera, Traité a. a. O. S. 19.

[70]) Orban a. a. O. II S. 255.

die sich einer generellen Regelung überhaupt entziehen — an bestimmte Normen gebunden, und es werden so auch für diese Verhältnisse gewisse, wenn auch minimale Rechtsgarantien geschaffen. Nur soweit die Innehaltung dieser Normen durch besondere Umstände unmöglich wird, kann von einem Notstand die Rede sein, und die Regierung, die unter Berufung auf einen solchen dem Parlament gegenüber für eine Überschreitung ihrer Befugnisse, z. B. eine Verfassungsverletzung, Indemnität nachsucht, wird viel schwerer die Notwendigkeit der Überschreitung solcher auf Ausnahmetatbestände zugeschnittener Sonderregeln nachweisen, als die Durchbrechung der für den Normalfall gegebenen Normen rechtfertigen können.

V. Die arrêtés-lois während des Krieges und das Gesetz vom 4. 8. 1914.

Die außergewöhnlichen Verhältnisse des Krieges haben eine andere Erscheinung gezeitigt, eine besondere Gesetzgebungsbefugnis des Königs, die, zunächst aus einem Notstand hervorgegangen, nachträglich aus der Verfassung gerechtfertigt wird.

Nach der Übersiedlung der Regierung nach Le Havre handelte es sich darum, die Erhebung von Steuern, die nach der Verfassung Art. 111 durch jährliches Gesetz festgelegt werden müssen, für das Jahr 1915 sicherzustellen. In dem Rapport des Finanzministers (Pasinomie 1914, S. 482) heißt es: „Die Verfassung ist durch die Macht der Verhältnisse zwar nicht suspendiert, aber in einigen ihrer Bestimmungen undurchführbar. Insbesondere kann die gesetzgebende Gewalt nicht gemäß den Verfassungsvorschriften funktionieren. Bei der Unmöglichkeit, Kammer und Senat zu versammeln, kann nur ein einziger der drei Träger dieser Gewalt handeln: Der König. Für die Materien, bei denen die Mitwirkung der gesetzgebenden Gewalt erforderlich ist — so bei der jährlichen Ermächtigung zur Erhebung der Steuern und der Festsetzung des Staatsbudgets —, gibt es keine andere Lösung, als es dem König allein zu überlassen, Vorsorge zu treffen. So rechtfertigen sich die beiden Verordnungsentwürfe, die ich Ew. Majestät zu unterbreiten die Ehre habe“ [71]).

[71]) „La constitution est, de par la force des circonstances, non point suspendue, mais inexécutable dans certaines de ses dispositions. Le pouvoir législatif, notamment, ne peut fonctionner selon les prescriptions constitutionnelles. Dans l'impossibilité où l'on se trouve de réunir la Chambre des représentants et le Sénat, une seule des trois branches de ce pouvoir peut agir: le Roi. Pour les matières où l'intervention du Pouvoir législatif est exigée, — telles l'autorisation annuelle de percevoir les impôts et la fixation du budget des dépenses de l'Etat, — il n'y a dès lors d'autre solution que de laisser au Roi

Daraufhin erläßt der König zwei arrêtés-lois vom 26. Dezember 1914, die folgende Präambel haben:

Vu l'art. 111 de la constitution; considérant qu'il est indispensable de renouveler, pour l'année 1915 l'autorisation de percevoir les impôts au profit de l'Etat; vu l'impossibilité de réunir les chambres; sur la proposition de Notre conseil des ministres, nous avons arrêté et arrêtons ...

Mit der gleichen Begründung werden eine ganze Reihe von arrêtés-lois erlassen, darunter das sehr wichtige vom 11. Oktober 1916 über den état de guerre und den état de siège (vgl. unten), ferner ein weiteres vom 11. Oktober 1916 „relatif au crimes et délits contre la sûreté extérieure de l'Etat" (Pasinomie 1916, S. 52). Dabei zeigt sich zunächst eine gewisse Unsicherheit über die Rechtsnatur dieser Arrêtés und ihre Zulässigkeit, die äußerlich schon darin hervortrat, daß ein Teil von ihnen die spätere Genehmigung durch das Parlament vorsah. (Le droit et la guerre I, S. 7 ff.) Allmählich erst wird die Form einheitlich, je mehr gerichtliche Entscheidungen sich für die Gültigkeit der arrêtés-lois ausgesprochen hatten. Auch in der Literatur ist die Frage erörtert. Die Begründungen der zahlreichen Entscheidungen [72]) schwanken. Man führt sie zum Teil auf ein „droit de nécessité" zurück und gibt zu, daß es sich um formell verfassungswidrige Handlungen der Regierung handele [72a]), die aber durch die approbation générale sanktioniert wären, wobei dann auf die Möglichkeit eines Indemnitäts-Gesetzes verwiesen wird [73]). Das tribunal civil in Lüttich hat in einem Urteil vom 21. Februar 1919, welches die Gültigkeit des arrêté-loi vom 10. November 1918, betreffend die Sequestration feindlichen Vermögens, anerkannte und sich eingehend mit der Rechtsnatur der arrêtés-lois beschäftigt, sich in ähnlichem Sinne geäußert [74]).

---

seul le soin de disposer. Ainsi se justifient les deux projets d'arrêté que j'ai l'honneur de soumettre à Votre Majesté."

[72]) Die während des Krieges ergangenen in „Le Droit et la guerre". Die ersten Gerichte, die die Frage der Gültigkeit bejahten, waren die Cour militaire de Belgique (9. 9. 1916) und das Tribunal d'appel in Katanga (2. 9. 1916) letzteres mit sehr eingehender Begründung.

[72a]) Bezüglich des arrêté-loi vom 11. Oktober 1916 wird dies ausdrücklich zugegeben. Revue l'administration 1919, S. 205.

[73]) Vgl. Wauwermans, Revue de droit belge, Bd. VI, S. 262.

[74]) Vgl. Pàsicrisie belge 1919, S. 137:

„Attendu que l'arrêté-loi du 10 novembre 1918 ne peut pas être regardé comme un arrêté régulier du pouvoir exécutif, puisqu'il n'est pas pris en exécution d'une loi;

Que ce n'est pas un arrêté rentrant in terminis dans les pouvoirs spéciaux donnés au Roi, par la loi du 4 août 1914, „concernant les mesures urgentes nécessitées par les éventualités de la guerre", puisque la mise sous séquestre

Anders drückt sich die cour de cassation im Urteil vom 11. Februar 1919 über die Gültigkeit des arrêté-loi vom 11. Oktober 1916 aus [76]). Hier wird die Befugnis des Königs auf die Verfassung gestützt. Im Falle der Unmöglichkeit, alle drei gesetzgebenden Faktoren zu vereinigen, sind die handlungsfähigen von ihnen allein zur Gesetzgebung berufen. (Vgl. Bemerkungen zu diesem Urteil in Belgique

des biens ennemis ne rentre dans aucune des catégories visées à l'article 1er de cette loi;

Que cet arrêté n'est pas davantage une loi émanant du pouvoir législatif régulièrement établi par les articles 25 et 26 de la Constitution;

Mais, attendu qu'il résulte du préambule de cet arrêté, qu'il a été pris dans des circonstances exceptionnelles;

qu'à cette époque du 10 novembre 1918, les Chambres législatives ne pouvaient être réunies; qu'il importe donc de rechercher la force obligatoire de cet arrêté-loi;

Attendu qu'on peut admettre avec la cour d'appel de Liège, dans un arrêt du 10 janvier 1919, que „l'esprit de la loi du 4 août 1914 a été de conférer au Roi, pendant la durée de la guerre, le droit de prendre seul les mesures législatives ques les circonstances rendraient nécessaires";

Attendu, au surplus, que la loi régulièrement faite n'est pas la seule forme que le droit puisse prendre pour se manifester dans l'Etat; qu'en effet, le droit est antérieur à la loi, peut être imaginé sans la loi, et peut sortir des situations de fait;

Que, notamment, lors de cataclysmes semblables à celui qui a fondu sur la Belgique pendant la grande guerre, le droit belge ne pouvait revêtir les formes législatives ordinaires organisées dans la Belgique libre; mais qu'il n'était pas, pourtant, simplement subjectif, car il avait revêtu des formes encore simplistes mais admises par le commun accord national:

Attendu que pour énerver la valeur législative de ce droit, les demandeurs font plaider qu'il est révolutionnaire;

Attendu que ce n'est pas là un reproche qui peut toucher les Belges qui ont conquis le droit de faire les lois par la Révolution de 1830, basée elle-même sur les principes des révolutions belges et françaises de la fin de XVIIIe siècle;

Que ce peut être vrai si on considère la révolution comme un effort que fait la société pour revenir à l'ordre et pour faire triompher le droit, mais que c'est faux si on veut y voir une révolte contre la légalité;

Attendu que le droit relatif aux séquestres, et que le gouvernement belge a voulu instaurer, ne pouvait pas être régulièrement législationné; que, d'autre part, le gouvernement ne voulait pas le baser uniquement sur la force; qu'il s'est donc adressé au pouvoir émetteur de la loi qui pouvait le mieux exprimer la volonté de la Nation, dont émanent tous les pouvoirs gouvernementaux (voy. tribunal d'appel du Katanga, 2 septembre 1916, le droit et la guerre, 1917 p. 32)."

Ähnlich auch Conseil de guerre de la Base de Calais, 26. Mai 1917 (De Jongh et Yseux, Le droit et la guerre, I. S. 208).

[76]) „Sur la légalité de l'arrêté-loi du 11 octobre 1916:

Attendu qu'aux termes de l'article 25 de la Constitution, le pouvoir législatif s'exerce collectivement par le roi, la Chambre des représentants et le Sénat;

judiciaire [76].) Die Bedeutung dieser Entscheidungen ist nicht zu unterschätzen. Trotzdem einige arrêtés-lois die Genehmigung des Parlaments ausdrücklich vorsahen, z. B. das vom 5. Januar 1916 (Pasinomie 1916, S. 1) ist keine dieser Kriegsverordnungen dem Parlament zur Genehmigung vorgelegt worden. Noch weiter als die Cour de cassation geht van den Bossche, der annimmt, daß bei der Unmöglichkeit, die Gesetze auf verfassungsmäßigem Wege zustande zu bringen, die Executive „pleins pouvoirs" erhalte und ihrerseits Rechtsnormen, wirkliche Gesetze erlassen könne, die einer Genehmigung durch das Parlament nicht bedürften [77].

Gesetz vom 4. August 1914 über die Delegationen im Falle feindlichen Einfalls.

Während so im vom Feinde nicht besetzten Gebiet die Regierung einen Machtzuwuchs erfuhr, hatte man für vom feindlichen Einfall

---

Attendu que si, en temps normal, les Chambres partagent l'attribut législatif avec le roi, la Constitution suppose que la Nation dont, comme le proclame l'article 25, émanent tous les pouvoirs, soit à même d'exercer sa souveraineté par les représentants qu'elle a élus.

Qu'en réglant ensuite les mesures à prendre à la mort du roi et en cas de minorité de son successeur ou de vacance de trône, elle marque que le pouvoir législatif continue à s'exercer tant que subsiste la Nation ele-même et que s'il est paralysé dans une de ses branches, il appartient aux deux autres d'y pourvoir;

Attendu qu'il importait d'assurer, comme le voulaient les Constituants, au fonctionnement du pouvoir législatif cette permanence sans la quelle l'administration du pays et son existence même seraient compromises, et que, comme le disait encore le ministre, „dans l'impossibilité où l'on se trouvait de réunir la Chambre des représentants et le Sénat, une seule des trois branches de ce pouvoir pouvait agir: „le Roi";

Attendu que c'est donc par application des principes constitutionnels que le roi, resté seul organe du pouvoir législatif ayant conservé la liberté d'action, a, sous la responsabilité de ses ministres, pris, par l'arrêté-loi du 11 octobre 1916, les dispositions que commandaient impérieusement la défense du territoire et les intérêts vitaux de la Nation et décrété, par l'article 2 de l'arrêté-loi du 8 avril 1917, qu'elles sont obligatoires dans toute l'étendue du royaume et que les autorités administratives et judiciaires en poursuivront l'application au fur et à mesure de la libération du territoire et sans nouvelle publication."

[76]) „A elles seules les Chambres ne pourraient faire une loi, non plus que le roi ne le pourrait isolément. Mais lorsque des événements de force majeure, révolutionnaires ou autres, viennent séparer les trois éléments qui devaient être réunis, l'essence même du pouvoir législatif commande la validité des actes législatifs émanant de celui ou de ceux d'entre eux qui peuvent encore agir comme organes de la souveraineté nationale. Ce n'est donc pas seulement la force des choses, le cas de nécessité qui justifie alors l'action séparée de démembrement de l'autorité législative, c'est la nature propre de celle-ci tant qu'elle est subsistante."

[77]) Vgl. van den Bossche a. a. O., S. 580.

betroffene Gebiete eine Regelung durch das Gesetz vom 4. August 1914 [78]) getroffen. Es sah für den Fall der Invasion die administrative Selbständigkeit der Provinzen und Kommunen vor, also nicht eine Zentralisierung, wie beim Belagerungszustand, sondern eine vollkommene Dezentralisierung, eine Übertragung der Befugnisse der Regierung auf die Provinzen und Kommunen, in der Weise, daß beim Ausfall der Organe der Zentralregierung die Selbstverwaltungskörper selbständig handeln konnten [79]). Die Gefahren einer solchen Regelung, die, einzig in ihrer Art, als äußerste gesetzliche Maßregel gegenüber dem drohenden Einmarsch gedacht war und durch Verordnung des deutschen Generalgouverneurs vom 3. 12. 1914 wieder aufgehoben wurde, liegen auf der Hand, selbst in einem Lande mit so alten Traditionen kommunaler Selbständigkeit, wie sie in Belgien gegeben sind.

VI. Kriegs- und Belagerungszustand im Weltkrieg.

Man hatte sich bei der Frage der Verfassungsmäßigkeit der Dekrete von 1791 und 1811 im allgemeinen auf die Erörterung der Zulässigkeit des politischen Belagerungszustandes beschränkt; man konnte dies um so eher, als der Kriegsfall seit den dreißiger Jahren nicht eingetreten war und die völkerrechtliche Sonderstellung Belgiens ihn wenig wahrscheinlich machte; soweit er überhaupt erörtert wurde, hielt man die Verhängung des Belagerungszustandes für zulässig, ging aber wohl dabei häufig, so z. B. Thonissen a. a. O. S. 282, von einer Gleichstellung des Kriegsfalls mit dem effektiven Belagerungszustand aus. Eine einheitliche Auffassung ist nicht festzustellen.

Erklärung des Belagerungszustandes.

Der Ausbruch des Krieges macht das Problem der Verfassungsmäßigkeit der alten Dekrete, jetzt als ein allgemeines, wieder akut. Die ersten Arrêtés royaux tragen deutliche Spuren der Unsicherheit, die für die ganze Frage kennzeichnend war. Zunächst werden die befestigten Plätze Antwerpen, Lüttich, Namur als im Kriegszustand befindlich erklärt [80]); es wird auch am gleichen Tage auf Grund des Art. 53 des Dekrets von 1811 der Belagerungszustand über die Provinzen Lim-

---

[78]) Loi relative aux délégations en cas d'invasion du territoire (Moniteur 5. Aug. 1914).

[79]) Vgl. Pirenne et Vauthier, La législation et l'administration allemandes en Belgique. Histoire économique et sociale de la Guerre mondiale (Série Belge) Publications de la Dotation Carnegie, S. 4, 205.

[80]) Arrêté royal 4. Aug. 1914. Pasinomie belge 1914 S. 458.

burg, Lüttich, Luxemburg und Namur verhängt [81]); am 7. August wird er in Brabant, Hennegau, Ost- und Westflandern sowie in der Provinz Antwerpen erklärt [82]). Dabei umging man die Schwierigkeit, daß ja eine gesetzliche Regelung des Belagerungszustandes nur für befestigte Plätze bestand — das Gesetz vom 10. Fructidor kennt nur den effektiven Belagerungszustand — dadurch, daß die ganzen in Betracht kommenden Gebiete als solche für postes militaires erklärt wurden; ebenso verfuhr man später hinsichtlich des vom Feinde nicht besetzten übrigen Staatsgebietes [83]), um ein einheitliches Vorgehen im ganzen Lande mit den Mitteln des Belagerungszustandes zu ermöglichen; aber man scheute doch zunächst davor zurück, den Belagerungszustand in seiner vollen Schwere durchzuführen. So geht die Zivilgewalt in den Provinzen nicht ohne weiteres auf die Militärkommandanten über, sondern nur im Falle der Weigerung der Zivilbehörden, die vom Militärbefehlshaber für notwendig gehaltenen Maßnahmen zu treffen, soll Art. 101 des Dekretes von 1811 gelten [84]); auch in den befestigten Plätzen, in denen dies der Fall war und in denen man den Gouverneuren gemäß Art. 53 der Instruktion von 1815 freie Hand ließ [85]), verzichtete man auf die Ersetzung der ordentlichen Gerichte durch die Militärgerichte, da der Belagerungszustand nicht notwendigerweise diese Folge habe. Im wesentlichen handelte es sich also um einen état de siège limité.

Etat de siège limité.

Die Mängel der bestehenden Gesetzgebung, die auf eine Kriegführung mit ganz anderen Mitteln zugeschnitten war, traten immer deutlicher zutage. Da es an einem den neuzeitlichen Bedürfnissen entsprechenden Gesetzestext fehlte, die Geltung der veralteten Dekrete nicht unstreitig war, so ergaben sich je nach der Auffassung der in Frage kommenden leitenden Stellen verschiedene Regelungen, die zu Widersprüchen führten und das unbesetzte Gebiet der Anarchie nahe brachten. Der état de siège limité erwies sich nach der Stabilisierung der Front als unzulänglich.

---

[81]) Pasinomie belge 1914, S. 459.

[82]) Pasinomie belge 1914, S. 464.

[83]) Arrêté royal 24. Aug. 1914. Pasinomie belge 1914, S. 472.

[84]) Art. 4 der Arrêtés royaux vom 4. und 7. August. Vgl. oben Anm. 14. Das letztere enthält eine Unklarheit in dieser Hinsicht; vgl. die andere Fassung des Art. 2.

[85]) Art. 2 des erstgenannten Arrêtés: „Ils régleront tout sans avoir égard à autre chose qu'à la sécurité de leur place et à l'ordre public."

Die Neuregelung: Das arrêté-loi vom 11. Okt. 1916.

Die notwendige Neuregelung erfolgte durch das bereits erwähnte arrêté-loi vom 11. Oktober 1916, das dem König besondere Befugnisse übertrug und gewissermaßen als Ergänzung diente zu dem Ermächtigungsgesetz vom 4. August 1914, wie ausdrücklich in dem Rapport au roi (Pasinomie 1916, S. 48) hervorgehoben wird. Es ist nicht zu verkennen, daß auch dieses Arrêté-loi, aus den Bedürfnissen des Augenblicks entstanden, nicht als eine dauernde Regelung betrachtet werden kann, ist doch schon durch die unten erwähnte fast vollständige Beseitigung der Militärgerichtsbarkeit eine der wichtigsten Bestimmungen weggefallen.

VII. Das geltende Recht.

Das arrêté-loi scheidet entsprechend der historischen Entwicklung zwischen dem état de guerre und dem état de siège. Die Zweifel über die Möglichkeit eines politischen Belagerungszustandes, die auf Grund der alten Dekrete bestanden, werden dadurch ausgeräumt, daß der état de siège das Bestehen des état de guerre voraussetzt [86]). Der Kriegszustand als Folge des Krieges bedarf keiner besonderen Erklärung, er tritt aber — das arrêté-loi enthält allerdings keine ausdrückliche Bestimmung — nicht mit dem tatsächlichen Kriegsausbruch ein, sondern mit der Mobilmachung der Armee, die durch arrêté royal erfolgt (vgl. Rapport a. a. O. S. 48); er endet mit der Demobilmachung, die gleichfalls vom König selbständig angeordnet wird [86a]). Der König hat danach die Möglichkeit, den état de guerre auch über den Waffenstillstand und den Friedensschluß hinaus fortbestehen zu lassen [87]). Tatsächlich erfolgte nach Schluß des Weltkrieges die Demobilmachung erst zum 30. September 1919 (Arrêté royal 2. Juli 1919, Pasinomie 1919, S. 273) und erst dureh ein arrêté royal vom 15. September wurde der état de siège auch zum 30. Septembes 1919 aufgehoben [88]).

---

[86]) Pendant la durée du temps de guerre le roi peut, de l'avis conforme du conseil des ministres, déclarer et lever l'état de siège. Cour de Cassation (29. Juni 1920). Pasicrisie 1921, I, S. 28.

[86a]) Das stimmt überein mit der Definition der „Kriegszeit" in Art. 58 der Militärstrafprozeßordnung.

[87]) Damit zugleich auch den Etat de siège. Für den früheren Rechtszustand vgl. Haute Cour militaire, citiert bei Moreau-Dejongh a. a. O., S. 114, Anm. 1.

[88]) Cour de Cassation 29. Juni 1920 (Pasicrisie 1921, I, S. 26).

Erklärung des Belagerungszustandes.

Der Belagerungszustand muß im Gegensatz zum Kriegszustande vom König erklärt werden; auch seine Aufhebung erfolgt durch königliche Verordnung (Art. 2). Die Erklärung des Belagerungszustandes ist nicht von besonderen Voraussetzungen abhängig; es ist vielmehr dem Ermessen des Königs überlassen, ob er in der Kriegszeit von dem schärferen Mittel des Belagerungszustandes Gebrauch machen will oder nicht. Allerdings ist ein dahingehender Beschluß des Ministerrates erforderlich, der die Verantwortlichkeit des Gesamtkabinetts nach sich zieht. Dementsprechend ist gleichzeitig mit der Neuregelung vom 11. Oktober 1916 durch besonderes arrêté royal der Belagerungszustand im nicht besetzten Staatsgebiet und in den übrigen Gebietsteilen, soweit sie jeweils frei werden, erklärt worden [89]).

Wirkungen des Kriegszustandes.

Der état de guerre, der durch die Tatsache des Kriegsbeginns eintritt, erstreckt sich notwendigerweise auf das ganze Staatsgebiet, er wird charakterisiert dadurch, daß dem König die Möglichkeit gegeben wird, die „pouvoirs de police" in seiner Hand zu konzentrieren und sie seinerseits an die Gouverneure oder Arrondissements-Kommissare ohne Rücksicht auf die Kompetenz der Lokalbehörden zu delegieren. Damit soll, wie der Rapport ausführt, die unité d'action gesichert werden. Außerdem hat der König gewisse besondere Befugnisse, die in gleicher Weise für den Belagerungszustand bestehen (Art. 8, 9). Weitere außerordentliche Befugnisse, die im Belagerungszustande den vom König bezeichneten militärischen Kommandostellen zustehen, kann der König auch im Kriegszustande ganz oder zum Teil an Militär- oder Zivilbehörden übertragen, — allerdings nur auf Grund eines besonderen Ministerratsbeschlusses, Befugnisse, die in die Grundrechte eingreifen, aber nur im Hinblick auf die Landesverteidigung und die Sicherheit der Armee ausgeübt werden dürfen (Art. 1 Abs. 2, Art. 4).

Diese Bestimmung soll nach dem Rapport die Überleitung des Belagerungszustandes in den Kriegszustand erleichtern. Dadurch werden beide einander genähert und die überkommene, scharfe Scheidung zwischen ihnen zum Teil verwischt.

Wirkungen des Belagerungszustandes.

Auch die Verhängung des Belagerungszustandes bedeutet nicht eine Militärdiktatur (Rapport a. a. O. S. 48): im Gegensatz zum

---

[89]) Pasinomie 1916, S. 51.

früheren Rechtszustand bleiben die Zivilbehörden auch hier grundsätzlich in Tätigkeit. Lediglich können ihre Befugnisse hinsichtlich des „maintien de l'ordre et de la police" und des „service des voies et communications" durch den Kriegsminister oder unter dessen Leitung und Verantwortlichkeit durch die vom König bestimmten Kommandostellen ausgeübt werden. Erforderlich ist eine unverzügliche Mitteilung an die in Frage kommenden Zivilbehörden.

Verhältnis zwischen Militär- und Zivilbehörden.

Das arrêté-loi enthält sich bewußt jeder Bestimmung über die Stellung der Zivil- und Militärbehörden zueinander, da jede prinzipielle Regelung, durch die die eine oder andere gänzlich ausgeschaltet werde, in der Praxis zu Schwierigkeiten führen müsse. (Vgl. Rapport a. a. O. S. 48.) Nur hinsichtlich des Gesundheitswesens ist die Zivilbehörde verpflichtet, im Rahmen der Gesetze die Verordnungen und Reglements zu erlassen, die vom Kriegsminister oder den Militärbefehlshabern für notwendig erachtet werden. Diese können von sich aus nur Maßnahmen treffen, die für die Gesundheit der Truppe erforderlich sind (Art. 2 Abs. 2). In der Praxis scheint sich aber ein weitgehendes Zusammenwirken ergeben zu haben. So wird in einem Falle [89a]) eine Verordnung des Gouverneurs von Ostflandern, also eines Zivilbeamten, über Requisition von Milch von diesem dem Militärbefehlshaber zur Genehmigung vorgelegt, der diese erteilt. Unter außergewöhnlichen Umständen „en cas d'urgence et de nécessité", das heißt dann, wenn die Zivilbehörden nicht mehr bestehen oder nicht mehr funktionieren können, haben die Militärbefehlshaber für die Verwaltung der Gemeinden und die Ernährung der Bevölkerung Sorge zu tragen (Art. 7 Abs. 2).

Befugnisse des Königs.

Die dem König durch das Gesetz vom 4. August 1914 (vgl. oben) erteilten Ermächtigungen bestehen für den Kriegs- wie für den Belagerungszustand ohne weiteres (Art. 7 Abs. 1) neben einigen anderen (Art. 9, Art. 10).

Die außerordentlichen Befugnisse.

Neben der Möglichkeit der teilweisen Übernahme von Funktionen der Zivilbehörden gibt aber der Ausnahmezustand noch besondere Befugnisse, die im Belagerungszustand den Militärbefehlshabern zustehen, im Kriegszustande aber auch Zivilbehörden übertragen

---

[89a]) Cour d'Appel Gent 19. März 1919.

werden können (Art. 4, Art. 1 Abs. 2). Der Artikel 4 des Arrêté-loi ist nach dem Vorbild des Art. 9 des franz. Gesetzes vom 9. August 1849 gefaßt und gibt die Handhabe, unter Nichtbeachtung von Gesetzes- und Verfassungsvorschriften in bestimmter genau bezeichneter Richtung zum Zwecke der Sicherung der Landesverteidigung oder zum Schutze der Armee vorzugehen. In der Hauptsache handelt es sich um Beschränkung der persönlichen Freiheit, der Unverletzlichkeit der Wohnung, des Briefgeheimnisses und der Versammlungsfreiheit.

Preßfreiheit.

Daneben bestehen Beschränkungen der Preßfreiheit und des Rechts der freien Meinungsäußerung; (Art. 8) im Ausnahmezustand dürfen weder Zeitungen usw. verbreitet noch Äußerungen getan werden, die dem Feind Vorschub leisten oder den Geist von Heer und Volk ungünstig beeinflussen können. Und da die Regierung im voraus Maßnahmen treffen kann, um dies zu verhindern (Art. 8 Abs. II), so ist klar, daß sie unter Durchbrechung des Art. 18 der Verfassung [90]) die Zensur wieder einführen kann.

Der Charakter dieser ganzen Bestimmungen als einer Ausnahmeregelung ist nicht verkannt worden; wenn man auch an der Gültigkeit des Arrêté-loi nicht zweifelte, oder doch zum mindesten die Gerichte die Verfassungsmäßigkeit nicht nachprüften, so ist doch auch von Militärgerichten betont worden, daß die Bestimmungen einschränkend auszulegen seien [91]).

Wirkung genereller Maßnahmen.

Die auf Grund des Ausnahmezustandes erlassenen Verordnungen suspendieren die Bestimmungen von Reglements und Ordonnanzen, die mit ihrem Inhalt unvereinbar sind. Da diese Verordnungen nur für die Dauer des Ausnahmezustandes erlassen werden, so ergibt sich, daß die alten Regelungen mit dem Ende des Ausnahmezustandes wieder in Kraft treten.

---

[90]) La presse est libre; la censure ne pourra jamais être établie; il ne peut être exigé de cautionnement des écrivains, éditeurs ou imprimeurs.

[91]) Conseil de guerre de la 3e D. A. 25. Mai 1918 (Le droit et la guerre II, S. 1198):

„Attendu d'autre part, qu'il résulte des considerations du rapport susdit que l'arrêté-loi en question ne constitue qu'une disposition exceptionnelle et temporaire dont l'interprétation et l'application doivent, en conséquence, se faire dans un sens étroit."

Das materielle Strafrecht.

Das materielle Strafrecht bleibt im allgemeinen unverändert. Dabei ist allerdings zu beachten, daß eine ganze Anzahl von Strafbestimmungen als Tatbestandsmerkmale strafbarer Handlungen die Tatsache voraussetzt, daß die betreffenden Handlungen in Kriegszeiten begangen sind. Eine besondere Strafbestimmung ist für die Zuwiderhandlungen gegen Art. 8 aufgestellt (Art. 11 Abs. I).

Zu erwähnen ist schließlich noch die Schutzbestimmung des Art. 4 Abs. III, welche die Wirkung der notwendigen Verletzung des Briefgeheimnisses abschwächen soll.

Der Militärbefehlshaber kann zwar für Zuwiderhandlungen gegen von ihm erlassene Anordnungen Strafen festsetzen, muß sich aber dabei in dem engen, ihm durch Art. 13 gezogenen Rahmen (Höchststrafe 3 Monate Gefängnis und Geldstrafe bis 300 Francs) halten.

Militärgerichtsbarkeit.

Ursprünglich hatte das arrêté-loi vom 11. Oktober 1916 einen Art. 7 enthalten, der die Zuständigkeit der Militärgerichtsbarkeit bei Verbrechen und Vergehen gegen die Staatssicherheit und bestimmten Verbrechen und Vergehen gegen die öffentliche Sicherheit (Bandenbildung zum Zweck der Verletzung von Personen oder Privateigentum) vorsah [92]) und damit auch Zivilpersonen der Militärgerichtsbarkeit im Kriegs- und Belagerungszustand unterstellte. Aber schon durch arrêté-loi vom 18. November 1918 wird durch eine Umstellung dieses Artikels, dieser „grave dérogation au droit commun", wie es im Rapport an den König heißt [93]), seine Geltung auf den Belagerungszustand beschränkt; durch Gesetz vom 30. April 1919 wird der Artikel ganz aufgehoben [94]). Durch den Wegfall dieses Artikels ist jedoch die Ausdehnnug der Militärgerichtsbarkeit auf Zivilpersonen nicht ganz verschwunden. Abgesehen von Art. 13 Abs. II, der die Aburteilung von Verstößen gegen die Reglements über den Verkehr in dem im Belagerungszustand befindlichen Gebiet den Militärgerichten zuweist, enthält der Code de procédure pénale militaire mehrere Bestimmungen über die Zuständigkeit der Militärgerichte

---

[92]) Artikel 7: Les juridictions militaires connaissent, quelle que soit la qualité des auteurs principaux ou des complices, des crimes et délits prévus par les articles 101 à 136 et 326 du Code pénal.

[93]) Le droit et la guerre, III, S. 42.

[94]) Art. 16, Abs. 1:
L'article 7 de l'arrêté-loi du 11 octobre 1916 relatif à l'état de guerre et à l'état de siège, reporté du titre III au titre II du dit arrêté-loi dont il forme l'article 6, en vertu de l'arrêté-loi du 16 novembre 1918, est abrogé.

zur Aburteilung von Zivilpersonen. Es handelt sich dabei einmal um bestimmte Verbrechen, die unmittelbar die militärische Sicherheit gefährden, Verheimlichung von Spionen, Spionage, Verleitung zur Desertion usw.[95]) Dann ist weiter für den Fall des Fehlens ordentlicher Gerichte eine Ausdehnung der Militärgerichtsbarkeit durch Art. 20 vorgesehen [96]). Die Beratung des ursprünglichen, später gestrichenen Art. 20, der von der Kammer angenommen war, hatte im Senat Anlaß zu einer Debatte gegeben. Er unterwarf in Kriegszeiten in einem befestigten Platze, der eingeschlossen war oder sich gemäß den militärischen Reglements im Belagerungszustand befand, alle Einwohner der Militärgerichtsbarkeit hinsichtlich der Straftaten gegen die Sicherheit des Staates und der Verstöße gegen die für die Verteidigung des Platzes getroffenen Maßnahmen; die Bestimmung der Strafen für letztere waren durch königliche Verordnung oder eine Proklamation des Kommandanten bekannt zu machen [97]). Dagegen wurde im Senat geltend gemacht, daß dieser Artikel verfassungswidrig sei. Man strich ihn, weil im Falle der nécessité absolue der Kommandant doch tun werde, was er für notwendig erachte und man ihm nicht die Möglichkeit geben wollte, sich zur Rechtfertigung einer arbiträren Maßnahme hinter einen Gesetzestext zu verschanzen. Dagegen hielt man den bisherigen Art. 21 als Art. 20 aufrecht, obwohl auch gegen ihn der Vorwurf der Verfassungswidrigkeit erhoben wurde, auf Vorschlag des Justizministers, da der Artikel „donne une garantie aux habitants en substituant une juridiction organisée à l'arbitraire du commandant". Man setzte aber nach dem Vorschlag Picards die Worte „et conformément à celles-ci" hinzu „préscrivant ainsi aux tribunaux militaires de juger d'après les règles des tribunaux ordinaires" [98]).

Zusammensetzung der Militärgerichte.

Ständige Kriegsgerichte bestehen in Antwerpen, Brüssel, Gent, Mons, Lüttich, Namur und Brügge mit bestimmten Gerichtsbezirken.

---

[95]) Art. 16: En temps de guerre, les espions, les receleurs d'espions, les embaucheurs et ceux qui recèlent des militaires étrangers sont jugés par la juridiction militaire (L. 30 av. 1919, art. 14). — Il en est de même des auteurs et complices de toutes infractions commises dans un but d'espionage.

[96]) Art. 20: Quand, dans une place investie par l'ennemi ou se trouvant en cas de guerre dans les circonstances qui, d'après les règlements militaires, constituent l'état de siège, il n'existe pas de tribunaux ordinaires, ou que ceux-ci ont cessé de fonctionner, les habitants sont jugés par la juridiction militaire pour toutes les infractions aux lois ordinaires et conformément à celles-ci.

[97]) Orban a. a. O., III, S. 320, Anm. 36.

[98]) Vgl. zum Vorstehenden: Hymans-Delcroix, Histoire parlementaire de la Belgique, 3e Serie, Bd. II, Brüssel 1901, S. 496 ff.

Sie bestehen aus einem Stabsoffizier als Präsidenten, einem Zivilmitglied, das aus den Richtern der Gerichte erster Instanz vom König ernannt wird, zwei Hauptleuten und einem Leutnant, die nach einem bestimmten Verfahren aus den aktiven Offizieren des Bezirks in Friedenszeiten für die Dauer eines Monats ernannt werden. Die Amtsdauer des membre civil beträgt 3 Jahre [99]).

In Kriegszeiten kann der König „conseils de guerre en campagne" für bestimmte Truppenteile schaffen. Die Zusammensetzung soll nach Möglichkeit dieselbe sein wie die der ständigen Kriegsgerichte. Zum membre civil wird vom Korpskommandeur ein Richter ernannt, mangels eines solchen ein docteur en droit; wenn auch das nicht möglich ist, tritt ein weiterer Leutnant hinzu.

Kontrolle. Ministerverantwortlichkeit.

Besondere Bestimmungen über die Kontrolle des Ausnahmezustandes bestehen nicht. Insbesondere ist keine Beteiligung des Parlaments bei der Entscheidung über die Fortdauer des Ausnahmezustandes vorgesehen. Es sind also lediglich die allgemeinen Bestimmungen über die Ministerverantwortlichkeit, die zur Anwendung gebracht werden können. Abgesehen von der politischen Verantwortlichkeit der Minister gegenüber dem Parlament, enthält die Verfassung in ihren Art. 90 [100]) und 134 [101]) Bestimmungen über eine rechtliche Verantwortlichkeit der Minister, die zu einer Anklage der Minister vor den vereinigten Kammern der Cour de Cassation führen kann. Dabei braucht durchaus nicht nur der Tatbestand einer nach dem Code pénal strafbaren Handlung, die der Minister etwa in der Ausübung seiner Funktionen „d'office" begangen hat, vorzuliegen; die Kammer kann jeden Tatbestand, der nach ihrem Ermessen strafbar erscheint, zum Gegenstand einer Anklage machen, solange das in Art. 90 vorgesehene Gesetz nicht ergangen ist. So

---

[99]) Code de procédure pénale militaire Art. 45—75.

[100]) La Chambre des Représentants a le droit d'accuser les ministres et de les traduire devant la Cour de Cassation, qui seule a le droit de les juger, chambres réunies, sauf ce qui sera statué par la loi, quant à l'exercice de l'action civile par la partie lésée et aux crimes et délits que les ministres auraient commis hors l'exercice de leurs fonctions. — Une loi déterminera les cas de responsabilité, les peines à infliger aux ministres et le mode de procéder contre eux, soit sur l'accusation admise par la Chambre des Représentants, soit sur la poursuite des parties lésées.

[101]) Jusqu'à ce qu'il y soit pourvu par une loi, la Chambre des Représentants aura un pouvoir discrétionnaire pour accuser un ministre, et la Cour de Cassation pour le juger, en charactérisant le délit et en déterminant la peine.

Néanmoins, la peine ne pourra excéder celle de la reclusion, sans préjudice des cas expressément prévus par les lois pénales.

hält das Tribunal civil Brüssel [102]) es für möglich, daß gegen einen Minister Anklage erhoben wird, der bewußt das Parlament durch einen unwahren Bericht getäuscht hat. In solchen Fällen ist durch Art. 134 lediglich ein Höchstmaß der Strafe vorgeschrieben.

Nach der herrschenden Aufassung ist die Cour de Cassation auch dann ausschließlich zuständig, wenn ein Minister sich in Ausübung seines Amtes eine infraction au droit commun hat zuschulden kommen lassen [103]). Ferner ist es nicht möglich, einen Minister vor einem ordentlichen Gericht wegen einer solchen Handlung auf zivilrechtlichen Schadensersatz zu verklagen. Auch hier erklären sich die Gerichte für unzuständig. Auch hier bleibt nur eine Anklage vor der Cour de Cassation durch die Kammer.

Die Ministeranklage gewährt keinerlei Garantie, weil es schwer ist, die Mehrheit der Kammer zu einer Anklage möglicherweise gegen ihre eigenen Parteigenossen zu veranlassen [104]). Sie ist auch bisher nur in einem einzigen Fall praktisch geworden [105]). Die Strafverfolgung erfolgte auf Grund eines Ausnahmegesetzes, das rückwirkende Kraft hatte und nur für ein Jahr galt [106]). Man hat die Ministerverantwortlichkeit, diese Waffe der Volksvertretung, nicht mit Unrecht mit jenen alten Hellebarden verglichen, die die Wände der Artilleriemuseen schmücken [107]) und Orban meint, man könne bei Betrachtung der Bestimmungen über die Ministerverantwortlichkeit sich nicht des Eindrucks erwehren, daß dadurch die Unverantwortlichkeit der Minister festgelegt sei.

Verantwortlichkeit der Organe.

Die Folge ist, daß hinsichtlich der Verhängung des Belagerungszustandes zwar durch die Gegenzeichnung der königlichen Verordnung

---

[102]) 17. Nov. 1910 Pasicrisie belge 1911, III, 28. Aus der Literatur ist zu erwähnen: De Kerchove de Denterghem, De la Responsabilité des ministres dans le droit public belge. Gent-Paris 1867.

[103]) Orban a. a. O., II, S. 308.

[104]) Vgl. den Fall Lecharlier, Belgique judiciaire 1843, I, S. 847, 923; Errera a. a. O., S. 65.

Dem General Lecharlier war durch Arrêté-royal „auf sein Ansuchen" der Abschied bewilligt worden. Er behauptete, keinen Antrag auf Entlassung gestellt zu haben. Er versuchte vergeblich vor der Kammer die Genehmigung zu erhalten, den Kriegsminister, der das Arrêté gegengezeichnet hatte, vor der Cour de Cassation verklagen zu dürfen. Ein erster Antrag an die Kammer wurde als unverständlich bezeichnet, über einen zweiten, der vom Berichterstatter mißverstanden war, ging man zur Tagesordnung über. Weitere blieben überhaupt ohne Antwort.

[105]) Jm Falle Chazal-Delaet Giron a. a. O., v. Ministres Nr. 23.

[106]) Orban a. a. O., II, S. 309.

[107]) Errera, Traité, S. 225.

die Gesamtverantwortlichkeit des Kabinetts herbeigeführt wird, diese aber keinen wirksamen Schutz gegen eine unzulässige Verhängung des Belagerungszustandes bedeutet. Ja, noch mehr, die praktische Unmöglichkeit eines Strafverfahrens gegen die verantwortlichen Minister hat auch unter Umständen die Unmöglichkeit, einen der mit der Durchführung des Belagerungszustandes betrauten Untergebenen, also einen Offizier oder Beamten zur Verantwortung zu ziehen. Meist wird es sich bei den Fällen, die zu Beschwerden Anlaß geben, um Beeinträchtigungen der Grundrechte handeln. Hierfür finden sich strafrechtliche Bestimmungen in dem Kapitel des Strafgesetzbuches, überschrieben „Des atteintes portées par des fonctionnaires publics aux droits garantis par la constitution, Art. 147 bis 151". Aber Artikel 152 gibt die Möglichkeit einer Exkulpation: der Beamte kann nachweisen, daß er auf Befehl seiner Vorgesetzten handelte, und daß Angelegenheiten in Frage standen, die zu deren Ressort gehörten, und in denen er ihnen Gehorsam schuldig war [108]). Diese Exkulpationsmöglichkeit geht weiter bis zum Minister. Gelingt der Nachweis, daß er den Befehl gegeben hat, so ist eine Bestrafung seiner Untergegebenen ausgeschlossen und es bleibt nur die praktisch bedeutungslose Ministeranklage. Andernfalls kann der handelnde Beamte bzw. sein Vorgesetzter zur Verantwortung gezogen werden. Darauf weist auch der Rapport zum Arrêté-loi vom 11. Oktober 1916 hin, wenn er sagt: „Les fautes, les manquements, les abus de pouvoir qui seraient commis engagent indépendamment de la responsabilité civile et pénale de leurs auteurs la responsabilité ministerielle" [109]).

Nachprüfung von Verwaltungsmaßnahmen im allgemeinen.

Eine Nachprüfung der im Ausnahmezustand getroffenen Maßnahmen und auch des arrêté royal, welches den Belagerungszustand erklärt, kann auf Grund des Art. 107 durch die Gerichte stattfinden:

„Die Gerichte wenden allgemeine, Provinzial- und Kommunal-Verordnungen nur an, wenn sie dem Gesetz entsprechen" [110]). Voraussetzung für eine Nachprüfung der Rechtsgültigkeit, die immer nur

---

[108]) Si l'inculpé justifie qu'il a agi par ordre de ses supérieurs, pour des objets de ressort de ceux-ci et surles quels il leur était dû obéissance hièrarchique, les peines portées par les articles précedents seront appliquées seulement aux supérieurs qui auront donné l'ordre.

[109]) Auf die Frage, inwieweit bei Schadensersatzforderungen aus solchen Anlässen der Handelnde persönlich oder der Staat bzw. die Gemeinde haftet, kann hier nicht eingegangen werden.

[110]) Les cours et tribunaux n'appliqueront les arrêtés et règlements généraux, provinciaux et locaux qu'autant qu'il seront conformes à la loi.

inzidenter erfolgen kann, ist, daß nach den allgemeinen Grundsätzen das angegangene Gericht für die Hauptsache zuständig ist. Es kann nicht auf Ungültigkeitserklärung einer Verordnung geklagt werden. Das Gericht prüft, ob die anordnende Behörde sachlich zuständig war und ob die gesetzlichen Formen gewahrt sind; dagegen kann es nicht über die Zweckmäßigkeit der getroffenen Maßnahme entscheiden, weil darüber ausschließlich die die Verordnung erlassende Behörde zu befinden hat und eine Nachprüfung des Gerichts in dieser Richtung dem Prinzip der Gewaltenteilung widersprechen würde [111]). Es kann auch nach der in der Literatur und Rechtsprechung wohl noch herrschenden Lehre nicht untersucht werden, ob die verordnende Behörde mit dem Erlaß der Verordnung ausnahmsweise andere Zwecke verfolgte, als die, welche in ihr angegeben sind und die innerhalb ihres Aufgabenkreises liegen. Ein „détournement de pouvoir" ist also ohne Bedeutung [112]).

Das Gericht, welches eine Verordnung oder ein Reglement für gesetzwidrig hält, kann diese nicht annulieren, sondern nur als nicht existent betrachten, z. B. wenn eine Anklage auf eine ungültige Verordnung gestützt ist, freisprechen, oder wenn durch eine unzulässige Maßnahme der Kläger in seinen droits civils verletzt ist, einen Anspruch auf dommages intérêts zuerkennen [113]).

---

[111]) Vgl. Errera a. a. O., S. 137 ff., insbes. S. 140.

[112]) Bourquin, La protection des droits individuels contre les abus de pouvoir de l'autorité administrative en Belgique, Brüssel 1912, S. 81.

[113]) Vgl, z. B, Tribunal correctionnel Antwerpen 10. 3. 1919. Pasicrisie III, S. 178. Cour d'appel, Lüttich 12. 4. 1919. Pasicrisie II, S. 60.

ARRÊTÉ-LOI

relatif à l'état de guerre et à l'état de siège — 11 octobre 1916 —

(Monit. des 15—21 octobre 1916.)

TITRE Ier.

De l'état de guerre.

Art. 1er. Pendant la durée du temps de guerre, le Roi peut exercer tous les pouvoirs de police. Il peut déléguer tout ou partie de ces pouvoirs aux gouverneurs de province ou aux commissaires d'arrondissement. Les pouvoirs conférés aux gouverneurs peuvent être délégués par ceux-ci, en tout ou en partie, aux commissaires d'arrondissement.

Le Roi peut, de l'avis conforme du Conseil des Ministres, attribuer aux autorités civiles ou militaires qu'il désigne tout ou partie des pouvoirs déterminés à l'article 4 du présent arrêté-loi.

TITRE II.

De l'état de siège.

Art. 2. Pendant la durée du temps de guerre, le Roi peut, de l'avis conforme du Conseil des Ministres, déclarer et lever l'état de siège.

L'arrêté royal déclarant ou levant l'état de siège désigne les parties du territoire auxquelles il s'applique.

Art. 3. Lorsque l'état de siège est déclaré, les pouvoirs dont l'autorité civile était revêtue pour le maintien de l'ordre et de la police, ainsi que pour le service des voies et communications, peuvent être exercés par le Ministre de la guerre ou, sous sa direction et sa responsabilité, par les autorités militaires désignées par le Roi. Le Ministre de la guerre et les autorités militaires notifient sans délai aux autorités civiles leur décision d'assumer la charge de ces pouvoirs ou de certains d'entre eux.

ARRÊTÉ-LOI
betreffend den Kriegs- und Belagerungszustand vom 11. Oktober 1916

(Monit. 15.—21. Oktober 1916).

ERSTER ABSCHNITT.
Vom Kriegszustande.

Art. 1. Während der Dauer des Krieges kann der König alle polizeilichen Befugnisse ausüben. Er kann diese Befugnisse ganz oder teilweise den Gouverneuren der Provinzen oder den Arrondissements-Kommissaren übertragen. Die den Gouverneuren übertragenen Befugnisse können von diesen ganz oder teilweise den Arrondissements-Kommissaren übertragen werden.

Der König kann in Übereinstimmung mit dem Ministerrat den von ihm bestimmten Zivil- oder Militärbehörden die im Art. 4 dieses Arrêté-Loi bezeichneten Befugnisse ganz oder teilweise zuteilen.

ZWEITER ABSCHNITT.
Vom Belagerungszustande.

Art. 2. Während der Dauer des Krieges kann der König in Übereinstimmung mit dem Ministerrat den Belagerungszustand erklären und ihn wieder aufheben.

Das Arrêté Royal, welches den Belagerungszustand erklärt oder aufhebt, bezeichnet die Teile des Gebietes, auf welche er sich erstreckt.

Art. 3. Ist der Belagerungszustand erklärt, so können die Befugnisse, die der Zivilbehörde hinsichtlich der Aufrechterhaltung der Ordnung und der Polizei, wie auch hinsichtlich des Wege- und Verkehrsdienstes zustanden, durch den Kriegsminister oder, unter seiner Leitung und Verantwortlichkeit, durch die vom König dazu bestimmten Militärbehörden ausgeübt werden. Der Kriegsminister und die Militärbehörden teilen ohne Aufschub den Zivilbehörden ihre Entschließung mit, diese Befugnisse oder einige von ihnen zu übernehmen.

L'autorité civile ne peut refuser de prendre, dans les limites fixées par les lois, les arrêtés et règlements en matière d'hygiène jugés nécessaires par le Ministre de la guerre ou par les autorités militaires. Celles-ci procurent, si elles en sont requises, les moyens d'en assurer l'exécution. Elles peuvent prendre d'office les mesures et faire exécuter les travaux qui intéressent spécialement la santé de l'armée.

Art. 4. Dans les territoires en état de siège, les autorités militaires spécialement désignées à cet effet peuvent, sous la direction et la responsabilité du Ministre de la guerre:

1° Eloigner des lieux où ils pourraient nuire: les repris de justice et les personnes suspectes d'entretenir des relations avec l'ennemi; les étrangers; toute personne dont la présence est de nature à entraver les opérations militaires;

2° Faire procéder par les officiers de police judiciaire du service de la sûreté militaire et les officiers de gendarmerie à des perquisitions de jour et de nuit dans le domicile des citoyens ou à des explorations corporelles. Si l'exploration corporelle est faite sur une personne du sexe féminin, il y sera procédé à la réquisition de l'officier de police judiciaire, soit par un médicin, soit par une femme;

3° Ordonner la remise des armes et des munitions et faire procéder par les officiers de police judiciaire à leur recherche et à leur enlèvement;

4° Empêcher les réunions de nature à exciter ou à entretenir le désordre;

5° Surveiller, retenir et saisir les correspondances.

Ces attributions ne peuvent être exercées qu'en vue d'assurer la défense nationale et la sécurité de l'armée.

Ceux qui, chargés de prendre lecture des correspondances, en auront révélé l'existence ou le contenu hors le cas où la loi les y oblige, seront condamnés à un emprisonnement de quinze jours à un mois ou à une amende de 26 à 500 francs.

Art. 5. Dans les territoires en état de siège, les pouvoirs de police dont les autorités civiles ne sont pas dessaisies peuvent être exercés par le Roi, conformément aux dispositions de l'article 1er du présent arrêté-loi.

Art. 6. (abrogé par l'art. 16 de la loi du 30 avril 1919.)

Die Zivilbehörde kann sich nicht weigern, in den durch die Gesetze bestimmten Grenzen die Verordnungen und Reglements bezüglich der Hygiene zu erlassen, welche von dem Kriegsminister oder den Militärbehörden für notwendig erachtet werden. Diese sorgen, wenn sie darum ersucht werden, für die Mittel zur Sicherung der Durchführung. Sie können von Amts wegen die Maßnahmen treffen und die Arbeiten ausführen lassen, welche speziell für die Gesundheit der Armee von Bedeutung sind.

Art. 4. In den in Belagerungszustand erklärten Gebieten können die zu diesem Zweck besonders bestimmten Militärbehörden unter Leitung und Verantwortlichkeit des Kriegsministers

1. von Orten, wo sie schaden könnten, entfernen: die Vorbestraften und die Personen, welche verdächtig sind, Beziehungen mit dem Feind zu unterhalten; die Ausländer; jede Person, deren Anwesenheit geeignet ist, die militärischen Operationen zu beeinträchtigen;
2. durch die Beamten der gerichtlichen Polizei des militärischen Sicherheitsdienstes und durch die Gendarmerieoffiziere bei Tag und Nacht Haussuchungen in den Wohnungen der Bürger oder Leibesvisitationen vornehmen lassen. Wenn die Leibesvisitation bei einer Person weiblichen Geschlechts vorgenommen wird, so geschieht dies auf das Ersuchen des Beamten der gerichtlichen Polizei entweder durch einen Arzt oder eine Frau;
3. die Ablieferung der Waffen und der Munition anordnen und durch die Beamten der gerichtlichen Polizei Nachforschungen nach solchen anstellen und sie wegnehmen lassen;
4. Versammlungen verhindern, die geeignet sind, Unordnung zu erregen oder schon bestehende andauern zu lassen;
5. den Briefverkehr überwachen, Briefe zurückhalten und beschlagnahmen.

Diese Befugnisse können nur zum Zwecke der Sicherung der Landesverteidigung und der Sicherheit der Armee ausgeübt werden.

Wer, mit der Einsichtnahme in Briefschaften beauftragt, ihr Vorhandensein oder ihren Inhalt, abgesehen von den Fällen, wo er gesetzlich dazu verpflichtet ist, mitteilt, wird mit Gefängnis von 14 Tagen bis zu einem Monat oder mit Geldstrafe von 26—500 Francs bestraft.

Art. 5. In den in Belagerungszustand befindlichen Gebieten können die polizeilichen Befugnisse, die den Zivilbehörden nicht entzogen sind, durch den König gemäß den Bestimmungen des Art. 1 dieses Arrêté-Loi ausgeübt werden.

Art. 6. (Aufgehoben durch Art. 16 des Gesetzes vom 30. April 1919.)

TITRE III.

Dispositions communes à l'état de guerre et à l'état de siège.

Art. 7. Le Roi exerce, pendant la durée du temps de guerre, les pouvoirsqui lui sont conférés par l'article 1er de la loi du 4 août 1914, concernant les mesures urgentes nécessitées par les éventualités de la guerre.

Toutefois, les autorités militaires doivent, pendant le cours des opérations, en cas d'urgence et de nécessité, pourvoir à l'administration des communes et à l'alimentation des populations.

Art. 8. Il est interdit de publier des journaux, brochures, écrits, dessins, images, ou de répandre, de quelque manière que ce soit, dans les lieux de réunions publics, des informations et renseignements de nature à favoriser l'ennemi ou à exercer une influence fâcheuse sur l'esprit des armées et des populations.

Le Gouvernement est autorisé à prendre les mesures nécessaires pour empêcher l'introduction, la circulation, la mise en vente et la distribution des journaux, brochures, écrits, dessins ou images de nature à favoriser l'ennemi ou à exercer une influence fâcheuse sur 'esprit des armées et des populations.

Art. 9. Lorsque les communications sont interrompues entre le siège d'une circonscription judiciaire ou le chef-lieu d'une circonscription administrative et une partie de celles-ci, le Roi peut, soit rattacher temporairement cette partie à une autre circonscription, soit transférer le siége ou le chef-lieu dans une autre localité de la même circonscription ou d'une circonscription voisine.

Art. 10. Le Roi peut, pendant la durée du temps de guerre, autoriser la réquisition du personnel et du matériel nécessaires pour assurer, dans le cas d'urgence, le maintien de l'ordre et de la police, l'hygiène, l'alimentation et les secours. Cette réquisition sera faite autant que possible dans les formes et les conditions déterminées par la loi du 14 août 1887.

Art. 11. Toute infraction aux dispositions de l'article 8 sera unie d'un emprisonnement de trois mois à un an et d'une amende e 1 00 à 1000 francs.

DRITTER ABSCHNITT.

Gemeinsame Bestimmungen für den Kriegs- und den Belagerungszustand.

Art. 7. Der König übt während der Dauer des Krieges die Befugnisse aus, welche ihm durch Art. 1 des Gesetzes vom 4. August 1914 betreffend dringende durch die Kriegsereignisse notwendig werdende Maßnahmen, übertragen sind.

Jedoch müssen die Militärbehörden während der Dauer der kriegerischen Operationen im Falle der Dringlichkeit und Notwendigkeit für die Verwaltung der Gemeinden und die Ernährung der Bevölkerung Sorge tragen.

Art. 8. Es ist untersagt, Zeitungen, Broschüren, Schriftstücke, Zeichnungen, oder Bilder zu veröffentlichen oder, gleichgültig in welcher Weise, an Orten öffentlicher Zusammenkünfte Mitteilungen und Berichte, die geeignet sind, dem Feind Vorschub zu leisten oder einen abträglichen Einfluß auf den Geist der Armee und der Bevölkerung auszuüben, zu verbreiten.

Die Regierung ist befugt, die Maßnahmen zu treffen, welche notwendig sind, um die Einführung, den Umlauf, den Verkauf und die Verteilung von Zeitungen, Broschüren, Schriftstücken, Zeichnungen oder Bildern zu verhindern, die geeignet sind, dem Feind Vorschub zu leisten oder einen abträglichen Einfluß auf den Geist der Armee und der Bevölkerung zu üben.

Art. 9. Wenn die Verbindungen zwischen dem Sitz eines Gerichtsbezirks oder dem Hauptort eines Verwaltungsbezirks und einem Teil derselbem abgeschnitten sind, kann der König entweder zeitweise diesen Teil einem anderen Bezirk angliedern oder den Sitz oder den Hauptort nach einer anderen Örtlichkeit desselben Bezirks oder eines benachbarten Bezirks verlegen.

Art. 10. Der König kann während der Dauer des Krieges die Requisition von Personen und Material anordnen, welche notwendig sind, um in dringenden Fällen die Aufrechterhaltung der Ordnung und der Polizei, die Hygiene, die Ernährung und das Unterstützungswesen zu sichern. Diese Requisition soll nach Möglichkeit in den Formen und unter den Bedingungen des Gesetzes vom 14. August 1887 vorgenommen werden.

Art. 11. Jeder Verstoß gegen die Bestimmungen des Art. 8 wird mit Gefängnis von 3 Monaten bis zu einem Jahre und einer Geldstrafe von 100 bis 1000 Francs bestraft.

La connaissance en est déférée aux tribunaux correctionnels, sans préjudice de l'application du chapitre Ier du titrer de la loi du 15 junin 1899.

Sous réserve du droit des tiers, aucune poursuite ne peut être exercée du chef de publications qui ont eté régulièrement autorisées.

Art. 12. Les arrêtés pris en exécution du présent arrêté-loi suspendent l'exécution des règlements et ordonnances imcompatibles avec leurs dispositions.

Art. 13. Les infractions aux arrêtés et règlements pris en exécution du présent arrêté-loi sont punies des peines qu'ils prévoient et dont le maximum ne dépasse pas un emprisonnement de trois mois et une amende de 300 francs.

Les infractions aux règlements qui ont pour objet la circulation dans la zone en état de siège sont déférées à la juridiction militaire.

Art. 14. Toutes les dispositions du livre 1er du Code pénal sont applicables aux infractions visées aux articles 11 et 13 du présent arrêté-loi.

Art. 15. Le présent arrêté-loi entrera en vigueur le jour de sa publication.

L'arrêté-loi du 15 mars 1915 relatif à la circulation dans la zone des armées est abrogé.

Zuständig hierfür sind die tribmaux correctionnels unbeschadet der Anwendbarkeit des Abschnitts 1, Kapitel 1 des Gesetzes vom 15. Juni 1899.

Vorbehaltlich des Rechts Dritter kann keine Verfolgung wegen Publikationen, welche ordnungsmäßig genehmigt waren, stattfinden.

Art. 12. Die Verordnungen, welche zur Ausführung dieses Arrêté-Loi getroffen werden, suspendieren die Durchführung der Reglements und Ordonnanzen, die mit ihren Bestimmungen unvereinbar sind.

Art. 13. Zuwiderhandlungen gegen Verordnungen und Reglements, welche auf Grund dieses Arrêté-Loi getroffen werden, werden mit den in ihnen vorgesehenen Strafen, deren Maximum 3 Monate Gefängnis und eine Geldstrafe von 300 Francs nicht übersteigen darf, geahndet.

Zuwiderhandlungen gegen die Reglements, welche den Verkehr in der im Belagerungszustand befindlichen Zone zum Gegenstand haben, unterliegen der Militärgerichtsbarkeit.

Art. 14. Alle Bestimmungen des ersten Buches des Strafgesetzbuches finden auf die in Art. 11 und 13 dieses Arrêté-Loi genannten strafbaren Handlungen Anwendung.

Art. 15. Dieses Arrêté-Loi tritt mit dem Tage seiner Veröffentlichung in Kraft.

Das Arrêté-Loi vom 15. März 1915 über den Verkehr in der Armeezone tritt außer Kraft.

Der Ausnahmezustand in den Niederlanden. *)

Von Ernst Schmitz.

I. Geschichtliche Entwicklung.

Wie für Frankreich und Belgien bildeten auch für das niederländische Staatsgebiet ursprünglich die französischen Dekrete vom 8./10. Juli 1791 und 24. Dezember 1811 die grundlegende Regelung des Ausnahmezustandes [1]). Die Verfassung von 1815 enthielt keine Bestimmung über den Ausnahmezustand, so daß Zweifel entstehen konnten, ob unter der neuen Verfassung die Verhängung des Kriegs- und Belagerungszustandes noch zulässig sei. Für die Weitergeltung der bisherigen Gesetzgebung über diese Materie konnte man sich allerdings auf den additionellen Artikel 2 der Verfassung [2]) berufen, und die Regierung zögerte nicht, aus Anlaß des belgischen Aufstandes

---

*) Abel, Wet van den 23sten Mei 1899, s'Gravenhage 1915.
Buijs, De Grondwet, Toelichting en Kritiek II, Arnhem 1887.
De Savornin Lohman, Onze Constitutie. III. Auflg. Utrecht 1920.
Heemskerk, De Praktijk onzer Grondwet. II. Utrecht 1881.
Kranenburg, Het Nederlandsche Staatsrecht, I. 2. Haarlem 1925.
Lisman, Het wetsentwerp ter uitvoering van Artikel 187 der Grondwet. Diss. s'Gravenhage 1891.
Prins, Staadsnoodrecht. Diss. Amsterdam 1911.
Sybenga, De Grondwet van 1887 toegelicht. VI. Aufl. s'Gravenhage 1921.
Thorbecke, Bijdrage tot de herziening der Grondwet. Nieuwe Uitgave. 1921.
Van Gennep, Staat von Oorlog en Staat van Beleg. Diss. Leiden 1888,
Van Wageningen, De regelgevende bevoegdheid van het militair gezag tijdens staat van oorlog en staat van beleg en Rijk en Kolonien. Groningen 1916.
Weekblad van het Recht.
Administratieve en Rechterlijke Beslissingen betreffende het openbaar bestuur in Nederland bewerkt door Mr. Dr. H. S. Veldman & Dr. J. G. Stenfert-kroese.

[1]) In Geltung waren beide auf Grund der Dekrete vom 8. November 1810 und 6. Januar 1811. vgl. van Gennep, Staat van Oorlog en Staat van Beleg. Diss. Leiden 1888, S. 2; Prins, Staadsnoodrecht. Diss. Amsterdam 1911, S. 55.

[2]) Alle bestaande autoriteiten blijven voortduren en alle thans in werking ziinde wetten bekonden kracht, tot dat daarin op eene andere wijze zal zijn voorzien.

Toutes les autorités restent en place et toutes les lois demeurent obligatoires, jusqu'à ce qu'il y soit autrement pourvu.

unter Berufung auf das Dekret von 1811 den Belagerungszustand in Nordbrabant zu erklären; ja sie hielt ihn 9 Jahre hindurch aufrecht [3]). Dies mag wohl damals schon Anlaß zu Erörterungen über die Frage der Geltung der Dekrete gegeben haben [3a]); später taucht jedenfalls dieser Fall immer wieder in den Parlamentsverhandlungen auf, wenn darauf hingewiesen wird, daß es nicht angängig sei, einen großen Teil der Staatsbürger jahrelang ihrer Grundrechte zu berauben, ohne daß das Parlament dabei mitwirke [4]).

Die grundsätzliche Frage der Vereinbarkeit des Ausnahmezustandes mit der Verfassung, die darüber bis 1887 keine Regelung traf, wurde durch Thorbecke aufgerollt, der 1848, als eine erneute Änderung der Verfassung bevorstand, schrieb [5]): „In dem Kommissionsentwurf fehlt ebenso wie in dem Regierungsprojekt die notwendige Bestimmung, daß das Recht, einen Platz in Belagerungszustand zu erklären, und die Folgen einer solchen Erklärung durch das Gesetz geregelt werden müssen." Dieser Hinweis kam zu spät, als daß man diesem Bedenken bei der Änderung der Verfassung noch hätte Rechnung tragen können, aber er gab wohl den Anstoß zu einer Anfrage der Staatskommission der 2. Kammer an die Regierung, was hinsichtlich des Belagerungszustandes zurzeit in den Niederlanden rechtens sei und wie die geplante Änderung der Verfassung diesen Rechtszustand beeinflussen werde [6]). Als Meinung einiger Mitglieder der Kommission wurde angeführt, daß bei Schweigen der Verfassung über diesen Punkt die Regierung nicht mehr zur Erklärung des Belagerungszustandes in einem bestimmten Platz oder einem bestimmten Gebiet [7]) befugt sei, weil eine solche Maßnahme immer die Suspendierung vieler verfassungsmäßiger Garantien auf eine beträchtliche Zeit mit sich bringe. Die Regierung aber antwortete, daß die Verhängung des Kriegs- und Belagerungszustandes über Städte und Befestigungen durch das Dekret vom 24. Dezember 1811 geregelt sei und verwies zur Begründung für die Weitergeltung auf den additionellen Artikel 3, der der Verfassung von 1848 beigefügt war, und dem Inhalt des additionellen Art. 2 der Verfassung von 1815,

---

[3]) van Gennep a. a. O. S. 2, Prins a. a. O. S. 56, Anm. 1.

[3a]) Übrigens war auch die Stellungnahme der Regierung nicht immer die die gleiche. Vgl. Prins a. a. O. S. 56, Anm. 1.

[4]) van Gennep a. a. O. S. 4.

[5]) Bijdrage tot de herziening der Grondwet (Neue Ausgabe 1921) S. 10.

[6]) Hierzu und zum folgenden: Buijs, De Grondwet, Toelichting en Kritiek II. Arnhem 1887.

[7]) Diese letztere Befugnis ergab sich auch aus den beiden Dekreten von 1791 und 1811 nicht, die nur für Festungen galten.

soweit er hier von Interesse, entsprach [8]). Die Regierung fügte hinzu, daß möglicherweise eine Neuregelung wünschenswert und erforderlich sei, daß diese aber ohne weiteres im Einklang mit den Verfassungsbestimmungen vorgenommen werden könne. Nun war allerdings die Tragweite des additionellen Artikels 3 bestritten [9]), aber das war sicher, daß eine Neuregelung der in Geltung befindlichen Gesetzgebung nur in Übereinstimmung mit der Verfassung geschehen konnte. Und es erscheint, wie Buijs [10]) mit Recht ausführt, ausgeschlossen, unter der Herrschaft der Verfassung von 1848 zu einer befriedigenden Regelung des Belagerungszustandes zu kommen, vor allem weil die Zuständigkeiten der Zivilbehörden in der Verfassung festgelegt sind, diese also eine Übertragung von deren Befugnissen auf militärische Kommandostellen ausschloß. Die Kritik der angeführten Auffassung der Regierung durch Buijs erscheint gerechtfertigt und man wird ihm zustimmen, wenn er (S. 707) ausführt, daß eine Änderung der bestehenden Gesetzgebung solange nicht möglich ist, als nicht die Verfassung die Legislative ermächtigt, die Suspension der Verfassung für gewisse Fälle anzuordnen: „Bei der Regelung des Belagerungszustandes handelt es sich um Abweichungen von der Verfassung, und niemand hat die Befugnis, eine solche Abweichung anzuordnen, es sei denn, daß die Verfassung ausdrücklich sei es den Gesetzgeber, sei es die Regierung dazu ermächtige"; und wenn er die Notwendigkeit einer solchen Verfassungsbestimmung, die erst die Möglichkeit einer rechtlichen Erfassung auch anormaler Verhältnisse gibt, aus dem Prinzip des Rechtsstaats herleitet: „Es mag richtig sein, daß, wenn die Not drängt, die Gesetze und selbst die Verfassung schweigen, aber niemand wird die grundsätzliche Forderung bestreiten, daß in einem Rechtsstaat wie dem unseren auch unter außergewöhnlichen Umständen die Gesetze das Wort behalten müssen" [11]).

Entwurf zu Art. 187 der Verfassung.

Die Verfassungsänderung von 1848 hatte noch keine Bestimmung über den Ausnahmezustand gebracht, so daß die Zweifel hinsichtlich

---

[8]) Art. 3: Alle op het oogenblik der afkondiging van de veranderingen in de Grondwet verbindende wetten, reglementen en besluiten worden gehandhaaft, totdat zij achtervolgens door andere worden vervangen.

Alle im Augenblick der Verkündigung der Verfassungsänderungen geltenden Gesetze, Reglements und Beschlüsse gelten weiter, bis sie durch andere ersetzt sind.

[9]) Vgl. Buijs a. a. O., S. 809 ff.

[10]) A. a. O., S. 706.

[11]) Vgl. dazu auch Heemskerk, De Praktijk onzer Grondwet. II. Utrecht 1881, S. 137 ff.

des Fortgeltens der alten Dekrete fortbestanden. Erst die besonders in den siebziger Jahren wieder lebhafter gewordenen Diskussionen über diesen Gegenstand, — vor allem in den Kammersitzungen vom 16. und 17. Dezember 1875 anläßlich des Erlasses einer Instruktion für die Festungskommandanten auf Grund der alten Dekrete [12]) —, führten schließlich zu einem Entwurf der Staatskommission von 1883, der im wesentlichen, wenn auch in etwas anderer Fassung, mit der endgültigen Regelung, die 1887 als Art. 187 in die Verfassung aufgenommen wurde, übereinstimmte und nur einen weiteren Absatz enthielt, nach welchem die Fortdauer des Kriegs- oder Belagerungszustandes der Bestätigung durch ein Gesetz bedürfen sollte.

Begründung.

Die Begründung [13]) des Entwurfs ist in mehrfacher Hinsicht bemerkenswert. Zunächst stellt sie ganz im Sinne Thorbeckes fest, daß die Verfassung dem Gesetzgeber nicht die Befugnis gegeben habe, unter gewissen Umständen von ihren Bestimmungen abzuweichen und daß dies eine Lücke sei, die der Ausfüllung bedürfe. Des weiteren hebt die Begründung hervor, daß eine Abweichung von Art. 156 (jetzt Art. 157) Abs. 1 [14]) nur im Falle eines Krieges zuzulassen sei, da bei inneren Unruhen eine Beeinträchtigung der Tätigkeit der ordentlichen Gerichte schwerlich zu befürchten sei, außerdem es bedenklich erscheine, dem Gesetzgeber die Befugnis zu geben, in Zeiten politischer Spannung diejenigen, die an Unruhen beteiligt gewesen seien, der Gerichtsbarkeit eines Ausnahmegerichtes zu unterwerfen.

Absatz 4 des Entwurfs und sein Verhältnis zu Art. 156 (157).

Hierzu ist zunächst festzustellen, daß nach dem Verlauf der Verhandlungen klar ist, daß nicht daran gedacht war, dem Militärbefehlshaber die Befugnis zur Einrichtung von Militärgerichten zu geben, deren Kompetenz er zu bestimmen hatte, sondern daß nach dem Entwurf der Absatz 4 eine Anweisung an den Gesetzgeber darstellen sollte: Durch das in Aussicht genommene Gesetz sollten die Zuständigkeiten der Militärgerichte im voraus geregelt werden [15]).

---

[12]) Darüber ausführlich: van Gennep, Staat van Oorlog en Staat van Beleg. Diss. Leiden 1888, S. 10 ff.; Heemskerk a. a. O., II S. 139.

[13]) Buijs a. a. O., Bd. 2, S. 708.

[14]) Art. 157, Abs. 1: Niemand kann gegen seinen Willen seinem gesetzlichen Richter entzogen werden.

[15]) Sybenga, De Grondwet van 1887 toegelicht IV. Auflage, s'Gravenhage 1921, S. 433.

In diesem Sinne hat auch die Regierung auf eine Anfrage in den Abteilungen der zweiten Kammer geantwortet [16]). Es wird daher die Ansicht vertreten, daß Abs. 4 überflüssig sei, da eine solche Regelung der Zuständigkeit der Ausnahmegerichte durch Gesetz nicht im Widerspruch zu Art. 156 (157) Abs. 1 stehe, da es sich hier auch um einen gesetzlichen Richter handle [17]). Nach Sybenga bedeutet Art. 156 (157) einen Schutz gegen administrative oder richterliche Willkür, die auch durch Art. 187 (189) Abs. 4 nicht gedeckt werden könne. Letzteres ist jedenfalls nach dem oben Gesagten zutreffend. Der Bestimmung liegt wohl der Gedanke zugrunde, daß man den in Art. 156 gemeinten als den für normale Verhältnisse zuständigen Richter betrachtete, den man für den Ausnahmezustand ausschalten könne. Sonst hätte die Bestimmung allerdings keinen Sinn; besonders die Beschränkung auf den Kriegsfall wäre unverständlich.

Bürgerkrieg.

Daß unter „Kriegsfall" im Sinne dieses Absatzes nur der Fall eines wirklichen Krieges zu verstehen sei, darüber herrschte von vornherein kein Zweifel, wohl aber darüber, wann „Krieg" bestehe. Vor allem war es die Frage, ob Krieg auch dann vorliegt, wenn innere Unruhen sich zum „Bürgerkrieg" auswachsen. Die der Ersten Kammer von der Regierung abgegebene Erklärung in ihrer Memorie van antwoord: „Rechtlich besteht Krieg dann, wenn die einander gegenüberstehenden bewaffneten Mächte als kriegführende Parteien anerkannt werden, darüber besteht nach Völkerrecht kein Streit", gilt als Kriterium für die Grenzziehung zwischen inneren Unruhen und Bürgerkrieg [18]). Nach Buijs [19]) soll in erster Linie dabei die Art und Weise entscheiden, wie die Regierung die Aufständischen behandelt. M. E. enthält die Anerkennung von Aufständischen als kriegführender Partei durch die Regierung die Anerkennung, daß die Verfassung nicht mehr gelte; daraus aber ergibt sich die Unmöglichkeit, einen solchen Fall überhaupt verfassungsrechtlich zu regeln [20]).

---

[16]) Sybenga a. a. O., S. 430.

[17]) Sybenga a. a. O., S. 433, De Sarvonin Lohman, Onze Constitutie, III. Aufl., Utrecht 1920, S. 430 f., der ausführt, daß Artikel 156 (157) weiter gehe als Art. 187 (189), da danach der Gesetzgeber auch in Fällen von Aufruhr usw. ein Ausnahmegericht für zuständig erklären könne.

[18]) Sybenga a. a. O., S. 429.

[19]) A. a. O., III, S. 364.

[20]) Prins a. a. O., S. 60 weist darauf hin, daß die ganze Frage praktisch bedeutungslos ist, da nach der jetzt geltenden Bestimmung des Art. 1 des

Mitwirkung des Parlaments.

Über den letzten Absatz des Entwurfes herrschte Unstimmigkeit; die Regierung hielt es für bedenklich, und im Hinblick auf Abs. 2 auch für überflüssig, in die Verfassung den Satz aufzunehmen, daß über die Fortdauer des Belagerungszustandes durch Gesetz bestimmt werden müsse [21]); später ging sie offensichtlich noch weiter und wünschte nicht nur, daß der letzte Absatz des Art. 187 gestrichen werde, sondern daß auch das Ausführungsgesetz keine Regel darüber aufstelle. Dies geht deutlich aus ihrer Memorie van antwoord hervor, daß die Eigenart der Landesverteidigung es kaum je erforderlich machen werde, das ganze Staatsgebiet in Belagerungszustand zu erklären, vielmehr reiche für einige Teile der Kriegszustand aus, für andere sei der Belagerungszustand notwendig, auch der Übergang von einem zum anderen könne zweckmäßig erscheinen; wenn in jedem dieser Einzelfälle ein Gesetz erforderlich sei, ergäben sich Verzögerungen und Schwierigkeiten; das könne dazu führen, daß die Regierung, um ihnen aus dem Wege zu gehen, es für ihre Pflicht halten müsse, das schärfere Mittel des Belagerungszustandes in weitestem Umfange zur Anwendung zu bringen und die Bürger so einem einheitlichen Regime auch ohne dauernde Notwendigkeit unterwerfen müsse [22]). Schließlich überließ man die Regelung dieser und anderer Fragen, über die man sich nicht einig war, z. B. die genaue Bestimmung der Voraussetzungen des Belagerungszustandes, dem Ausführungsgesetz und gab dem Art. 187 (jetzt 189) eine kürzere Fassung, die in ihrer jetzt gültigen Form lautet:

II. Art. 189 (187) der Verfassung.

„Zur Aufrechterhaltung der äußeren und inneren Sicherheit kann durch oder im Namen des Königs jeder Teil des Reichsgebiets in Kriegs- oder Belagerungszustand erklärt werden. Das Gesetz bestimmt die Art und Weise, in der und die Fälle, in denen dies geschehen kann, und regelt die Folgen.

Bei der Regelung kann bestimmt werden, daß die verfassungsmäßigen Befugnisse der Zivilverwaltung hinsichtlich der öffentlichen

---

Ausführungsgesetzes der Bürgerkrieg sicher unter den Begriff „Innere Unruhen" im Sinne der Z. 2 falle.

[21]) Buijs a. a. O., II, S. 709.

[22]) Zu den Parlamentsdebatten und den Abänderungsanträgen vgl. Buijs a. a. O., III, S. 360.

Ordnung und der Polizei ganz oder zum Teil auf den Militärbefehlshaber übergehen und daß die Zivilbehörden den Militärbehörden unterstellt werden.

Dabei kann ferner von den Artikeln 7, 9, 159 und 160 der Verfassung abgewichen werden.

Für den Fall eines Krieges kann auch von Art. 157 Abs. 1 abgewichen werden."

Zuständiges Organ.
Abweichung von Verfassungsartikeln.

Verfassungsmäßig zuständiges Organ zur Erklärung des Ausnahmezustandes ist der König oder ein dazu für zuständig erklärtes Organ; hierbei dachte man zweifellos an die Regelung der alten Dekrete. Über das Vorliegen der Voraussetzungen entscheidet der König selbständig. Für den Fall der Kriegsgefahr ist dies ausdrücklich in Art. 186 Abs. 4 festgelegt [23]). Dabei besteht die Möglichkeit für den Gesetzgeber, von bestimmten Verfassungsartikeln „abzuweichen", was sowohl eine Außerkraftsetzung von Verfassungsartikeln [24]) zuläßt (vgl. z. B. Art. 37 des Gesetzes) wie auch eine Durchbrechung erlaubt. Es hängt das ganz von der Gestaltung des Ausführungsgesetzes ab, auf das in Art. 187 alles abgestellt ist. Bis zu dessen Erlaß ist der König hinsichtlich der zu treffenden Maßnahmen nicht etwa frei, sondern an die veralteten Dekrete vom 10. Juli 1791 und 24. Dezember 1811 gebunden, deren Geltung auf Grund der additionellen Artikel von der Regierung behauptet und die schließlich auch immer weniger bestritten wurde, wie sich auch

---

[23]) Ob Kriegsgefahr in dem Sinne, in dem das Wort in den Gesetzen des Landes vorkommt, vorliegt, entscheidet der König.

[24]) Art. 7. Niemand braucht vorhergehende Erlaubnis, um durch die Presse Gedanken oder Gefühle zu äußern, vorbehaltlich der gesetzlichen Verantwortlichkeit.

Art. 9. Das Vereins- und Versammlungsrecht der Inländer wird anerkannt.

Das Gesetz regelt und bestimmt die Ausübung des Rechts im Hinblick auf die öffentliche Ordnung.

Art. 159. Das Betreten einer Wohnung gegen den Willen des Bewohners ist allein gestattet in den durch das Gesetz bestimmten Fällen kraft besonderen oder allgemeinen Auftrages einer durch das Gesetz dazu ermächtigten Behörde.

Das Gesetz regelt die Formen, an die die Ausübung dieser Befugnis gebunden ist.

Art. 160. Das Geheimnis der der Post oder einer anderen öffentlichen Verkehrseinrichtung anvertrauten Briefe ist unverletzlich, es sei denn im Auftrag des Richters in den vom Gesetz bestimmten Fällen.

aus den Kammerverhandlungen, die der Annahme des Artikels 187 vorausgingen, ergibt [25]).

III. Das Ausführungsgesetz vom 23. Mai 1899.

Bereits im Jahre 1890 wurde ein erster Gesetzentwurf vorgelegt, allerdings im Jahre 1891 wieder zurückgezogen. Erst im Jahre 1898 kam es zu erneuter Vorlage des abgeänderten Entwurfs [26]), der am 23. Mai 1899 Gesetz wurde. Diese „Oorlogswet" ist seit dem 1. Mai 1901 in Kraft [27]).

Die Bedeutung dieses Gesetzes liegt in der bis ins einzelne gehenden Regelung der Befugnisse des Militärbefehlshabers, dessen Ermessensfreiheit äußerst beschränkt wird, in der scharfen Abgrenzung der Befugnisse von Militär- und Zivilbehörden und in dem Bestreben, die Grundrechte in möglichst weitem Umfange aufrecht zu erhalten. Diese letztere Tendenz hat zur Folge, daß der weite durch Art. 189 gezogene Rahmen durch das Gesetz nicht ausgefüllt wird. Aber infolge der weiten Fassung des Art. 189, und weil man die eingehende Regelung in das Ausführungsgesetz verwies, wird es möglich, im Bedarfsfalle durch eine Ergänzung oder Änderung des Gesetzes ohne eine Verfassungsänderung der neuen Lage Rechnung zu tragen. Es ist dann auch zu mehrfachen, allerdings nicht allzu bedeutenden Änderungen gekommen [28]).

Kriegs- und Belagerungszustand.
Voraussetzungen

Das Gesetz unterscheidet entsprechend Art. 189 und der historischen Entwicklung [29]) zwischen dem Staat van Oorlog und dem Staat van Beleg, zwischen dem Kriegs- und Belagerungszustand und zwar in der Weise, daß letzterer als eine Verschärfung des ersteren erscheint,

---

[25]) Vgl. Buijs a. a. O., III, S. 362 f.; vgl. auch Art. 53 des Gesetzes, durch den die Dekrete, „soweit sie noch in Geltung sind", aufgehoben werden.

[26]) Vgl. Abel, Wet van den 23sten Mei 1899, s'Gravenhage 1915, 2. Aufl., S. 1. Zur Entwicklung: Lisman, Het wetsentwerp ter uitvoering van Artikel 187 der Grondwet. Diss. s'Gravenhage 1891.

[27]) Vgl. Art. 53 des Gesetzes und Königl. Beschluß vom 15. 3. 1901 (Staatsblad Nr. 73).

[28]) Gesetze v. 30. 12. 1909, 22. 11. 1918, 5. 7. 1921; die jetzt geltende Form des Gesetzes findet sich im Anhang. Der von der Regierung am 27. Mai 1916 eingebrachte sehr weitgehende Entwurf, der vor allem eine Angleichung des Kriegs- an den Belagerungszustand vorsah, ist nicht Gesetz geworden (vgl. über diesen Entwurf „Weekblad van het Recht", 9979, 9980), über Art. 17 bis vgl. unten S. 129.

[29]) Memorie van antwoord II, ad art. 1 (Abel a. a. O., S. 36, Anm. 11 a).

was für diesen gilt, auch bei ihm zu gelten hat [30]). Jedoch setzt die Erklärung des Belagerungszustandes nicht die vorherige Erklärung des Kriegszustandes voraus, vielmehr überläßt es das Gesetz — abgesehen von dem Fall des Art. 2 [31]) — dem König, ob er den Kriegs- oder Belagerungszustand verhängen will [32]), indem es für beide Fälle die gleichen Voraussetzungen aufstellt; Krieg, Kriegsgefahr, dringende Gefahr für die innere oder äußere Sicherheit des Reichs infolge innerer Unruhen; unter diesen letzteren hat man nur solche Unruhen zu verstehen, die keinen rein lokalen Charakter haben, sondern die zum mindesten in ihren Auswirkungen eine Gefahr für das Staatsganze mit sich bringen. Zur Unterdrückung örtlich beschränkter Unruhen gibt das Gemeindegesetz hinreichende Handhabe [33]).

Die Ausnahmebefugnisse stehen den durch den König oder in seinem Namen durch den Kriegsminister bestimmten militärischen Stellen zu (Art. 7) [34]).

Verbot der Delegation.

Die Bestimmung braucht nun nicht in der Weise zu erfolgen, daß eine bestimmte Person benannt wird, sondern es genügt die generelle Bestimmung einer Kommandostelle, der das „militair gezag" zusteht. Diese kann aber ihre Befugnisse nicht weiter übertragen; eine Delegation ist unstatthaft. Dies war ursprünglich streitig gewesen [35]) bis zur Entscheidung des Hohen Rats vom 6. März 1916 [36]), die eine auf Grund einer teilweisen Übertragung des militair gezag durch den Militärbefehlshaber erlassene Polizeiverordnung einer nachgeordneten Dienststelle als nichtig und einen Verstoß dagegen als nicht strafbar ansah. Allerdings handelte es sich hier nur um die Delegation der Rechtsetzungsbefugnis [37]), es ist aber bezeichnend,

---

[30]) Art. 19 des Gesetzes.

[31]) Wenn ein Teil des Reichsgebiets infolge eines feindlichen Einfalls vom Sitze der Regierung abgeschnitten ist, kann der Militärbefehlshaber im Namen des Königs nur das schärfere Mittel des Belagerungszustandes, nicht das des Kriegszustandes zur Anwendung bringen.

[32]) Prins a. a. O., S. 62.

[33]) Vgl. Abel a. a. O., S. 34, Anmerkung 10 u. 10 a; vgl. Anhang Anm. zu Art. 14.

[34]) Vgl. Anlagen 2—4.

[35]) Dafür z. B. van Wageningen, De regelgevende bevoegdhed van het militair gezag tijdens staat van oorlog en staat van beleg en Rijk en Kolonien. Groningen 1916, S. 9.

[36]) Weekblad 10 243, S. 2.

[37]) Die Entscheidung des Hohen Rats vom 26. 6. 1916 — Weekblad 9988, S. 1 — bezieht sich allerdings nur auf den Belagerungszustand und die

daß jetzt — im Gegensatz zu den früheren Königlichen Instruktionen — die Instruktion vom 2. November 1916 [38]) in ihrem Artikel 4 bestimmt:

„Der Befehlshaber kann mit der Ausführung der Maßnahmen zur Ausübung des militair gezag durch ihn zu bestimmende Dienststellen oder Personen beauftragen, die also auf seinen Befehl handeln."

IV. Die Verhängung des Ausnahmezustandes.

Die Erklärung des Ausnahmezustandes erfolgt durch königlichen Beschluß, der wie alle Beschlüsse des Königs (Verfassung Art. 77) der Gegenzeichnung durch einen Minister bedarf und zwar tritt der Kriegs- bzw. Belagerungszustand an dem in dem Beschluß bestimmten Zeitpunkt ein, unabhängig von einer Veröffentlichung oder Bekanntmachung. So wird z. B. durch Beschluß vom 5. August 1914 erklärt, daß mit Beginn dieses Tages der Kriegszustand in bestimmten Teilen des Reichs bestehen solle [39]). Eine Bekanntmachung an Ort und Stelle sowie die Veröffentlichung des Beschlusses in dem Staatsblad und dem Staats-Courant sind zwar vorgeschrieben, aber für die Gültigkeit der Erklärung des Ausnahmezustandes sind sie ohne Bedeutung.

Im Falle des Art. 2 schreibt das Gesetz eine Form für die Erklärung nicht vor. Die Veröffentlichung und Bekanntmachung haben in derselben Weise zu geschehen, wie bei Erklärung durch den König [40]). In beiden Fällen muß der Beschluß eine Bestimmung darüber enthalten, welcher Teil des Staatsgebiets in Kriegs- oder Belagerungszustand erklärt wird.

Das Parlament wirkt bei der Verhängung des Ausnahmezustandes nicht mit; jedoch hat die Regierung unverzüglich einen Gesetzentwurf über die Fortdauer des Belagerungszustandes einzubringen, so daß — wenigstens theoretisch — unmittelbar nach der Verhängung des Ausnahmezustandes dem Parlament die endgültige Entscheidung zusteht [41]).

Verordnungsbefugnis nach Art. 22; aber ihre Begründung: „Eine solche Übertragung einer kraft Gesetzes verliehenen Befugnis zur Rechtsetzung ist unstatthaft, es sei denn, daß sie ihrerseits durch das Gesetz geschehen sei, was im vorliegenden Falle nicht zutrifft", zeigt, daß für den Kriegszustand und Art. 10 dasselbe gilt.

[38]) Siehe Anlage 2, S. 150.

[39]) Staatsblad Nr. 375; vgl. auch Beschlüsse vom 29. 8. 1914 — Staatsblad Nr. 435 —, vom 8. 9. 1914 — Staatsblad Nr. 448 —.

[40]) Vgl. Abel a. a. O., S. 40, Anm. 20.

[41]) Allerdings handelt es sich nicht um Bestätigung oder Nichtbestätigung des den Ausnahmezustand proklamierenden Beschlusses; vgl. unten S. 113.

V. Der Kriegszustand.

Zivilverwaltung und Militärbefehlshaber

Der Kriegszustand bedeutet nicht eine Militarisierung der Verwaltung; vielmehr tritt der Militärbefehlshaber neben die Zivilbehörde, er übernimmt neben dieser die Erfüllung gewisser Aufgaben, so die Aufrechterhaltung der Sicherheit und Ordnung, wobei er vielfach freier gestellt ist.

Konkurrierende Zuständigkeit.

Aber daneben bleibt eine konkurrierende Zuständigkeit der Zivilbehörde bestehen. In einem vom Hohen Rat [42]) entschiedenen Fall hatte die Gemeinde Vlijmen, die zu dem durch königlichen Beschluß vom 10. August 1914 (Staatsblad Nr. 406) in Kriegszustand erklärten Gebiet gehörte, ohne Mitwirkung des Militärbefehlshabers eine Polizeiverordnung erlassen, wonach die Bäcker an ihren Läden ein Verzeichnis der bei ihnen erhältlichen Brotsorten mit Preisangabe anzuschlagen hatten. Der Kassationskläger, der in erster Instanz freigesprochen worden war, weil im Kriegszustand nur die Militärbehörde auf Grund des Art. 10 Polizeiverordnungen erlassen könne, war in zweiter Instanz verurteilt worden, weil das Gericht annahm, daß durch Art. 10 die Befugnis der Gemeinde zum Erlaß von Polizeiverordnungen nicht beschränkt sei. Die Kassationsbeschwerde wurde verworfen [43]). Damit war die auch vom Kriegsministerium [44]) vertretene Auffassung, daß die Befugnis zum Erlaß von Polizeiverordnungen usw. von den Zivilbehörden auf die Militärbehörden übergegangen sei, abgelehnt.

Polizei

Da sonach die Lokalbehörden innerhalb des ihnen durch das Gemeinde- und das Provinzialgesetz zugewiesenen Aufgabenkreises in Tätigkeit bleiben, ist es durchaus folgerichtig, daß auch die Polizei ihnen grundsätzlich unterstellt ist; der Militärbefehlshaber kann

[42]) 6. 3. 1916, Weekblad 9921, S. 1.

[43]) „Das gegen dieses Urteil gerichtete Kassationsmittel ist unbegründet, da Art. 10 des Gesetzes vom 23.5.1899 — Staatsblad Nr. 128 — zwar die Militärbefehlshaber u. a. zum Erlaß von neuen Polizeiverordnungen für befugt erklärt, doch damit — im Gegensatz zu den Art. 14 und 24 des Gesetzes — nicht verbindet den Verlust dieser Befugnis für die Verwaltung der in Kriegszustand erklärten Gemeinde, da ein Aufhören dieser auf dem Gesetz beruhenden Befugnis der Verwaltung nicht ohne ausdrückliche Gesetzesbestimmung anzunehmen ist." Entsprechendes dürfte für den Belagerungszustand (Art. 22) gelten.

[44]) Erlaß vom 27. März 1915, Administrative en Rechterlijke Beslissingen betr. het openbaar bestuur in Nederland 1916, S. 246.

den Dienst der Polizei ebenso wie den der Feuerwehr nach Beratung mit der Zivilbehörde neu regeln, falls dies erforderlich erscheint (Art. 13); im übrigen aber ist er, wenn er die Polizei nicht für ausreichend hält, nur dazu befugt, eine eigene militärische Geheimpolizei aufzustellen (Art. 13).

Die Zivilbehörden unterstehen also keineswegs der Militärbehörde; nur haben sie diesen gegenüber die Pflicht zur Auskunftserteilung (Art. 9).

Verordnungsrecht des Militärbefehlshaber

Zur Durchführung seiner Aufgaben hat der Militärbefehlshaber nach Art. 10 die Befugnis, Polizeiverordnungen, Verordnungen oder Reglements von Wasserschaften, Fennschaften oder Fennpoldern zu erlassen, bestehende zu ändern oder zu suspendieren. Er muß sich aber dabei innerhalb des Rahmens halten, der durch das Gemeinde- bzw. Provinzialgesetz den Zivilbehörden gezogen ist; seine Verordnungen haben dieselbe rechtliche Bedeutung wie die der letzteren [45]) und unterliegen den deren Wirksamkeit gesetzten Beschränkungen [46]).

Zusammenwirken von Militär- und Zivilbehörden.

Die gleichzeitige Zuständigkeit der Militär- und Zivilinstanzen macht ein gewisses Zusammenwirken zwischen beiden notwendig. Deswegen ist der Militärbefehlshaber verpflichtet, vor dem Erlaß von Verordnungen im Sinne des Art. 10 sowie bei allen generellen Maßnahmen, die in die private Rechtssphäre der Einwohner eingreifen, soweit sie nicht unmittelbar militärischen Zwecken dienen, sich mit der zuständigen Zivilbehörde in Verbindung zu setzen (vgl. Art. 10, 11, 12, 13). Diese hat beratende Stimme. Zweck der Vorschrift ist, wie der Hohe Rat einmal ausgeführt hat [47]), einerseits

---

[45]) Vgl. Rechtbank Breda 30. 6. 1916, Administrative en Rechterlijke Beslissingen 1916, S. 283; vgl. dazu Hoher Rat 23. 10. 1916, Weekblad 10 026.

[46]) So findet der § 151 des Gemeindegesetzes auf die Polizeiverordnung des Militärbefehlshabers Anwendung. Danach tritt eine Polizeiverordnung ohne weiteres außer Kraft, wenn der in Frage kommende Gegenstand durch Gesetz, allgemeine Verwaltungsverordnung oder durch Provinzialverordnung geregelt wird (vgl. Hoher Rat 23. 10. 1916, Weekblad 10 026, S. 1). Dagegen gilt nicht die Bestimmung des Art. 150, Abs. 2 des Gemeindegesetzes, wonach örtliche Verordnungen, wenn Zweifel darüber besteht, ob sie allgemeine Reichs- oder Provinzialbelange betreffen, in Kraft bleiben, bis sie nach Art. 153 durch den König suspendiert oder für nichtig erklärt werden (Gerechtshof s'Gravenhage 28. 6. 1917, Weekblad 10 209, S. 2; Hoher Rat 5. 4. 1918, Weekblad 10 243, S. 2); vgl. auch unten S. 105.

[47]) H. R. 3. 1. 1916, Adm. en rechterl. Beslissingen 1916, S. 144 ff.

der Militärbehörde eine gewisse Beschränkung aufzuerlegen, andererseits die Befugnisse der Zivilbehörden möglichst aufrecht zu erhalten. Als zuständige Zivilbehörden sind die Selbstverwaltungsorgane, Gedeputeerde Staten und Bürgermeister und Wethouders — nicht etwa die Organe der Zentralverwaltung — anzusehen und zwar je nach dem, ob es sich um Maßnahmen handelt, die in den Zuständigkeitsbereich der Provinzialverwaltung oder der Kommunalverwaltung fallen [48]). Es genügt also z. B. nicht, wenn der Territorialbefehlshaber sich mit dem Königlichen Kommissar ins Benehmen gesetzt hat.

Die Folge der Nichtbeachtung des Erfordernisses der vorhergehenden Beratung mit der Zivilbehörde ist die Ungültigkeit der erlassenen Verordnung [49]).

Bindung des Militärbefehlshabers an die Gesetze.

Der Militärbefehlshaber ist beim Erlaß von Verordnungen an die Gesetze gebunden, was sich schon daraus ergibt, daß sie den Verordnungen der Selbstverwaltungsorgane gleichgestellt werden. Außerkraftsetzen kann er nur einzelne im Gesetz besonders aufgeführte gesetzliche Bestimmungen (Art. 12, Abs. 3).

Erweiterung der Befugnisse.

Erhöhte Befugnisse, die zu einer teilweisen Ausschaltung der Zivilbehörde führen, hat der Militärbefehlshaber, wenn aufrührerische Bewegungen, Zusammenrottungen oder andere Störungen der öffentlichen Ordnung eintreten. Das außergewöhnliche Recht des Bürgermeisters zum Erlaß von Polizeiverordnungen ohne Mitwirkung des Gemeinderats, sowie zu Einzelmaßnahmen, geht im Ausnahmezustand auf den Militärbefehlshaber über; hier braucht er die Zivilbehörde nicht zu hören und ist auch an die Beschränkungen, denen der Bürgermeister für diese Fälle unterliegt, nicht gebunden [50]). In diesem Falle untersteht ihm die Polizei und Feuerwehr, während sonst nur die Freiwilligen-Korps unter seinen Befehl treten (Art. 10, Abs. 3).

Besondere Befugnisse.

Im Hinblick auf die besonderen Pflichten des Militärbefehlshabers, die über den Aufgabenkreis der Zivilbehörden hinausgehen, sind ihm außergewöhnliche Befugnisse eingeräumt, aber nur zu wenigen im Gesetz bestimmten Zwecken: zur Sicherung der Er-

---

[48]) Vgl. die in der vorhergehenden Anmerkung angeführte Entscheidung.
[49]) Vgl. Hoher Rat 23. 10. 1916, Weekblad 10 026.
[50]) Vgl. Artikel 14 und Anmerkung dazu.

nährung der Bevölkerung, im Interesse des militärischen Dienstes und zur Vorbereitung der Verteidigung. Maßnahmen zur Sicherung der Ernährung sind nach Beratung mit der Zivilbehörde zu erlassen; zur Durchsetzung der Maßnahmen kann der Militärbefehlshaber Nachforschungen und Haussuchungen, allerdings nur unter Beobachtung gewisser Formalitäten anstellen. Er kann über den Fall des Art. 192 des Gemeindegesetzes hinaus Zivilpersonen zur militärischen Arbeitsleistung heranziehen (Art. 12) und er kann öffentliches sowie privates Eigentum für Zwecke des Militärdienstes gegen Entschädigung requirieren (Art. 16). Im Interesse der Landesverteidigung sind ihm weitere Eingriffe in das Eigentum gestattet; er kann generell durch Verordnungen der Landesverteidigung abträgliche Terrainveränderungen verbieten (Art. 17 bis)[51].

Preßfreiheit.

Schließlich kann er die Preßfreiheit dadurch beschränken, daß er die Bekanntgabe von Berichten und Bemerkungen über militärische Maßnahmen (Art. 18) untersagt. In diesen letzteren Fällen, wo ausschließlich militärische Gesichtspunkte den Ausschlag gegeben, wirkt die Zivilbehörde nicht mit.

VI. Der Belagerungszustand.

Unterstellung der Zivilbehörden unter den Militärbefehlshaber.

Bringt die Verhängung des Kriegszustandes keineswegs eine straffe Zusammenfassung der Gewalt in der Hand des Militärbefehlshabers, bleiben dort vielmehr die Zivilbehörden selbständig und mit nur wenig zugunsten des Militärbefehlshabers beschränkter Kompetenz in Tätigkeit, ohne im allgemeinen von diesem abhängig zu sein, so weist demgegenüber der Belagerungszustand einen grundsätzlichen Unterschied auf. Alle Zivilbehörden, nicht nur die in Art. 9 genannten, werden dem Militärbefehlshaber unterstellt[52]) und sind verpflichtet, seinen Befehlen nachzukommen, soweit diese sich im Rahmen der königlichen Instruktionen halten (Art. 21 Abs. 1). Nun bestimmt allerdings Art. 7 der Instruktion vom 2. Nov. 1916[53]), daß solche Befehle nur im Falle der Not und nach Möglichkeit nur nach Beratung mit dem Leiter der Zivilbehörde oder dem zuständigen Ressortchef ge-

---

[51]) Vgl. die Anmerkung zu diesem Artikel (Anlage 1).

[52]) Diese Unterordnung der Zivilbehörden unter die militärischen Stellen bedeutet eine Abweichung von Artikel 134, Abs. 1 und Art. 143, Abs. 1 der Verfassung; vgl. Sybenga a. a. O., S. 432.

[53]) Anlage 2.

geben werden sollen, und die Art der Durchführung möglichst dem Ermessen der Zivilbehörde zu überlassen sei; da aber die Instruktionen möglicherweise nicht veröffentlicht werden (vgl. Art. 21, Abs. 2), ist es für die Beamten der Zivilbehörden immerhin bedenklich, Befehlen der Militärbehörde nicht nachzukommen, da sie stets Gefahr laufen, wegen Nichtbefolgung gegebener Befehle mit Gefängnis bis zu 4 Jahren bestraft zu werden (Art. 42).

Keine Zwangsmaßnahmen gegen Beamte.

Dagegen ist der Militärbefehlshaber nicht befugt, selbständig Maßnahmen gegen den widerspenstigen Beamten zu ergreifen, ihn etwa festzunehmen oder durch Haft zur Ausführung der gegebenen Befehle zu zwingen. Ende des Jahres 1914 hatte in einer in Belagerungszustand erklärten Gemeinde der angebliche Militärbefehlshaber einem zuständigen Gemeindebeamten, der einen Soldaten auf einem für Reiter verbotenen Fahrradwege zu Pferde getroffen hatte, verboten, ein Protokoll über diesen Vorgang aufzunehmen und dem Bürgermeister Meldung zu machen. Er hatte ihn, als er sich weigerte, festnehmen und in das Arrestlokal sperren lassen, bis der Beamte sich bereit erklärte, von einer Anzeige abzusehen. Der Militärbefehlshaber, der sich auf Art. 21 berief, wurde wegen widerrechtlicher, unter Mißbrauch seiner Amtsgewalt vorgenommener Freiheitsberaubung (Vergehen gegen Art. 282 Abs. 1 des Strafgesetzbuches) verurteilt [54].

Post, Telegraphen- und Telephonanlagen.

Die Unterstellung der Zivilbehörden unter die militärische Befehlsgewalt bedeutet nicht eine vollständige Militarisierung der Verwaltung, sondern nur die Zulässigkeit von Eingriffen in ihr Getriebe, sei es durch Verordnungen oder Spezialbefehle. Dagegen geht auf den Militärbefehlshaber die Verfügung über alle Einrichtungen der Post-, Telegraphen- und Telephonbetriebe über; er kann selbst die über den Dienst dieser Einrichtungen ergangenen gesetzlichen Vorschriften ändern (Art. 38). Im allgemeinen aber wird es hier auch auf eine Zusammenarbeit mit den entsprechenden militärischen Einrichtungen herauskommen. Zur Vorbereitung einer reibungslosen Zusammenarbeit dient die Einsetzung einer besonderen Kommission [55].

---

[54]) Hoog Militair Gerechtshof, 21. Mai 1915, Weekblad van het Recht 9784, S. 2.

[55]) Königlicher Beschluß 24. 4. 1923 (Staatsblad 159).

Befugnisse des Militärbefehlshabers. Verordnungsrecht.

Ebenso wie im Kriegszustand hat der Militärbefehlshaber das Recht zum Erlaß von Polizeiverordnungen usw. und zwar im selben Umfang wie im Kriegszustand [56]). Nur braucht, entsprechend der veränderten Stellung der Zivilbehörden, die zuständige Zivilverwaltung vor Erlaß derselben nicht mehr gehört zu werden. Das gilt auch, soweit der Militärbefehlshaber im Belagerungszustand befugt ist, für Durchsetzung bestimmter Zwecke im Verordnungswege Eingriffe in die private Rechtssphäre vorzunehmen, obwohl diese Eingriffe weit zahlreicher und einschneidender sind als im Kriegszustand [57]).

[56]) „Unter Polizeiverordnungen sind zu verstehen für ein bestimmtes Gebiet ergangene allgemeine Vorschriften, nach welchen sich die in dem Gebiet befindlichen Personen in Zukunft zu richten haben. ... Der Militärbefehlshaber aber muß sich im allgemeinen innerhalb der Schranken halten, die durch das Gemeindegesetz und das Provinzialgesetz der Verordnungsgewalt der Gemeinderäte und Provinzialstaaten gezogen sind, mit Ausnahme der Fälle, in denen das Gesetz von 1899 selbst die Befugnisse des Militärbefehlshabers erweitert hat."

„Sowohl Wortlaut und Text des Art. 22 des Gesetzes wie auch der Zusammenhang zwischen diesem Artikel und Artikel 10, in welchem mit dem Ausdruck „Zivilbehörden" sicherlich nicht die Reichsbehörden gemeint sind, deuten an, daß die Bestimmung keine weitere Bedeutung hat, als in Zeiten, in denen ein Teil des niederländischen Staatsgebiets in Kriegs- und Belagerungszustand erklärt wird, den Militärbefehlshabern dasselbe gesetzlich beschränkte Verordnungsrecht zu gewähren, das in normalen Zeiten den Provinzialstaaten oder Gemeinderäten zukommt."

Entscheidung des Hohen Rats der Niederlande, 28. 6. 1915, Weekblad 9801, S. 2; in demselben Sinne 19. 6. 1916, Weekblad 9981. — Dabei aber werden die Begriffe des Art. 135 des Gemeindegesetzes, der die Befugnis des Gemeinderats zum Erlaß von Polizeiverordnungen regelt:

„Er hat die Verordnungen zu erlassen, die im Interesse der öffentlichen Ordnung, Sittlichkeit und Gesundheit erforderlich sind und solche, welche den Haushalt der Gemeinde betreffen"

weit ausgelegt, so daß darunter auch eine Bestimmung fällt, die das Anhäufen von Lebensmitteln über den gewöhnlichen Bedarf hinaus verbietet (vgl. die letztgenannte Entscheidung) und nach der Praxis des Hohen Rats genügt es, wenn die Verordnung des Militärbefehlshabers den im Art. 135 genannten Zwecken dienen kann. — Vgl. Hoher Rat, 27. 7. 1918, Weekblad 10 309, S. 1, 14. 10. 1918, Weekblad 10 323, S. 1.

So wird eine Verordnung des Militärbefehlshabers, die das Betreten eines Teils des in Belagerungszustand erklärten Gebietes untersagt, als Polizeiverordnung im Sinne des Art. 22 angesehen, weil sie die öffentliche Ordnung in der Gemeinde betreffen könne und ihrem Inhalt nach nicht außerhalb des Verordnungsrechts der Gemeinde liege (Hoher Rat 5. 11. 1917, Weekblad 10 202, S. 1). Vgl. zu diesen Fragen Stenecker „Een onwelkome Wijziging", Weekblad 10 282, S. 3; van Asbeck „Onwelkome Lapwerk" Art. 17 bis der „Oorlogswet", Weekblad 10 306, S. 4.

[57]) Auch besteht wohl keine Verpflichtung zur Anhörung der Zivilbehörde,

Bindung des Militärbefehlshabers an Gesetze und Verordnungen.

Grundsätzlich ist der Militärbefehlshaber auch im Belagerungszustand an die Verfassung, Gesetze und Verordnungen gebunden. Das gilt nicht nur für die Ausübung des „militair gezag", sondern auch für ihn persönlich. Der Militärbefehlshaber, der, ohne daß die die Notwendigkeit dazu vorliegt, einen nur für Fahrräder nach einer Verordnung des Ministers van Waterstaat bestimmten Weg persönlich zum Reiten benutzt, wird bestraft (H. Mil. Gerechtshof 21. 5. 1915 — Weekblad 9785, S. 2).

Ausnahmen.

Ausnahmen von diesem Grundsatz bestehen nur in den vom Gesetz selbst angegebenen Fällen, sei es, daß für die Dauer des Belagerungszustandes bestimmte gesetzliche Bestimmungen automatisch außer Kraft treten, wie etwa die Vorschriften über das Versammlungsrecht (Art. 24), sei es, daß das Gesetz dem Militärbefehlshaber ausdrücklich die Befugnis erteilt, bestehende Gesetze zu suspendieren oder zu ändern (Art. 27, 28, 38).

Daneben aber sind dem Militärbefehlshaber in bestimmter Hinsicht weitreichende Maßnahmen gestattet, die ohne Durchbrechung von Verfassungs- oder Gesetzesbestimmungen nicht wohl durchführbar sind, und die, da zu ihrer Durchsetzung der Weg der Verordnung allgemein zugelassen ist, auch zu einer Außerkraftsetzung dieser Bestimmungen durch den Militärbefehlshaber führen können. Im einzelnen sind von diesen besonderen Befugnissen folgende zu erwähnen:

Preßfreiheit.

Der Militärbefehlshaber kann die Freiheit der Presse beschränken, er kann jede Veröffentlichung von Druckschriften an Bedingungen knüpfen, sei es durch Spezialbefehl, sei es durch Verordnungen; er kann also auch, wenn auch nicht unter formaler Außerkraftsetzung, materiell den Artikel 7 der Verfassung suspendieren, indem er zum Beispiel die Veröffentlichungen von einer vorherigen Zensur abhängig macht; er kann sogar jede Veröffentlichung, welcher Art sie auch sein möge, untersagen (Art. 37).

Briefgeheimnis.

Durch Art. 160 der Verfassung ist das Briefgeheimnis insofern gewährleistet, als eine Öffnung der Briefe nur auf richterlichen Be-

---

wenn Maßnahmen aus Art. 11, 12 im Belagerungszustand in Anwendung gebracht werden sollen, obwohl das Gesetz darüber schweigt (vgl. van Wageningen, a. a. O., S. 88).

fehl gestattet ist. Nach Art. 38 kann der Militärbefehlshaber jederzeit jedes der Post oder einer anderen Beförderungseinrichtung — es braucht nicht eine öffentliche zu sein — oder dem Telegraphen anvertraute Stück öffnen und darin Einsicht nehmen lassen. Er kann demnach auch eine allgemeine Briefzensur einführen.

Versammlungsrecht.

Die Bestimmungen über öffentliche Versammlungen usw., welche es der Zivilbehörde überlassen, die Genehmigung zu erteilen, sind aufgehoben (Art. 24). Das Recht zu Versammlungen und Zusammenkünften — diese Begriffe in weitem Sinne gefaßt, Art. 26 — wird beschränkt und von der Erlaubnis des Militärbefehlshabers abhängig gemacht. Das bedeutet allerdings keine Durchbrechung des Art. 9 der Verfassung, welcher die Versammlungsfreiheit nur nach Maßgabe der Gesetze gewährleistet, weil es sich hier zunächst nur um eine Verschiebung der Zuständigkeiten handelt. Wenn aber gemäß Art. 27 der Militärbefehlshaber trotz erteilter Genehmigung jederzeit die Auflösung jeder Versammlung usw. erzwingen kann, ohne daß das Gesetz dies an bestimmte Voraussetzungen knüpft, so bleibt inhaltlich von der Versammlungsfreiheit nicht viel übrig [58]).

Unverletzlichkeit der Wohnung.

Im Belagerungszustande sind Haussuchungen jederzeit, soweit nach dem Ermessen des Militärbefehlshabers erforderlich, gestattet (Art. 39), nicht nur, wie im Kriegszustand, zur Durchführung der für die Ernährung der Einwohner und der Besatzung erlassenen Bestimmungen. Auch hier besteht formal kein Widerspruch mit der Verfassung (Art. 159).

Freiheit der Person.

Personen, deren Anwesenheit die Ruhe oder allgemeine Sicherheit gefährdet, kann das Verbleiben im Gebiet untersagt werden, selbst wenn sie dort ihren Wohnsitz haben [59]), ja sie können, wenn ihre Entfernung, etwa infolge Einschließung oder Mangel an Transportmitteln unmöglich ist, in Haft genommen werden (Art. 33). Personen, die zur Verteidigung nicht notwendig sind, und deren Unterhalt gefährdet ist, können aus dem Gebiet verwiesen, wenn die Gefahr

---

[58]) Sybenga a. a. O., S. 432 hält die durch das Gesetz getroffene Regelung mit Art. 9 der Verfassung für durchaus vereinbar; ebenso auch De Savornin Lohman, a. a. O., S. 430.

[59]) Arrondissement Rechtb. Winschoten 18. 8. 1915 — Weekblad 9850, S. 3 —.

alsbaldiger Einschließung besteht, die darin Zurückgebliebenen auf Rationen gesetzt werden. Umgekehrt kann der Militärbefehlshaber solche Personen, die für die Verteidigung nützlich tätig sein können, zurückhalten (Art. 34/35): er darf Nicht-Militärpersonen im Interesse der Landesverteidigung einziehen, die dann als Militärpersonen gelten und somit der Militärgerichtsbarkeit unterworfen werden (Art. 36).

Sonstige Befugnisse.

Im Interesse der öffentlichen Sicherheit kann der Militärbefehlshaber Theater, Sozietäten, Wirtschaften, Kaffeehäuser, Fabriken im Interesse der öffentlichen Sicherheit auf kürzere oder längere Zeit schließen (Art. 28); zum gleichen Zweck kann er die gesetzlichen Bestimmungen über das Tragen von Waffen und die Ausübung der Jagd ändern und die Ablieferung von Waffen und Munition anordnen (Art. 27). Das bedeutet aber ebensowenig wie in den sonstigen Fällen von Gesetzesänderungen (Art. 30, 38) die Befugnis zum Erlaß neuer Strafbestimmungen. Bei Verstößen gegen die geänderten Gesetzesbestimmungen erfolgt auch nicht Bestrafung auf Grund der im 4. Abschnitt des Gesetzes aufgestellten Strafbestimmungen, sondern wegen Jagdvergehens, Verstoßes gegen die Wapenwet usw. [60]).

Regelung des Verkehrs.

Schließlich hat der Militärbefehlshaber die Befugnis, allgemein den Verkehr in dem in Belagerungszustand erklärten Gebiet sowie zwischen diesem und dem übrigen Reichsgebiet, sei es durch Verordnungen oder durch Spezialbefehle, zu regeln (Art. 23). Es kann das Wegführen von Pferden, Waren, Lebensmitteln usw. aus dem in Belagerungszustand befindlichen Gebiet befohlen, vorgenommen und verhindert (Art. 35) aber auch z. B. im Verordnungswege verboten werden [61]). Über das Verhältnis dieses Artikels zu Art. 22 und 23 besteht eine umfangreiche Rechtsprechung aus der Zeit des Weltkrieges. Dabei ist eine Abweichung zwischen der Auffassung der beiden obersten Gerichte, des Hohen Rats und des Hoog Militair Gerechtshof, festzustellen, die, wenn auch an sich belanglos, dazu beigetragen hat, den Umfang der Verordnungsbefugnis des Militärbefehlshabers klarzustellen. Sie knüpft an eine Verordnung des Militärbefehlshabers des in Belagerungszustand erklärten Gebietes von Overijsel vom 5. 11. 1914 (Allgem. Bekanntmachung Nr. 6) an,

---

[60]) Hoher Rat, 28. 6. 1915 — Weekblad 9801, S. 2 —, Hoog Militair Gerechtshof, 15. 9. 1916, Admin. en rechterl. Beslissingen 1916, S. 455.

[61]) Hoher Rat, 28. Dez. 1915, Admin. en rechterl. Beslissingen 1916, S. 172.

die u. a. verbot, innerhalb der darin bezeichneten Gemeinden, welche in Belagerungszustand erklärt sind, alles dasjenige zu transportieren, dessen Ausfuhr aus dem Reichsgebiet verboten ist, es sei denn, daß der Transport durch einen Geleitschein gedeckt sei. Der Streit ging zunächst darum, ob die Verordnung eine Maßnahme auf Grund des Art. 23 sei. Beide Gerichte haben dies im Gegensatz zu dem Urteil des Kantongerichts zu Almelo vom 27. August 1919 — Weekblad 9851, S. 3 — verneint, und ausgeführt, daß Art. 23 sich nur beziehe auf die Regelung des Verkehrs von Personen [62]).

Die Ansicht beider Gerichte geht aber insoweit auseinander, als der Hohe Rat gemäß seiner angeführten weiten Auslegung des Art. 135 des Gemeindegesetzes [63]) die Verordnung als Polizeiverordnung im Sinne des Art. 22 des Gesetzes ansieht und dementsprechend Bestrafung aus Art. 43 eintreten läßt, während der H. Mil. Gerechtshof annimmt, daß die Verordnung durch Art. 22 nicht gedeckt sei, weil es sich hier um die Wahrung eines allgemeinen Reichsinteresses, die Verhinderung des Schmuggels nach Deutschland, handele und sie daher über den Rahmen der Kompetenz des Gemeinderats hinausgehe [64]). Er begründet vielmehr die Befugnis des Militärbefehlshabers zum Erlaß dieser Verordnung mit Art. 35, da dieser es ihm überläßt, entweder allgemein gültige Regeln aufzustellen oder im einzelnen Falle Befehle zu geben. Er bestraft aus Art. 49, indem er ausführt, daß unter Nichtbefolgung von Befehlen auch das Nichtbeachten der in Verordnungen niedergelegten Verbote zu verstehen sei und daher dieser Artikel auch eine Strafsanktion für die Übertretung von Verordnungen enthalte [65]).

---

[62]) Vgl. Hoog Militair Gerechtshof, 10. 3. 1916, Weekblad 9911, S. 2. „Nach dem Wortlaut dieser Gesetzesbestimmung hat der Gesetzgeber hier an Regelungen gedacht, die der Militärbefehlshaber aufstellt, um den Personenverkehr, in dem in Belagerungszustand erklärten Gebiet zu kontrollieren und zu beherrschen, während die hier genannten Verordnungen nach dem nahen Zusammenhang ihrer Hauptbestimmung mit dem jeweils bestehenden Ausfuhrverbot von Gütern die Regelung eines ganz anderen Gegenstandes bezwecken."

Ebenso 9. 6. 1916 — Weekblad 9972, S. 3 —; Hoher Rat 3. 4. 1916 — Weekblad 9923 —.

[63]) Vgl. oben Anm. 56.

[64]) Vgl. H. Mil. Gerechtshof 10. 5. 1916 — Weekblad 9911 u. 9. 6. 1916, Weekblad 9972, S. 3 —.

[65]) Hinsichtlich der Möglichkeiten zum Erlasse von Verordnungen auf Grund des Art. 35 und der Auslegung des Begriffes „Befehle" im Art. 49 ist der Hohe Rat der gleichen Meinung (vgl. Entsch. 28. 12. 1915 — Weekblad 9934, S. 3 —: „Befehl im weitesten Sinne hat eine doppelte Bedeutung. Er kann sowohl ein Gebot, bestimmte Handlungen vorzunehmen, wie auch eines, solche

VII. Strafbestimmungen.

Das Gesetz stellt in Art. 41 bis 49 eine Reihe von Strafbestimmungen auf, die im Falle des Kriegs- bezw. Belagerungszustandes Anwendung zu finden haben. Es entzieht damit dem Militärbefehlshaber die Befugnis, seinerseits Strafnormen aufzustellen, um die Befolgung seiner Verordnungen und Befehle zu erzwingen.

Erhöhung der Strafen des Strafgesetzbuches.

Hervorzuheben ist die Bestimmung des Art. 48, der generell die Strafandrohungen des Strafgesetzbuches für bestimmte Vergehen um ein Drittel erhöht für den Fall, daß sie in dem im Ausnahmezustand befindlichen Gebiet begangen werden. Es handelt sich dabei um Tatbestände des Widerstandes gegen die Staatsgewalt, in Art. 187 um die widerrechtliche Entfernung usw. von amtlichen Anschlägen. Auf die Bedeutung der allgemeinen Vorschrift des Art. 49 und die in ständiger Rechtsprechung entwickelte Auslegung dieses Artikels wurde bereits oben hingewiesen.

Bestrafung nach Aufhebung des Ausnahmezustandes nur nach gemeinem Strafrecht.

In Hinblick auf Artikel 8 Abs. 2 und Artikel 19 ergibt sich die allgemeine Frage, ob nach Aufhebung des Ausnahmezustandes noch Strafverfolgungen wegen Übertretung von auf Grund des Kriegs- oder Belagerungszustandes erlassenen Verordnungen oder wegen Nichtbefolgung von Befehlen des Militärbefehlshabers eintreten können, m. a. W., ob der Grundsatz des Art. 1 Abs. 2 des Strafgesetzbuches:

> „Bei Veränderung der Gesetzgebung nach dem Zeitpunkt, in welchem die Tat begangen ist, finden die für den Beschuldigten günstigeren Bestimmungen Anwendung,"

auch für den Fall der Aufhebung des Belagerungszustandes gilt. Nach dem Verlauf der Kammerverhandlungen über Art. 8 Abs. 2 scheint mir dies nicht zweifelhaft zu sein [66]. Aus der Bejahung dieser Frage

---

zu unterlassen enthalten, so daß also das Verbot, Lebensmittel aus Zeeland auszuführen, auch ein Befehl war, sich der Ausfuhr zu enthalten.

In Art. 49 des genannten Gesetzes hat „Befehle" zweifellos die gleiche Bedeutung, da sonst zahlreiche durch den Militärbefehlshaber für notwendig gehaltene und innerhalb des Kreises seiner Befugnisse ausgefertigte Vorschriften, u. a. die Mehrzahl der in Art. 35 bestimmten, straflos übertreten könnten, was nicht anzunehmen ist." (Vgl. van Wageningen, S. 129 a. a. O.)

[66]) Die Memorie van antwoord II betont, daß nach Aufhebung des Ausnahmezustandes an der Anwendung verschärfter Strafbestimmungen kein Interesse mehr bestehe; vgl. Abel a. a. O., S. 52, Anm. 39 a.

ergibt sich, daß eine Bestrafung nach Aufhebung des Ausnahmezustandes nur dann eintreten kann, wenn die Tat auch unter den Tatbestand einer noch zurzeit der Aburteilung in Kraft befindlichen Strafbestimmung des gemeinen Rechts fällt, wobei auch solche Bestimmungen in Frage kommen können, die erst durch die Wiederaufhebung des Ausnahmezustandes wieder in Kraft getreten sind [67]. Eine Bestrafung auf Grund einer Bestimmung des 4. Abschnittes kann natürlich auch dann nicht mehr erfolgen, wenn die Verordnung, gegen die verstoßen wurde, vor dem Abschluß des strafrechtlichen Verfahrens während der Dauer des Belagerungszustandes aufgehoben worden ist, ohne daß der Tatbestand anderweitig unter Strafe gestellt ist [68].

VIII. Ausnahmegerichte.

Im Ausnahmezustand bleiben die Zivilgerichte in Tätigkeit und werden in ihrer Kompetenz im allgemeinen nicht beschränkt.

Die Einsetzung von Ausnahmegerichten ist nicht in das Ermessen des Militärbefehlshabers gestellt, sondern durch das Gesetz, Art. 40, geregelt. Danach bestehen in dem in Belagerungszustand befindlichen Gebiet ein oder mehrere nicht ständige Kriegsgerichte, die gemäß dem 4. Titel des Gesetzes über die Rechtspflege bei der Landmacht aus Offizieren zusammengesetzt sind. Diese Kriegsgerichte urteilen im allgemeinen nur von Militärpersonen begangene Delikte ab; übrigens waren sie während des Krieges teilweise durch das Gesetz vom 16. 10. 1914 (Staatsblad Nr. 490) aufgehoben.

Nur im Falle eines Krieges wird die Kompetenz der Kriegsgerichte auf Zivilpersonen ausgedehnt. Maßgebend sind hierfür die Bestimmungen des Art. 78 des Einführungsgesetzes zum Militärstrafgesetzbuch und zum Gesetz über die Kriegszucht vom 5. 7. 1921. Hiernach entscheiden die Militärgerichte:

1. im Kriegsfalle über unerlaubte Handlungen, welche in einem in Belagerungszustand erklärten Teil des Reichsgebiets, gleichgültig durch wen, begangen sind, soweit es sich um Vergehen handelt, die im Titel 1 oder 2 des zweiten Buches des Strafgesetzbuches oder in dem Militärstrafgesetzbuch [69] genannt sind;

2. im Falle eines Krieges über die strafbaren Handlungen, welche in einem in Belagerungszustand erklärten Teil des Reichsgebietes

---

[67]) Vgl. unten S. 116.

[68]) Vgl. Kantongerecht Sittard 13. 8. 1915, Weekblad 9889, S. 3.

[69]) In Kraft getreten laut Königl. Beschluß vom 2. 9. 1922 — Staatsblad Nr. 515, — am 1. Januar 1923.

begangen sind, wenn der Zivilrichter, der nach dem Gesetz in erster Instanz zu entscheiden hätte, nicht imstande ist, darüber zu erkennen;

3. über strafbare Handlungen in durch die niederländische Kriegsmacht ganz oder zum Teil besetztem feindlichem Gebiet, gleichgültig durch wen begangen, wenn dadurch ein niederländisches Interesse geschädigt ist oder geschädigt werden kann, es sei denn, daß die Tat nicht durch das Militärstrafgesetzbuch unter Strafe gestellt ist und der Krieg ein Ende genommen hat.

IX. Mitwirkung des Parlaments.

Wie bereits oben erwähnt, soll die endgültige Entscheidung über den Fortbestand des Belagerungszustandes durch das Parlament erfolgen. Hierbei sind zwei Fälle zu unterscheiden.

1. Erfolgt die Verhängung des Ausnahmezustandes wegen innerer Unruhen, Kriegsgefahr oder Krieg außer Landes, so muß unverzüglich nach der Proklamation des Ausnahmezustandes ein Gesetzentwurf eingebracht werden; falls die Sitzungen der Kammern geschlossen sind, sind diese sofort einzuberufen (Art. 5). Man wollte damit die Überprüfung des Vorliegens der Voraussetzungen für die Erklärung des Ausnahmezustandes in die Hand der gesetzgebenden Gewalt legen und die durch die möglicherweise ungerechtfertigte Verhängung vom König herbeigeführte Beschränkung der Grundrechte nach Möglichkeit verkürzen. Tatsächlich ist aber in der Praxis der ersten Kriegsjahre das Gesetz über die Fortdauer des Ausnahmezustandes oft erst Monate nach der Verkündung des Ausnahmezustandes zustandegekommen. So ergeht für die Proklamation des Kriegszustandes vom 5. August 1914 das entsprechende Gesetz am 27. August, für den Beschluß vom 10. August 1914 das Gesetz am 16. August; der Ausnahmezustand auf Grund der Beschlüsse vom 29. August und vom 8. September sowie vom 25. September 1914 wird erst durch Gesetz vom 21. Dezember 1914 verlängert; für den Beschluß vom 10. 11. 1914 kommt das Gesetz erst am 30. Januar 1915 zustande usw.

Initiative

Die Initiative liegt — das kann nach Art. 5 kaum zweifelhaft sein — bei der Regierung. Prins[70]) glaubt annehmen zu müssen, daß auch die Kammer das Gesetz einbringen und durch Verwerfung die Regierung zur Aufhebung des Belagerungszustandes zwingen könne, denn durch ein einfaches Gesetz wie die Oorlogswet könne nicht das

[70]) A. a. O., S. 70.

auf der Verfassung beruhende allgemeine Initiativrecht der Kammer ausgeschaltet werden.

Erfolgt die Einbringung des Gesetzes nicht unverzüglich, so bleibt der Ausnahmezustand bestehen und tritt nicht etwa nach einer bestimmten Zeit automatisch außer Kraft [71]).

2. Im Falle eines feindlichen Einfalls muß der Gesetzentwurf unmittelbar nach Friedensschluß eingebracht werden, wenn Kriegs- oder Belagerungszustand über das Ende des Krieges hinaus verlängert werden sollen (Art. 5 Abs. 4.). Man wollte dadurch, daß man den ursprünglichen Text „im Falle eines Krieges" änderte, die Möglichkeit ausschließen, daß, wenn der Krieg außerhalb der Landesgrenzen sich abspielte, im Inland aber Unruhen die Verhängung des Ausnahmezustandes notwendig erscheinen ließen, die Nachprüfung durch das Parlament erst nach Friedensschluß erfolgen könne und die Regierung in der Aufrechterhaltung des Ausnahmezustandes unbeschränkt bleibe.

Kommt das Gesetz zustande, so bleibt der Ausnahmezustand bestehen. Damit aber sind die Befugnisse des Parlaments erschöpft und es hat, wenn das Gesetz einmal angenommen ist, keinen Einfluß mehr auf die Fortdauer des Belagerungszustandes. Dieser Gefahr, daß die Aufrechterhaltung nunmehr vollkommen dem Ermessen der Regierung überlassen blieb, war man sich wohl bewußt [72]).

Kommt das Gesetz nicht zustande, so ist der Belagerungszustand aufzuheben. Der Beschluß der Generalstaaten hindert die Fortdauer des Ausnahmezustandes; er hat aber nicht die Wirkung, die die Verhängung des Ausnahmezustandes durch den König mit Wirkung ex tunc zu vernichten und damit alle auf Grund der Bestimmungen der Oorlogswet getroffenen Maßnahmen rechtswidrig zu machen. Denn bei der Mitwirkung des Parlaments handelt es sich nicht um eine Bestätigung des Königlichen Beschlusses, sondern lediglich um die Entscheidung über die Fortdauer [73]), so daß von einem Eingriff in der Prärogative des Königs nicht gesprochen werden kann [74]).

---

[71]) Vgl. unten Anm. 73.

[72]) Vgl. Abel a. a. O., S. 42, Anm. 24—24 c; Prins a. a. O. bemerkt, daß das Parlament in dem Gesetz über die Fortdauer einen Endtermin feststellen kann.

[73]) Art. 5, Abs. 1 spricht nicht von Bestätigung, sondern von gesetzlicher Bestimmung über die Fortdauer; Prins a. a. O., S. 73.

[74]) Die Verfassungswidrigkeit des Art. 5, Abs. 1 wird eigentlich nur noch von de Savornin Lohman a. a. O., S. 1431 behauptet; vgl. dazu Prins a. a. O., S. 68.

Daraus ergibt sich, daß die während des Ausnahmezustandes getroffenen Maßnahmen, seien sie genereller oder spezieller Art, gültig waren, wie auch, daß die Urteile der Kriegsgerichte, soweit sie vor Ende des Belagerungszustandes ergingen, in Kraft bleiben.

Die Möglichkeit einer Neuverhängung des Ausnahmezustandes unmittelbar nach der Verwerfung des Gesetzentwurfes ist natürlich immer gegeben, doch dürfte dies aus politischen Gründen nicht vorkommen, da in diesem Falle man wohl kaum auf eine Verlängerung durch das Parlament rechnen könnte.

Sollte der Ausnahmezustand rechtlich mit der Verwerfung des Gesetzentwurfes aufhören?

Um den Schwierigkeiten zu entgehen, die entstehen können hinsichtlich der in der Zeit von der Verwerfung des Entwurfs bis zur Zeit seines Bekanntwerdens getroffenen Maßnahmen, die bejahendenfalls der rechtlichen Unterlage entbehren würden, aus einem rein technischen Grund also, dem man auch in anderer Weise hätte Rechnung tragen können, entschied man sich für einen späteren Zeitpunkt, indem man in den Entwurf eine neue Bestimmung aufnahm, wonach der Belagerungszustand mit dem Tage als aufgehoben gilt, an dem dies an Ort und Stelle durch die Militärbehörde bekannt gemacht ist. Dadurch ist natürlich wieder die Gefahr gegeben, daß die Regierung die Aufhebung des Ausnahmezustandes verschleppt [75]).

X. Ministerverantwortlichkeit.

In diesem Fall, wie für jede Unregelmäßigkeit in der Durchführung der Ausnahmebefugnisse können die Minister verantwortlich gemacht werden, in erster Linie der Kriegsminister.

Aber auch für die Verhängung des Ausnahmezustandes könnte die Ministerverantwortlichkeit begründet sein, wenn beim Erlaß des Königl. Beschlusses über die Verhängung des Ausnahmezustandes die verfassungsmäßigen Voraussetzungen nicht vorlagen. Allerdings dürfte dies nur im Fall der Ablehnung des Gesetzes über die Fortdauer in Frage kommen, denn wenn es natürlich auch denkbar wäre, daß die Voraussetzungen inzwischen eingetreten seien und so die Fortdauer des Ausnahmezustandes angebracht erscheinen würde, so würden solche Fälle doch kaum zu einer Ministerklage führen. Die Verantwortlichkeit der Minister, die grundsätzlich in Art. 77 der Verfassung [76])

---

[75]) Prins a. a. O., S. 73.

[76]) Abs. 2 lautet: Die Minister sorgen für die Ausführung der Verfassung und der anderen Gesetze, soweit diese von der Krone abhängt.

festgelegt ist, ist tatbestandsmäßig umrissen durch Art. 355 und 356 des Strafgesetzbuches [77]).

Zuständiges Gericht für die Anklage gegen die Minister ist der Hohe Rat (Art. 165 der Verfassung), anklageberechtigt der König oder die zweite Kammer. Für das Verfahren gilt noch das Gesetz vom 22. April 1855 (Staatsblad Nr. 33). Das Verfahren bei Anklageerhebung durch die zweite Kammer, das allein praktisch werden dürfte, bietet aber soviel Schwierigkeiten, daß es kaum je zu einer Anklageerhebung kommen kann. Für den Beschluß über die Anklageerhebung ist in § 18 des Gesetzes bestimmt, daß die dem Minister zur Last gelegten Handlungen nicht nur darauf zu prüfen sind, ob sie rechtmäßig, sondern ob sie der Billigkeit entsprachen und moralisch zu rechtfertigen sind oder dem Staatsinteresse entsprachen [78]).

XI. Aufhebung des Ausnahmezustandes.

Die Aufhebung erfolgt entsprechend der Erklärung durch Königlichen Beschluß [79]); nur im Falle des Art. 2, oder wenn nachträglich die Verbindung mit dem Sitz der Regierung abgeschnitten ist, kann der Militärbefehlshaber den Ausnahmezustand aufheben (Art. 3).

---

[77]) Art. 355. Mit Gefängnis bis zu drei Jahren, mit oder ohne Aberkennung des in Art. 28 Nr. 3 genannten Rechtes werden die Leiter der Ministerien bestraft, die

1. königl. Beschlüsse oder königl. Verfügungen gegenzeichnen, obwohl sie wissen, daß dadurch die Verfassung oder andere Gesetze oder allgemeine Maßregeln der inneren Verwaltung des Staates oder seiner Kolonien oder Besitzungen in anderen Erdteilen verletzt werden;

2. königl. Beschlüsse oder königl. Verfügungen zur Ausführung bringen, obwohl sie wissen, daß diese nicht mit der erforderlichen Gegenzeichnung eines Leiters eines Ministeriums versehen sind;

3. die Verfügungen treffen oder Befehle geben oder bestehende Verfügungen oder Befehle handhaben, obwohl sie wissen, daß dadurch die Verfassung oder andere Gesetze oder allgemeine Maßregeln der inneren Verwaltung des Staates oder seiner Kolonien oder Besitzungen in anderen Erdteilen verletzt werden;

4. die absichtlich es unterlassen, Bestimmungen der Verfassung oder anderer Gesetze oder allgemeiner Maßnahmen der inneren Verwaltung des Staates oder seiner Kolonien oder Besitzungen in anderen Erdteilen auszuführen, sofern die Ausführung wegen der Art des Gegenstandes zu ihrem Ministerium gehört oder ihnen ausdrücklich aufgetragen ist.

Art. 356. Mit Haft bis zu 6 Monaten werden die Minister bestraft, deren grober Fahrlässigkeit es zuzuschreiben ist, daß die in Art. 355 Nr. 4 genannte Ausführung unterblieben ist.

[78]) Vgl. dazu Kranenburg, Het Nederlandsche Staatsrecht I,2. Aufl. Haarlem 1925, S. 328 f.

[79]) Vgl. z. B. Beschluß vom 14. 10. 1919 — Staatsblad Nr. 602 —.

Kommt das Gesetz, welches die Verhängung des Ausnahmezustandes genehmigt, nicht zustande, so gilt der Ausnahmezustand als aufgehoben mit dem Zeitpunkt, an welchem die Aufhebung durch den Militärbefehlshaber verkündet wird, dem unverzüglich Mitteilung von der Ablehnung des Gesetzentwurfes zu machen ist, und der seinerseits die Verkündung unverzüglich vorzunehmen hat. Es ist zweifelhaft, ob in diesem Falle noch ein königlicher Beschluß über die Aufhebung gemäß Art. 3 Abs. 1 erforderlich ist [80]). Die Bedeutung eines solchen Beschlusses ist aber hier doch wohl eine andere; sie ist keine Willenserklärung des König als des über den Ausnahmezustand entscheidenden Organs, sondern eine Anordnung der Regierung zur Erfüllung einer ihr gesetzlich vorgeschriebenen Verpflichtung.

Außerkrafttreten der Maßnahmen.

Das Ende des Ausnahmezustandes bedeutet auch die Aufhebung aller von dem Militärbefehlshaber erlassenen Maßnahmen, soweit sie auf Grund der Ausnahmebestimmungen ergangen sind. Das gilt nicht nur für den Kriegszustand (Art. 8, Abs. 2), sondern auch für den Belagerungszustand (Art. 19). Im Parlament war zunächst darauf aufmerksam gemacht worden, daß der Ausdruck „Maßregeln" zu weit sei, da nicht klar sei, ob darunter neben generellen Verordnungen und Reglements auch Einzelmaßnahmen, Befehle usw. zu verstehen seien. Die Regierung erklärte, daß auch solche Einzelmaßnahmen ihre Geltung verlören, nur könne das Urteil eines Militärgerichts nicht als Maßregel angesehen werden, da dieses nicht die Militärbefehlsgewalt ausübe.

Die naheliegende Frage, ob die durch die nunmehr ungültig werdenden Maßnahmen außer Kraft gesetzten Verordnungen, Reglements usw. wieder in Geltung treten, ist zu bejahen [81]).

Nachprüfung der Maßnahmen.

Nach dem Ende des Ausnahmezustandes ist dem Parlament ein Bericht über die von den Militärbefehlshabern auf Grund ihrer außerordentlichen Befugnisse getroffenen Maßnahmen vorzulegen (Art. 6) [82]). Vorgekommene Unregelmäßigkeiten können unter Umständen zu einer Ministeranklage führen.

Die Gerichte können mit der Nachprüfung der Rechtmäßigkeit von Maßnahmen incidenter befaßt werden, sei es, daß es sich um

---

[80]) Prins a. a. O., S. 72 spricht hier von fiktiver Aufhebung.

[81]) Memorie van antwoord II, Abel a. a. O., S. 52, Anm. 41 a.

[82]) M. W. ist der Bericht über den jahrelangen Ausnahmezustand, der am 14. Oktober 1919 aufgehoben wurde, bis jetzt noch nicht erstattet.

Einzelanordnungen handelt oder um Verordnungen, die der Militärbefehlshaber erlassen hat und bei denen eine Kompetenzüberschreitung zu Eingriffen in individuelle Rechte geführt hat. So kann unberechtigte Freiheitsentziehung zur Bestrafung des handelnden Militärbefehlshabers führen [83], wobei gemäß Art. 44 des Strafgesetzbuches bei Straftaten, die eine Amtspflichtverletzung oder einen Amtsmißbrauch darstellen, Erhöhung der Strafandrohung um ein Drittel eintritt (§ 44 Str. Ges. B.), da Angehörige der bewaffneten Macht als Beamte im Sinne des Strafrechts gelten (Art. 84, Abs. 3, 91).

Am häufigsten findet sich eine Nachprüfung von generellen Maßnahmen durch die Gerichte in Strafsachen, wenn die Gültigkeit der Anordnung deshalb bestritten wird, weil der Militärbefehlshaber nicht im Rahmen seiner Befugnisse sich gehalten habe. Das bedeutet aber nichts besonderes gegenüber den im Normalzustande erlassenen Polizeiverordnungen usw.

Schadenersatzpflicht.

Schließlich ist zu erwähnen, daß eine zivilrechtliche Schadensersatzpflicht des Staates bestehen kann. So hatte in einem von Gerechtshof zu 'sGravenhage [84]) entschiedenen Fall der Militärbefehlshaber von Nordbrabant, Limburg und Gelderland südlich des Waal auf Grund einer von ihm erlassenen Verordnung einem Kaufmann, der im Verdacht stand, an Schmuggler Ware abzugeben, verboten, Ware, die dem Ausfuhrverbot unterlag, aus seinem Hause wegzuschaffen. Der Betroffene machte einen Schadensersatzanspruch gegen den Staat geltend. Das Gericht entsprach der Klage mit der Begründung, daß es sich um eine durch Gesetz geregelte Materie handelt, der Militärbefehlshaber sich durch Erlaß der Verordnung in Widerspruch zu dem Gesetz gesetzt habe und die Verordnung ungültig sei. Die Kassationsbeschwerde des Staates wurde vom Hohen Rat verworfen [85]).

---

[83]) Vgl. oben Anm. 54.

[84]) 28. 6. 1917 — Weekblad 10 209 —.

[85]) 5. 4. 1918 — Weekblad 10 243, S. 2 —.

Anlage 1.

WET.

Houdende bepalingen ter uitvoering van Art. 187 der Grondwet.

HOOFDSTUCK I.

Algemeene Bepalingen.

Art. 1.

Elk gedeelte van het Grondgebiet des Rijks kan bij Koninklijk besluit in staat van oorlog of in staat van beleg worden verklaard:

1°. wanndeer oorlog of oorlogsgevaar ontstaan is;

2°. wanneer binnenlandsche onlusten de in- of uitwendige veiligheid van het Rijk of van een gedeelte daarvan in dringend gevaar brengen.

Art. 2.

Wanneer tengevolge van een vijandelijken inval, of ten gevolge van binnenlandsche onlusten, als bedoeld in artikel 1, sub 2°, de gemeenschap tusschen een gedeelte van het grondgebiet des Rijks en den zetel der Regeering is afgesneden, kan dat gedeelte — hetzij geheel, hetzij gedeeltelijk — door het militair gezag van Onzentwege in staat van beleg worden verklaard.

Art. 3.

De staat van oorlog en de staat van beleg worden bij Koninklijk besluit opgeheven.

Ingeval de gemeenschap tusschen het in staat van oorlog of in staat van beleg verklaarde gedeelte van het grondgebiet des Rijks en den zetel der Regeering na die verklaring is afgesneden en dat gedeelte nog in dien toestand verkeert op het oogenblik dat de omstandigheden, welke tot die verklaring aanleiding hebben gegeven, hebben opgehouden te bestaan, kan de opheffing, voor zoover dat gedeelte betreft, door het militair gezag geschieden.

Mede kan de opheffing door het militair gezag geschieden voor wat betreft dat gedeelte van het grondgebiet des Rijks, waarop het vorige artikel is toegepast, indien de Omstandigheid welke daartoe aanleiding heeft gegeven, heeft opgehouden te bestaan, maar de gemeenschap met den zetel der Regeering nog niet is hersteld.

Ausführungsgesetz zu Art. 187 (jetzt 189) der Verfassung.

ABSCHNITT I.

Allgemeine Bestimmungen.

Artikel 1.

Jeder Teil des Reichsgebietes kann durch königlichen Beschluß in Kriegs- oder Belagerungszustand erklärt werden:

1. wenn Krieg oder Kriegsgefahr entstanden ist,
2. wenn innere Unruhen die innere oder äußere Sicherheit des Reiches oder eines Teiles desselben in dringende Gefahr bringen.

Artikel 2.

Ist infolge eines feindlichen Einfalls oder infolge innerer Unruhen im Sinne von Art. 1, Z. 2, die Verbindung zwischen einem Teil des Reichsgebietes und dem Sitz der Regierung abgeschnitten, so kann dieser Teil — es sei ganz oder teilweise — durch den Militärbefehlshaber in unserem Namen [1]) in Belagerungszustand erklärt werden.

Artikel 3.

Der Kriegszustand und der Belagerungszustand werden durch königlichen Beschluß aufgehoben.

Ist die Verbindung zwischen dem in Kriegs- oder Belagerungszustand erklärten Teile des Reichsgebietes und dem Sitz der Regierung nach dieser Erklärung abgeschnitten, und befindet sich dieser Teil in dieser Lage noch in dem Zeitpunkt, in welchem die Umstände, welche zu dieser Erklärung Anlaß gegeben haben, zu bestehen aufgehört haben, so kann die Aufhebung hinsichtlich dieses Teils durch die Militärbehörde erfolgen.

Auch kann die Aufhebung durch die Militärbehörde erfolgen, soweit es sich um einen Teil des Reichsgebietes handelt, auf den der vorhergehende Artikel Anwendung gefunden hat, wenn der Umstand, welcher dazu Anlaß gab, zu bestehen aufgehört hat, die Verbindung mit dem Sitz der Regierung aber noch nicht wiederhergestellt ist.

---

[1]) D. h. im Namen der Königin, die das Gesetz verkündet.

Art. 4.

Het besluit, waarbij de staat van oorlog of de staat van beleg wordt verklaard of opgeheven, treedt in werking op het daarin vermelde tijdstip en wordt ter plaatse afgekondigd op de wijze, door het militair gezag te bepalen.

Het wordt zoo spoeding doenlijk in het Staatsbladen en in de Staatscourant opgenommen.

Art. 5.

Behalve in het geval van een vijandelijken inval, wordt onverwijld een voorstel aan de Staten-Generaal gedaan om het voortduren van den staat van oorlog of van den staat van beleg bij de wet to bepalen.

Is de zitting der Kamers van de Staten-Generaal gesloten, dan worden zij onmiddellijk door Ons bijeengeroepen.

Komt de wet niet tot stand, dan wordt hiervan onverwijld kennis gegeven aan het militair gezag en wordt de staat van oorlog of de staat van beleg gerekend te zijn opgeheven met den dag, waarop dit ter plaatse zal zijn bekend gemaakt op de wijze, door het militair gezag bepaald. De bekendmaking zal onverwijld geschieden.

Indien na het einde van een oorlog de staat van oorlog of de staat van beleg moet worden verlengd, zal, na het sluiten van den vrede, onverwijld een voorstel daartoe aan de Staten-Generaal worden gedaan.

Art. 6.

Na de opheffing van den staat van oorlog of van den staat van beleg wordt van Onzentwege aan de Staten-Generaal mededeeling gedaan van hetgeen door het militair gezag, krachtens de buitengewone bevoegdheid, daaraan door deze wet toegekend, is verricht.

Art. 7.

Het militair gezag, in deze wet bedoeld, wordt uitgeoefend door de autoriteiten, daartoe door Ons of van Onzentwege door Onzen Minister van Oorlog aangewezen.

HOOFDSTUCK II.

Van den staat van oorlog.

Art. 8.

In staat van oorlog zijn de artikelen van dit hoofdstuck van toepassing op het grondgebiet, aangeduild in het besluit, dat den staat van oorlog verklaart.

Artikel 4.

Der Beschluß, durch den der Kriegs- oder Belagerungszustand erklärt oder aufgehoben wird, wird in dem darin bestimmten Zeitpunkt wirksam und wird an Ort und Stelle auf die durch die Militärbehörde zu bestimmende Art und Weise verkündet.

Es wird sobald wie möglich im Staatsblad und im Staatscourant veröffentlicht.

Artikel 5.

Abgesehen von dem Falle eines feindlichen Einfalls wird unverzüglich ein Antrag bei den Generalstaaten eingebracht, damit durch Gesetz die Fortdauer des Kriegs- oder Belagerungszustandes bestimmt wird.

Ist die Sitzung der Kammern der Generalstaaten geschlossen, so werden sie sofort durch uns [2]) einberufen.

Kommt das Gesetz nicht zustande, so wird hiervon unverzüglich dem Militärbefehlshaber Kenntnis gegeben; der Kriegs- oder Belagerungszustand gilt mit dem Tag, an dem dies an Ort und Stelle auf die durch den Militärbefehlshaber bestimmte Art und Weise bekannt gemacht ist, als aufgehoben. Diese Bekanntmachung hat unverzüglich zu erfolgen.

Wenn nach dem Ende eines Krieges der Kriegs- oder Belagerungszustand verlängert werden muß, so soll nach dem Friedensschluß unverzüglich ein entsprechender Antrag bei den Generalstaaten gestellt werden.

Artikel 6.

Nach der Aufhebung des Kriegs- oder Belagerungszustandes wird in unserem Namen [2]) an die Generalstaaten Mitteilung von dem, was seitens des Militärbefehlshabers auf Grund der außergewöhnlichen, ihm nach diesem Gesetz zustehenden Befugnis geschehen ist, gemacht.

Artikel 7.

Die Militärgewalt im Sinne dieses Gesetzes wird durch die durch uns [2]) oder in unserem Namen durch den Kriegsminister dazu bestimmten Stellen ausgeübt.

ABSCHNITT II.

Von dem Kriegszustand.

Artikel 8.

Im Kriegszustand finden die Bestimmungen dieses Teiles auf das Gebiet Anwendung, welches in dem die Erklärung des Kriegszustandes enthaltenden Beschluß angegeben ist.

[2]) Siehe Anmerkung 1.

Wanneer de staat van oorlog wordt opgeheven, houden de ingevolge de bepalingen van dit hoofdstuck door het militair gezag genomen maatregelen van rechtswege op te gelden.

Art, 9.

De besturen van en de ambtenaren in dienst bij provinciën, gemeenten, waterschappen, veenschappen en veenpolders zij verplicht aan het militair gezag de inlichtingen te verschaffen, welke van hen verlangd worden en tot het verstrekken waarvan zij in staat zijn.

Art. 10.

Door het militair gezag worden, na overleg met het betrokken burgerlijk gezag, zoo nooding, nieuwe politieverordeningen alsmede verordeningen en keuren van waterschappen, veenschappen en veenpolders vastgesteld en bestaande gewijzigd of geschorst.

De daartoe strekkende besluiten zijn van kracht onmiddellijk nadat zij zijn afgekondigd op de wijze, door het militair gezag te bepalen en worden aan Gedeputeerde Staten medegedeeld.

De schutterijen en de vrijwilligerkorpsen komen onder de onmiddellijke bevelen van het militair gezag.

Art. 11.

Het militair gezag stelt, na overleg met het betrokken burgerlijk gezag, zoo nooding, de maatregelen vast, welke genomen moeten worden om te voorzien in het onderhoud der inwoners en de behoeften der bezetting.

Het militair gezag is bevoegd, indien zulks ter uitvoering van de in het eerste lid bedoelde maatregelen noodzakelijk is, elke plaats zelfs tegen den wil van den rechthebbende, te betreden of van zijnentwege op vertoon van een schriftelijken, daartoe strekkenden algemeenen of bijzonderen last, te doen betreden en aldaar nasporing of huiszoeking te doeen of te laten doen.

Tot nasporing in eene woning en tot huiszoeking wordt zoodanige last alleen verstrekt aan een officier, die zich zoo noodig, door militairen van lageren rang kan doen vergezellen.

De met de nasporingen en huiszoeking belaste officier is gehouden van zijne bevindingen proces-verbaal op te maken en dit in te leveren bij het militair gezag.

Wird der Kriegszustand aufgehoben, so verlieren die auf Grund der Bestimmungen dieses Teiles durch den Militärbefehlshaber getroffenen Maßregel von Rechts wegen ihre Gültigkeit.

Artikel 9.

Die Verwaltung der Provinzen, Gemeinden, Wasserschaften, Fennschaften und Fennpolder sowie die in deren Dienst stehenden Beamten sind verpflichtet, dem Militärbefehlshaber die Aufschlüsse zu geben, welche von ihnen verlangt werden und zu deren Erteilung sie imstande sind.

Artikel 10.

Durch den Militärbefehlshaber werden nach Beratung mit der zuständigen Zivilbehörde, wenn nötig, neue Polizeiverordnungen wie auch Verordnungen und Reglements von Wasserschaften, Fennschaften und Fennpoldern erlassen und bestehende geändert oder suspendiert.

Die diesbezüglichen Beschlüsse treten in Kraft unmittelbar nachdem sie in der durch den Militärbefehlshaber zu bestimmenden Art und Weise verkündet sind; sie werden den Gedeputeerden Staten mitgeteilt.

Die Miliz [5]) und die Freiwilligen-Korps treten unter den unmittelbaren Befehl des Militärbefehlshabers.

Artikel 11.

Der Militärbefehlshaber bestimmt nach Beratung mit der zuständigen Zivilbehörde, wenn nötig, die Maßnahmen, welche erforderlich sind, um für den Unterhalt der Einwohner und die Bedürfnisse der Besatzung zu sorgen.

Der Militärbefehlshaber ist befugt, wenn dies zur Durchführung der in Abs. 1 bestimmten Maßnahmen notwendig ist, jeden Ort, selbst gegen den Willen des Berechtigten, zu betreten oder in seinem Auftrag unter Vorzeigung eines diesbezüglichen schriftlichen allgemeinen oder besonderen Auftrages betreten zu lassen und dort Nachforschungen oder Haussuchungen vorzunehmen oder vornehmen zu lassen.

Zu Nachforschungen in einer Wohnung und zu Haussuchungen wird ein solcher Auftrag nur an einen Offizier erteilt, der sich, falls erforderlich, durch Militärpersonen niederen Ranges begleiten lassen kann.

Der mit den Nachforschungen und Haussuchungen beauftragte Offizier ist gehalten, über seine Feststellungen eine Protokoll aufzunehmen und dieses dem Militärbefehlshaber abzuliefern.

---

[5]) Vgl. Anmerkung zu Art. 14.

Art. 12.

Voor zoover zulks niet bij de wet is geschied, stelt het militair gezag, na overleg met het betrokken burgerlijk gezag, zoo noodig, de regelen vast nopens de hulp, die de bevolking in de militaire werkzaamheden zal hebben te verleenen.

Artikel 193 der Gemeentewet is in dat geval niet toepasselijk. Het militair gezag is tevens bevoegd te bepalen dat de voorschriften der Arbeitswet, der Veiligheidswet en der Hinderwet buiten werking worden gesteld.

Art. 13.

Het militair gezag regelt of wijzigt, na overleg met het betrokken burgerlijk gezag, zoo noodig, den dienst der politie en der brandweer. Het stelt, zoo noodig, enne geheime politie in, om de handelingen van verdachte personen na te gaan en de pogingen tot verstandhouding met den vijand of het vormen van samenspanningen tijdig op te sporen en tegen te gaan.

Art. 14.

Op het militair gezag gaan over de bevoegdheden, bij artikel 186 en artikel 187, 1ste zinsnede, der Gemeentewet aan den burgemeester gegeven. De politie en de brandweer treden dan onder de bevelen van dat gezag.

De overige bepalingen van latstgemeld artikel zijn in dat geval niet toepasselijk; alsdan vervallen de bevoegdheden aan Onze Com-

Artikel 12.

Soweit dies nicht durch Gesetz geschehen, stellt der Militärbefehlshaber nach Beratung mit der zuständigen Zivilbehörde erforderlichenfalls die Regeln auf über die Hilfe, welche die Bevölkerung bei den militärischen Arbeiten zu leisten hat.

Artikel 193 [4]) des Gemeindegesetzes findet in diesem Fall keine Anwendung.

Der Militärbefehlshaber ist gleichfalls befugt, zu bestimmen, daß die Vorschriften des Arbeitsgesetzes [5]), des Sicherheitsgesetzes [6]) und der Hinderwet [7]) außer Kraft treten.

Art. 13.

Der Militärbefehlshaber regelt oder ändert nach Beratung mit der zuständigen Zivilbehörde erforderlichenfalls den Dienst der Polizei und der Feuerwehr. Er stellt, wenn nötig, eine Geheimpolizei ein, um den Handlungen verdächtiger Personen nachzuforschen und den Versuchen, mit dem Feind in Verbindung zu treten oder Verschwörungen anzuzetteln, rechtzeitig auf die Spur zu kommen und entgegenzutreten.

Art. 14.

Auf den Militärbefehlshaber gehen die Befugnisse über, die nach Art. 186, Art. 187, Satz 1 des Gemeindegesetzes dem Bürgermeister zustehen. Die Polizei und die Feuerwehr treten dann unter den Befehl dieser Behörde.

Die übrigen Bestimmungen des letztgenannten Artikels finden in diesem Falle keine Anwendung [8]). Es entfallen alsdann die Befug-

---

[4]) Gemeindegesetz Art. 192.

Zur Aufrechterhaltung der öffentlichen Ordnung oder im allgemeinen Interesse können, wenn der Beistand der örtlichen Beamten oder freiwilligen Gehilfen nicht ausreicht, und die örtlichen Mittel eine Bezahlung von Hilfe nicht zulassen, die Einwohner der Gemeinde zeitweilig zur Leistung persönlicher Dienste aufgerufen werden.

Art. 193:

Eine örtliche an die gedeputeerde Staten mitzuteilende Verordnung regelt auch die Dauer dieser Hilfe sowie die Fälle, in denen sie gefordert werden kann. Sie stellt es, soweit möglich, jedem Einwohner frei, die Dienste, zu denen er aufgerufen wird, durch einen Vertreter vornehmen zu lassen, oder sich davon durch eine an die Militärkasse zu entrichtende Geldsumme loszukaufen.

[5]) Arbeitsgesetz vom 5. Mai 1889.

[6]) Sicherheitsgesetz vom 20. Juli 1895.

[7]) Gesetz über die Errichtung gefährlicher, schädlicher oder lästiger Einrichtungen vom 2. Juni 1875.

[8]) Gemeindegesetz Art. 184.

Im Falle von aufrührerischer Bewegung, Zusammenrottung oder anderen Störungen der öffentlichen Ordnung ist der Bürgermeister befugt,

missarissen in de provinciën gegeven bij artikelen 13, 14 en 15 hunner nistructie, vastgesteld bij Koninklijk besluit van 27 September 1850.

Art. 15.

Het militair gezag is bevoegd alles te doen wegruimen wat aan de behoorlijke verdediging in den weg staat. Daarvoor wordt schadeloosstelling verleend, tenzij bij de wet anders is bepaald, of het tegendeel overeengekomen is.

Art. 16.

Het militair gezag is bevoegd, wegen, wateren, terreinen en gebouwen, zoo noodig met de daarin aanwezige werktuigen, aan provinciën, gemeenten, waterschappen, veenschappen, veenpolders of aan particulieren toebehoorende, in gebruik te nemen, wanneer dit voor de uitoefening van den militairen dienst noodzakelijk is. Zoodra het gebruik niet meer noodig is, wordt het gebruikte eigendom

nisse, welche den königlichen Kommissaren in den Provinzen nach den Art. 13, 14 und 15 der durch königlichen Beschluß vom 27. September 1850 (Staatsblad Nr. 62) erlassenen Instruktion zustehen.

Art. 15.

Der Militärbefehlshaber ist befugt, alles zu beseitigen, was einer ordnungsgemäßen Verteidigung im Wege steht. Es wird dafür Entschädigung gewährt, es sei denn, daß durch Gesetz etwas anderes bestimmt oder das Gegenteil vereinbart ist.

Art. 16.

Der Militärbefehlshaber ist befugt, Wege, Gewässer, Terrains und Gebäude, wenn nötig mit den darin befindlichen Werkzeugen, sei es, daß diese Provinzen, Gemeinden, Wasserschaften, Fennschaften, Fennpoldern oder daß sie Privaten gehören, in Gebrauch zu nehmen, falls dies zur Ausübung des militärischen Dienstes notwendig ist. Sobald die Benutzung nicht mehr notwendig ist, wird

---

die Hilfe der Miliz*) und des in der Gemeinde anwesenden oder in der Nachbarschaft befindlichen Militärs anzufordern.

Er gibt hiervon sofort unserem Kommissar in der Provinz Kenntnis.

Art. 186:

In den in Art. 184 erwähnten Fällen ist der Bürgermeister befugt, alle Befehle, die er zur Aufrechterhaltung der Ordnung für erforderlich hält, zu geben. Er läßt zu Gewaltmaßnahmen erst nach Erlaß der erforderlichen Warnungen übergehen.

Art. 187:

Ist es bei dieser Sachlage erforderlich, allgemeine Polizeivorschriften für die Einwohner zu erlassen und unverzüglich zu verkünden, so ist der Bürgermeister dazu befugt. Er hat die Vorschriften sofort zur Kenntnis des Rates zu bringen.

Unser Kommissar kann die Durchführung derartiger Vorschriften suspendieren.

Die Vorschriften verlieren ihre Gültigkeit, falls sie nicht durch den Rat in seiner nächsten Sitzung bestätigt werden, es sei denn, daß der Bürgermeister gegenüber dem Ratsbeschluß über Nicht-Bestätigung glaubt, nach den Vorschriften des Art. 70 Abs. 2 und 3 handeln zu müssen.

Falls der Bürgermeister oder sein Stellvertreter außerstande sind, tätig zu werden, können die nötigen Vorschriften und Befehle durch unseren Kommissar ausgefertigt werden.

*) Die Miliz ist durch Art. 40 des Landwehrgesetzes abgeschafft.

door of vanwege Onzen Minister van Oorlog weder ter beschikking van de rechthebbenden gesteld. De wederbeschikbaarstelling wordt door genoemden Minister ter algemeene kennis gebracht.

Voor het gebruik wordt schadeloosstelling verleend, tenzij het tegendeel overeengekommen is.

Onze Minister van Oorlog is verder bevoegd, voor rekening van den Staat, het gebruikte eigendom terug te brengen in den toestand, waarin het zich voor de ingebruikneming bevond; bij de bepaling van het bedrag der schadeloosstelling wordt daarmede rekening gehouden.

Art. 17.

Tot het erlangen van schadeloosstelling, op grond van de artikelen 15 ln 16, moet de belanghebbende eene aanvrage indienen aan Onzen Minister van Oorlog en zulks, voor zooveel betreft het geval, bedoeld in artikel 15, binnen eene maand nadat de staat van oorlog of de staat van beleg is opgeheven en in het geval, bedoeld in artikel 16, binnen eene maand na de dagteekening van de in dat artikel bedoelde kennis-geving.

Binnen twee maanden nadat die aanvrage bij het Departement van Oorlog is ontvangen, biedt Onze Minister van Oorlog aan den belanghebbende eene bepaalde som als schadeloosstelling aan. Is binnen den gestelden termijn geen aanbod door den belanghebbende ontvangen of acht hij de aangeboden schadeloosstelling niet voldoende, dan kan hij het geschil op de gewone wijze bij den burgerlijken rechter aanbrengen.

Door het militair gezag kan, bijaldien zulks wordt verlangd, op de schadeloosstelling voorschot worden verstrekt.

Art. 17bis.

Het militair gezag is bevoegd bij verordening bepalingen vast te stellen tot en betreffende het verhinderen van verandering in terreinen, indien naar zijn oordeel door die verandering afbreuk zou worden gedaan aan de belangen der landsverdediging.

das gebrauchte Eigentum durch oder im Auftrage unseres Kriegsministers dem Berichtigten wieder zur Verfügung gestellt. Die Wiederzurverfügungstellung wird durch den genannten Minister zur allgemeinen Kenntnis gebracht.

Für die Benutzung wird Entschädigung gewährt, es sei denn, daß das Gegenteil vereinbart ist.

Der Kriegsminister ist ferner befugt, für Rechnung des Staates das benutzte Eigentum in den Zustand zurückzuversetzen, in dem es sich vor der Ingebrauchnahme befand; bei der Bestimmung der Höhe der Entschädigung wird dem Rechnung getragen.

Art. 17.

Um Entschädigung auf Grund der Art. 15 und 16 zu erlangen, muß der Berechtigte einen Antrag bei dem Kriegsministerium stellen und zwar im Falle des Art. 15 innerhalb eines Monats nach Aufhebung des Kriegs- oder Belagerungszustandes, im Falle des Art. 16 innerhalb eines Monats vom Tage der in diesem Artikel bestimmten Bekanntmachung ab.

Binnen 2 Monaten nach Eingang des Antrages bei dem Kriegs-Departement bietet der Kriegsminister dem Berechtigten eine bestimmte Summe als Entschädigung an. Ist innerhalb der festgesetzten Frist kein Angebot bei dem Berechtigten eingegangen oder erachtet er die angebotene Entschädigung als ungenügend, dann kann er die Streitsache auf dem gewöhnlichen Weg vor das bürgerliche Gericht bringen.

Durch den Militärbefehlshaber kann, soweit dies verlangt wird, auf die Entschädigung ein Vorschuß gewährt werden.

Art. 17 bis.

Der Militärbefehlshaber ist befugt, durch Verordnung Bestimmungen zu treffen betreffs Verhinderung von Veränderung an Grundstücken, wenn nach seiner Ansicht durch die Veränderung den Bedürfnissen der Landesverteidigung Abbruch getan würde.

---

[9]) Die Entstehung dieses erst durch Gesetz vom 22. 11. 1918 aufgenommenen Artikels geht zurück auf eine Entscheidung des Hohen Rats vom 24. 6. 1918 (Weekblad 10 282, S. 2), durch welche eine vom Militärbefehlshaber des Kommandos Zeeland erlassene, das Fällen von Wäldern und Holzbeständen ohne die Zustimmung der Militärbehörde im Interesse der Landesverteidigung verbietende Verordnung für nichtig erklärt wurde (vgl. Weekblad 10 282, S. 3).

Art. 18.

Het militair gezag is bevoegd, te verbieden het door middel van de drukpers of op andere wijze bekend maken van berichten en opmerkingen betreffende militaire maatregelen, in het in staat van oorlog verklaarde grondgebied genomen.

Dit verbod wordt bekend gemaakt op de wijze doo het militair gezag te bepalen.

HOOFDSTUCK III.

Van den staat van beleg.

Art. 19.

De bepalingen van hoofdstuck II gelden ook voor den staat van beleg, voor zoover deze wet niet anders bepaalt.

Art. 20.

In staat van beleg zijn de artikelen van dit hoofdstuck van toepassing op het grondgebied, aangeduid in het besluit, dat den staat van beleg verklaart.

Art. 21.

De burgerlijke besturen en de daarbij in dienst zijnde ambtenaren zijn verplicht te gehoorzamen aan de bevelen van het militair gezag, gegeven overeenkomstig de door Ons vastgestelde instructiën.

Openbaarmaking dezer instructiën zal, zoo mogelijk, geschieden.

Art. 22.

Door het militair gezag worden, zoo noodig, nieuwe politieverordeningen alsmede verordeningen en keuren van waterschappen, veenschappen en veenpolders vastgesteld en bestaande gewijzigd of geschorst.

De daartoe strekkende besluiten zijn van kracht, onmiddellijk nadat zij zijn afgekondigd op de wijze, door het militair gezag te bepalen en worden aan Gedeputeerde Staten medegedeeld.

Art. 23.

Het militair gezag is bevoegd, den toegang tot, het verkeer binnen en het verlaten van het in staat van beleg verklaarde grondgebied te regelen overeenkomstig de eischen der algemeene veiligheid.

Art. 18.

Der Militärbefehlshaber ist befugt, die Bekanntgabe von Berichten und Bemerkungen über militärische Maßnahmen, die in dem in Kriegszustand erklärten Gebiet getroffen worden sind, durch die Presse oder auf andere Weise zu verbieten.

Dieses Verbot wird auf die durch den Militärbefehlshaber zu bestimmende Art und Weise bekannt gemacht.

ABSCHNITT III.
Von dem Belagerungszustand.

Art. 19.

Die Bestimmungen des zweiten Abschnittes gelten auch für den Belagerungszustand, soweit nicht in diesem Gesetz etwas anderes bestimmt ist.

Art. 20.

Im Belagerungszustand finden die Bestimmungen dieses Abschnittes auf das Gebiet Anwendung, welches in dem die Erklärung des Belagerungszustandes enthaltenden Beschluß angegeben ist.

Art. 21.

Die Zivilverwaltung und die in deren Dienst befindlichen Beamten sind verpflichtet, den Befehlen des Militärbefehlshabers zu gehorchen, die in Übereinstimmung mit den durch uns erlassenen Instruktionen ergehen.

Die Veröffentlichung dieser Instruktionen soll nach Möglichkeit erfolgen.

Art. 22.

Durch den Militärbefehlshaber werden erforderlichenfalls neue Polizeiverordnungen wie auch Verordnungen und Reglements von Wasserschaften, Fennschaften und Fennpoldern erlassen und bestehende geändert oder suspendiert.

Die diesbezüglichen Beschlüsse treten in Kraft, unmittelbar nachdem sie auf die durch den Militärbefehlshaber zu bestimmende Art und Weise verkündet sind; sie werden den Gedeputeerden Staten mitgeteilt.

Art. 23.

Der Militärbefehlshaber ist befugt, den Zugang zu dem, den Verkehr innerhalb und das Verlassen des in Belagerungszustand erklärten Gebietes entsprechend den Anforderungen der allgemeinen Sicherheit zu regeln.

Art. 24.

De bevoegdheden, bij de artikelen 18 en 21 der wet van 22. April 1855 (Staatsblad No. 33) aan het burgerlijk gezag gegeven, worden opgeheven.

Art. 25.

Behalve de volgens de Grondwet geoorloofde openbare godsdienstoefeningen worden, hetzij in de open lucht, hetzij in gebouwen of besloten plaatsen, geene openbare vergaderingen van bijzondere personen of openbare bijeenkomsten en geene optochten gehouden, dan met schriftelijke vergunning van het militair gezag. De aanvrage daartoe moet schriftelijk worden gedaan.

Deze bepaling geldt mede ten aanzien van bijeenkomsten om zich in den wapenhandel te oefenen.

An de vergunningen kunnen voorwaarden worden verbonden.

Art. 26.

Vergaderingen en bijeenkomsten waartoe het publiek, hetzij met, hetzij zonder betaling van geld voorwaardelijk of onvoorwaardelijk toegang heeft, worden begrepen onder de openbare vergaderingen en bijeenkomsten in het vorige artikel bedoeld.

Art. 24.

Die Befugnisse, die nach Art. 18 und 21 des Gesetzes vom 22. April 1855 (Staatsblad Nr. 32)[10]) der Zivilbehörde zustehen, werden aufgehoben.

Art. 25.

Außer den nach der Verfassung gestatteten öffentlichen Gottesdiensten werden weder im Freien noch in den Gebäuden oder umschlossenen Plätzen öffentliche Versammlungen von Privatpersonen[11]) oder öffentliche Zusammenkünfte oder Aufzüge abgehalten, es sei denn mit schriftlicher Genehmigung des Militärbefehlshabers. Der Antrag hierauf muß schriftlich gestellt werden.

Diese Bestimmung gilt auch hinsichtlich von Zusammenkünften zum Zwecke der Übung im Waffengebrauch.

Die Genehmigung kann an Bedingungen geknüpft werden.

Art. 26.

Versammlungen und Zusammenkünfte, zu denen die Öffentlichkeit, es sei mit, es sei ohne Zahlung von Geld, bedingt oder unbedingt, Zutritt hat, fallen unter die öffentlichen Versammlungen und Zusammenkünfte im Sinne des vorhergehenden Artikels.

---

10)

Art. 18:

Öffentliche Versammlungen zu gemeinsamer Beratung im Freien sind nur mit Genehmigung des Vorstehers der Gemeindeverwaltung, die 5 Tage vor Abhaltung der Versammlung erteilt sein muß, zulässig.

Unsere Kommissare in den Provinzen können diese Erlaubnis zurücknehmen oder bei Verweigerung der Erlaubnis durch den Vorstand der Gemeindebehörde sie ihrerseits auf Antrag des Interessenten erteilen.

Art. 21:

Zusammenkünfte zum Zweck der Übung im Waffengebrauch an Orten, die in der Regel der Öffentlichkeit zugänglich sind, oder an denen mehr als 10 Personen teilnehmen, sind nur mit Erlaubnis des Vorstandes der Gemeindeverwaltung zulässig.

Diese Erlaubnis muß spätestens 5 Tage vor Abhaltung der Zusammenkunft und unter den im Interesse der öffentlichen Sicherheit erforderlichen Bedingungen erteilt sein.

Art. 18 Abs. 2 findet Anwendung.

11) Der holländische Ausdruck „bijsondere Personen" ist am besten durch „Privatpersonen" wiedergegeben; er wurde gewählt, um klarzustellen, daß die Versammlungen von Körperschaften des öffentlichen Rechts dieser Regelung nicht unterliegen.

Art. 27.

Elke vergadering, bijeenkomst of optocht, als bedoeld in artikel 25, gaat op de door of namens het militair gezag gedane vordering terstond uiteen.

Art. 28.

Het militair gezag is bevoegd, schouwburgen, sociëteiten, koffiehuizen, tapperijen en andere lokalen, bestemd tot gezellig verkeer, alsmede fabrieken en werkplaatsen in het belang der openbare orde of veiligheid, voor korteren of langeren tijd te sluiten.

Art. 29.

Het militair is bevoegd, de wettelijke bepalingen op het dragen van wapenen alsmede die op de uitoefening der jacht zoodanig te wijzigen, als in het belang der openbare veiligheid noodig wordt geacht en te bevelen, dat de inwoners de in hun bezit zijnde wapenen en ammunitie op daartoe aan te wijzen plaatsen inleveren.

Voor het geval de ingeleverde wapenen en ammunitie niet aan de rechthebbenden worden teruggegeven in den toestand, waarin zij bij de inlevering verkeerden, zal daarvoor schadeloosstelling worden verleend. Het voorschrift van artikel 17 is ten deze van toepassing, met dien verstande, dat de aanvrage tot het erlangen der schadeloosstelling aan Onzen Minister van Oorlog moet worden ingediend binnen eene maand nadat de staat van beleg is opgeheven.

Art. 30.

Het militair gezag is bevoegd, in geval van noodzakelijkheid, met afwijking van de bepalingen der wet van 10 April 1869 (Staatsblad No. 65) en van artikel 11 der wet van 4 December 1872 (Staatsblad no. 134), omtrent het begraven van lijken voorschriften te geven.

Art. 31.

Bij algemeenen maatregel van bestuur wordt bepaald op welke wijze hij het voorkommen van overlijden en van geboorten, in plaatsen, met welke alle gemeenschap uit hoofde van oorlog of binnenlandsche onlusten is afgesneden, een en ander in de gewone registers van den burgerlijken stand zal worden ingeschreven.

Art. 27.

Jede Versammlung, Zusammenkunft oder jeder Aufzug im Sinne des Art. 25 hat auf das seitens oder namens des Militärbefehlshabers gestellte Verlangen sofort auseinanderzugehen.

Art. 28.

Der Militärbefehlshaber ist befugt, Theater, Sozietäten, Kaffeehäuser, Schankwirtschaften und andere Lokale, welche dem geselligen Verkehr dienen, ebenso Fabriken und Arbeitsstätten im Interesse der öffentlichen Ordnung oder Sicherheit für kürzere oder längere Zeit zu schließen.

Art. 29.

Der Militärbefehlshaber ist befugt, die gesetzlichen Bestimmungen über das Tragen von Waffen sowie die über die Ausübung der Jagd insoweit zu ändern, als dies im Interesse der öffentlichen Sicherheit für notwendig erachtet wird, und zu befehlen, daß die Einwohner die in ihrem Besitz befindlichen Waffen und Munition an hierzu bestimmten Stellen abliefern.

Für den Fall, daß die abgelieferten Waffen und Munition nicht an den Berechtigten in dem Zustand zurückgegeben werden, in dem sie sich bei der Ablieferung befanden, wird Entschädigung gewährt. Die Vorschrift des Art. 17 findet Anwendung mit der Maßgabe, daß der Antrag auf Entschädigung an unseren Kriegsminister binnen eines Monats nach Aufhebung des Belagerungszustandes eingereicht werden muß.

Art. 30.

Der Militärbefehlshaber ist befugt, im Falle der Notwendigkeit unter Abweichung von den Bestimmungen des Gesetzes vom 10. April 1869 (Staatsblad Nr. 65) und von Art. 11 des Gesetzes vom 4. Dezember 1872 (Staatsblad Nr. 134) Vorschriften betreffend das Begraben von Leichen zu erlassen.

Art. 31.

Durch allgemeine Verwaltungsanordnung wird bestimmt, auf welche Weise beim Eintritt von Sterbefällen oder Geburten an Plätzen, mit welchen alle Verbindungen infolge des Krieges oder innerer Unruhen abgeschnitten sind, diese in die gewöhnlichen Zivilstandsregister einzutragen sind.

Art. 32.

In plaatsen, met welke alle gemeenschap uit hoofde van oorlog of binnenlandsche onlusten is afgesneden, kunnen de uiterste willen door niet-militairen gemaakt worden voor elk openbaar burgerlijk ambtenaar en elken officier, die ten minste den rang van luitenant heeft, in tegenwoordigheid van twee getuigen.

Op deze uiterste willen zijn toepasselijk de bepalingen van de artikelen 996—1000 van het Burgerlijk Wetboek.

Art. 33.

Het militair gezag is bevoegd, aan personen, wier aanwezigheid voor de rust en de algemeene veiligheid wordt geacht gevaarlijk te zijn, het verblijf binnen het in staat van beleg verklaarde grondgebied te ontzeggen en deze daaruit te verwijderen, of, indien de mogelijkheid daartoe niet bestaat, hen in bewaring te stellen.

Art. 34.

Bestaat er ten aanzien van eenig verdedigingswerk, onder welke benaming, behalve vestingen en forten, ook begrepen wordt elke bebouwde kom, die door verdedigingswerken omringd is, gevaar voor spoedige insluiting, dan is het militair gezag bevoegd, het verblijf aldaar te ontzeggen aan die personen, wier aanwezigheid voor de verdediging niet nooding en wier onderhoud niet behoorlijk verzekerd is, en deze daaruit te verwijderen.

Het militair gezag heeft, wanneer het gevaar in de vorige zinsnede bedoeld bestaat, tevens, voor zoover toepasselijk, de bevoegdheden, omschreven in artikel 33 der wet van 14 September 1866 (Staatsblad no. 138), laatstelijk gewijzigd bij die van 10 Mej 1890 (Staatsblad no. 83), ter voorziening in het onderhoud der inwoners, terwijl daarvoor alsdan tevens op de gemeenten en inwoners de verplichtingen rusten, bedoeld in artikel 32 dier gewijzigde wet.

De bepalingen van artikel 34 dier gewijzigde wet zijn ten deze van toepassing.

Wanneer een verdedigingswerk ingesloten is, is het militair gezag bevoegd de inwoners op rantsoen te stellen.

Art. 35.

Het militair gezag is bevoegd, aan niet-militairen, die voor de verdediging nuttig werkzaam kunnen zijn, het verlaten van

Art. 32.

An Plätzen, mit welchen jede Verbindung aus Anlaß des Krieges oder innerer Unruhen abgeschnitten ist, können Testamente durch Nicht-Heeresangehörige vor jedem öffentlichen Zivilbeamten und jedem Offizier, der zum mindesten Leutnantsrang hat, in Gegenwart von 2 Zeugen errichtet werden.

Auf diese Testamente finden die Bestimmungen der Art. 996 bis 1000 des bürgerlichen Gesetzbuches Anwendung.

Art. 33.

Der Militärbefehlshaber ist befugt, Personen, deren Anwesenheit für die Ruhe und die allgemeine Sicherheit als gefährlich angesehen wird, das Verbleiben in dem in Belagerungszustand erklärten Gebiet zu untersagen und diese daraus zu entfernen oder, wenn die Möglichkeit dazu nicht gegeben ist, sie in Gewahrsam zu nehmen.

Art. 34.

Besteht hinsichtlich eines Verteidigungswerkes, worunter außer Festungen und Forts auch jedes bebaute Gemeindegebiet, welches mit Verteidigungswerken umgeben ist, zu verstehen ist, die Gefahr einer alsbaldigen Einschließung, dann ist der Militärbefehlshaber befugt, das Verbleiben darin den Personen zu untersagen, deren Anwesenheit für die Verteidigung nicht notwendig und deren Unterhalt nicht gehörig gesichert ist, und sie daraus zu entfernen.

Der Militärbefehlshaber hat, wenn Gefahr im Sinne des vorigen Absatzes besteht, gleichfalls, soweit dies in Betracht kommt, die in Art. 33 des Gesetzes vom 14. September 1866 (Staatsblad Nr. 138), zuletzt geändert durch das Gesetz vom 10. Mai 1890 (Staatsblad Nr. 83), [12]) aufgeführten Befugnisse zur Fürsorge für den Unterhalt der Einwohner, während dafür alsdann auch den Gemeinden und Einwohnern die Verpflichtungen aus Art. 32 dieses geänderten Gesetzes obliegen.

Die Bestimmungen des Art. 34 dieses geänderten Gesetzes finden Anwendung.

Wenn ein Verteidigungswerk eingeschlossen ist, so ist der Militärbefehlshaber befugt, die Einwohner auf Rationen zu setzen.

Art. 35.

Der Militärbefehlshaber ist befugt, Nichtmilitärpersonen, die für die Verteidigung nützlich tätig sein können, das Verlassen des in

[12]) In der Folge geändert durch Gesetz vom 22. 7. 1899.

het in staat van beleg verklaarde grondgebied te verbieden en te verhinderen, alsmede het wegvoeren van paarden, vee, wagens, vaartuigen, levensmiddelen en andere voorwerpen van bedoeld grondgebied te beleven, te bewerkstelligen of te beletten.

Art. 36.

Het militair gezag is bevoegd, indien het belang der defensie zulks noodzakelijk doet zijn, niet-militairen op te roepen om deel uit te maken van de militaire macht en, als zoodanig, hulp en medewerking te verleenen, hetzij tot bewaring der rust of tot deelneming aan de werkdadige verdediging, hetzij tot het verrichten van die militaire werkzaamheden, welke door hen kunnen geschieden. Zij werden van het tijdstip af, waartegen zij zijn opgeroepen, als militairen aangemerkt. De oproeping geldt als eene oproeping voor den werkelijken dienst. Naar gelang zij zijn opgeroepen om deel uit te maken van de zee — of van de landmacht, worden zij geacht tot de zee — of tot de landmacht te behooren.

Art. 37.

Het militair gezag is bevoegd, beperkende bepalingen vast te stellen omtrent het drukken, uitgeven, verspreiden, aanplakken of in den handel brengen van geschriften of teekeningen, of dit geheel te verbieden. Dit besluit wordt bekend gemaakt op de wijze, door het militair gezag te bepalen.

Art. 38.

Het militair gezag erlangt de beschikking over de inrichtingen der posterij, telegraphie en telephonie en is bevoegd, de wettelijke bepalingen omtrent den post-, telegraaf- of telephoondienst zoodanig te wijzigen als in het militair belang noodig wordt geacht. Het militair gezag is mede bevoegd, in beslag te nemen en te openen elk stuk, aan de post of andere instelling van vervoer, dan wel aan de telegraaf toevertrouwd, en daarvan inzage te nemen.

Art. 39.

Het militair gezag is bevoegd, des vereischt, elke plaats, zelfs tegen den wil van den rechthebbende, te betreden of van zijnentwege, op vertoon van een schriftelijken daartoe strekkenden algemeenen of bijzonderen last, te doen betreden en aldaar nasporing of huiszoeking te doen of te laten doen.

Belagerungszustand erklärten Gebietes zu verbieten und sie daran zu hindern, ebenso das Wegführen von Pferden, Vieh, Wagen, Fahrzeugen, Lebensmitteln und anderen Gegenstände aus dem Gebiet zu befehlen, vorzunehmen oder zu verhindern.

Art. 36.

Der Militärbefehlshaber ist befugt, wenn die Interessen der Verteidigung dies notwendig machen, Nichtmilitärpersonen aufzurufen, um sich der Militärmacht angliedern zu lassen und als solche Hilfe und Unterstützung zu leisten, sei es zur Aufrechterhaltung der Ruhe oder zur Teilnahme an tätiger Verteidigung, sei es zum Verrichten von militärischen Arbeiten, welche durch sie geschehen können. Sie gelten von dem Zeitpunkt, zu dem sie aufgerufen sind, als Militärpersonen. Der Aufruf gilt als Einberufung für wirklichen Dienst; je nachdem sie aufgerufen sind, um einen Teil der See- oder Landmacht zu bilden, gelten sie als Angehörige der See- oder Landmacht.

Art. 37.

Der Militärbefehlshaber ist befugt, einschränkende Bestimmungen zu treffen hinsichtlich des Drucks, der Ausgabe, der Verbreitung, des Anklebens oder des Indenhandelbringens von Schriften oder Zeichnungen, oder dies ganz zu verbieten. Der Beschluß wird auf die durch den Militärbefehlshaber zu bestimmende Art und Weise bekanntgemacht.

Art. 38.

Der Militärbefehlshaber erlangt die Verfügung über die Einrichtungen der Post, der Telegraphie und des Telephons und ist befugt, die gesetzlichen Bestimmungen betreffend den Post-, den Telegraphen- und den Telephondienst in der Weise zu ändern, wie dies im militärischen Interesse für notwendig erachtet wird.

Der Militärbefehlshaber ist gleichfalls befugt, jegliches Stück, welches der Post oder einer anderen Beförderungseinrichtung wie auch dem Telegraph anvertraut ist, zu öffnen und darin Einsicht zu nehmen.

Art. 39.

Der Militärbefehlshaber ist befugt, erforderlichenfalls jeglichen Ort, selbst gegen den Willen des Berechtigten, zu betreten oder in seinem Namen unter Vorzeigung eines schriftlichen diesbezüglichen allgemeinen oder besonderen Auftrages betreten zu lassen und dort Nachforschungen oder Haussuchungen vorzunehmen oder vornehmen zu lassen.

Tot nasporing in eene woning en tot huiszoeking wordt zoodanige last alleen verstrekt aan een officier, die zich, zoo noodig, door militairen van lageren rang kan doen vergezellen.

De met de nasporing en huiszoeking belaste officier is gehouden van zijne bevindingen proces-verbaal op te maken en dit in te leveren bij het militair gezag.

Art. 40.

In de gedeelten van het grondgebied, welke in staat van beleg zijn verklaard, bestaan een of meer temporaire krijgsraden. Op deze krijgsraden zijn van toepassing de bepalingen van den 4den titel van de Rechtspleging bij de Landmacht, met dien verstande, dat de bevoegdheden, bij dien titel toegekend aan den commandeerenden generaal of officier, worden opgedragen aan de militaire autoriteit, dartoe door Ons aan te wijzen.

In geval vaan oorlog vervalt in gedeelten van het grondgebied, welke in staat van beleg zijn verklaard, het recht van beroep en cassatie in burgerlijke strafzaken, wanneer de bij de wet aangewezen burgerlijke rechter van beroep en cassatie niet in staat is daarvan kennis te nemen.

HOOFDSTUCK IV.

Strafbepalingen.

Art. 41.

Overtreding van de verordeningen en keuren, bedoeld bij artikel 10 of van de algemeene voorschriften, krachtens artikel 14 door het militair gezag uitgevaardigd en afgekondigd, wordt gestraft met hechtenis van ten hoogste twaalf dagen of geldboete van ten hoogste honderd gulden.

Art. 42.

Leden van burgerlijke besturen of ambtenaren die weigeren of opzettelijk nalaten te voldoen aan eene der verpflichtingen, omschreven in de artikelen 9 en 21, worden gestraft met gevangenisstraf van ten hoogste vier jaren.

Art. 43.

Overtreding van de verordeningen en keuren, bedoeld bij artikel 17 bis) en artikel 22, wordt gestraft met hechtenis van ten hoogste driehonderd gulden.

Zu Nachforschungen in einer Wohnung und zu Haussuchungen wird ein solcher Auftrag nur erteilt an einen Offizier, der sich, falls erforderlich, durch Militärpersonen niedrigeren Ranges begleiten lassen kann.

Der mit den Nachforschungen und Haussuchungen beauftragte Offizier ist gehalten, über seine Feststellungen ein Protokoll aufzunehmen, und dies der Militärbehörde abzuliefern.

Art. 40.

In den Teilen des Staatsgebiets, welche in Belagerungszustand erklärt worden sind, bestehen ein oder mehrere nicht ständige Kriegsgerichte. Auf diese Kriegsgerichte finden Anwendung die Bestimmungen des 4. Titels über die Gerichtsbarkeit bei der Landmacht mit der Maßgabe, daß die Befugnisse, welche durch diesen Titel dem kommandierenden General oder Offizier verliehen sind, der durch uns zu bestimmenden militärischen Stelle zustehen.

Im Falle eines Krieges entfällt in den Teilen des Staatsgebietes, welche in Belagerungszustand erklärt sind, das Recht auf Berufung und Kassation in nichtmilitärischen Strafsachen, wenn das nach dem Gesetz zuständige bürgerliche Berufungs- oder Kassationsgericht außerstande ist, davon Kenntnis zu nehmen.

ABSCHNITT IV.
Strafbestimmungen.

Art. 41.

Die Übertretung der in Art. 10 genannten Verordnungen und Reglements oder der allgemeinen Vorschriften, die auf Grund von Art. 14 durch den Militärbefehlshaber erlassen und verkündet sind, wird mit Haft bis 12 Tagen oder Geldbuße bis zu 100 Gulden bestraft.

Art. 42.

Mitglieder der Zivilverwaltung oder Beamte, welche sich weigern oder vorsätzlich es unterlassen, eine der in Art. 9 und 21 genannten Verpflichtungen zu erfüllen, werden mit Gefängnis bis zu 4 Jahren bestraft.

Art. 43.

Die Übertretung von Verordnungen und Reglements im Sinne der Art. 17 bis und 22 wird mit Haft bis zu einem Monat oder Geldstrafe bis zu 300 Gulden bestraft.

Art. 44.

Hij die artikel 25 overtreedt of bij vergaderingen, optochten of bijeenkomsten, in dat artikel bedoeld, de gestelde voorwaarden niet in acht neemt, wordt gestraft met hechtenis van ten hoogste een jaar of geldboete van ten hoogste zeshonderd gulden.

Art. 45.

Hij die in strijd met het verbod, bedoeld bij artikel 33, binnen het in staat van beleg verklaarde gebied terugkeert, of, in strijd met het verbod, bedoeld bij art. 35, dat gebied verlaat, wordt gestraft met gevangenisstraf van ten hoogste drie maanden.

Art. 46.

Hij die in strijd met het verbod, bedoeld bij het 1ste lid van artikel 34, binnen het in staat van beleg verklaarde verdedigingswerk terugkeert, wordt gestraft met gevangenisstraf van ten hoogste zes weken.

Art. 47.

Hij die het besluit, bedoeld bij artikel 37, overtreedt, wordt gestraft met hechtenis van ten hoogste een jaar of geldboete van ten hoogste duizend gulden.

De voorwerpen, waarmede de overtreding plaats heeft, kunnen worden verbeurdverklaard.

Art. 48.

Indien de misdrijven, bedoeld bij de artikelen 180, 181, 182, 184, 185, 186 en 187 van het Wetboek van Strafrecht worden gepleegd op in staat van oorlog of in staat van beleg verklaard gebied, kunnen de bij die artikelen gestelde straffen met een-derde worden verhoogd.

Art. 49.

Het niet voldoen aan de bevelen van het militair gezag, krachtens deze wet of de daarbij bedoelde verordeningen gegeven, wordt, voor zoover daartegen niet bij het Wetboek van Strafrecht of bij deze wet is voorzien, gestraft met hechtenis van ten hoogste drie maanden.

Art. 44.

Wer Art. 25 übertritt oder bei Versammlungen, Aufzügen oder Zusammenkünften im Sinne dieses Artikels die gestellten Bedingungen nicht beachtet, wird mit Haft bis zu einem Jahr oder Geldstrafe bis zu 600 Gulden bestraft.

Art. 45.

Wer dem Verbot des Art. 33 zuwider in das in Belagerungszustand erklärte Gebiet zurückkehrt, oder zuwider dem Verbot des Art. 35 das Gebiet verläßt, wird mit Gefängnis bis zu drei Monaten bestraft [13]).

Art. 46.

Wer dem Verbot des Art. 34, Abs. 1, zuwider in das in Belagerungszustand erklärte Verteidigungswerk zurückkehrt, wird mit Gefängnis bis zu sechs Wochen bestraft.

Art. 47.

Wer einen auf Grund des Art. 37 ergangenen Beschluß übertritt, wird mit Haft bis zu einem Jahr oder Geldbuße bis zu 1000 Gulden bestraft.

Die Gegenstände, mit denen die Übertretung begangen wurde, können für verfallen erklärt werden.

Art. 48.

Wenn nach Art. 180, 181, 182, 184, 185, 186 und 187 des Str. G. B. strafbare Handlungen in dem in Kriegs- oder Belagerungszustand erklärten Gebiet begangen werden, können die in diesen Artikeln vorgesehenen Strafen um ein Drittel erhöht werden.

Art. 49.

Die Nichtbefolgung von Befehlen des Militärbefehlshabers, die auf Grund dieses Gesetzes oder der darin vorgesehenen Verordnungen erlassen werden, wird, soweit nicht durch das Str. G. B. oder dieses Gesetz darüber eine Bestimmung getroffen ist, mit Haft bis zu drei Monaten bestraft.

---

[13]) Durch Gesetz vom 11. Juni 1915 — Staatsblad Nr. 244 — war für die Dauer der durch den Krieg verursachten außergewöhnlichen Zustände die vorläufige Festnahme und Untersuchungshaft für Personen, die einer nach Art. 45 strafbaren Handlung schuldig oder verdächtig sind, für zulässig erklärt worden. Sie sollten auf freien Fuß gesetzt werden, wenn ihre Aburteilung zu dem Zeitpunkt der Aufhebung des Belagerungszustandes in allen Teilen des Reichsgebiets noch nicht erfolgt war (vgl. Arrondissements Rechtb. Winschoten, 18. 8. 1915 — Weekblad 9850, S. 3).

Art. 50.

Behalve de bij artikel 8 van het Wetboek van Strafvordering genoemde ambtenaren, zijn met de opsporing van strafbare feiten, gepleegd op in staat van oorlog of in staat van beleg verklaard gebied, belast de door het militair gezag aan te wijzen en daartoe te te beëedigen personen.

Art. 51.

De feiten waarop in deze wet straf is gesteld, worden beschouwd als overtredingen, met uitzondering van die, voorzien bij de artikelen 42, 45 en 46, welke als misdrijven zijn te beschouwen.

Art. 52.

Indien een gedeelte des Rijks in staat van beleg is verklaard en de gemeenschap is gestremd, kan elke bij de wet toegelaten vrijheidsbeneming worden ten uitvoer gelegd op zoodanige plaats als door het militair gezag zal zijn aangegegeven.

Slotbepaling.

Art. 53.

Deze wet treedt in werking op een nader door Ons te bepalen tijdstip.

Op hetzelfde tijdstip vervallen de wet van 10 Juli 1791 en het Keizerlijk decreet van 24 December 1811, voor zoover deze nog van kracht zijn.

Art. 50.

Außer den in Art. 8 der Strafprozeßordnung genannten Beamten sind mit der Erforschung strafbarer Handlungen, welche in dem in Kriegs- oder Belagerungszustand erklärten Gebiet begangen werden, die durch den Militärbefehlshaber angewiesenen und dafür beeidigten Personen beauftragt.

Art. 51.

Die Handlungen, für welche in diesem Gesetz Strafe vorgesehen ist, werden als Übertretungen betrachtet mit Ausnahme der in Art 42, 45 und 46 genannten, welche als Vergehen anzusehen sind.

Art. 52.

Wenn ein Teil des Reiches in Belagerungszustand erklärt und die Verbindung unterbrochen ist, kann jede durch das Gesetz zugelassene Freiheitsentziehung in den Plätzen, die durch die Militärbehörde angegeben werden, zur Ausführung kommen.

Schlußbestimmung.

Art. 53.

Dieses Gesetz tritt in Kraft an dem durch uns näher bestimmten Datum; zur selben Zeit treten außer Kraft das Gesetz vom 10. Juli 1791 und das kaiserliche Dekret vom 24. Dezember 1811, soweit sie noch in Kraft sind.

Anlage 2.

Koninklijk Besluit van 2 November 1916 (Staatsblad no. 488), houdende nadere vaststelling van voorschriften ter uitvoering an de, sedert gewijzigde, wet van 23 Mei 1899 (Staatsblad no. 128).

Art. 1.

Voor de uitoefening van het militair gezag, bedoeld in de, sedert gewijzigde, wet van 23 Mei 1899 (Staatsblad no. 128) worden door Ons aangewezen:

a. de Opperbevelhebber van Land- en Zeemacht — zoo deze is benoemd —: in elk in staat van oorlog of in staat van beleg verklaard gedeelte van het grondgebied des Rijks;

b. de Commandanten van een stelling, een front en een groep, allen in den zin van de Oorlogsinstructie Stellingcommandanten 1923:

onderscheidenlijk in het gebied van die stelling, van dat front en van het front, waartoe die groep behoort;

c. de Territoriale-bevelhebbers:

in de gedeelten van het grondgebied des Rijks, zooals die gedeelten aan ieder hunner door Ons worden toegewezen;

d. de rechtstreeks onder de bevelen van den Opperbevelhebber van Land- en Zeemacht gestelde Commandanten van onderdeelen van de Zee- of Landmacht:

in het operatiegebied van het onder hun bevel staande onderdeel van de Zee- od Landmacht.

Art. 2.

Naar gelang zulks noodzakelijk wordt geacht, zullen door Ons of door Onzen Minister van Oorlog ook andere, dan de in artikel 1 vermelde, autoriteiten voor de uitoefening van het militair gezag, bedoeld in de, sedert gewijzigde, wet van 23 Mei 1899 (Staatsblad no. 128) worden aangewezen.

Het gedeelte van het grondgebied des Rijks, waarin door deze autoriteiten dat militair gezag zal worden uitgeoefend, wordt door Ons of door Onzen voornoemden Minister aangewezen.

Königlicher Beschluß vom 2. November 1916 (Staatsblad Nr. 488) betreffend die nähere Feststellung der Vorschriften zur Ausführung des geänderten Gesetzes vom 23. Mai 1899 (Staatsblad Nr. 128).

Art. 1.

Für die Ausübung der Militärgewalt im Sinne des geänderten Gesetzes vom 23. Mai 1899 (Staatsblad Nr. 128) werden durch uns angewiesen:

a) der Oberbefehlshaber der Land- und Seemacht — falls ein solcher ernannt ist —: in jedem in Kriegs- oder Belagerungszustand erklärten Teil des Reichsgebiets;

b) die Kommandanten einer Stellung, einer Front, oder einer Gruppe im Sinne der Kriegsinstruktion für Stellungskommandanten 1923:

jeweils für das Gebiet der Stellung, der Front oder der Front, zu welcher die Gruppe gehört;

c) die Territorialbefehlshaber:

in den Teilen des Reichsgebiets, wie diese jedem von ihnen durch uns zugewiesen werden;

d) die direkt unter den Befehl des Oberbefehlshabers der Land- und Seemacht gestellten Kommandanten von Unterteilen der See- oder Landmacht:

in dem Operationsgebiet des unter ihrem Befehl stehenden Unterteils der See- oder Landmacht.

Art. 2.

Falls es für notwendig erachtet wird, sollen durch uns oder durch unseren Kriegsminister auch andere als die in Art. 1 genannten Dienststellen für die Ausübung der Militärgewalt im Sinne des geänderten Gesetzes vom 23. Mai 1899 (Staatsblad Nr. 128) angewiesen werden.

Der Teil des Reichsgebiets, in welchem durch diese Dienststellen die Militärgewalt ausgeübt werden soll, wird durch uns oder durch unseren genannten Minister bestimmt.

Art. 3.

Ook voor zooveel de in artikel 1 en artikel 2 bedoelde aanwijzing van de autoriteiten, door wie, en van het gebied, waarin het militair gezag, bedoeld in de, sedert gewijzigde, wet van 23 Mei 1899 (Staatsblad no. 128), zal worden uitgeoefend door Ons is geschied, kan daarvan door Onzen Minister van Oorlog bij nadere aanwijzing worden afgeweken.

Zoolang Wij of Onze voornoemde Minister niet anders bepalen, geldt als operatiegebied, bedoeld in artikel 1, sub d, hetgeen de Opperbevelhebber van Land- en Zeemacht als zoodanig aanwijst.

Art. 4.

Wanneer ten gevolge van een vijandelijken inval, of ten gevolge van binnenlandsche onlusten, als bedoeld in artikel 1, sub 2⁰, van de, sedert gewijzigde, wet van 23 Mai 1899 (Staatsblad no. 128), de gemeenschap tusschen een gedeelte van het grondgebied des Rijks en den zetel der Regeering is afgesneden, kan de hoogste bevelvoerende militaire autoriteit, in dat gedeelte aanwezig, dit — hetzij geheel, hetzij gedeeltelijk — in staat van beleg verklaren, en oefent die autoriteit alsdan het militair gezag uit.

Art. 5.

Bij ontstentenis van eene militaire autoriteit, voor de uitoefening van het militair gezag aangewezen, wordt zij in afwachting dat in hare vervanging door Ons of door Onzen Minister van Oorlog zal zijn voorzien, vervangen door den hoogsten, of — bij gelijkheid in rang — door den oudsten in rang van de Commandanten, die bij aanwezigheid van bedoelde autoriteit onder hare bevelen zouden staan.

Art. 6.

Voor de autoriteiten, aangewezen voor de uitoefening van het militair gezag, gelden de bepalingen van de bij dit besluit gevoegde instructie.

Onze Ministers van Oorlog en van Marine zijn, ieder voor zooveel hem betreft, belast met de uitvoering van dit besluit, waarvan, evenals van de daarbij behoorende instructie, afschrift zal worden gezonden aan Onze Ministers van Justitie, van Binnenlandsche Zaken, van Waterstaat en van Landbouw, Nijverheid en Handel, en dat, met de instructie, in het Staatsblad zal worden geplaatst.

Art. 3.

Auch soweit die in Art. 1 und Art. 2 vorgesehene Bestimmung der Dienststellen, durch die, und des Gebietes, in dem die Militärgewalt im Sinne des geänderten Gesetzes vom 23. Mai 1899 (Staatsblad Nr. 128) ausgeübt werden soll, durch uns erfolgt ist, kann hiervon von unserem Kriegsminister durch nähere Anweisung abgewichen werden.

Solange wir oder unser genannter Minister nichts anderes bestimmen, gilt als Operationsgebiet im Sinne des Art. 1 d. dasjenige, das der Oberbefehlshaber der Land- und Seemacht als solches anweist.

Art. 4.

Wenn infolge eines feindlichen Einfalles oder infolge innerer Unruhen im Sinne des Art. 1 Ziff. 2 des geänderten Gesetzes vom 23. Mai 1899 (Staatsblad Nr. 128) die Verbindung zwischen einem Teil des Reichsgebietes und dem Sitz der Regierung abgeschnitten ist, kann die höchste militärische Kommandostelle, die sich in diesem Teil befindet, diesen — ganz oder zum Teil — in Belagerungszustand erklären. Es übt dann diese Stelle die Militärgewalt aus.

Art. 5.

Bei Abwesenheit einer militärischen Dienststelle, die zur Ausübung der Militärgewalt angewiesen ist, wird sie, bis für ihre Vertretung durch uns oder unseren Kriegsminister Vorsorge getroffen ist, ersetzt durch den höchsten oder — bei gleichem Rang — durch den Rangältesten der Kommandanten, die beim Vorhandensein der genannten Dienststelle unter ihrem Befehl stehen würden.

Art. 6.

Für die Dienststellen, welche zur Ausübung der Militärgewalt angewiesen sind, gelten die Bestimmungen der diesem Beschluß beigefügten Instruktion. Unsere Kriegs- und Marineminister werden, jeder soweit es ihn angeht, mit der Durchführung dieses Beschlusses beauftragt, von welchem, wie auch von der dazu gehörenden Instruktion, Abschrift an unseren Justizminister und unsere Minister des Inneren, van Waterstaat und für Landbau, Gewerbe und Handel zu senden ist; er ist mit der Instruktion ins Staatsblad aufzunehmen.

Instructie voor de Autoriteiten, overeenkomstig artikel 7 van de, sedert gewijzigde, wet van 23 Mei 1899 (Staatsblad no. 128), aangewezen voor de uitoefening van het militair gezag.

Art. 1.

In deze instructie worden verstaan:

onder „de wet", de wet van 23 Mei 1899 (Staatsblad no. 128) gewijzigd bij de wet van 31 December 1909 (Staatsblad no. 469);

onder „militair gezag", het militair gezag, bedoeld in evengenoemde wet;

onder „bevelhebber", de autoriteit, die in eenig gedeelte van het grondgebied des Rijks het militair gezag uitoefent.

Art. 2.

Het militair gezag wordt uitgeoefend onder verantwoordelijkheid van Onzen Minister van Oorlog of van Onzen Minister van Marine.

Art. 3.

Wanneer voor de uitoefening van het militair gezag in eenig in staat van oorlog of in staat van beleg verklaard gedeelte van het grondgebied des Rijks meer dan één autoriteit zijn aangewezen, is elk dier autoriteiten gehouden, bij de uitoefening van dit gezag de eventueel te geven bevelen en aanwijzingen te volgen van de in het betrokken gebied mede voor de uitoefening van het militair gezag aangewezen autoriteiten voor zooverre deze hierarchiek boven haar zijn gesteld.

Art. 4.

De bevelhebber kan de uitvoering der maatregelen tot uitoefening van het militair gezag opdragen aan door hem aan te wijzen autoriteiten of personen, de alzoo handelen ingevolge zijne bevelen.

Instruktion für die Stellen, die gemäß Art. 7 des geänderten Gesetzes vom 23. Mai 1899 (Staatsblad Nr. 128) zur Ausübung der Militärgewalt bestimmt sind.

Art. 1.

In dieser Instruktion ist zu verstehen:

unter „Gesetz" das Gesetz vom 23. Mai 1899 (Staatsblad Nr. 128) geändert durch das Gesetz vom 31. Dezember 1909 (Staatsblad Nr. 469);

unter „Militärgewalt" die Militärgewalt im Sinne des eben genannten Gesetzes;

unter „Befehlshaber" die Stelle, die in einem Teil des Reichsgebietes die Militärgewalt ausübt.

Art. 2.

Die Militärgewalt wird ausgeübt unter der Verantwortung unseres Kriegsministers und unseres Marineministers.

Art. 3.

Wenn für die Ausübung der Militärgewalt in einem in Kriegs- oder Belagerungszustand erklärten Teil des Reichsgebiets mehr als eine Dienststelle bestimmt ist, so ist jede dieser Dienststellen gehalten, bei der Ausübung der Militärgewalt den eventuell gegebenen Befehlen und Anweisungen der in dem betreffenden Gebiete zur Ausübung der Militärgewalt bestimmten Dienststellen zu folgen, soweit diese hierarchisch ihr übergeordnet sind.

Art. 4.

Der Befehlshaber kann mit Ausführung von Maßnahmen zur Ausübung der Militärgewalt durch ihn zu bestimmende Dienststellen oder Personen, die also auf seinen Befehl handeln, beauftragen.

Art. 5.

Wanneer eenig gedeelte van het grondgebied des Rijks in staat van oorlog of in staat van beleg wordt verklaard, dan wel de staat van oorlog of de staat van beleg voor dat gedeelte wordt opgeheven, brengt de bevelhebber zulks onverwijld ter kenniss van de troepen en c. q. van de bemanningen der oorlogsvaartuigen, die onder zijne bevelen zijn gesteld, en draagt hij zorg, dat de afkondiging, bedoeld in de eerste alinea van artikel 4 der wet, onverwijld en op de meest doeltreffende wijze plaats heeft.

Art. 6.

Zoodra eenig gedeelte van het grondgebied des Rijks in staat van oorlog of in staat van beleg is verklaard, waarschuwt de bevelhebber, bij algemeene bekendmaking, de bevolking, dat zij, die het aanroepen van schildwachten of patrouilles onbeantwoord laten, die niet voldoen aan bevelen, welke door schildwachten en commandanten van patrouilles ingevolge de hun verstrekte consignes worden gegeven, die geen gehoor geven aan de sommatien, door de bevoegde autoriteiten gedaan, of die tegenwoordig zijn bij samenscholingen, waarbij een aanval op de militaire macht geschiedt, zich aan lijfsgevaar blootstellen.

Hij doet de bevolking herinneren aan de wettelijke verplichtingen in den staat van oorlog dan wel in den staat van beleg op het burgerlijk gezag en de inwoners rustende, alsmede — voor zooveel daartoe de ingetreden rechtstoestand en de omstandigheden, bedoeld in artikel 1, sub 1^0, dan wel in artikel 1, sub 2^0, van de wet, aanleiding geven aan de bepalingen van de artikelen 41 tot en met 49 der wet, van de artikelen 98, 100 tot en met 105, 107, 186, 187, 191, 203 en 204 van het wetboek van strafrecht en van de artikelen 78, 79, 85, 87, 88, 89, 91, 94, 101, 102, 131, 144, 146, 147, 149, 151, 154, 157, 158 en 159 van het Wetboek van Militair Strafrecht, vastgesteld bij de Wet van 27 April 1903 (Staatsblad no. 111.)

Voorts brengt hij ter algemeene kennis aan welke autoriteiten of personen, bedoeld in art. 4, door hem de uitvoering der te nemen maatregelen is opgedragen.

Art. 7.

De bevelen, bedoeld in artikel 21 der wet, worden slechts gegeven in geval van noodzakelijkheid.

De wijze van uitvoering der bevelen wordt zooveel mogelijk aan de burgerlijke autoriteit overgelaten.

Zoo mogelijk worden geen bevelen gegeven dan na overleg met het hoofd van het betrokken burgerlijk bestuur of met den daaronder ressorteerenden betrokken chef van dienst.

Art. 5.

Wenn ein Teil des Reichsgebietes in Kriegs- oder Belagerungszustand erklärt wird, ebenso wenn der Kriegs- oder Belagerungszustand für diesen Teil aufgehoben wird, bringt der Befehlshaber solches unverzüglich zur Kenntnis der Truppen und eventuell der Besatzungen der Kriegsschiffe, die unter seinem Befehl stehen, und trägt dafür Sorge, daß die Verkündung, gemäß Art. 4 Abs. 1 des Gesetzes unverzüglich und in der zweckmäßigsten Weise erfolgt.

Art. 6.

Sobald ein Teil des Reichsgebiets in Kriegs- oder Belagerungszustand erklärt ist, verwarnt der Befehlshaber durch allgemeine Bekanntmachung die Bevölkerung, daß diejenigen, die den Anruf von Schildwachen oder Patrouillen unbeantwortet lassen, die den Befehlen, welche durch Schildwachen oder Patrouillenkommandanten auf Grund der ihnen erteilten Weisungen gegeben worden sind, nicht gehorchen, die den Anforderungen, welche durch die zuständige Behörde erfolgen, nicht Folge leisten oder die bei Zusammenrottungen, durch die ein Angriff auf die Militärmacht erfolgt, anwesend sind, sich in Lebensgefahr begeben.

Er erinnert die Bevölkerung an die gesetzlichen Verpflichtungen, die im Kriegs- wie im Belagerungszustand den Zivilbehörden und den Einwohnern obliegen, wie auch — soweit dazu der eingetretene Rechtszustand und die Umstände gemäß Art. 1 Z. 1 und Art. 1 Z. 2 des Gesetzes Anlaß geben — an die Bestimmungen der Art. 41 und 49 des Gesetzes, die Art. 98, 100 bis 105 einschließlich, 107, 186, 187, 191, 203, 204 des Strafgesetzbuches und der Art. 78, 79, 85, 87, 88, 89, 91, 94, 101, 102, 131, 144, 146, 147, 149, 151, 154, 157, 158 und 159 des Militärstrafgesetzbuches in der Fassung des Gesetzes vom 27. April 1903 (Staatsblad Nr. 111).

Außerdem bringt er zur allgemeinen Kenntnis, an welche Dienststellen oder Personen gemäß Art. 4 durch ihn die Ausführung der zu treffenden Maßnahmen aufgetragen ist.

Art. 7.

Die Befehle im Sinne des Art. 21 des Gesetzes werden nur im Falle der Notwendigkeit gegeben.

Die Art der Ausführung der Befehle wird, soweit möglich, der Zivilbehörde überlassen.

Wenn möglich, werden Befehle nur nach Beratung mit dem Chef der zuständigen Zivilverwaltung oder mit dem zuständigen Ressortchef gegeben.

Besluit van den 20sten October 1923, houdende vaststelling van de Instructie voor stellingcommandanten van zelfstandige verdedigingswerken of groepen van verdedigingswerken voor tijd van oorlog of oorlogsgevaar (Staatsblad no. 488).

Wij WILHELMINA, bij de Gratie Gods, Koningin der Nederlanden, Prinses van Oranje-Nassau, Enz., Enz., Enz.

Op de voordracht van Onze Ministers van Oorlog en van Marine van 26 September 1923, Geheim, Litt. H. 92, en van 16 October 1923 Afdeeling S., n°, 506 A, Geheim;

Overwegende, dat het wenschelijk is de instructie voor stellingcommandanten en commandanten van afzonderlijke Forten voor tijd van oorlog of oorlogsgevaar opnieuw vast te stellen en dat de instructie voor de commandanten van onderdeelen van forten in de linien en stellingen voor tijden van oorlog of van oorlogs gevaar kan vervallen;

Gezien het sedert herhaaldelijk gewijzigde Koninklijk Besluit van 8 September 1909 (Staatsblad no. 305), houdende nadere vaststelling van de Instructie voor Stellingcommandanten en Commandanten van afzonderlijke Forten voor tijd van oorlog of van oorlogsgevaar, alsmede het sedert herhaaldelijk gewijzigde Koninklijk Besluit van 14 Augustus 1911 (Staatsblad no. 277) houdende vaststelling van de Instructie voor de Commandanten van onderdeelen en van forten in de linien en stellingen voor tijden van oorlog of van oorlogsgevaar;

Hebben goedgevonden en verstaan:

1°. in te trekken de vorengenoemde Koninklijke Besluiten van 8 September 1909 (Staatsblad no. 305) en van 14 Augustus 1911 (Staatsblad no. 277), zooals deze sedert herhaaldelijk gewijzigd zijn;

2°. vast te stellen de hiernavolgende instructie.

Beschluß vom 20. Oktober 1923 betreffend Feststellung der Instruktion für Stellungskommandanten und Kommandanten selbständiger Verteidigungswerke oder Gruppen von Verteidigungswerken für Kriegszeiten oder Zeiten der Kriegsgefahr (Staatsblad Nr. 488).

Wir Wilhelmina, von Gottes Gnaden Königin der Niederlande, Prinzessin von Oranien-Nassau usw.

Auf Vortrag unseres Kriegsministers und unseres Marineministers vom 26. September 1923, Geheim, Litt. H. 92, und vom 16. Oktober 1923, Abteilung S, Nr. 506 A, Geheim.

In der Erwägung, daß es wünschenswert erscheint, die Instruktion für Stellungskommandanten und Kommandanten von abgesonderten Forts für Kriegszeiten oder Zeiten der Kriegsgefahr neu festzustellen und daß die Instruktion für die Kommandanten von Unterteilen von Forts in den Linien und Stellungen für Zeiten von Krieg oder Kriegsgefahr außer Kraft treten kann;

Nach Einsicht des wiederholt geänderten Königlichen Beschlusses vom 8. September 1909 (Staatsblad Nr. 305) betreffend nähere Feststellung der Instruktion für Stellungskommandanten und Kommandanten von abgesonderten Forts für Zeiten von Krieg oder Kriegsgefahr sowie des wiederholt geänderten Königlichen Beschlusses vom 14. August 1911 (Staatsblad Nr. 277) betreffend Feststellung der Instruktion für die Kommandanten von Unterteilen und von Forts in den Linien und Stellungen für Zeiten von Krieg oder Kriegsgefahr;

haben für gut befunden:

1. Die vorgenannten wiederholt geänderten Königlichen Beschlüsse vom 8. September 1909 (Staatsblad Nr. 305) und vom 14. August 1911 (Staatsblad Nr. 277) einzuziehen;

2. die nachfolgende Instruktion zu erlassen:

Instructie voor stellingscommandanten en commandanten van zelfstandige verdedigingswerken of groepen van verdedigingswerken voor tijd van oorlog of oorlogsgevaar.

Art. 1.

Deze instructie geldt voor:

a. den Commandant der Vesting Holland;

b. den Commandant der Stelling van den Helder;

c. de Commandanten van de werken aan de Wester-Schelde.

In deze instructie worden de in dit artikel bedoelde Commandanten als stellingcommandant en de verschillende hun toegewezen gebieden met de benaming van stelling aangeduid.

Art. 2.

De gebieden der stellingen worden vastgesteld, als aangegeven in de bij deze instructie behoorende Bijlage I. Deze vaststelling heeft niet de strekking, den Commandant bij het gebruik van de hem ter beschikking staande strijdkrachten en strijdmiddelen in tactischen zin tot het hem toegewezen gebied te beperken.

Art. 3.

De tot de stellingen behoorende verdedigingswerken zijn vermeld in de bij deze instructie behoorende Bijlage II.

Art. 4.

De stellingcommandant staat, voor zooveel Onze Minister van Oorlog dit niet anders bepaalt, rechtsstreeks onder de bevelen van den Opperbevelhebber of, zoolang deze niet benoemd is, onder Onzen Minister van Oorlog en, voor zooveel het bevel over het personeel en het materieel der zeemacht aangaat, onder Onzen Minister van Marine.

Art. 5.

Wanneer de voorloopige bezetting van eene stelling met een of meer andere onderdeelen der krijgsmacht wordt versterkt, regelt de Opperbevelhebber de bevelvoering voor zooveel noodig opnieuw.

Instruktion für Stellungskommandanten und Kommandanten von selbständigen Verteidigungswerken oder Gruppen von Verteidigungswerken für die Zeit von Krieg oder Kriegsgefahr.

Art. 1.

Diese Instruktion gilt für

a) den Kommandanten der Festung Holland;

b) den Kommandanten der Stellung Helder;

c) die Kommandanten der Werke an der Wester-Schelde.

In dieser Instruktion werden die in diesem Artikel genannten Kommandanten als „Stellungskommandanten" und die verschiedenen ihnen zugewiesenen Gebiete als „Stellung" bezeichnet.

Art. 2.

Die Gebiete der Stellungen werden, wie in der zu dieser Instruktion gehörenden Beilage I angegeben, festgestellt. Diese Feststellung hat nicht die Bedeutung, den Kommandanten im Gebrauch der ihm zur Verfügung stehenden Streitkräfte und Streitmittel im taktischen Sinne auf das ihm zugewiesene Gebiet zu beschränken.

Art. 3.

Die zu den Stellungen gehörenden Verteidigungswerke sind in der zu dieser Instruktion gehörenden Beilage II verzeichnet.

Art. 4.

Der Stellungskommandant steht, soweit nicht unser Kriegsminister etwas anderes bestimmt, unter dem direkten Befehl des Oberbefehlshabers oder, solange ein solcher nicht ernannt ist, unseres Kriegsministers und, was den Befehl über das Personal und Material der Seemacht angeht, unseres Marineministers.

Art. 5.

Wenn die vorläufige Besatzung einer Stellung durch eine oder mehrere Teile der Kriegsmacht verstärkt wird, regelt der Oberbefehlshaber die Kommandogewalt, soweit notwendig, neu.

Voor zooveel de Opperbevelhebber het noodig acht, deelen van het stellinggebied tijdelijk te voegen bij het operatiegebied van een niet tot de bezetting der stelling behoorend onderdeel van land- of zeemacht, regelt hij de gezagsverhoudingen in bedoelde gebiedsdeelen.

Art. 6.

De in bijlage I aangegeven fronten der Vesting Holland worden voor de voorbereiding der verdediging verdeeld in groepen en deze in vakken.

Art. 7.

Zoolang de stellingcommandant nog niet is gemachtigd om tot het in staat van verdeging brengen der stelling over te gaan, treft hij alle voorbereidende maatregelen, die geen bijzondere uitgaven vereischen.

Tot vernieling of opruiming van verkeersmiddelen van algemeen belang, als spoorwegen, telegrafen en telefonen, mag, behoudens geval van dringende noodzaak, nimmer worden overgegaan zonder toestemming van den Opperbevelhebber.

Art. 8.

De stellingcommandant treft, zoo noodig, maatregelen voor het verleenen van steun aan of samenwerking met deelen van de land- of zeemacht, in de nabijheid van of in verband met de stelling opereerende.

Wanneer niet reeds de Opperbevelhebber voorschriften ter zake heeft gegeven, treedt hij dienaangaande zoo spoedig mogelijk in overleg met de commandanten van die deelen.

Op overeenkomstige wijze handelt hij, in afwachting van nadere voorschriften van den Opperbevelhebber, wanneer deelen van de land- of zeemacht op het gebied der stelling uitwijken of door dat gebied trekken.

Art. 9.

De stellingcommandant verstrekt aan commandanten van de in art. 6 bedoelde fronten, groepen en vakken eene instructie voor hun onderdeel.

Art. 10.

De stellingcommandant stelt voor zooveel noodig een regeling der gezagsverhoudingen vast, gegrond op art. 3 der Instructie, behoorende bij het Koninklijk Besluit van 2 November 1916 (Staatsblad no. 488).

Soweit der Oberbefehlshaber es für notwendig hält, Teile des Stellungsgebiets teilweise zum Operationsgebiet eines nicht zur Besatzung der Stellung gehörenden Teils der Land- oder Seemacht hinzuzufügen, so regelt er die Befehlsverhältnissse in den genannten Gebietsteilen.

Art. 6.

Die in Beilage I angegebenen Fronten der Festung Holland werden für die Vorbereitung der Verteidigung in Gruppen und diese in Abschnitte eingeteilt.

Art. 7.

Solange der Stellungskommandant noch nicht dazu ermächtigt ist, die Stellung in Verteidigungszustand zu bringen, trifft er alle vorbereitenden Maßnahmen, die keine besonderen Ausgaben erheischen.

Zur Zerstörung oder Forträumung öffentlicher Verkehrsmittel wie Eisenbahnen, Telegraphen- und Telephonanlagen kann außer im Falle dringender Notwendigkeit niemals ohne Zustimmung des Oberbefehlshabers geschritten werden.

Art. 8.

Der Stellungskommandant trifft, soweit notwendig, Maßregeln zur Gewährung von Unterstützung an oder zum Zusammenwirken mit Teilen der Land- oder Seemacht, die in der Nähe von oder in Verbindung mit der Stellung operieren.

Wenn nicht bereits der Oberbefehlshaber diesbezügliche Vorschriften erlassen hat, tritt er zu diesem Zweck sobald als möglich in Beratung mit den Kommandanten der Teile ein.

Entsprechend handelt er in Erwartung näherer Vorschriften des Oberbefehlshabers, wenn Teile der Land- oder Seemacht auf das Gebiet der Stellung ausweichen oder durch das Gebiet ziehen.

Art. 9.

Der Stellungskommandant erläßt an die Kommandanten der in Art. 6 genannten Fronten, Gruppen und Abschnitte eine Instruktion für ihren Unterteil.

Art. 10.

Der Stellungskommandant trifft, soweit notwendig, Bestimmung über die Befehlsverhältnisse auf Grund des Art. 3 der dem Königlichen Beschluß vom 2. November 1916 (Staatsblad Nr. 488) beigefügten Instruktion.

Art. 11.

De vakcommandanten hebben de commandanten der in hun vak gelegen verdedigingswerken onder hunne bevelen, tenzij in een bijzonder geval de stellingcommandant anders bepaalt.

Art. 12.

Met betrekking tot de temporaire krijgsraden, bedoeld in art. 40 der wet van 23 Mei 1899 (Staatsblad no. 128) zooals deze sedert gewijzigd is, hebben de stellingcommandanten de bevoegdheid, bij den 4den titel van de Rechtspleging bij de Landmacht toegekend aan den commandeerenden Generaal of Officier.

Moeten in een stelling meer dan één temporaire krijgsraad bestaan, dan zal de stellingkommandant overeenkomstig art. 97 der Invoeringswet Militair Straf- en Tuchtrecht (Wet van 5 Juli 1921, Staatsblad no. 841) voor elk der krijgsraden het gedeelte der stelling aanwijzen, waarover hunne rechtsmacht zich zal uitstrekken.

Art. 13.

De stellingcommandant is verplicht, van al hetgeen tijdens zijn bevelvoering wordt verricht en plaats heeft, zoodanige aanteekening te doen houden, dat de wijze, waarop hij de verdediging heeft gevoerd, duidelijk kan blijken.

Art. 14.

De stellingcommandant geeft voorschriften omtrent het verkeer met den vijand. Het onderhandelen met den vijand mag uitsluitend geschieden door of namens hem.

Art. 15.

Onderhandelingen over een capitulatie mag de stellingcommandant alleen aangaan met machtiging van den Opperbevelhebber. Kan aan deze voorwaarde niet worden voldaan, omdat de gemeenschap met den Opperbevelhebber verbroken is, dan mag daartoe alleen worden overgegaan, wanneer alle middelen ter verdediging zijn uitgeput en het dus onmogelijk is deze langer te rekken.

Art. 16.

Deze instructie kan worden aangehaald onder den titel van: „Oorlogsinstructie Stellingcommandanten 1923".

Art. 11.

Die Kommandanten der Unterabschnitte haben die Kommandanten der in ihrem Unterabschnitt gelegenen Verteidigungswerke unter ihrem Befehl, es sei denn, daß ausnahmsweise der Stellungskommandant etwas anderes bestimmt.

Art. 12.

Hinsichtlich der nichtständigen Kriegsgerichte im Sinne des Art. 40 des geänderten Gesetzes vom 23. Mai 1899 (Staatsblad Nr. 128) haben die Stellungskommandanten die Befugnisse, welche durch den 4. Titel des Gesetzes über die Rechtspflege bei der Landmacht dem kommandierenden General oder Offizier übertragen sind.

Muß in einer Stellung mehr als ein nicht ständiges Kriegsgericht bestehen, dann hat der Stellungskommandant gemäß Art. 97 des Einführungsgesetzes zum militärischen Straf- und Zuchtrecht (Gesetz vom 5. Juli 1921, Staatsblad Nr. 841) für jedes Kriegsgericht den Teil der Stellung anzuweisen, über den sich seine Gerichtsbarkeit erstrecken soll.

Art. 13.

Der Stellungskommandant ist verpflichtet, über alles, was während seiner Befehlsführung getan wird und geschieht, einen Bericht zu erstatten, aus dem die Art, wie er die Verteidigung geführt hat, deutlich hervorgeht.

Art. 14.

Der Stellungskommandant erläßt Vorschriften betreffend den Verkehr mit dem Feind. Unterhandeln mit dem Feind muß ausschließlich durch ihn oder in seinem Namen erfolgen.

Art. 15.

Kapitulationsverhandlungen kann der Stellungskommandant nur mit Ermächtigung des Oberbefehlshabers einleiten. Kann dieser Bedingung nicht genügt werden, weil die Verbindung mit dem Oberbefehlshaber unterbrochen ist, dann kann dazu nur übergegangen werden, wenn alle Mittel der Verteidigung erschöpft sind und es unmöglich ist, sie länger auszudehnen.

Art. 16.

Diese Instruktion wird zitiert unter dem Titel „Kriegsinstruktion für Stellungskommandanten 1923".

Onze Ministers van Oorlog en van Marine zijn, ieder voor zooveel hem betreft, belast met de uitvoering van dit besluit dat in het Statsblad zal worden geplaatst.

Het Loo, den 20sten October 1923.

WILHELMINA.

De Minister van Oorlog
van Dijk.
De Minister van Marine,
E. P. Westerveld.

Uitgegeven den vijfden November 1923.
De Minister van Justitie
Heemskerk.

Unser Kriegs- und unser Marineminister werden, jeder, soweit es ihn angeht, mit der Ausführung dieses Beschlusses beauftragt, der in das Staatsblad aufzunehmen ist.

Het Loo, den 20. Oktober 1923.

WILHELMINA.

Der Kriegsminister
van Dijk
Der Marineminister
E. P. Westerveld.

Ausgegeben am 5. November 1923.
Der Justizminister.
Heemskerk.

Besluit van den 11den December 1926, houdende aanwijzing der gezagsgebieden der territoriale-bevelhebbers (Staatsblad no. 401).

Eenig artikel.

A. Het gezagsgebied van den „Teritoriale-Bevelhebber in Frieslang, enz." omvat:

a. Te land.

De provincien Friesland en Groningen, voor zoover gelegen op den vasten wal, en Drenthe.

b. Te water.

Het gedeelte van de Wadden, de Eems en den Dollard, gelegen ten zuiden van de lijn, getrokken in recht noordoostelijke richting van het punt af, waar de grens tusschen de gemeenten Uithuizermeeden en 't Zandt de kust ontmoet.

B. Het gezagsgebied van den „Territoriale-Bevelhebber in Overijssel, enz." omvat:

De provincie Overitssel, met uitzondering van het eiland Schokland en het tot de provincie behoorende watergebied van de Zuiderzee, alsmede de provincie Gelderland, ten noorden, van de zuidelijke oevers van den Bovenrijn (voor een deel ook wel „Bijlandsche Kanaal" geheeten) en van de Waal, voor zoover betreft het gebied, niet behoorende tot de Vesting Holland.

Daarenboven van de gemeenten Millingen en Ubbergen het gedeelte, gelegen ten noorden van een lijn, getrokken van grenspaal 648 naar het snijpunt der grens van de gemeente Ubbergen met kilometerraai 17 in de rivier de Waal.

C. Het gezagsgebied van den „Territoriale-Bevelhebber in Noordbrabant, enz." omvat:

De provincie Gelderland ten zuiden van den Bovenrijn (voor een del ook wel „Bijlandsche Kanaal" geheeten) en van de Waal, echter met uitzondering van het gedeelte der gemeenten Millingen en Ubbergen, gelegen ten noorden van een lijn, getrokken van grenspaal 648 naar het snijpunt der grens van de gemeente Ubbergen met kilometerraai 17 in de rivier de Waal; voorts de provincie Noord-

Beschluß vom 11. Dezember 1926 betreffend die Festsetzung der Befehlsbereiche der Territorialbefehlshaber (Staatsblad No. 401).

Einziger Artikel.

A. Der Befehlsbereich des „Territorialbefehlshabers in Friesland usw." umfaßt:

a) zu Lande

die Provinzen Friesland und Groningen, soweit sie auf dem Festlande gelegen sind, und Drenthe,

b) zu Wasser

die Teile der Wadden, der Eems und des Dollard, gelegen südlich der Linie, die in gerader nordöstlicher Richtung von dem Punkte aus gezogen wird, an dem die Grenze zwischen den Gemeinden Uithuizermeeden und 't Zandt die Küste trifft.

B. Der Befehlsbereich des „Territorialbefehlshabers in Overijssel usw." umfaßt:

Die Provinz Overijssel mit Ausnahme der Insel Schokland und des zu der Provinz gehörenden Wassergebiets der Zuidersee, sowie die Provinz Gelderland, im Norden des südlichen Ufers des Bovenrijn (teilweise auch „Bijlandsche Kanaal" genannt) und des Waal, soweit es sich um Gebiet handelt, das nicht zur Festung Holland gehört.

Außerdem von den Gemeinden Millingen und Ubbergen den Teil, welcher nördlich einer Linie liegt, die von dem Grenzpfahl 648 nach dem Schnittpunkt der Grenze der Gemeinde Ubbergen und des kilometerraai 17 im Waal-Fluß gezogen wird.

C. Der Befehlsbereich des „Territorialbefehlshabers in Nordbrabant usw." umfaßt:

Die Provinz Gelderland im Süden des Bovenrijn (teilweise auch „Bijlandsche Kanaal" genannt) und des Waal jedoch mit Ausnahme des Teils der Gemeinde Millingen und Ubbergen, welcher nördlich einer Linie liegt, die vom Grenzpfahl 648 nach dem Schnittpunkt der Grenze der Gemeinde Ubbergen und des kilometerraai 17 im Waal-Fluß gezogen wird; ferner die Provinz Nordbrabant mit Aus-

brabant met uitzondering van het gebied behoorende tot de Vesting Holland, alsmede de provincie Limburg.

D. Het gezagsgebied van den „Territoriale-Bevelhebber in Zeeland" omvat:

De provincie Zeeland; daarenboven het niet tot de Vesting Holland behoorende gedeelte van Zuidholland, alsmede het territoriaal zeegebied, gelegen ten zuiden van de lijn, in recht westelijke richting getrokken van paal 28, gelegen op Goeree en Overflakkee.

Onze Minister van Ooorlog is belast met de uitvoering van dit Besluit, hetwelk in het Staatsblad zal worden geplaatst.

's-Gravenhage, den 11den December 1926.

WILHELMINA.

nahme des zur Festung Holland gehörenden Gebiets, sowie die Provinz Limburg.

D. Der Befehlsbereich des „Territorialbefehlshabers in Seeland“ umfaßt:

Die Provinz Seeland, außerdem den nicht zur Festung Holland gehörenden Teil von Süd-Holland sowie das Territorialwassergebiet, welches im Süden der Linie gelegen ist, die in gerader westlicher Richtung vom Pfahl 28, auf Goeree und Overflakkee gelegen, gezogen wird.

Unser Kriegsminister wird mit der Ausführung dieses Beschlusses beauftragt, der ins Staatsblad aufzunehmen ist.

’s Gravenhage, den 11. Dezember 1926.

WILHELMINA.

Der Ausnahmezustand in Italien.[1])

Zwei Perioden in der Geschichte des Ausnahmezustandes im Frieden.

Für die Darstellung des Ausnahmezustandes im Frieden[2]) in Italien könnten drei Perioden in Betracht kommen. Die erste würde die Zeit von der Einführung einer Verfassung in Sardinien im Jahre

---

[1]) Wichtigste Literatur: In deutscher Sprache:

H. Gmelin, Über den Umfang des königlichen Verordnungsrechts und das Recht zur Verhängung des Belagerungszustandes in Italien. In Freiburger Abhandlungen aus dem Gebiet des öffentlichen Rechts, Heft XII. Karlsruhe 1907.

Ferner E. Brusa, Das Staatsrecht des Königreichs Italien. Handbuch des öffentlichen Rechts, IV. Bd., I. Halbband, 7. Abt. Freiburg 1892.

M. Siotto-Pintor, Die bemerkenswertesten Wandlungen und Ereignisse des Verfassungsrechtslebens in Italien in den letzten 15 Jahren (1893—1907) in: Das öffentliche Recht der Gegenwart, Jahrbuch 1906, Bd. 11, Abschnitt V, und derselbe, Verfassungsrechtsleben in Italien 1907—1910, in: Das öffentliche Recht der Gegenwart, Jahrbuch 1910, Bd. IV, S. 532—555; derselbe, Das Verfassungsrechtsleben in Italien 1913—1923, in: Das öffentliche Recht der Gegenwart, Jahrbuch 1923/24, Bd. 12, S. 245—251, 253.

In italienischer Sprache:

Arangio-Ruiz, Assedio politico in Enciclopedia giuridicia italiana vol. I, parte IV, p. 173.

Brunialti, Il diritto costituzionale e la politica, nella Bibl. di scienze politiche Serie II, vol. VII parte 2. Torino 1900, p. 987.

F. Cammeo, Lo Stato d'assedio e la giurisdizione (Giurisprudenza italiana 1898, IV, p. 369—394).

Derselbe, Della manifestazione della volonta dello Stato nel campo del diritto amministrativo. Legge ed ordinanza (Primo Trattato completo di Diritto amministrativo a cura di V. E. Orlando, Milano 1901, vol. III, p. 3—320);

Caristia, Da legge marziale al Parlamento italiano in Filanzieri 1909, p. 129.

F. P. Contuzzi, Trattato di diritto costituzionale. Torino 1895.

Derselbe, Dello stato d'assedio, studi di Diritto Costituzionale, in lo Digesto Italiano. Torino 1890.

A. G. Fontanive, Teoria dei Decreti-leggi. Bologna 1897.

A. Gamberini, I decreti d'urgenza in teoria e in pratica. Bologna 1903.

E. Lombardo-Pellegrino, Il diritto di necessità nel costituzionalismo giuridico. Roma 1903.

Klein, Alcune considerazioni sulla legittimità dello stato d'assedio civile. Firenze 1914.

1848 bis zum Marsch der Faschisten auf Rom Ende Oktober 1922 umfassen, die zweite die von der Übernahme der Regierung durch Mussolini als Ministerpräsidenten bis zum 6. 11. 1926, an welchem Tage ein Gesetz erlassen worden ist, das Bestimmungen über den Zustand der öffentlichen Gefahr und den Kriegszustand enthält, und die dritte von diesem Tage an.

In der ersten Periode entbehrte das Recht des Ausnahmezustandes im Frieden einer Grundlage im geschriebenen Gesetz. Die 1870 auf ganz Italien ausgedehnte Verfassung des Königreichs Sardinien vom 4. 3. 1848 enthält weder Bestimmungen über ein Notverordnungsrecht noch Bestimmungen über den Ausnahmezustand im Frieden. Trotzdem ist sowohl von einem Notverordnungsrecht, und zwar sogar sehr häufig, Gebrauch gemacht als auch der Ausnahmezustand im Frieden wiederholt verhängt worden, und es hat sich eine bestimmte Praxis über die Verhängung und Durchführung des Ausnahmezustandes herausgebildet.

Seit dem Sieg des Faschismus in Italien ist, insbesondere im Auslande, vielfach die Meinung verbreitet, daß Italien unter der

---

A. Maiorana, Lo Stato di assedio. Catania 1894.

A. Morelli, Il Re. Bologna 1899.

L. Mortara, I Decreti-Legge nel Diritto costituzionale italiano (Riforma Soziale 1895, Anno II, vol. III, p. 907—916).

V. E. Orlando, Principii di diritto costituzionale. Firenze 1919.

Siotto-Pintor, Lo stato d'assedio nell'occasione del terremoto del 28. dicembre 1908 in Giurisprudenza italiana 1910, II, 1.

Racioppi, Lo stato d'assedio e i tribunali di guerra nel Giornale degli Economisti, Serie II, vol. XVII, 1898, p. 146 e Commento allo Statuto del Regno. Torino 1909, vol. I p. 271.

O. Ranelletti, La polizia di sicurreza (Primo Trattato completo di Diritto amministrativo . . . . Milano 1901, vol. IV. S. 207—1252.

S. Romano, Saggio di una teoria sulle leggi di approvazione nel Filanzieri vol. XXVIII 1898 p. 259 e Sui decreti legge e lo stato d'assedio in occasione del terremoto di Messina e di Reggio Calabria nella Rivista di diritto pubblico, vol. I, 1919 p. 204.

L. Rossi, Lo Stato d'assedio nel diritto publico italiano (Archivio di Diritto Publico 1894, Anno 4, Fasc. 2 S. 81—124.

C. Saltelli, Potere Esecutivo e norme Giuridiche. Roma 1926, p. 324—334.

Traversa, Antonio, Lo stato di necessità nel diritto pubblico interno. Napoli 1916.

In französischer Sprache:

Contuzzi, L'Etat de siège d'après le droit public italien, in Revue du droit public et de la science politique en France et à l'Etranger. Tome I. Paris 1894, p. 441—466.

[2]) Die Unterscheidung des „Ausnahmezustandes im Frieden" von dem „Ausnahmezustand im Kriege" stammt von Gmelin, über den Umfang usw. S. 143.

dauernden Herrschaft eines besonderen Ausnahmezustandes, nämlich der des faschistischen Regimes stünde. Das ist zweifellos nicht richtig, jedenfalls nicht, wenn unter Ausnahmezustand die verfassungsmäßige Zuständigkeit eines Staatsorgans zur materiellen Durchbrechung der Verfassung oder auch zum formellen Außerkraftsetzen von Verfassungsbestimmungen zum Zwecke der Gefahrenabwendung für das Ganze der Verfassung verstanden wird. Die faschistische Miliz bedeutet zwar für die fast alle wichtigeren Ämter im Staate bekleidenden Mitglieder der faschistischen Partei eine außerordentliche Stütze für die Durchsetzung ihrer Anordnungen, aber abgesehen davon, daß die Miliz heute ebenfalls in den Staat eingeordnet ist, haben alle Anordnungen der Regierung ihre Stütze in Verfassung und Gesetz, hat es doch Mussolini seit Übernahme der Ministerpräsidentschaft sorgfältig vermieden, irgendeinen in seinem Vaterlande ungewöhnlichen Schritt gegen die Verfassung oder auch nur gegen das parlamentarische Regime zu tun. Es ist die vor dem Sieg der faschistischen Bewegung gewählte Kammer, in der die Faschisten selber nur schwach vertreten waren, gewesen, die drei Wochen nach dem Marsch auf Rom der von dem König ernannten Regierung ein Vertrauensvotum mit 306 gegen 116 Stimmen erteilt hat und sogar mit 275 gegen 90 Stimmen der Regierung des Königs ein Ermächtigungsgesetz bis zum 31. 12. 1923 bewilligt hat, eine Maßnahme, die in Italien nicht ohne Vorbilder ist. Das neue Wahlgesetz, das die weitere gesetzliche Herrschaft der faschistischen Partei begründen sollte und dessen wichtigste Bestimmung bekanntlich darin besteht, daß die Liste, die die meisten, mindestens aber 25% aller abgegebenen Stimmen erhält, zwei Drittel aller Mandate bekommt, ist von der Kammer mit 223 gegen 123 Stimmen angenommen worden [3]). Außerdem erhielt bei den Wahlen die Liste der Faschisten und der mit ihnen verbündeten Gruppen über $^2/_3$ aller gültigen Stimmen, so daß auch ohne Anwendung jener vorher erwähnten Bestimmung des Wahlgesetzes der Faschismus und seine Verbündeten mehr als $^2/_3$ aller Mandate erhalten hätte. Die zurzeit im Amte befindliche italienische Regierung ist mit dem gleichen Rechte eine parlamentarische wie alle anderen in parlamentarisch regierten Staaten amtierenden Kabinette. Die Regierung ist sogar noch einen Schritt weitergegangen. Sie hat erklärt, alle von ihr und ihren Vorgängern erlassenen und noch in Wirksamkeit befindlichen Notverordnungen — es handelt sich nur aus der Zeit des vorfaschistischen Regimes um

---

[3]) Die Ziffern sind wie auch die vorher zitierten aus Mannhardt, Der Faschismus in Italien, München 1925, entnommen.

mehr als 3000[4]), deren Rechtsgültigkeit bestritten war, — der Kammer zur Genehmigung vorzulegen, und sie hat mit dem Gesetz vom 31. 1. 1926 bezüglich der gesetzlichen Regelung des Notverordnungsrechts einen Weg beschritten, der in anderen parlamentarisch regierten Ländern bereits gegangen worden war. Es dürfte daher nicht richtig sein, einen besonderen Ausnahmezustand des faschistischen Regimes zu unterscheiden. Jedenfalls rechtsförmig besteht ein solcher nicht. Es wäre daher für die Darstellung des Ausnahmezustandes im Frieden in Italien die erste Periode bis zu dem Gesetz vom 6. 11. 1926, ein Gesetz, das kurz nach dem Attentat auf Mussolini in Bologna ergangen ist, auszudehnen.

Ein Gesetz vom 31. 1. 1926 regelt im wesentlichen nur das Notverordnungsrecht.

Ein Gesetz, das dreiviertel Jahr vorher, nämlich am 31. 1. 1926 erlassen worden ist[5]), hat unter anderem das bisher in Italien sehr umstrittene Recht der kgl. Notverordnungen, von denen, wie schon erwähnt worden ist, in der Praxis außerordentlich häufig Gebrauch gemacht worden ist, gesetzlich fundiert, wodurch zugleich die Verfassung, die einem Notverordnungsrecht des Königs widersprach, abgeändert worden ist. Hierzu ist das Parlament nach der herrschenden italienischen Auffassung auch befugt gewesen. In Art. 3 Ziff. 2 dieses Gesetzes ist bestimmt worden, daß „mit königlichem Dekret nach vorangegangener Beratung des Ministerrats Normen mit Gesetzeskraft erlassen werden können, wenn in außerordentlichen Fällen oder bei Gründen von dringender und absoluter Notwendigkeit es erforderlich ist. Die Entscheidung über die Notwendigkeit und über die Dringlichkeit ist nur der politischen Kontrolle des Parlaments unterworfen." Und zwar muß das Kgl. Dekret mit der Klausel, daß es dem Parlament zum Zwecke der Umwandlung in ein Gesetz vorgelegt werden wird, versehen sein und muß bei Strafe des Verfalls, zum Zwecke der Umwandlung selbst, einer der beiden Kammern nicht später als in der dritten Sitzung nach seiner Veröffentlichung vorgelegt werden" [6]). Wenn auch in dem vorher zitiertem Artikel in erster Linie das Notverordnungsrecht des Königs

---

[4]) Diese Ziffern gehen auf einen Bericht des Professors und Senators V. Scialoja zurück. Atti parlam. Legisl. XXVI Doc. Nr. 345 A. 2.

[5]) Legge 31 genn. 1926 u. 100. Sulla facoltà del potere esecutivo di emanare norme giuridiche, in Gazzetta ufficiale 1 febbr. 1926 u. 25.

[6]) „3. Con decr. r., previa deliberazione del cons. dei min., possono emanarsi norme avenzi forza di legge: 2. nei cari straordinari, nei quali ragioni di urgente ed assoluta necessità lo richiedano. Il giudizio sulla necessità e sull'urgenza non é soggetto ad altro controllo che a quello politico del parlamento."

enthalten ist, so könnte doch derselbe auch auf den Ausnahmezustand in Anwendung kommen. Es ist zunächst nicht einzusehen, warum der König nicht den Ausnahmezustand durch Notverordnung sollte verhängen und in Verfolg desselben Rechtsnormen in der gleichen Weise erlassen können. Allein es ist anzunehmen, daß der Gesetzgeber so weit nicht gehen wollte. Das Recht des Ausnahmezustandes im Frieden ist in Italien, wie später noch ausgeführt werden wird, streng von dem Notverordnungsrecht unterschieden worden. In der Praxis sind die auf den Ausnahmezustand bezüglichen Dekrete nicht dem Parlament zur Umwandlung in Gesetze vorgelegt worden. Hätte die Regierung die Absicht gehabt, den bisher gesetzlich nicht geregelten Ausnahmezustand in das Gesetz vom 31. 1. 1926 einzubeziehen, dann wäre er ausdrücklich dort erwähnt worden. Das ist nicht geschehen und auch bei der Begründung des Gesetzes ist von dem Ausnahmezustand ausdrücklich nicht die Rede gewesen [7]. Es ist daher anzunehmen, daß auch nach dem Erlaß des Gesetzes vom 31. 1. 1926 der seit der Verfassung von 1848 geltende, eine gesetzliche Regelung entbehrende Rechtszustand in bezug auf den Ausnahmezustand im Frieden weiter bestanden hat.

Das Gesetz vom 6. II. 1926 über die öffentliche Sicherheit enthält die erste gesetzliche Regelung des Ausnahmezustandes in Italien.

Diese Auffassung wird bestätigt durch das Gesetz vom 6. 11. 1926 „über die öffentliche Sicherheit" [8]. Dieses Gesetz, das einen großen Teil des Gebietes der Sicherheitspolizei überhaupt regelt, enthält in den Artikeln 2, 219 bis 224 Bestimmungen über den „Zu-

[7]) Vgl. das den Gesetzentwurf begründende Rundschreiben des Präsidenten des Ministerrats an die Mitglieder des Ministerrats, Gazzetta ufficiale 28 gennaio 1926 u. 22, abgedruckt in der Raccolta Annotata della Legislazione Italiana 1926 S. 95, und den Bericht des Justizministers Rocco in der Deputiertenkammer am 28. 5. 1925 abgedruckt in der Raccolta S. 102.

Anderer Meinung ist C. Saltelli, Potere Esecutivo e norme giuridiche, S. 331 ff. Er schließt aus Erläuterungen, die in der Kammer der Minister Rocco zu Art .4 des Entwurfes gegeben hat, daß auch der Belagerungszustand durch Dekretgesetz erklärt werden müsse. Auffallend bleibt aber nach dem seit Jahrzehnten die öffentliche Meinung bewegenden Theorienstreit, ob den Ausnahmezustand zu erklären, ein Recht der Exekutive oder der Legislative sei, daß weder in dem Art. 4 des Entwurfes noch in der Begründungsrede des Ministers von dem Belagerungszustand ausdrücklich in diesem Zusammenhang die Rede gewesen ist. Saltelli ist offenbar ein Anhänger der Theorie, die den bisherigen Zustand als nicht vereinbar mit der konstitutionellen Theorie gehalten hat;

[8]) Legge di pubblica sicurezza.

stand der öffentlichen Gefahr und den Kriegszustand" [9]). Und zwar sind diese Artikel ausdrücklich damit begründet worden, daß auf diesem Gebiet eine gesetzliche Regelung in Italien bisher gefehlt hat [10]).

Das Gesetz vom 6. 11. 1926 enthält in den Artikeln 2, 219, bis 224 unzweifelhaft Tatbestände des Ausnahmezustandes im Frieden. Wieweit es alle Tatbestände eines Ausnahmezustandes im Frieden umfaßt, läßt sich zur Zeit, da eine genaue Nachprüfung des gesetzgeberischen Materials nicht möglich und über die Anwendung in der Praxis nichts bekannt ist, nicht sagen. Infolgedessen wird in der nachfolgenden Darstellung das Recht des Ausnahmezustandes im Frieden vor der neuen gesetzlichen Regelung einen sehr viel breiteren Raum einnehmen, wie die des neuerdings geltenden Rechts. Sie wird sich im wesentlichen darauf beschränken müssen, den Inhalt des neuen Gesetzes wiederzugeben.

Die italienische Verfassung enthält keine Bestimmungeu über den Ausnahmezustand im Frieden.

In der Zeit vor dem 6. 11. 1926 fehlen gesetzliche Bestimmungen über den Ausnahmezustand im Frieden vollständig. Wie bereits vorher erwähnt worden ist, enthält auch die italienische Verfassung keine Bestimmungen über den Ausnahmezustand im Frieden. Trotzdem ist der Ausnahmezustand im Frieden dem italienischen Recht nicht unbekannt geblieben, allerdings hat ein Recht des Ausnahme-

---

[9]) Stato di pericolo pubblico e stato di guerra.

[10]) Das Gesetzgebungsmhterial lag bei Abschluß des Manuskriptes noch nicht vor. Der Verfasser war daher, was die Begründung anbelangt, auf einen ausführlichen Bericht der Tribuna vom 9. 11. 26 Nr. 267 über das Gesetz bzw. den Bericht des Ministers des Innern Federzoni in der Unterkommission der Deputiertenkammer am 6. 11. angewiesen. In diesem Bericht heißt es „daß die Artikel 219 bis 224 bezwecken, „zu regeln, von der juristischen Seite aus gesehen, diejenigen Beziehungen zwischen den Bürgern und der Autorität, welche bis jetzt in Italien ohne eine bestimmte Regelung geblieben sind. Es ist versucht worden, auch noch zu verwirklichen in dem Gebiet dieser Beziehungen, welche voraussetzen die Gefahr schwerer öffentlicher Störungen, die Gewißheit der regelnden Norm. Der Entwurf entspricht jenem tiefen Erfordernis der Gesetzmäßigkeit, welche eine Grundlage des faschistischen Staates ist." („Gli articoli 219 a 224 mirano a disciplinare, dal punto di vista giuridico, quei rapporti fra cittadini e autorità che finora, in Italia, sono rimasti senza une precisa regolamentazione. Cercando di attuare anche nel campo di questi rapporti, che presuppongono il pericolo di gravi disordini pubblici, la certezza della norma regolatrice, lo schema risponde a quella erigenza profonda di legalità, che è alla base dello Stato fascista."

zustandes sich im Gegensatz zu den liberalen Tendenzen, die auf die Entstehung der Verfassung vom 4. 3. 1848 eingewirkt haben, entwickelt. Es wäre mit dem Geist der konstitutionellen Theorie nicht in Einklang zu bringen gewesen, wenn in die Verfassung eine Bestimmung aufgenommen worden wäre, durch die dem König ausdrücklich das Recht gegeben worden wäre, außerordentliche Maßnahmen zu treffen und vorübergehend sich über die Verfassung oder die Gesetze hinwegzusetzen. Vielmehr bestimmt Art. 6 nach dem Vorbild von Art. 13 der Charte constitutionelle française vom 14. 8. 1830 über die Ausführung der Gesetze, „der König ernennt die Inhaber aller Staatsämter und erläßt die Verordnungen und Anweisungen, die notwendig sind für die Ausführung der Gesetze, ohne ihre Befolgung aufzuheben oder davon zu entbinden"[11]). Aus dieser Bestimmung ist vielfach geschlossen worden, daß dem König sowohl das Recht, Notverordnungen zu erlassen, wie den Ausnahmezustand zu verhängen, versagt sei.

In der italienischen Staatspraxis ist in Zeiten der Gefahr für den Staat wiederholt der Belagerungszustand im Frieden durch Kgl. Dekret erklärt worden.

Geriet aber der Staat in Gefahr, und diesen Zustand hat man seit dem Vorhandensein der Verfassung mehrmals angenommen, so hat keine Regierung gezögert, alle zur Beseitigung der Gefahr ihr notwendig erscheinenden Maßnahmen zu treffen, ohne in der Verfassung eine Schranke ihr gezogen zu sehen, und zwar indem sie sich der Form der Erklärung des Belagerungszustandes durch Kgl. Dekret bedient hat. Auch dieser Belagerungszustand im Frieden ist gesetzlich nicht geregelt. Zwar enthält das Militärstrafgesetzbuch vom 28. 11. 1869 im 2. Buche Bestimmungen über den Belagerungszustand[12]), abweichend vom früheren sardinischen Militärstrafgesetzbuch, aber nur für die befestigten Plätze und den von einem Angriff oder einem Einfall bedrohten Teil des Staatsgebiets. Das Recht zur Verhängung dieses Belagerungszustandes wurde aus Artikel 5 der Verfassung: „Der König befehligt alle Land- und Seestreitkräfte; er erklärt den Krieg . . ." [13]) hergeleitet.

---

[11]) Il re nomina a tutte le cariche dello stato e fa i decreti e i regolamenti necessari per la esecuzione delle leggi senza sospenderne l'osservanza o dispensarne.

[12]) Artikel 243 und 246.

[13]) commanda tutte le forze di terra e di mare; dichiara la guerra.

Die Bestimmungen des Militärstrafgesetzbuches vom 28. 11. 1869 über den Belagerungszustand im Krieg wurden analog auf den Belagerungszustand im Frieden angewendet.

Der Fall der Verhängung von Maßnahmen zur Abwehr von Gefahren für den Staat im Frieden war in dem Militärstrafgesetzbuch nicht vorgesehen. Die Regierung war daher bezüglich der Gestaltung des Ausnahmezustandes im Frieden, wenn sie sich überhaupt ihn zu verhängen für befugt hielt, vollkommen frei. Wurde die bewaffnete Macht eingesetzt, so wendeten die Militärbefehlshaber die Bestimmungen des Militärstrafgesetzbuches für den Belagerungszustand im Kriege analog auf den Belagerungszustand im Frieden an.

Was die Frage der Rechtsgültigkeit der Verhängung des Ausnahmezustandes im Frieden anbelangt, so ist diese wiederholt im Parlament und in der italienischen Literatur erörtert worden.

Die Rechtsgültigkeit der Verhängung des Ausnahmezustandes im Frieden durch Kgl. Dekret ist in Parlament und Literatur sehr umstritten.

Für die Auffassung der Regierung sind besonders charakteristisch die Ausführungen des Ministers des Innern Pinelli, die er aus Anlaß einer Interpellation der Regierung durch den Senator de Fornari über die erste Anwendung des Ausnahmezustandes nach der Einführung einer Verfassung bei einem Aufstandsversuch in Genua im Jahre 1849 gemacht hat [14]). Der Minister hat damals darauf hingewiesen, daß, „wenn in unserer Gesetzgebung ein Gesetz bestünde, welches den Belagerungszustand regelte, diese Maßnahme ergriffen werden würde regelmäßig unter den Umständen, die durch dieses Gesetz vorgesehen sein würden. Aber da es kein geschriebenes Gesetz über diesen Gegenstand gibt, kann der Belagerungszustand verhängt werden nur im Namen eines allen positiven Gesetzen überlegenen Grundsatzes, welcher der der Notwendigkeit und des öffentlichen Wohles ist". Später ist vielfach versucht worden, das Recht zur Erklärung des Belagerungszustandes im Frieden mit nicht überzeugender Begründung unmittelbar aus Art. 5, der das Kriegserklärungsrecht des Königs enthält, und den Vorschriften des Militärstrafgesetzbuches über den Belagerungszustand abzuleiten. So hat der Ministerpräsident Crispi in der Kammer am 28. 2. 1894 [15]) ge-

[14]) Atti del Parlamento. Cam. del Senato, Sitzungsbericht vom 31. 8. 1849, S. 32.

[15]) Atti del Parlamento, Cam. dei Deput. Leg. XVIII, Sess. I, 1892—94 Disc. S. 6783 ff.

sagt: „Der König, der durch Artikel 5 des Grundgesetzes das Recht über Krieg und Frieden hat, ist zur Verteidigung der Nation nach innen wie nach außen verpflichtet ... Und Krieg ist auch der Bürgerkrieg."

In der Literatur sind die Meinungen sehr auseinandergegangen. Ein nicht unerheblicher Teil der italienischen Staatsrechtslehrer bestreitet unter Berufung auf das Verbot des Art. 6 der Verfassung dem König das Recht, im Frieden den Ausnahmezustand zu verhängen [16]), so Rossi, Morelli, Racioppi, Gambrini, Codacci-Pisanelli, Cammeo, Lombardo-Pellegrino, während andere der Auffassung der Regierung zuneigen [17]), so Vacchelli, Maiorana, Raneletti, neuerdings auch Saltelli, wenn auch mit verschiedener Begründung. Wieder andere verlangen dringend wegen des Fehlens gesetzlicher Bestimmungen eine gesetzliche Neuregelung des Ausnahmezustandes. Unter den zuletzt genannten Schriftstellern ist insbesondere Contuzzi zu nennen, der ein Gesetz über den Belagerungszustand gefordert hat, um „die Ausübung der außerordentlichen Regierungsbefugnis zur Verhängung des Belagerungszustandes mit der Achtung vor den öffentlichen Freiheitsrechten in Einklang zu bringen [18]). Denn im Notfalle werde doch immer der Belagerungszustand verhängt werden, ob nun ein Gesetz vorhanden sei oder nicht; und da die Dinge nun einmal so liegen, so ist eine von der Verfassung oder vom Gesetz organisierte Diktatur einer improvisierten Diktatur vorzuziehen." Seine Ausführungen sind deswegen besonders hervorzuheben, weil er trotz der Forderung einer gesetzlichen Neuregelung ein Recht der Regierung zur Verhängung des Ausnahmezustandes anerkennt. Er führt folgendes aus [19]): „es ist richtig, daß Artikel 6 des Grundgesetzes den Inhabern der ausführenden Gewalt es untersagt, die Befolgung der Gesetze aufzuheben, ein Verbot, das selbst in Ermangelung eines formellen Textes, auch das Verbot enthält, die Verfassung aufzuheben, denn die Verfassung ist das Grundgesetz, das Gesetz der Gesetze. In der Tat nur in diesen Grenzen bereitet die ausführende Gewalt die Verordnungen und Anweisungen vor. Indessen können übermächtige Umstände die öffentliche Ordnung in den Zustand von Gefahr bringen und die Regierung in die harte

---

[16]) Vgl. bes. Siotto-Pintor und die dort zitierten Autoren.

[17]) Eine Übersicht der verschiedenen Meinungen der italienischen Theoretiker bei R a n e l l e t t i , La Polizia di sicurezza, S. 1164—1177.

[18]) Trattato di diritto costituzionale. Torino 1895. S. 771—772.

[19]) L'Etat de Siège d'après le droit public italien in Revue du droit public et de la science politique en France et à l'étranger. Tome I, p. 444.

[20]) Die Sperrung ist von Contuzzi.

Notwendigkeit versetzen, mit Dringlichkeit die Ausführung eines Gesetzes oder eines Artikels der Verfassung einstweilen aufzuheben. In einem solchen Fall kann und muß die Regierung handeln, aus dem einzigen Grunde, weil es die Regierung ist[20]). Wenn es keine Dringlichkeit hat, kann das Ministerium das Parlament befragen und von ihm, dank neuer Gesetze die außerordentlichen Vollmachten verlangen, welche die Lage des Landes fordert. Wenn dagegen die Regierung nicht die Zeit hat, sich an die Kammern zu wenden, wird sie die Verantwortung für ihre Maßnahmen auf sich nehmen, wird die Ausführung des Gesetzes oder der Verfassung einstweilen aufheben und mit dem kürzesten Aufschub die Frage vor das Parlament bringen, um ein Indemnitätsgesetz zu erlangen. Das ist die Lehre, die uns auferlegt scheint durch die strengen Grundsätze des Repräsentativsystems."

Trotz der Kritik in Literatur und Parlament hat die Regierung bis auf Mussolini an der Verhängung des Ausnahmezustandes durch Kgl. Dekret ohne gesetzliche Grundlage festgehalten.

Trotzdem die Regierung sich mit einem erheblichen Teil der wissenschaftlichen Lehre im Widerspruch befunden hat und auch im Parlament ihr in verschiedenen Fällen der Vorwurf gemacht worden ist, sie habe ungesetzlich gehandelt, insbesondere, wenn gegen Verfassungsbestimmungen verstoßen wurde, hat die Kritik des Ausnahmezustandes keine Regierung veranlaßt, eine wesentliche Änderung in bezug auf die Praxis der Verhängung des Ausnahmezustandes im Frieden eintreten zu lassen. Erst Mussolini scheint Italien eine gesetzliche Regelung des Ausnahmezustandes gebracht zu haben. Allerdings hat auch die Kritik der Regierungspraxis nie zu mehr als einem Tadelsvotum der Kammern geführt. Vielfach ist ein Vertrauensvotum die Folge gewesen, in keinem Fall ist das Kabinett unmittelbar über die Kritik des Ausnahmezustandes zu Fall gekommen. In der Regel ist eine Indemnität nicht nachgesucht worden[21]). Die Kontrolle des Parlaments ist höchstens eine poli-

[21]) In den ersten Jahren nach Einführung der Verfassung ist die Stellung der Regierung in dieser Frage nicht ganz zweifelsfrei. Vgl. darüber Gmelin a. a. O. S. 162, 163. Seit Crispi ist es ganz klar, daß die Regierung auf dem Standpunkt steht, ein Indemnitätsgesetz nicht nötig zu haben. Vgl. Gmelin, S. 163—165. Nach dem Sturz Crispis fühlt sich die Regierung zunächst nicht ganz sicher. Die Ministerpräsidenten Di Rudini und Pelloux machten 1898 den Versuch, zugleich mit einem Ausnahmegesetz eine Art von Indemnität zu erlangen. Dieses Gesetz blieb aber nur vom 17. 7. 1898 bis zum 30. Juni 1899 in Kraft. Vgl. Gmelin, a. a. O. S. 165—167, und Siotto-Pintor in das öffentliche

tische, nicht verschieden von der Kontrolle, die es überhaupt gegenüber Regierungsakten ausüben kann, gewesen.

Bis zum Jahre 1894 ist auch kein ernsthafter Versuch gemacht worden, den Ausnahmezustand gesetzlich zu regeln. Im Jahre 1894 wurde von Crispi dem Senate ein Entwurf vorgelegt, der das Militärstrafgesetzbuch dahin ergänzen sollte, daß der Belagerungszustand auch „im Falle eines Aufstandes oder unmittelbarer Gefahr für den öffentlichen Frieden" erklärt werden könne" [22]).

Die Absicht war, das auch von Crispi bereits als bestehend angesehene, aber eine Regelung im geschriebenen Gesetz entbehrende Recht, den Ausnahmezustand im Frieden zu verhängen, durch Gesetz zu sanktionieren. „Der Artikel bedeutet nicht sowohl die Einräumung eines neuen Rechtes als die ausdrückliche Anerkennung eines vor jedem Gesetz und Grundgesetz schon vorhandenen Rechts"[23]). Aber dieser Entwurf wurde von der Kammer nicht angenommen. Auch ein im Jahre 1898 abgegebenes Versprechen des Ministerpräsidenten Di Rudini „einen Gesetzentwurf über die Erklärung des Belagerungszustandes zum Schutze der öffentlichen Ordnung" vorzulegen [24]), kam nicht über das Stadium von Beratungen in Kommission und Plenum heraus. Daß die Angelegenheit seitdem nicht weitergekommen ist, ist, wie Gmelin [25]) behauptet, darauf zurückzuführen, daß von seiten der Theorie, soweit sie für die Prärogative der Kammer ist, „die Erklärung des Belagerungszustandes

---

Recht der Gegenwart, Jahrbuch 1906. Die Regierung Giolitti kehrte zu der Crispischen Praxis zurück. Die von ihr erlassenen Dekrete, durch die im Jahre 1909 die Verhängung des Belagerungszustandes in den durch das Erdbeben von Messina verwüsteten Ortschaften erfolgte, wurden dem Parlament zur Umwandlung in Gesetze nicht vorgelegt, auch keine Indemnitätsbill eingebracht. Vgl. Siotto-Pintor, in das öffentliche Recht der Gegenwart, Jahrbuch 1910. Die Verhängung des Belagerungszustandes im Jahre 1909 ist die letzte gewesen, die stattgefunden hat. Kurz vor der Eroberung Roms durch Mussolini am 28. 10. 1922 erschien ein Aufruf der Regierung Facta, die am 27. abgedankt hatte, der die Verhängung des Belagerungszustandes im ganzen Königreich zur Bekämpfung „aufrührerischer Scharen" bekanntmachte. Dieses Dekret war aber durch die Regierung bekannt gemacht worden, ohne daß es die Unterschrift des Königs erhalten hatte. Vgl. Siotto-Pintor, in das öffentliche Recht der Gegenwart, Jahrbuch 1923/24, S. 253.

[22]) Atti del Parlamento Cam. del Senato, Leg. XVIII, Sess. I., 1892—94 Disc. S. 2639 ff.

[23]) So die Erklärung des Justizministers in der Kammer. Vgl. Atti del Parlamento Cam. dei Dep. Leg. XVIII, Sess. I., 1892—94, Disc. Sitzung vom 28. 2. 1894, S. 6790 ff.

[24]) Cam. dei Dep., Leg. XX. Sess. I, 1897—1898, Atti stamp. Vol. VI n. 296.

[25]) a. a. O. S. 150.

durch die Regierung nach wie vor als ein Rechtsbruch erscheinen soll, für den das Ministerium die volle Verantwortung trägt", während von seiten der Verteidiger der Regierungskompetenz das Fehlen einer gesetzlichen Fixierung begrüßt wird, damit „die Regierung nach freiem Ermessen handeln kann und nicht in gewissen Fällen gezwungen wird, die Garantien zu suspendieren" [26]. Trotzdem sagt Gmelin, wohl mit Recht [27], daß die Zulässigkeit des Belagerungszustandes im Frieden heute kaum mehr ernstlich bestritten wird.

Der Kassationshof hat die Auffassung der Regierung gestützt.

Auch die Gerichte haben in verschiedenen Entscheidungen die Auffassung der Regierungspraxis gestützt. Besonders bemerkenswert ist eine Entscheidung des Kassationshofes vom 19. 3. 1894 [28]. „Man könne nicht sagen, daß die Proklamation des Belagerungszustandes dem Grundgesetz zuwider sei, da vom Grundgesetz weder ausdrücklich noch stillschweigend der vollziehenden Gewalt unbedingt verboten wurde, in Fällen dringender Notwendigkeit solche schon vorhandenen Staatsgesetze [29], in denen Ausnahmefälle vorausgesehen sind, freilich unter der Verantwortung der Minister auf gewisse Personen auszudehnen, die sich in ähnlicher Lage befinden, wie sie von dem vorhandenen Gesetz vorgesehen ist." Diese Ansicht ist dann auch vom Kassationshof in späteren Jahren entgegen sehr heftigen Angriffen in der Literatur in verschiedenen Entscheidungen behauptet worden [30]. Dagegen soll der Rechnungshof, dem die Registrierung aller Verordnungen obliegt, diese in einzelnen Fällen der Anordnung des Belagerungszustandes nur mit Vorbehalt vorgenommen haben [31].

---

[26]) a. a. O. S. 151.

[27]) a. a. O. S. 153.

[28]) Giurisprudenza it. 1894 II. S. 134—138.

[29]) Gemeint ist das Militärstrafgesetzbuch.

[30]) Zu vgl. Die Urteile des Kassationshofes in Rom vom 19. 3. und 25. 4. 1894 und vom 11. 7. 1894. (In dem zuletzt zitierten Urteil entschied sogar der Kassationshof, daß der richterlichen Behörde die Befugnis nicht zustehe, über die Gesetzmäßigkeit solcher Maßnahmen der Regierung zu urteilen.) Ferner vom 18.—22., 19.—22., und 25. 8. und 17. 9. 1898, vom 24. 5.—15. 6. und 13. 8. 1909 (am 22. 6. 1909 hat übrigens der Kassationshof die Zuständigkeit der richterlichen Gewalt zur Beurteilung der Gültigkeit der königl. Verordnungen mit Gesetzeskraft zugegeben).

[31]) Siotto-Pintor, Die bemerkenswertesten Wandlungen und Ereignisse des Verfassungsrechtslebens in Italien in den letzten 15 Jahren (1893—1907 in: Das öffentliche Recht der Gegenwart, Jahrbuch 1906).

Die Voraussetzungen für die Erklärung des Belagerungszustandes.

Die Voraussetzungen für die Erklärung des Belagerungszustandes im Frieden sind in Italien sehr verschiedene gewesen. So ist im Jahre 1849 der Belagerungszustand über Genua verhängt worden, als dort ein offener Aufruhr ausgebrochen, der Kommandant von Genua gefangen genommen und die Gemeindebehörden abgesetzt worden waren. Im Jahre 1852 wurde der Belagerungszustand über Sardinien verhängt, als dort infolge Unzufriedenheit der Bewohner mit ihrer wirtschaftlichen Lage es zu einem Aufruhr und zu Zusammenstößen zwischen Militär und Bürgerwehr gekommen war. Auch bei der Verhängung des Belagerungszustandes in Sizilien im Jahre 1894 war ein Aufruhr vorausgegangen, der sich in Angriffen auf die Zollbureaus, Rathäuser, Steuerämter, Verkehrsanstalten, Kasernen geäußert hat. Nicht Gewaltakte gegen Behörden, sondern Angriffe auf Läden infolge von Brotverteuerung, Plünderungen von Landhäusern und andere Eigentumsverletzungen waren der Verhängung des Belagerungszustandes über beinahe ganz Italien im Jahre 1898 vorausgegangen. Ähnliche Voraussetzungen lagen für die Verhängung des Belagerungszustandes in den durch das Erdbeben von Messina verwüsteten Ortschaften im Jahre 1909 vor. Es ist ferner darauf hinzuweisen, daß der Belagerungszustand in Italien sowohl als Repressiv- wie als Präventivmaßnahme angewendet worden ist.

Die Folge davon, daß es ein geschriebenes Gesetz zur Regelung des Ausnahmezustandes im Frieden nicht gab, war, daß die Maßnahmen, die zu seiner Durchführung getroffen worden sind, sehr verschiedener Art waren, wie sich zum Teil aus der Verschiedenheit der Anlässe ergab [32]).

Verfassungsbestimmungen sind nicht ausdrücklich außer Kraft gesetzt, wohl aber ist in vielen Fällen gegen sie verstoßen worden.

Zwar sind Verfassungsbestimmungen nicht ausdrücklich außer Kraft gesetzt, wohl aber ist in vielen Fällen gegen sie verstoßen worden und zwar sowohl gegen die die Freiheit der Person wie die die Versammlungs- und Pressefreiheit schützenden Bestimmungen als auch gegen das Verbot, den Bürger seinem ordentlichen Richter zu entziehen. Es haben ferner erhebliche Eingriffe in die Selbst-

---

[32]) Über die Anwendung des Belagerungszustandes vgl. Contuzzi, L'Etat de siège, a. a. O. S. 444—465. Siotto-Pintor, in den Abhandlungen im Jahrbuch und Gmelin a. a. O. S. 161—211.

verwaltung stattgefunden [33]). In einem Fall ist sogar in das Zivilrecht eingegriffen worden [34]). Sogar die Immunität der Abgeordneten ist in einzelnen Fällen unter der Herrschaft des Belagerungszustandes angetastet worden [35]).

Die Form der Verkündigung des Belagerungszustandes.

Auch die Form, in der der Belagerungszustand verkündet worden ist, ist bisher verschieden gewesen. In jedem Falle ist die Grundlage ein königliches Dekret gewesen. In der ersten Zeit wurde dieses auf Vorschlag des Ministerpräsidenten und des Ministers des Innern, die auch in der Verkündigungsformel genannt wurden, erlassen, wenn es sich um rein militärische Maßnahmen handelte, auf Vorschlag des Kriegsministers, und von den mitwirkenden Ministern gegengezeichnet. Immer wurde darauf hingewiesen, daß der Ministerrat sich mit dem Dekret befaßt hat. Später, jedenfalls nachdem das parlamentarische System sich in Italien durchgesetzt hatte, erfolgte die Unterzeichnung durch sämtliche Minister. Beachtenswert erscheint, daß in dem Dekret in allen Fällen und bewußt nicht die sonst bei Verordnungen, auch bei Notverordnungen übliche Formel „abbiamo decretato e decretiamo", sondern „abbiamo ordinato ed ordiniamo" gebraucht worden ist. Es wird in Italien zwischen Verordnungen, auch Notverordnungen, und Anordnungen, die sich auf den Belagerungszustand beziehen, streng unterschieden [36]). Veröffentlicht wird das Dekret in der Raccolta ufficiale und in der Gazzetta ufficiale, auch wenn der Belagerungszustand nur für einzelne Teile des Staatsgebiets verhängt wird. Die Rechtswirksamkeit kann schon früher durch Kundmachung in den Bezirken, auf die es sich bezieht, eintreten [37]).

---

[33]) Vgl. die Fälle bei Gmelin a. a. O. S. 202.

[34]) Durch eine Verordnung eines für Sizilien eingesetzten außerordentlichen Kommissars vom 7. 1. 1894 wurde für 2 Monate ein Aufschub der Fälligkeitstermine zugelassen. Vgl. Contuzzi, L'Etat de siège d'après le droit public italien in Revue de droit public et de la science politique en France et à l'Etranger 1894, Tome I p. 464.

[35]) Vgl. darüber Gmelin a. a. O. S. 202—206.

[36]) Vgl. Gmelin a. a. O. S. 177, der die Erklärung des Belagerungszustandes im Frieden nicht als Ausübung der Verordnungsgewalt, sondern der militärischen Befehlsgewalt betrachtet. Vgl. ferner P. Chimierti, Manuale di Diritto costituzionale. II. Volume 1919, S. 420, der in dem Belagerungszustand ein besonderes Institut der Militärpolizei (Instituto d'assedio di polizia militare) erblickt.

[37]) Vgl. Gmelin, a. a. O. S. 177.

Der außerordentliche Kommissar. Verhältnis von Militär und Zivilbehörden zueinander.

Die Erklärung des Belagerungszustandes erfolgte entweder durch das Dekret selbst, worauf dann weiter die Einsetzung eines außerordentlichen Kommissars angeordnet wurde, oder dieses enthielt nur die Einsetzung des außerordentlichen Kommissars. Dann erfolgte die Erklärung des Belagerungszustandes durch den Kommissar.

Zu Kommissaren wurden in einzelnen Fällen Generäle, in anderen Fällen Präfekten ernannt. Im letzteren Falle wurde das Militär dem Präfekten unterstellt, im ersteren Falle meist die Zivilbehörden dem Militärbefehlshaber. Einzelne Artikel des Militärstrafgesetzbuchs, so die Artikel 251 und 546 wurden für das in Belagerungszustand gesetzte Gebiet auch für die Zivilbevölkerung in Kraft gesetzt. Auch stand dem Kommissar ein generelles Notverordnungsrecht zu.

Die Tätigkeit von Militärgerichten während des Belagerungszustandes.

Meist wurde die Aburteilung von Verbrechen gegen die Sicherheit des Staates und von Übertretungen gegen die auf die Entwaffnung sich beziehenden Bestimmungen des Dekrets den Kriegsgerichten übertragen, bzw. besondere Militärgerichte für diesen Zweck eingesetzt. Hiergegen hat besonders die der Regierungsauffassung widersprechende, aber auch die ihr sonst freundliche Literatur und die Opposition der Kammer sich gewendet. Sie hat darauf hingewiesen, daß durch diese Maßregel gegen die Art. 70 und 71 des Grundgesetzes verstoßen würde, in denen bestimmt ist, daß „die Gerichtsorganisation nur durch Gesetz geändert werden kann", „daß niemand seinen natürlichen Richtern entzogen werden darf" und daß „keine außerordentlichen Gerichte geschaffen werden dürfen" [38]). Demgegenüber hat die Regierung den Standpunkt eingenommen, eine Verletzung insbesondere des Artikels 71 des Grundgesetzes komme nicht in Frage. Crispi hat auf einen Angriff in der Kammer zu diesem Punkte am 28. 2. 1894 folgendes ausgeführt [39]): „Man sagt, Ihr habt den Artikel 71 des Grundgesetzes verletzt. Das ist aber durchaus nicht der Fall. Der

---

[38]) Art. 70, 2: Non si potrà derogare all'organizzazione giudiziaria se non in forza di una legge; Art. 71: Niuno può essere distolto dai suoi giudia naturalia. Non potranno perciò essere creati tribunali o commissioni straordinarie.

[39]) Atti del Parl. Cam. dei Dep., Leg. XVIII, Sess. I, 1892—94. Disc. Sitzung v. 24. 2. S. 6783 ff.

Artikel 71 wurde ebensowenig verletzt, wie im Jahre 1866, als General Cadorna nach der Verhängung des Belagerungszustandes auch Militärgerichte einsetzte, gemäß dem Militärstrafgesetzbuch. Man bemerke weiter, Artikel 71 verlange, daß die Bürger von ihren natürlichen Richtern verurteilt werden. Die Bezeichnung „natürliche" wie sie mehr als einmal von den Juristen und den Gerichten ausgelegt worden ist, hat folgende Bedeutung, „daß die Bürger durch die vom Gesetz bezeichneten Richter abgeurteilt werden müssen. . . ." Wenn nun die beiden außerordentlichen Kommissare Gerichte geschaffen hätten, die von den im Militärstrafgesetzbuch festgelegten verschieden gewesen wären, dann wäret Ihr im Recht. Aber sie haben ja nur das Gesetz ausgeführt, also ist der Artikel 71 nicht im mindesten angetastet worden." Dieser Auffassung hat sich entsprechend seiner Haltung in der Frage der Zulässigkeit der Verhängung des Ausnahmezustandes überhaupt der Kassationshof angeschlossen [40]).

Was nun die Zuständigkeit der Militärgerichte im Frieden anbelangt [41]), so haben diese nur über strafbare Handlungen zu entscheiden, die ihnen durch Verordnung des Kommissars überwiesen werden, und zwar muß diese Überweisung immer generell erfolgen. Im einzelnen können sowohl den Kriegsgerichten Vergehen aus dem Strafgesetzbuch zur Aburteilung übertragen, wie auch die Zuständigkeit der Kriegsgerichte nach dem Militärstrafgesetzbuch bestimmt, wie auch Zuwiderhandlungen gegen die Verordnung des außerordentlichen Kommissars den Kriegsgerichten zur Entscheidung zugewiesen werden. Rechtsmittel gegen die Entscheidungen der Militärgerichte sind nicht gegeben.

Es besteht lediglich eine politische Kontrolle des Ausnahmezustandes durch das Parlament. Auch auf die Aufhebung hat das Parlament keinen Einfluß.

Was die Kontrolle und Überprüfung der Diktaturmaßnahmen anbelangt, so ist bereits darauf hingewiesen worden, daß lediglich eine politische Kontrolle des Parlaments besteht, die sich in nichts unterscheidet von der Kontrolle, die es überhaupt gegenüber Regierungsakten hat. Die Regierung hat in wiederholter Praxis auch während der Tagung des Parlaments den Belagerungszustand verhängt, allerdings nicht ohne sich damit in Gegensatz zu einem Teil der Theorie zu setzen. Irgendwelche Befugnisse hat das Parlament in bezug auf den Ausnahmezustand überhaupt nicht. Es kann auch

[40]) Vgl. das Urteil vom 25. 8. 1898. Giur. it. 1898 II., S. 284—88.

[41]) Vgl. Gmelin, a. a. O. S. 193—195.

nicht die Aufhebung des Belagerungszustandes beschließen. Diese erfolgt entweder durch Ablauf der in dem Dekret, das die Verhängung des Belagerungszustandes angeordnet hat, gesetzten Frist oder er wird ausdrücklich von dem König durch Dekret wieder aufgehoben [42]. Auch auf die Aufhebung des Belagerungszustandes hat das Parlament nicht den geringsten Einfluß. Der Belagerungszustand hat wiederholt während der Tagung des Parlaments fortgedauert. Mit der Aufhebung erlöschen nach italienischer Praxis auch alle während seiner Dauer erlassenen Verordnungen und sonstigen Wirkungen. Die vor den Militärgerichten schwebenden Verfahren werden an die ordentlichen Gerichte abgegeben.

Das Gesetz vom 6. 11. 1926.

Das neue Gesetz vom 6. 11. 1926 beseitigt den Zustand der reinen Staatspraxis auf dem Gebiet des Ausnahmezustandes in Italien, der seit dem Bestehen der Verfassung gegolten hat und setzt an seine Stelle eine gesetzliche Regelung, die von den früheren Regierungen entweder nicht erstrebt worden ist oder von ihnen nicht durchgeführt werden konnte. Es könnte bei den meist außerhalb Italiens herrschenden Anschauungen über den Faschismus Verwunderung hervorrufen, daß gerade die faschistische Regierung das Bedürfnis zu einer gesetzlichen Regelung empfunden hat. Tatsächlich passen die Bestimmungen des Gesetzes vom 6. 11. 1926 sehr gut hinein in den bisherigen Rahmen der Mussolinischen Regierungspolitik, die im Einklang mit der faschistischen Theorie großen Wert darauf legt, rechtsförmig zu regieren.

Statt des Begriffs Belagerungszustand kennt das neue Gesetz die Begriffe „Zustand der öffentlichen Gefahr" und „Kriegszustand".

Auffallend ist, daß in dem Gesetz der Begriff Belagerungszustand nicht gebraucht wird und daß der Begriff Kriegszustand eine ganz neue Bedeutung erhält. Im Falle der Gefahr von Unruhen kann nämlich entweder „der Zustand der öffentlichen Gefahr" [43] oder „der Zustand des Krieges" [44] erklärt werden.

Die Voraussetzungen für die Erklärung des Zustandes der öffentlichen Gefahr.

Voraussetzung für die Erklärung des Zustandes der öffentlichen Gefahr ist, daß die Gefahr von Unruhen besteht. In diesem Falle

[42] Vgl. die Fälle bei Contuzzi, l'Etat de siège a. a. O.
[43] „stato di pericolo pubblico" Art. 219.
[44] „stato di guerra" Art. 223.

ist nicht etwa der König, sondern sind der Minister des Innern, mit Zustimmung des Hauptes der Regierung [45]), das ist der Ministerpräsident, oder im Wege der Delegation die Präfekten berechtigt, durch Dekret den Zustand der öffentlichen Gefahr zu erklären [46]). Zu dieser Bestimmung tritt ergänzend eine andere Bestimmung hinzu, auf Grund welcher der Präfekt im Falle von Dringlichkeit oder schwerer öffentlicher Notwendigkeit das Recht hat, unaufschiebbare Vorkehrungen für den Schutz der Ordnung und der öffentlichen Sicherheit zu treffen [47]). Hier handelt es sich aber nur um vorübergehende Maßnahmen.

Während des Ausnahmezustandes können die Behörden sich über Verfassungsbestimmungen hinwegsetzen.

Die Erklärung des Zustandes der öffentlichen Gefahr hat zur Folge, daß die Behörden sich über wichtige Verfassungsbestimmungen hinwegsetzen können. So hat die für die öffentliche Sicherheit in der Provinz und der Umgebung zuständige Behörde, das Recht anzuordnen, jede Person festzunehmen und gefangen zu halten, wenn sie es für die Wiederherstellung und die Bewahrung der Ordnung für notwendig hält [48]). Außerdem hat der Minister des Innern noch das Recht, wenn die Erklärung des Zustandes der öffentlichen Gefahr sich auf das ganze Territorium des Reiches bezieht, Ordonnanzen zu erlassen, die Normen des Bürgerlichen Rechts abändern, die wie auch immer auf die öffentliche Ordnung und die öffentliche Sicherheit sich beziehen. Weiter ist bestimmt, daß die diesen Ordonnanzen Zuwiderhandelnden verhaftet werden, und mit Haft nicht unter einem Jahr bestraft werden können, es sei denn, daß für die einzelnen Fälle noch schärfere Strafen von den Gesetzen vorgesehen sind. Mit denselben Strafen können diejenigen bestraft werden, die den Ordonnanzen zuwiderhandeln, welche vom Präfekten auf Grund der ihm verliehenen vorher erwähnten Befugnis, vorübergehende Maßnahmen zu treffen, erlassen worden sind, wenn diese Ordonnanzen während des Zustandes der erklärten öffentlichen Gefahr erlassen worden sind [49]).

Die Voraussetzungen für die Erklärung des Kriegszustandes.
Erklärung durch den Minister des Innern mit Zustimmung des Hauptes der Regierung.

Die Erklärung des Kriegszustandes setzt nicht voraus, daß die Gefahr kriegerischer Verwicklungen für das Land besteht, sondern

[45]) „Capo del governo". [46]) Art. 219. [47]) Art. 2.
[48]) Art. 220. [49]) Art. 221.

der Kriegszustand kann erklärt werden, wenn es nötig ist, der Militärbehörde den Schutz der öffentlichen Ordnung anzuvertrauen [50]. Auch in diesem Falle sind der Minister des Innern, mit Zustimmung des Hauptes der Regierung oder im Wege der Delegation die Präfekten für die Erklärung des Kriegszustandes durch Dekret zuständig [51].

Der Kriegszustand ist ein verschärfter Zustand der öffentlichen Gefahr.

Der Kriegszustand ist ein verschärfter Zustand der öffentlichen Gefahr. Es finden zunächst auf ihn alle die vorher erwähnten für den Zustand der öffentlichen Gefahr erlassenen Bestimmungen Anwendung. Die Befugnis, Ordonnanzen zu erlassen, steht im Falle des Kriegszustandes den Behörden zu, die das Kommando der militärischen Kräfte haben [52]. Wer diese Ordonnanzen übertritt, wird mit den gleichen Strafen bestraft, die für die Übertretung von Ordonnanzen während des Zustandes der öffentlichen Gefahr festgesetzt sind [53].

Das Verhältnis von Militär und Zivilgewalt während des Kriegszustandes.

Während des erklärten Kriegszustandes fahren die Zivilbehörden fort zu fungieren in allen Angelegenheiten, die sich nicht auf die öffentliche Ordnung beziehen. Für alles, was die öffentliche Ordnung angeht, üben die Zivilbehörden die Befugnisse aus, die die Militärbehörde sich vorbehält, auf sie zu delegieren [54].

Die Zuständigkeit der Militärgerichte während des Kriegszustandes.

Während des Kriegszustandes wird dann ferner auch die Zuständigkeit der Militärgerichte für die Aburteilung von Zivilpersonen begründet. Während des erklärten Kriegszustandes werden nämlich von den Militärgerichten abgeurteilt diejenigen Personen, die beschuldigt sind, Delikte gegen die Staatspersönlichkeit, die öffentliche Verwaltung, die öffentliche Ordnung, gegen Personen oder gegen das Eigentum begangen zu haben, wenn die Delikte selbst während des erklärten Kriegszustandes oder des Zustandes der öffentlichen Gefahr, der ihm vorhergegangen ist, begangen worden sind [55].

---

[50] Art. 222 Abs. 1.
[51] Art. 222 Abs. 1.
[52] Art. 222 Abs. 2.
[53] Art. 222 Abs. 3.
[54] Art. 223.
[55] Art. 224.

Zusammenfassend ist zu sagen, daß in dem Gesetz vom 6. 11. 1926 im wesentlichen in Gesetzesform gebracht worden ist, was seit Jahrzehnten in Italien auf dem Gebiet des Ausnahmezustandes Staatspraxis gewesen ist. Neu ist die Unterscheidung von zwei Arten des Ausnahmezustandes, von denen der eine eine Verschärfung des anderen bedeutet. Auffallend ist, daß der Ausnahmezustand nicht mehr durch den König erklärt wird. Es ist dies nicht allein daraus zu erklären, daß diese Materie, nachdem sie eine gesetzliche Regelung erfahren hat, nicht mehr zur Prärogative des Königs gehört, ist doch auch bei der gesetzlichen Regelung des Notverordnungsrechts durch das Gesetz vom 31. 1. 1926 an dem Verordnungsrecht des Königs festgehalten worden. Außer Zweifel ist es wohl nach dem Gesetz vom 6. 11. 1926, daß die Trennung von Notverordnungsrecht und Recht des Ausnahmezustandes in Italien aufrecht gehalten werden soll. Es ist in diesem Gesetz nicht davon die Rede, daß der Zustand der öffentlichen Gefahr oder der Kriegszustand durch Notverordnung geregelt werden kann. Vor allem ist eine Vorlage der die beiden Formen des Ausnahmezustandes verhängenden Dekrete vor dem Parlament nicht vorgesehen.

2132.

Regio Decreto 6 novembre 1926, n. 1848.

Approvazione del testo unico delle leggi di pubblica sicurezza. (Pubblicato nella Gazzetta Ufficiale dell' 8 novembre 1926 n. 257.)

Titolo I.

Dei provvedimenti di polizia e della loro esecuzione.

Capo I.

Delle attribuzioni dell' autorità di pubblica sicurezza e dei provvedimenti di urgenza o per grave necessità pubblica.

Art. 2.

Il Prefetto, in caso di urgenza o per grave necessità pubblica, ha facoltà di adottare i provvedimenti indispensabili per la tutela dell'ordine e della sicurezza pubblica.

Contro i provvedimenti del Prefetto gli interessati possono ricorrere al Ministro per l'interno.

Titolo IX.

Capo unico.

Dello stato di pericolo pubblico e dello stato di guerra.

Art. 219.

Nel caso di pericolo di disordini il Ministro per l'interno, con l'assenso del Capo del Governo, o, per delegazione, i Prefetti hanno facoltà di dichiarare, con decreto, lo stato di pericolo pubblico.

Art. 220.

Durante lo stato di pericolo pubblico l'autorità provinciale e circondariale di pubblica sicurezza ha facoltà di ordinare che sia arrestata e detenuta qualsiasi persona ove lo consideri necessario per il ripristino e per la conservazione dell' ordine.

2132.

Königl. Dekret vom 6. Nov. 1926, Nr. 1848.

Zustimmung zu dem alleinigen Text der Gesetze für die öffentliche Sicherheit. (Veröffentlicht in der Gazzetta Ufficiale vom 8. Nov. 1926, Nr. 257.)

Titel I.

Über Anordnungen der Polizei und deren Ausführung.

Kapitel I.

Über Zuständigkeiten der Behörde der öffentlichen Sicherheit und über Maßnahmen im Dringlichkeitsfall oder wegen großer öffentlicher Notwendigkeit.

Art. 2.

Im Dringlichkeitsfall oder wegen großer öffentlicher Notwendigkeit hat der Präfekt die Befugnis, Maßnahmen, die zum Schutz der öffentlichen Ordnung und Sicherheit dringend notwendig sind, zu treffen.

Gegen die Maßnahme des Präfekten können die Betroffenen bei dem Minister des Innern die Beschwerde einlegen.

Titel IX.

Einziges Kapitel.

Über den Zustand der öffentlichen Gefahr und den Kriegszustand.

Art. 219.

Im Falle drohender Unruhen haben der Minister des Innern mit der Zustimmung des Hauptes der Regierung oder im Wege der Delegation die Präfekten die Befugnis, durch Dekret den Zustand der öffentlichen Gefahr zu erklären.

Art. 220.

Während des Zustands der öffentlichen Gefahr hat die Behörde der öffentlichen Sicherheit der Provinz und Umgebung das Recht, jede Person verhaften und festzuhalten, wenn sie dies zur Wiederherstellung und Aufrechterhaltung der Ordnung für nötig erachtet.

Art. 221.

Oltre a quanto è disposto nell' art. 2, qualora la dichiarazione dı pericolo pubblico riguardi l'intero territorio del Regno, il Ministro per l'interno ha facoltà di emanare ordinanze anche in deroga alle norme del diritto comune, sulle materie che abbiano comunque attinenza all' ordine pubblico e alla sicurezza pubblica.

I contravventori alle prescrizioni di dette ordinanze sono arrestati e puniti con l'arresto non inferiore a un anno, salvo le maggiori pene stabilite dalle leggi nei singoli saci.

Con le stesse pene sono puniti coloro che contravvengano alle ordinanze emanate dal Prefetto, in virtù dei poteri conferitigli dall art. 2, quando esse siano emanate durante lo stato di dichiarato pericolo pubblico.

Art. 222.

Ove sia necessario di affidare all' autorità militare la tutela dell' ordine pubblico, il Ministro per l'interno, con l'assenso del Capo del Governo, o, per delegazione, i Prefetti possono dichiarare, con decreto, lo stato di guerra.

Sono applicabili al dichiarato stato di guerra le disposizioni degle articoli precedenti. La facoltà di emanare ordinanze, in tal caso, spetta all' autorità che ha il comando delle forze militari.

Il contravventori sono puniti con le pene stabilite nel primo capoverso dell' articolo precedente.

Art. 223.

Durante il dichiarato stato di guerra le autorità civili continuano a funzionare per tutto quanto non si riferisca all' ordine pubblico.

Per ciò che riguarda l'ordine pubblico le autorità civili esercitano quei poteri che l'autorità militare ritenga di delegare ad esse.

Art. 224.

Durante il dichiarato stato di guerra sono giudicate dai Tribunali militari le persone imputate di delitti contro la personalità dello Stato, la pubblica Amministrazione o l'ordine pubblico, ovvero contro le persone o la proprietà, quando i delitti stessi siano commessi durante il dichiarato stato di guerra o lo stato di pericolo pubblico che lo abbia preceduto.

Art. 221.

Außerdem hat der Minister des Innern, wenn die Erklärung des Zustands der öffentlichen Gefahr sich auf das ganze Gebiet des Reiches erstreckt, noch das Recht, auch im Widerspruch zum gemeinen Recht, über Materien, die irgendwie in Beziehungen zur öffentlichen Ordnung und Sicherheit stehen, Ordonnanzen zu erlassen.

Wer den Vorschriften dieser Ordonnanzen zuwiderhandelt wird verhaftet und mit Haft nicht unter einem Jahr bestraft, es sei denn, daß von den Gesetzen in den Einzelfällen noch härtere Strafen festgesetzt sind.

Mit denselben Strafen werden diejenigen bestraft, die den Ordonnanzen zuwiderhandeln, die vom Präfekten auf Grund der ihm durch Art. 2 übertragenen Befugnis erlassen sind, wenn diese Anordnungen während des erklärten Zustands der öffentlichen Gefahr erlassen worden sind.

Art. 222

Wenn es notwendig ist, der Militärbehörde den Schutz der öffentlichen Ordnung zu übertragen, können der Minister des Innern mit Zustimmung des Hauptes der Regierung oder im Wege der Delegation die Präfekten durch Dekret den Kriegszustand erklären.

Beim erklärten Kriegszustand finden die Bestimmungen der vorgehenden Artikel Anwendung. In diesem Fall gebührt die Befugnis, Anordnungen zu erlassen der Behörde, die das Kommando der militärischen Kräfte hat.

Zuwiderhandelnde werden mit den im ersten Abschnitt des vorgehenden Artikels festgesetzten Strafen belegt.

Art. 223.

Während des erklärten Kriegszustands setzen die Zivilbehörden ihre Tätigkeit fort in allen Angelegenheiten, die sich nicht auf die öffentliche Ordnung beziehen.

In den Angelegenheiten, die die öffentliche Ordnung angehen, üben die Zivilbehörden die Befugnisse aus, die die Militärbehörde für gut hält, ihnen zu übertragen.

Art. 224.

Während des erklärten Kriegszustandes werden die Personen, die der Verbrechen gegen die Staatspersönlichkeit, die öffentliche Verwaltung oder die öffentliche Ordnung oder gegen Personen oder Eigentum beschuldigt sind, von Militärgerichten abgeurteilt, wenn die Verbrechen während des erklärten Kriegszustandes oder des Zustands der öffentlichen Gefahr, der ihm voraufging, begangen worden sind.

Der Ausnahmezustand in England[1]).

Von Karl Heck.

Einleitung.

Das englische Recht und die ihm folgenden angelsächsischen Rechte bilden in den Fragen des Ausnahmezustandes eine besondere Gruppe, die sich von der Gruppe des französischen und der ihm folgenden Rechte scharf unterscheidet. Allerdings hat die Kontinentalisierung Englands in den letzten Jahren unter dem Einfluß des Weltkrieges eine Annäherung an kontinentale Rechtsgedanken zur Folge gehabt.

Ausgangspunkt in der englischen Verfassung ist das Martial Law, die mittelalterliche Lex martialis. Für sie ist charakteristisch, daß sie das Problem der Abwehr außerordentlicher Gefahren für die Verfassung nicht durch eine detaillierte Regelung des Verfahrens, sondern lediglich durch eine Kompetenzbestimmung zu lösen sucht. Während das französische Recht des état de siège die für die Gefahrenabwehr notwendigen Veränderungen in der Struktur des Staates generell durch Zusammenfassung in bestimmte Typen (Kriegszustand, Belagerungszustand) präzisiert, beschränkt sich das Martial Law auf einen generellen Auftrag an die Exekutive, den Frieden und die Verfassung zu schützen.

Die Typisierung der Abwehrmaßnahmen, wie sie das französische Recht im XIX. Jahrhundert entwickelt hat, hat den Vorzug größerer Durchsichtigkeit des Ausnahmezustandes, sie ermöglicht eine gesetzliche Beschränkung der Befugnisse der Ausnahmegewalt unter gleichzeitiger Einfügung von Kontrollinstanzen und scheint damit im Interesse der individuellen Freiheit und der Aufrechterhaltung der Verfassung gegenüber der Diktatur besondere Garantien zu gewähren.

---

[1]) Zitate: Die älteren englischen Entscheidungen werden nach den Namen des Reporters, die jüngeren nach dem entscheidenden Gericht (K. B. = Kings Bench, A. C. = Appeal Cases = House of Lords oder Privy Council) zitiert. Bei Entscheidungen und Zeitschriften (L. Q. = Law Quarterly, Ir. L. T. = Irish Law Times) steht vor dem Namen bzw. Sigel die Bandnummer, bzw. Jahreszahl, dahinter die Seitenzahl.

Allein diese Garantien sind mehr scheinbar als wirklich: sobald die Gefahr einen über das kalkulierbare Maß hinausgehenden Umfang annimmt, versagen die Schranken und Kontrollinstanzen, die in diesem Falle eine Überschreitung nicht verhindern können und nicht verhindern dürfen. Andererseits ist die Typisierung des Ausnahmezustandes nicht unbedenklich, da sie leicht zu einen Überschuß der Ausnahmebefugnisse über das Minimum des sachlich Notwendigen hinaus, zu einer unnützen Schärfe führt. Und schließlich verleitet die Existenz einer Waffe zu ihrer Benutzung: die Typisierung bedeutet eine gewisse Schwächung des Verantwortungsbewußtseins der Ausnahmegewalt. Alle diese Bedenken haben zur Folge gehabt, daß das englische Recht lange von einer genauen Ordnung des ganzen Fragenkomplexes Abstand genommen und sich mit dem primitiven Martial Law begnügt hat. Wir finden diese Einstellung klar ausgedrückt in einem Rundschreiben des Kolonialministers Carnarvon vom Jahre 1869, in dem dieser eine von dem Gouverneur von Antigua im Anschluß an die Jamaicaunruhen desselben Jahres angeregte Änderung dieses Zustandes ausdrücklich ablehnte[1]). „An enactment which purports to invest the Executive Government with a permanent power of suspending the ordinary law of the Colony, of removing the known safeguards of life and property, and of legalizing in advance such measures as may be deemed conducive to the establishment of order by the Military Officer charged with the suppression of disturbances, is entirely at variance with the spirit of English law."

Begriff des Martial Law.

Das englische Recht verwendet den Ausdruck Martial Law allerdings in verschiedenem Sinn [2]). In dem hier interessierenden Sinn bedeutet Martial Law:

1. Den objektiven Rechtszustand, der entsteht, wenn im Falle von Unruhen oder feindlicher Invasion die ordentlichen Behörden

---

[1]) Clode, Military forces of the Crown, London 1869, Vol. II, p. 667.

[2]) Vgl. zum folgenden Chalmers and Asquith, Outlines of constitutional Law, 3 ed. 1925, p. 80; Ridges' constitutional Law, 3rd ed. 1922, p. 29 f.

Der Ausdruck Martial Law bezeichnet auch das Disziplinarrecht der Armee sowie das im Kriege von der Truppe gegenüber Feind und Zivilbevölkerung angewandte Recht. Die gemeinsame Bezeichnung geht zurück auf die Gerichtsbarkeit des mittelalterischen Lord Marshall, der für alle diese Fragen zuständig war. Die Gleichartigkeit der Bezeichnung „Martial Law" für ganz verschiedene Rechtsinstitute legt die Gefahr irrtümlicher Auffassung von Literatur und Praxis außerordentlich nahe, und sie wird auch von englischen Juristen nicht immer vermieden.

durch eine außerordentliche Organisation ersetzt werden (Diktatur) [1]).

2. Das subjektive Recht der Krone und ihrer Beamten sowie aller Bürger nach Common Law, bei außerordentlichen Gefahren zum Schutze des Staates tätig zu werden, notfalls Gewalt zu gebrauchen (Staatsnotwehr) [2]).

Es ist zu bemerken, daß diese beiden Begriffe des Martial Law vollständig verschiedenen Ideenkreisen entspringen. Martial Law als Diktatur ist ein Begriff des Verfassungsrechts und bedeutet eine vorübergehende Verschiebung des in der Verfassung vollzogenen Ausgleichs zwischen Verwaltungs-, Rechts- und Machtwert [3]) zugunsten des letzteren. Martial Law als Staatsnotwehr gehört in die Sphäre der Interessenwertung durch den Richter, es ist die Entscheidung zwischen zwei grundsätzlich gleichstehenden Interessen, also ein Begriff aus dem Bereich der richterlichen Gewalt.

Selbstverständlich stehen die beiden Begriffe nicht zufällig und zusammenhanglos unter derselben Bezeichnung nebeneinander. Zwar ist der Bewertungsmaßstab der Staatsnotwehr nicht an das Vorliegen einer Diktatur gebunden, greift vielmehr stets ein, wenn auf einem anderen als dem gesetzlich vorgesehenen Wege zum Schutze des Staates gehandelt wird. Da aber in normalen Zeiten die ordentlichen Behörden die Wahrung der Staatsinteressen in genau geregeltem Verfahren nach inhaltlich bestimmten Normen erledigen, erübrigt sich hier regelmäßig das Zurückgehen auf diesen besonderen Bewertungsmaßstab. Dieser kommt erst da in Betracht, wo die detaillierte Normierung nicht möglich ist: gegenüber außerordentlichen Schutzmaßnahmen. Typisches Anwendungsgebiet der Staatsnotwehr ist also die Beurteilung der Diktaturmaßnahmen, Gegenstand der Bewertung die Interessenabwägung zwischen staatlichem Ausnahme- und Individualinteresse. Während Martial Law als Staatsnotwehr ein Rechtfertigungsgrund von verfassungverteidigenden Exekutivakten vor dem Richter ist, bedeutet

---

[1]) Stephen, History of the Criminal Law, p. 214: "Martial Law is ... the assumption for a certain time by officers of the Crown of absolute power exercised by military force, for the purpose of suppressing an insurrection or resisting an invasion."

[2]) Staatsnotwehr in Gegensatz zum Staatsnotrecht, bei welchem eine Kompetenzregelung notwendig fehlt: Carl Schmitt, Staatsrechtslehrervereinigung, H. 1, p. 83.

[3]) Smend, Verfassung und Verfassungsrecht, 1928, p. 103, 155 ff., Marschall von Bieberstein, Der Kampf des Rechts und der Gesetze, 1927, p. 43 ff., 104.

Martial Law als Diktatur die Praevalenz der Ausnahmegewalt gegenüber der richterlichen Gewalt, den Ausschluß der Gerichtsbarkeit von der Überprüfung ihrer Maßnahmen [1]).

I. Grundgedanken des Martial Law.

Um gleich die entscheidende Besonderheit des englischen Rechts herauszuheben: dieser Ausschluß der ordentlichen Gerichtsbarkeit ist nur ein vorläufiger. Für die liberale Staatsidee ist die fundamentale technische Schwierigkeit des Diktaturproblems die Beendigung der Diktatur. Diktatur heißt vorübergehende Vereinigung aller Gewalten in der Hand des Diktators. Daraus entsteht die Schwierigkeit, daß die Beendigung der Diktatur ebenfalls in der Hand des zwar durch die Aufgabe gebundenen, aber in seinem Ermessen unüberprüfbaren Diktators liegt — eine Lage, die die Gefahr eines Staatsstreiches auf legalem Wege durch Formenmißbrauch (Verwendung einer verfassungsschützenden Institution zur Verfassungsänderung) nahe legt. Um dieser Gefahr unter allen Umständen zu begegnen, nimmt die englische Verfassung die richterliche Gewalt von der Gewaltungsvereinigung aus, und überträgt ihr die Entscheidung über die Notwendigkeit der Existenz der Diktatur. Damit tritt die richterliche Gewalt der Ausnahmegewalt als selbständiger politischer Faktor gegenüber. Während das französische Institut des état de siège die ordentlichen Gerichte der Diktatur eingliedert, sucht das englische Recht eine solche Eingliederung zu vermeiden, um unter Hintansetzung des Schutzes des Individuums während der Diktatur die politischen Gefahren für die Verfassung auszuschließen. Aus diesem Grundgedanken folgt die Ausgestaltung des Martial Law im einzelnen mit Notwendigkeit.

Zunächst ergibt sich daraus, daß die Ausnahmegewalt niemals befugt ist, eine definitive, d. h. in ihrer Geltung nicht auf die Dauer des Ausnahmezustands beschränkte Normierung zu treffen. Daraus folgt der Ausschluß aller „gesetzmäßigen Maßnahmen" [2]) der Diktaturgewalt, vor allem jedes Verordnungsrechts, das eine Bindung der richterlichen Gewalt in sich schließen würde. So weit die Ausnahmegewalt generell (durch Verordnung) oder speziell (durch Ausnahmeurteil) normiert, kann es sich stets nur um eine vorläufige, späterer Bestätigung bedürftige Normierung handeln.

---

[1]) Über das Zusammenwirken beider Ideen siehe Dicy, Introduction to the Law of the constitution, 7th ed. 1922, und die unten zitierten Äußerungen von Stephen, Commentaries (S. 222).

[2]) Ausdruck nach Grau, Diktaturgewalt des Reichspräsidenten, 1922.

Diese Einstellung wird bestätigt durch einen anderen Grundgedanken. Jede Diktatur bringt eine anormale psychische Lage bei den mit der Durchsetzung der staatlichen Autorität Beauftragten mit sich: die leidenschaftliche Erregung des Bürgerkrieges verhindert ein dem Rechtsgefühl entsprechendes ruhiges Urteil. Daher ist es besser, alle definitiven Entscheidungen, die in die individuelle Freiheit eingreifen, bis zur Wiederherstellung der öffentlichen Ruhe und bis zur Beruhigung der öffentlichen Meinung zu vertagen. Dieser Gedanke führt ebenfalls zu einer Reinhaltung der ordentlichen Gerichte von der Durchsetzung der Diktatur: Diktaturgewalt und richterliche Gewalt dienen verschiedenen Aufgaben, die nicht vermengt werden sollen.

Aus dem Ausschluß definitiver Normierung durch die Diktatur folgt eine Beschränkung der Mitwirkung des Parlaments bei den Diktaturmaßnahmen. Naturgemäß zwingt die hochpolitische Natur des Ausnahmezustandes dazu, das Parlament mit diesen Angelegenheiten zu befassen, wenngleich die Dringlichkeit der Gefahr und die Notwendigkeit raschen Entschlusses der Exekutive stets eine bevorzugte Stellung einzuräumen nötigt. Allein während das französische Recht im Interesse der sofortigen Kontrolle eine Verhängung des Belagerungszustandes grundsätzlich dem formellen Gesetz überweist[1]), läuft eine solche vorgängige gesetzliche Fundierung dem Gedanken des Martial Law zuwider. Das französische Recht mit seiner detaillierten Regelung der Folgen des Belagerungszustandes und seiner gesetzlichen Fundierung geht davon aus, den Belagerungszustand als technische Besonderheit des Normalzustandes anzusehen und ihn dem Gedanken der Gewaltenteilung zu unterstellen. Das Martial Law verschiebt, entsprechend der Eigenart des generellen Regelungen abgeneigten und Handlungen lieber beurteilenden als voraus bestimmenden Charakters des Engländers, die parlamentarische Entscheidung bis zur Beendigung der Diktatur. Daher grundsätzlich keine vorgängige, sondern nachträgliche gesetzliche Legitimation der Ausnahmeakte. Die parlamentarische Mitwirkung an der Schaffung der Diktatur beschränkt sich auf „parlamentarische Mittel": Kreditbewilligung, Vertrauensvotum. Dagegen fordert die provisorische Natur der Ausnahmemaßnahmen auch soweit sie gesetz- oder urteilsähnlich sind, eine nachträgliche Ergänzung durch Gesetz: das ist der Sinn der Indemnity Acts [2]). Damit stellt sich die englische Ver-

[1]) Gesetz vom 3. April 1878: „L'état de siège ne peut être déclaré que . . . par une loi."

[2]) Dieselbe Aufgabe beim Überleitungsgesetz vom 4. März 1919 (RGBl. 285).

fassung auf den Standpunkt, daß die Diktatur ein besonderer Rechtszustand ist, der nicht in den Rahmen der ordentlichen Gewaltenteilung eingeordnet ist [1]), sondern einer Überleitung in den ordentlichen Rechtszustand bedarf. Definitive Normierung nur durch ordentliche Organe im ordentlichen Verfahren in ruhigen Zeiten, Beschränkung der Ausnahmegewalt auf vorläufige Normierung, nachträgliche Einordnung des Ausnahmezustandes und nachträgliche Legitimierung der Diktaturmaßnahmen: das sind die Grundgedanken des Martial Law.

Allerdings sind diese Grundgedanken nie starr festgehalten worden. Von jeher hat die Regierung in besonderen Fällen für bestimmte Maßnahmen, insbesondere für die Außerkraftsetzung des Grundrechts der persönlichen Freiheit, eine gesetzliche Grundlage für wünschenswert erachtet. Das Mittel hierzu ist die sogenannte „Suspension der Habeas Corpus Act": ein Gesetz, das ohne Änderung der materiellen Rechtslage die prozessualen Hindernisse für eine Beschränkung der Freiheit der Person auf eine bestimmte Dauer beseitigt und der Diktaturgewalt den Eingriff freigibt. Die Einzelheiten werden unten darzulegen sein.

II. Träger der Ausnahmegewalt.

Die Kompetenz, in Ausnahmefällen die erforderlichen Maßnahmen zu ergreifen, steht nach Common Law dem König als Prärogativrecht zu. Inhaber der Befugnisse ist der König, d. h. der „King in Council". Unter diesem Begriff faßt das englische Staatsrecht den König handelnd auf Vorschlag und unter Gegenzeichnung seiner Minister. Träger der Diktaturgewalt ist also die Regierung unter Leitung des Premier-Ministers [2]).

Daß es sich um ein Prärogativrecht handelt, ist nicht zweifelsfrei, aber diese Zweifel, die mit dem Begriff der königlichen Prärogative überhaupt zusammenhängen, sind sachlich bedeutungslos. Als entscheidendes Merkmal der Prärogativbefugnisse erscheint bald das freie, unüberprüfbare Ermessen der Regierung, bald die Tatsache einer Vorzugsstellung der Krone. Erstere Ansicht vertritt z. B. Dicy (a. a. O., p. 621): „The prerogative is the name for the remaining

[1]) Ich schließe mich für das englische Recht der Auffassung Graus (p. 105) und Smends (Verfassung, p. 103) gegen Carl Schmitt (St. L. R. T., H. 1, p. 85) und Jacobi (p. 127) an.

[2]) Auch in negativer Beziehung ist der König an den Vorschlag des Premiers gebunden, als Kontrollinstanz gegenüber dem Premier kommt er nur in ganz wenigen genau bestimmten Fällen in Betracht (vgl. Jenks, Government, p. 83 s.). Anders nach der bisherigen Entwicklung der Reichspräsident!

portion of the Executive's original authority or the residue of the discretionary power left at any moment in its hands [1])." Die Betonung des Gedankens des Vorzugsrechts z. B. bei Lord Parmoor in der Entscheidung De Keysers Hotel (1920 A. C. 571): "A right common both to the Crown and all subjects is not in the strict sense a prerogative right of the Crown. Royal prerogative implies a privilege in the Crown of a special and exclusive character." Ebenso Chalmers-Asquith (a. a. O. p. 132 (1), 135). Letzteres Merkmal trifft nicht zu, sobald man das Martial Law als das dem Gedankenkreis richterlicher Abwägung zugehörige Recht der Staatsnotwehr betrachtet: Nach Common Law ist es Recht und Pflicht aller Engländer, alles zu tun, um den öffentlichen Frieden zu erhalten oder wieder herzustellen und Störungen der öffentlichen Ordnung zu unterdrücken. So schon der Case of Arms (Popham, 121): "Every justice of the peace, sheriff and other minister, or other subject of the King, may . . . supress or resist disturbers of the peace or quite of the realm." Doch gehört diese Kompetenz der einzelnen Bürger heute der Vergangenheit an und hat für die Betrachtung der Diktatur auszuscheiden. Jedenfalls ist die Diktaturgewalt durch Common Law geregelt, ob man sie als Prärogative ansieht oder nicht, der Unterschied ist ein rein terminologischer [2]).

Subsidiarität der Ausnahmegewalt.

Wie für die Ausübung der königlichen Prärogative überhaupt so gilt auch für die Ausnahmekompetenz, daß sie durch parlamentarisches Gesetz beschränkt werden kann. Daraus folgt das Prinzip der Subsidiarität des Eingreifens der Regierung. Grundsätzlich steht es dem Parlament als obersten Staatsorgan zu, durch Gesetz das Erforderliche vorzukehren, und dies gilt auch für Fälle besonderer Gefahr. Nur soweit eine gesetzliche Regelung fehlt, sei es weil eine plötzliche Notlage oder eine besondere Unstabilität der Verhältnisse sie technisch unmöglich macht, sei es weil Regierung oder Parlament eine solche Maßnahme nicht für opportun halten [3]), greift die Regierung auf Grund des Common Law ein.

---

[1]) So auch schon Locke, On Civil Government, II § 166: "Prerogative is nothing but the power of doing public good without a rule".

[2]) Vgl. Emden, Principles of Constitutional Law, London, 1925, p. 136, Stephen, (a. a. O., p. 189.) Die unten S. 203 erwähnte Proklamation vom 4. August 1914 beruft sich auf ein Prärogativrecht.

[3]) Vgl. The Crown of Leon v. Lords Commissioners of the Amiralty, 1 (1921) K. B. 595 (Beschlagnahme eines Schiffes ohne sondergesetzliche Ermächtigung im Jahre 1916): "It is said that there had been ample time to

Hat das Parlament auf dem Gesetzgebungswege eingegriffen, so ist davon auszugehen, daß die Befugnisse der Prärogative dadurch ersetzt oder abschließend bestimmt sind. Ein Zurückgreifen auf die Reserve Power der Krone kommt also nur in Betracht, wenn eine neue Situation vorliegt, z. B. eine Verschärfung der Unruhen, die in dem betreffendem Gesetz noch nicht berücksichtigt werden konnte [1]). Vereinzelt, namentlich in älteren Gesetzen, finden sich ausdrückliche Vorbehalte zugunsten der königlichen Prärogative, deren Auslegung freilich zweifelhaft ist [2]).

Das Verhältnis von königlicher Ausnahmegewalt und Gesetz ist eingehend erörtert worden in der grundlegenden Entscheidung De Keysers Hotel (1920, A. C. 508 ss.). Es handelte sich in dieser Frage um die Grundlage des Entschädigungsanspruchs für Requisitionen für Zwecke der Militärgewalt. Die Defence of the Realm Act 1842 sah für derartige Fälle ein besonderes Entschädigungsverfahren vor, während die Regierung beanspruchte hieran nicht gebunden zu sein, sondern die Entschädigungsfrage auf Grund ihrer Prärogativbefugnisse frei regeln zu können. Dies geschah durch Einsetzung der Realm Losses Royal Commission, des späteren War Compensation Court, gegen dessen Entscheidung eine Berufung an die ordentlichen Gerichte nicht vorgesehen war. Im Widerspruch mit vorhergehenden Entscheidungen der Untergerichte [3]) entschied 1920 das House of Lords, daß die Act von 1842 ein Zurückgehen auf die Prärogativbefugnisse ausschließe, daher die Regierung an die darin enthaltenen Entschädigungsgrundsätze gebunden sei (S. 539 ss., 562, 575 und passim). Diese Entscheidung, eine der wichtigsten der englischen Jurisprudenz, hatte eine Revolution der englischen Entschädigungsgesetzgebung zur Folge, die erst die Indemnity Act von 1920 zum Abschluß brachte [4]). Ihr Ergebnis ist die Bestätigung der Unterstellung der Prärogative unter das Gesetz.

---

obtain Parliamentary powers. That is no sufficient answer. Parliament could of course give powers in a national emergency, but Parliament may have thought that the necessary powers already existed under the Proclamation."

[1]) Vgl. Egan v. MacReady, 55 Ir. L. T. R. 199 f. Die gegen diese Entscheidung erhobenen Vorwürfe (vgl. Hall, Political Crime, London 1923, S. 60f.) berühren diese Punkte nicht. Vgl. auch Clifford & O'Sullivan, 2 (1921) A. C. 584 f.

[2]) Vgl. den Artikel "Martial Law" in Rentons Encyclopedia.

[3]) In re a Petition of Right, 3 K. B. 1915 S. 649.

[4]) Vgl. den Aufsatz von Dubois Davidson in Journal of Public Administration, 1927, S. 101.

Ausnahmegesetze.

Wie erwähnt hat die englische Verfassungspraxis den Grundgedanken der nachträglichen Legitimierung der Ausnahmemaßnahmen nicht immer strikt festgehalten, sondern von jeher Ausnahmegesetze gekannt. Doch steht es im Ermessen der Regierung und des Parlaments, wie weit eine solche Ausnahmegesetzgebung im konkreten Falle opportun erscheint; irgendwelche Rechtsätze oder Konventionalregeln hierüber haben sich nicht herausgebildet.

Bemerkenswert ist, daß das Parlament bis zum Weltkriege stets an dem Gedanken des Spezialgesetzes festgehalten hat. Einmal hat das Ausnahmegesetz stets nur einen konkreten Gefahrfall im Auge gehabt; eine generelle Gesetzgebung hätte dem Grundgedanken der englischen Verfassung widersprochen. Ferner wurden die Kompetenzen der Exekutivorgane im Gesetz speziell aufgezählt; eine generelle Kompetenz, namentlich ein Verordnungsrecht der Regierung enthielten diese Gesetze nicht.

Daß ein Bedürfnis nach einer Ergänzung der Normen des Martial Law durch Ausnahmegesetz besteht, ist im Hinblick auf die mangelnde Präzision der Normen des Martial Law verständlich. Das enge zwischen Parlament und Regierung bestehende Vertrauensverhältnis, vor allem der große Einfluß, den das englische Kabinett auf die Geschäftsgebarung des Parlamentes hat [1]), erlauben es, bis zum Eintritt einer konkreten Gefahr diese gesetzlichen Maßnahmen zu verschieben und von einer generellen Ordnung Abstand zu nehmen.

Bemerkt sei noch daß für die Ausnahmegesetze irgendwelche verfassungsrechtliche Schranken nicht bestehen. Das Parlament ist souveräner, nicht durch Rechtssätze beschränkter Gesetzgeber, es kann durch Gesetz alles tun, nur nicht einen Mann in eine Frau verwandeln, lautet ein alter englischer Rechtssatz. Wenngleich das Parlament gewisse konventionelle Schranken einhält, wie die Unzulässigkeit der berüchtigten bills of atteinder und der ex-post-facto-laws, so ist die Einhaltung dieser Verfassungskonventionen doch nicht sanktioniert, da England — im Gegensatz zu den Dominion — kein richterliches Prüfungsrecht kennt.

Kein Verordnungsrecht der Diktaturgewalt.

Ein Zurückgreifen auf den Erlaß von Ausnahmegesetzen ist der Regierung dadurch besonders nahgelegt, daß ihr keinerlei Verordnungsrecht zusteht, weder in dem Sinne, daß sie an Stelle des nicht versammelten Parlaments Verordnungen mit Gesetzeskraft erlassen

[1]) Lowell, Government of England, 2. ed. 1921, Bd. 1, p. 309 ss.

kann (Notverordnungsrecht) noch in dem Sinne, daß sie unabhängig hiervon in Notfällen Anordnungen erlassen kann, die für Bürger und Behörden bindend sind. Das gilt auch von der Befugnis, Normen des ordentlichen Verfassungsrechts zu suspendieren: diese ist dem ordentlichen Gesetzgeber vorbehalten [1]). Die Befugnisse der Regierung nach Common Law beschränken sich daher auf eine Durchbrechung von Verfassung und Gesetz. „The idea that the King in Council, or indeed any branch of the Executive, has power to prescribe or alter the law to be administered by Courts of Law in this country is out of harmony with the principles of our Constitution" (The Zamora, 1916 (2) A. C. 90).

Dieser Rechtszustand ist das Ergebnis langer Verfassungskämpfe, die beweisen, welche überragende Bedeutung die englischen Politiker gerade diesem fundamentalen Punkte des Martial Law beimessen [2]).

Ein Wendepunkt in der Geschichte dieser Kämpfe ist die Declaration of Rights von 1689, in welcher ausdrücklich festgestellt wurde, daß der König nicht das Recht habe, Gesetze oder die Ausführung derselben generell oder im Einzelfalle zu suspendieren [3]). Beseitigte diese das Suspensionsrecht, so wurde ein Notverordnungsrecht zum letztenmal in Anspruch genommen im Jahre 1766, als die Regierung Pitt zur Vermeidung einer Hungersnot, als das Parlament nicht versammelt war, ein allgemeines Weizenausfuhrverbot proklamierte: die Kammer stellte anläßlich der Beratung des von der Regierung beantragten Indemnitätsgesetzes fest, daß ein Prärogativrecht zum Erlaß derartiger Notverordnungen nicht bestehe [4]). Seit dieser Zeit ist ein Notverordnungsrecht von der Krone nicht mehr in Anspruch genommen worden. Gewisse Ausnahmen, so z. B. die Befugnis der Krone zu einem Embargo auf den Handel mit auswärtigen Staaten sowie besondere Befugnisse der Kolonialgouverneure können hier außer acht bleiben [5]). Es ist gerade dieses Fehlen jeder Befugnis

---

[1]) Die von Carl Schmitt (St. R. L. V. S. 74) so nachdrücklich hervorgehobene Unterscheidung zwischen Außerkraftsetzung und Maßnahme ist auch dem englischen Recht geläufig: die Suspension der Habeas Act durch Gesetz ist Außerkraftsetzung, um Maßnahmen der Diktaturgewalt zu ermöglichen.

[2]) Hatschek, Englisches Staatsrecht, Bd. I, S. 611 f. Ridges, Const. Law, p. 158 ff.

[3]) 1 Will & Mary sess. 2 ch. 2 s. 2. Vgl. Halsbury, Laws of England Bd. 6 Nr. 559; Anson, Law of the Constitution 5 ed. 1922, I S. 352 f.

[4]) Hatschek, a. a. O. S. 618. Ridges a. a. O. 161. Vgl. die Debatten im Parlament, Hansard, Parl. Hist. 16 S. 235 ff.

[5]) Vgl. Halsbury a. a. O. Bd. 6 Nr. 685, Nr. 715. Ferner The Zamora (1916) 2 A. C. p. 90. Über die Befugnisse der Kolonialgouverneure vgl. Renton,

der Ausnahmegewalt zur Setzung von definitiven, d. h. im Normalzustand ihre Rechtsgeltung bewahrenden Normen, die uns das Verständnis des Martial Law vermittelt. Dadurch wird die Diktaturgewalt auf die Einrichtung eines provisorischen Regimes beschränkt, das mit dem Augenblick der Wiederkehr der Ordnung seine Geltung einbüßt und sie erst durch nachträgliche Bestätigung (Indemnity Act) wiedererlangt. Dieser vorläufige Charakter der Diktatur, garantiert durch das unten zu besprechende richterliche Prüfungsrecht hinsichtlich der Voraussetzungen und des Inhalts der Diktaturmaßnahmen, gibt dem englischen Martial Law seinen politischen und nicht technischen Charakter, der die große Gefahr für die Verfassung von Seiten des Diktators schwerer bewertet als die notwendig sich ergebenden Unzuträglichkeiten für die Individuen.

Proklamationen enthalten keine Rechtsnormen.

Daher kann die Regierung im Ausnahmezustand wohl provisorische allgemeine Anordnungen treffen und durchsetzen, aber diese können nicht wie die generellen Maßnahmen des Reichspräsidenten nach Artikel 48 RV. Entscheidungsnorm für den Richter werden. Ihre Geltung beschränkt sich vorbehaltlich nachträglicher Bestätigung durch Indemnitätsgesetz auf die Dauer des Ausnahmezustands.

Das Mittel zum Erlaß derartiger Anweisungen ist die königliche Proklamation, und ihre Auffassung mag das Gesagte veranschaulichen. Schon 1610 entschied Coke in dem berühmten "Case of Proclamation" (12 Rep. 74): "The King cannot by proclamation create any new offence which was not an offence before; for then he may alter the law of the land by his proclamation. But the King for prevention of offences may by proclamation admonish his subjects that they keep the laws, and do not offend them [1]." Diese Auffassung ist noch heute gültig. Man kann vielleicht in dem Titel der ersten Defence of the Realm Act 1914 (8. VIII. 1914, 4 & 5 Geo. V c. 29): "An Act to c o n f e r on His Majesty power to make regulations during the present war for the defence of the Realm" eine Bestätigung dieser Auffassung finden. Zweck der D. O. R. A. ist nicht Kodifikation eines aus der Prärogative folgenden Verordnungsrechts, sondern die Schaffung einer solcher Befugnis. So Lord Summner

Encyclopaedia, IX S. 33 (Artikel Martial Law), sowie die berühmte Regulation X (1804) für Indien in Verbindung mit der Government of India Act 1915 S. 72.

[1]) Vgl. dagegen RG. 55, 115: „Der RP. . . . ist nicht auf Verwaltungsanordnungen beschränkt, sondern auch zum Erlaß von Rechtsverordnungen, insbesondere von Strafvorschriften, befugt".

in De Keysers Hotel: "There is no prerogative to make regulations [1])." Dies wird bestätigt durch die Behandlung zweier Proklamationen bei Kriegsbeginn. Durch Proklamation vom 2. VIII. [2]) führte die englische Regierung bei Kriegsausbruch ein Wechselmoratorium ein: sie beeilte sich, die in dieser Proklamation ausgesprochene Rechtsänderung durch Gesetz vom folgenden Tage (Postponment of Payments Act 1914 [3]) mit rückwirkender Kraft legalisieren zu lassen. Wenn gleich Wortlaut von Proklamation und Gesetz Zweifel über den rechtlichen Charakter der Proklamation lassen können, beweist doch die Tatsache, daß die Regierung eine sofortige gesetzliche Unterlage für notwendig hielt, daß ein Notverordnungsrecht, auf das die Regierung eine solche Anordnung stützen konnte, nicht existiert, da sonst eine nachträgliche gesetzliche Grundlage nicht notwendig gewesen wäre [4]).

Noch deutlicher ergibt sich das Festhalten an diesem Grundsatz aus der Proklamation vom 6. August [5]), mit der der König unter Berufung auf die kritische außenpolitische Lage ankündigt, daß er

---

[1]) Scott, The Case of Requisition, 1924, p. 199.

[2]) S. R. & O. Nr. 1164/1914. Jèze, l'exécutif en temps de guerre, Revue du droit public 1917 S. 21.

[3]) 4 u. 5 Geo. V, ch. 11 s. 1 Z. 4: "The Proclamation dated the third day of August 1914 ... relating to the Postponment of payment of certain bills of exchange is hereby confirmed and shall be deemed to have been made under this act."

[4]) Vgl. auch die entsprechende Behandlung der Proklamation vom 3. Aug. 1914 betr. die Requisition von Schiffen in der Entscheidung The Crown of Leon v. Lords Commissioners of the Admiralty, 1 (1921) K. B. p. 596. Ferner Re Gazebrook, ex pte Chavasse 1863, 4 De G. J. u. S. 655.

[5]) S. R. u. O. Nr. 1249, 1914. Diese Proklamation hat folgenden Wortlaut:

"By The King.

A Proclamation regarding the Defence of the Realm.

George R. I.

Whereas by the law of Our Realm it is Our undoubted prerogative and the duty of all Our loyal subjects acting in Our behalf in times of imminent national danger to take all such measures as may be necessary for securing the public safety and the defence of Our Realm:

And whereas the present state of public affairs in Europe is such as to constitute an imminent national danger:

Now, therefore, we strictly command and enjoin Our subjects to obey and conform to all instructions and regulations which may be issued by Us or Our Admiralty or Army Council, or any officer of Our Navy or Army, or any other person acting in Our behalf for securing the objects aforesaid, and not to hinder or obstruct, but to afford all assistance in their power to any person acting in accordance with any such instructions or regulations or otherwise in the execution of any measures duly taken for securing those objects.

auf Grund seiner Prärogativbefugnisse die erforderlichen Maßnahmen zum Schutze des Landes ergreifen lassen werde, und seine Untertanen anbeweist, den Anordnungen der Militärbehörden Folge zu leisten. Irgendwelche rechtsbegründende Bedeutung hatte diese Proklamation nicht, wie die schottische Entscheidung Grieve v. Edinburgh and District Water Trustees (1918 S. C. 700) feststellte. In dieser Entscheidung — es handelte sich um die Frage, ob eine auf diese Proklamation gestützte Anforderung von Wasserlieferung für ein Militärlager in Edinburg rechtmäßig war — stellte der Court of Session unter Bezugnahme auf Coke ausdrücklich fest, daß diese Proklamation nur die dem Staatsnotwehrrecht entsprechende nicht konkretisierte Common Law Pflicht aller Untertanen zur Unterstützung der Krone in Erinnerung gebracht, aber keine neue Pflicht begründet habe.

III. Inhalt der Ausnahmegewalt.

Inhaltlich sind die Befugnisse der Ausnahmegewalt nicht begrenzt. Der Regierung stehen nach Common Law sämtliche Kräfte des Landes zur Verfügung; jeder Bürger muß auf Anfordern bei der Unterdrückung der Unruhen mitwirken.

1. Organisation der Ausnahmegewalt.

Da die königliche Prärogative auch das Organisationsrecht einbegreift, kann die Regierung alle erforderlichen organisatorischen Maßnahmen treffen. Besondere Rechtsnormen hierfür bestehen nicht: die Regierung hat die Wahl zwischen einer zivilen und einer militärischen Diktatur. Im allgemeinen wird die Regierung naturgemäß so lange als möglich versuchen, mit einer Zivildiktatur auszukommen und von einer Militärdiktatur abzusehen [1]). Dies gilt vor allem, wenn es sich nicht um die Bekämpfung von politischen, sondern von wirtschaftlichen Unruhen handelt, wie bei Streiks und dgl. So hat die Regierung bei dem General- und dem Bergarbeiterstreik des Jahres 1926 ebenso wie in früheren Fällen auf Grund der ihr durch die Emergency Powers Act 1920 zustehenden Befugnisse von der Einsetzung einer Militärdiktatur abgesehen und sich mit der

---

Given at Our Court at Buckingham Palace, this Fourth day of August, in the year of our Lord one thousand nine hundred and fourteen, and in the fifth year of Our Reign.

God save the King."

[1]) Die Rechtslage ist in beiden Fällen dieselbe: Jenks, a. a. O. S. 207.

Schaffung einer Zivildiktatur begnügt [1]). Bei schwereren Störungen der öffentlichen Ordnung wird allerdings regelmäßig eine Militärdiktatur eingesetzt werden.

Die Frage eines „organisatorischen Minimums" ist in England gegenstandslos, da der Regierung eine Befugnis zur Schaffung oder Außerkraftsetzung von Rechtssätzen nicht zukommt; eine Änderung von Verfassung oder Wahlrecht u. dgl. liegt schlechthin außerhalb ihrer Kompetenz. Andererseits ist während der Dauer des Ausnahmezustandes ein Sturz des Ministeriums oder eine Auflösung des Unterhauses genau so möglich wie in ordentlichen Zeiten; doch vermag ein solcher Regierungsakt niemals die Existenz der betreffenden Institution als solcher zu berühren. An Stelle eines organisatorischen Minimums tritt hier der Ausschluß definitiver Normierung als stärkste Garantie des provisorischen Charakters der Diktatur.

2. Eingriffe in Grundrechte.

Das Fehlen eines Notverordnungsrechts schließt eine allgemeine oder teilweise Außerkraftsetzung der dem Einzelnen zustehenden Freiheitsrechte durch die Diktaturgewalt aus. Die Befugnisse der Ausnahmegewalt beschränken sich auf, sei es generelle, sei es spezielle, aber stets provisorische Eingriffe in die persönliche Freiheit der Gewaltunterworfenen. Dies wird von besonderer Bedeutung für den Schutz der persönlichen Freiheit, der durch die Habeas Corpus Act von 1679 [2]) gewährleistet ist. Eine Suspension dieses Grundgesetzes liegt außerhalb der Befugnisse der Krone [3]); sie kann nur durch Gesetz geschehen. Das Suspensionsgesetz ergeht im ordentlichen Gesetzgebungsverfahren; wenn gleich die englische Rechtsprechung manchmal die Tendenz hat, die Grundgesetze der persönlichen Freiheit mit einer besonderen Autorität und Unverletzlichkeit zu bekleiden [4]), ist dieser Gedanke doch nicht zu einer rechtlichen Garantie, etwa vermittels einer Erschwerung des gesetzgeberischen

---

[1]) S. 2 (1) der Emergency Powers Act läßt die Delegation der königlichen Befugnisse auf einen Staatssekretär, ein Regierungsdepartement oder eine andere Behörde auf dem Verordnungswege zu, was eine militärische Diktatur nicht ausschließen würde.

[2]) 31 Chas. 1. Ch. 2, ergänzt durch die Habeas Corpus Acts von 1816 (56 Geo. III ch. 100) und 1862 (25 u. 26 Vict. ch. 20).

[3]) Blackstone, Commentaries I, S. 132: „Aufhebung der Habeas Corpus Act gehört nicht in den Bereich der Prärogative". Vgl. Hatschek, a. a. O. II. S. 614.

[4]) Vgl. Emden a. a. O. p. 152.

Eingriffs durch das Erfordernis qualifizierter Mehrheit, verdichtet. Es ist jedoch bemerkenswert und für die Festhaltung der prinzipiellen Scheidung von provisorischem Ausnahmeregime und wiederhergestelltem Normalzustand charakteristisch, daß ein solches Suspensionsgesetz nicht die Bedeutung hat, die Freiheit der Person in das Ermessen der Militärbehörden zu legen, vielmehr die materielle Rechtslage ganz unberührt bleibt. Seine Bedeutung liegt lediglich darin, daß das zum Schutze der persönlichen Freiheit gewährte Rechtsmittel der Berufung an ein ordentliches Gericht nicht mehr stattfindet, also eine richterliche Nachprüfung während der Geltungsdauer des Gesetzes nicht möglich ist. Stellt sich nach Wiederherstellung des Normalzustandes heraus, daß eine sachlich unbegründete Verhaftung erfolgt ist, so wird die Rechtswidrigkeit dieses Aktes durch das Suspensionsgesetz nicht berührt, so lange er nicht durch nachträgliches Indemnitätsgesetz legalisiert wird [1]). Das Suspensionsgesetz hat also lediglich prozessuale Bedeutung. Erwähnt sei übrigens, daß eine allgemeine Suspension der Habeas Corpus Act regelmäßig nicht stattfindet, dieselben vielmehr auf Fälle des Verdachtes des Hochverrats beschränkt wird. Außerdem sind diese Gesetze regelmäßig auf ein Jahr begrenzt, so daß nach Ablauf dieser Frist eine erneute parlamentarische Überprüfung der Lage notwendig wird. Denkbar wäre es natürlich, daß das Suspensionsgesetz auch weitergehende materielle Vorschriften enthält, doch ist das regelmäßig nicht der Fall.

Entsprechendes gilt für die anderen aus dem Grundsatz der persönlichen Freiheit folgende Rechte, wie Vereins-Versammlungsfreiheit, Recht auf freie Meinungsäußerung und dgl. Allerdings fehlt es hierfür an besonderen Rechtssätzen, die der Habeas Corpus Act entsprechend eine besondere Garantie gewähren. Diese Freiheitsrechte sind bloße Folgerungen aus dem Rechtsstaatsprinzip, wonach jeder Engländer frei ist zu tun, was er will, solange er nicht mit dem Gesetz in Konflikt kommt (vgl. Ridges a. a. O. 42, 46). Daher kann die Krone eine Suspension dieser Rechte nicht von sich aus verfügen, sondern bedarf dazu parlamentarischer Ermächtigung; überall aber kann sie auf Grund ihrer Prärogative provisorisch während der Dauer des Ausnahmezustandes eingreifen, Versammlungsverbote, Zensur usw. einführen; kurz alle notwendigen Eingriffe in die private Freiheitssphäre vornehmen.

Besonderer Erwähnung bedarf in diesem Zusammenhang die sogenannte Riot Act von 1714 (1. Geo 1 st. 2, c. 5) [2]). Unter Riot

[1]) Vgl. Dicey, a. a. O. S. 226.

[2]) Hatschek, a. a. O. II S. 537; Ridges a. a. O. p. 78 ff.

versteht das Gesetz, daß zwölf oder mehr Personen sich in aufrührerischer und ungesetzlicher Weise versammeln [1]). Wenn sie trotz formeller Aufforderung zum Auseinandergehen sich binnen einer Stunde nicht entfernen, machen sie sich eines schweren Vergehens (Felony) schuldig und Polizei bezw. Militär sind berechtigt, die Versammlung mit Gewalt, notfalls mit Waffen aufzulösen. Die Aufforderung erfolgt durch das sogenannte Verlesen der Proklamation unter der Riot Act [2]), grundsätzlich durch einen Friedensrichter [3]), notfalls jedoch auch durch einen anderen Beamten. Ihre Hauptbedeutung liegt in der Umkehrung der Beweislast; sie ist nicht notwendige Voraussetzung für das Eingreifen mit Waffengewalt gegenüber einer aufrührerischen Menge [4]).

Von dem Eingriff in Privateigentum gilt Entsprechendes. Schon der Case of Saltpetre (1607, 12 R 12) stellt fest, daß "by the Common Law every man may come upon my land for the defence of the Realm". Eine umfangreiche Judikatur existiert über die Frage, wie weit die Krone in Notfällen privates Eigentum ohne Entschädigung in Anspruch nehmen kann. Soweit eine nicht nur vorübergehende Inanspruchnahme in Frage kommt, hat die bereits zitierte Entscheidung De Keysers Hotel des House of Lords [5]) diese Frage negativ entschieden. Ein näheres Eingehen hierauf liegt nicht im Rahmen der Arbeit.

3. Ausnahmegerichte.

Einer besonderen Erörterung erfordert die Frage der Einsetzung von Ausnahmegerichten. Das Prinzip, eine endgültige Normierung eines Tatbestandes durch die Organe der Ausnahmegewalt während der Dauer der Unruhen und der damit verbundenen politischen Erregungen auszuschließen und alle Handlungen einer späteren Nachprüfung und endgültigen Normierung zu unterwerfen, schließt nicht nur ein Notverordnungsrecht, sondern auch eine richterliche Tätigkeit der Ausnahmegewalt aus. Nach Common Law gibt es also — und darauf ist besonderer Nachdruck zu legen — keinerlei Ausnahmegerichte.

---

[1]) Vgl. über den Begriff Riot: Manual of Military Law 1914 p. 216 f.

[2]) Vgl. Kings Regulations for Army and Armyreserve 1914, ss. 1309, 1310.

[3]) Stone, a. a. O. S. 1499, u. S. 1 (dies ist ein „Überbleibsel ihres Charakters als Exekutivorgan").

[4]) Regulations Nr. 1310; Featherstone Riot Report, Bicknell Cases on Constitutional Law p. 170 Rex v. Fursey 1833 (6 C u. P. 81).

[5]) 1920. A. C. 508 f.

Allerdings kennt auch das englische Recht eine entsprechende Erscheinung in den sogen. courts martial, militärischen Gerichten, die im Ausnahmezustand von den Militärbehörden eingerichtet werden [1]). Diese Ausnahmegerichte gehen zurück auf die im Mittelalter häufigen außerordentlichen Kommissionen, die von den königlichen Truppen zur Aburteilung von Rebellen gebildet wurden. Der mit dieser Einrichtung getriebene Mißbrauch veranlaßte die Aufnahme einer Klausel in die Petition of Right von 1627, welche derartige Kommissionen in Friedenszeiten für ungesetzlich erklärte [2]). Für den Fall eines Kriegszustandes (state of war), der auch innere Unruhen einbegreift, blieben derartige Kommissionen zulässig.

Allein die heutigen courts-martial unterscheiden sich von diesen Kommissionen grundsätzlich. Während jene Kommissionen an Stelle der ordentlichen Gerichte traten, also Ausnahmegerichte im strengsten Wortsinne darstellten, sind die im Ausnahmezustand eingesetzten courts-martial nur scheinbar Gerichte. Ihre Aufgabe ist eine vorläufige: Sie sind de facto-Gerichte mit dem Zwecke nicht der Rechtsprechung sondern der Durchsetzung der Ausnahmegewalt[3]), und ihre Aufgabe liegt nicht darin, Rebellen zu bestrafen und an Stelle der ordentlichen Gerichte eine beschleunigte und verschärfte Justiz zu üben, sondern in der Bindung der Militärgewalt an ein Minimum von Objektivität zum Schutze der Betroffenen. Sie stellen eine freiwillige, selbst auferlegte Hemmung der Exekutive dar, an die diese aber nicht gebunden ist und von der sie sich jederzeit freimachen kann; sie sind also nicht Gerichte, sondern Exekutivorgane [4]).

---

[1]) Courtsmartial in dem hier behandelten Sinne sind zu unterscheiden von den gleichnamigen Gerichten, die auf Grund der jährlichen army act als ordentliche Militärgerichte die Disziplinargerichtsbarkeit in Heer und Flotte handhaben, also nur über Militärpersonen nach Militärrecht (military law) urteilen, und von den ebenso benannten Kriegsgerichten im besetzten Feindeslande, die martial law, aber nicht in dem hier behandelten Sinne (vgl. oben S. 193 Anm. 2) anwenden.

[2]) 3 Chas. I. S. 7—8. Vgl. Stephen, History of the Criminal Law. 1883. S. 208/9.

[3]) „courts-martial, by which martial law in this sense of the word is administered, are not properly speaking courts-martial nor courts at all, and are mere courts formed for the purpose of carrying into execution the discretionary powers assumed by government." Rex v. Allen 55 Jr. L. T. R. 111. A. A. allerdings Harrison Moore, Act of State in English Law, S. 64 f.

[4]) Vgl. auch Lord Halsbury in Tilonko v. Attorney-General of Natal, 1907 A. C. 9 f.: „If there is war, there is the right to repel force by force, but it is found convenient and decorous, from time to time, to authorise what are called 'courts' to administer punishments, and to restrain by acts of repression the violence that is committed in time of war, instead of leaving such punishment and repression to the casual action of persons acting without sufficient consul-

Ihr Sinn ist nicht vorläufige Normierung eines Tatbestandes, sondern oberflächliche Überprüfung der geplanten Maßnahmen der Diktaturgewalt; sie dienen nicht dem Rechtswert wie die ordentlichen Gerichte, sondern der Machtdurchsetzung des Staates, dem politischen Wert [1]).

Daher entscheiden die courts-martial auch nicht nach Recht, sondern sie urteilen einerseits nach den von dem militärischen Befehlshaber aufgestellten allgemeinen Anordnungen, andererseits nach „allgemeinen Grundsätzen der Gerechtigkeit" [2]). Insbesondere steht ihnen nicht die Verhängung von Strafen, sei es nach dem Strafrecht des common law oder auf Grund der in den Anordnungen des Militärbefehlshabers enthaltenen Strafanordnungen zu, weder für die Dauer des Ausnahmezustandes noch darüber hinaus. Sie entsprechen insoweit mehr Standgerichten als Ausnahmegerichten im eigentlichen Sinne [3]). Ihre Tätigkeit rechtfertigt sich nach Form und Inhalt durch die Notwendigkeit der Durchsetzung der staatlichen Macht [4]).

Entsprechendes gilt für Zusammensetzung und Verfahren der courts-martial. Das common law gibt hierüber keinerlei Vorschriften. Zusammensetzung und Verfahren der courts-martial im Sinne ordentlicher Militärgerichte wird durch die Regulations für die Army and Army Reserve geregelt: und regelmäßig werden die von der Militärdiktatur eingerichteten Ausnahmegerichte nach näherer Maßgabe der Anweisungen des Militärbefehlshabers sich diesen Bestimmungen anschließen. Doch ist dies in keiner Weise notwendig.

Im übrigen fehlen jegliche Kautelen zugunsten der Abzuurteilenden mit der einen Ausnahme, daß das Verfahren kein definitives, sondern nur ein vorläufiges ist — ein wenig erfreulicher Zustand! [5])

---

tation, or without sufficient order of regularity in the procedure in which things alleged to have been done are proved. But to attempt to make these proceedings of so-called 'courts-martial' administering summary justice under the supervision of a military commander analogue to the regular proceedings of Courts of Justice is quite illusory."

[1]) Smend, Verfassung und Verfassungsrecht 1928, S. 83, 154.

[2]) Finlason, Commentaries on Martial Law, S. 37 Anm. (a).

[3]) RG. 56[101] setzte Standgerichte und Ausnahmegerichte gleich, meines Erachtens zu Unrecht (C. Schmitt, a. a. O. S. 65.)

[4]) Ridges a. a. O. p. 31 (3). Vgl. Tilonko v. Attorney-General of Natal (1907 A. C. 95): „Such acts of justice are justified by necessity, by the fact of actual war."

[5]) Über Mißstände und Vorschläge zur Abhilfe durch ein besonderes Gesetz: Edinbourgh Review 1902, S. 101. Vgl. Laski, Grammar of Politics, S. 554 ff.

IV. Ausnahmegewalt und richterliche Gewalt.

Die Frage der Ausnahmegerichte führt uns zu dem zweiten Grundproblem des Martial Law: dem Verhältnis der Ausnahmegewalt zur richterlichen Gewalt.

Die Sonderstellung der richterlichen Gewalt im Rahmen der Gewaltenteilung ist bekannt: sie ist en quelque façon nulle (Montesquieu) [1]. Als dem politischen Moment grundsätzlich fernstehender und dem Rechtswert zugeordneter Gewalt ist der Justiz im Ausnahmezustand, der diesen Wert bewußt hintansetzt, ihre Daseinsberechtigung entzogen. Dies tritt im französischen Recht mit seiner technischen Auffassung des Ausnahmezustandes nur darin hervor, daß bei Verbrechen gegen die Sicherheit der Republik, gegen die Verfassung und gegen den öffentlichen Frieden die Militärgerichte zuständig sind (Artikel 8 des Gesetzes vom 9. VIII. 1849). Anders die Stellungnahme des englischen Rechts: im Ausnahmezustand ist die richterliche Gewalt überhaupt ausgeschaltet. Da der Diktaturgewalt eine definitive Normierung nicht zukommen darf, diese aber das Charakteristikum des richterlichen Urteils ist, soll das Gericht nicht der Ausnahmegewalt unterstellt werden. Andererseits darf die Diktatur, solange sie notwendig ist, nicht durch eine neben ihr stehende unabhängige Gewalt beeinträchtigt werden: so bleibt nur die radikale Ausschaltung.

Allein diese Ausschaltung darf nicht in die Hand der Ausnahmegewalt selbst gelegt werden: das würde die Beseitigung der erstrebten Unabhängigkeit bedeuten, die Gefahr eines legalen Staatsstreiches würde nicht ausgeschlossen. Daher beschränkt sich das englische Recht darauf, den Gerichten während der Dauer der außerordentlichen Gefahr die Überprüfung der Diktaturmaßnahmen zu untersagen. Diese Ausschaltung endet ipso facto mit dem Wegfall der Gefahr.

Das Verhältnis zwischen Diktatur und Justiz wird in derselben Richtung beeinflußt durch das Vorhandensein von Resten des mittelalterlichen Justizstaates mit Justizförmlicher Regierung und Verwaltung. Zwar sind, wie Koellreutter gezeigt hat [2], diese Reste gegenüber den modernen Ideen des Verwaltungsrechts im Abbröckeln begriffen; aber noch immer gilt der Grundsatz, daß den Verwaltungsbehörden, abgesehen von unmittelbarem Zwang der Polizei, keine selbständige Zwangsbefugnis zur Verfügung steht, vielmehr alle Zwangs-

---

[1] Vgl. Smend, Verfassung und Verfassungsrecht, S. 96.

[2] Verwaltungsrecht und Verwaltungsrechtsprechung im modernen England, 1912.

gewalt bei den Gerichten konzentriert ist [1]). Daher ist die Frage der Beziehungen zwischen Diktatur und Justiz gleichzeitig eine Frage des Verhältnisses zwischen ordentlicher und außerordentlicher Exekutive und tritt auch unter diesem Gesichtspunkt in Erscheinung.

Voraussetzungen des Martial Law.

Da die Stellung der Gerichte von den tatsächlichen Voraussetzungen der Diktatur abhängig ist, sind zunächst diese zu erörtern. Nach Common Law liegt ein Ausnahmezustand, der das Martial Law rechtfertigt, nur dann vor, wenn die mit der Aufrechterhaltung der Ordnung beauftragten ordentlichen Behörden nicht mehr in der Lage sind, sich durchzusetzen, und daher die Wiederherstellung der Ordnung in die Hände einer Diktatur gelegt werden muß.

Im Interesse der selbständigen Stellung der Gerichte sieht das englische Recht — im Gegensatz zum französischen und früheren deutschen Recht, aber ebenso wie Artikel 48 RV. — davon ab, die Einleitung des Martial Law an einen formellen Verwaltungsakt (Proklamation, Verhängung) zu knüpfen. Nach französischem Recht bedarf es zur Herbeiführung des Belagerungszustandes einer förmlichen Proklamation durch die zuständige Behörde (Parlament, Präsident), die zur Folge hat, daß bestimmte, gesetzlich festgelegte Kompetenzverschiebungen und Erweiterungen eintreten [2]). Dabei wird allerdings die den Ausnahmezustand verhängende Instanz an materielle Voraussetzungen ihres Aktes (Fall des Aufruhrs, dringender Gefahr für die öffentliche Sicherheit und dgl.) gebunden. Allein das Vorliegen dieser materiellen Voraussetzungen ist nicht nachprüfbar; das Schwergewicht liegt bei der formellen Voraussetzung, nämlich der Proklamation usw., nicht bei den materiellen Voraussetzungen. Umgekehrt sind die Tatsachen, die eine solche Verhängung rechtfertigen, hiervon abgesehen rechtlich irrelevant, bewirken jedenfalls nicht ohne zusätzlichen Verwaltungsakt eine Verschiebung und Ausdehnung der behördlichen Kompetenzen.

Ganz anders das englische Recht, dem eine Typisierung des Ausnahmezustandes und ein solch formeller Akt nicht bekannt ist. Entscheidend ist hier einzig und allein die tatsächliche Lage: Liegen die erwähnten Voraussetzungen für die Einsetzung einer Diktatur vor, d. h. können die ordentlichen Behörden ihrer Aufgabe der Er-

[1]) Halsbury, Laws of England, VI, No. 567, p. 382, Ridges a. a. O. p. 164.

[2]) Vgl. auch Art. 68 alte Reichsverf. u. das preuß. Ges. über den Belagerungszustand v. 4. VI. 51 (GS. 541) und im Gegensatz hierzu Art. 48 der Weimarer Reichsverf., der ein solches formelles Erfordernis nicht kennt.

haltung der öffentlichen Ordnung nicht mehr entsprechen, so hat die Regierung ohne weiteres alle notwendigen Befugnisse um die Wiederherstellung der öffentlichen Ordnung zu erzwingen.

Umgekehrt vermag eine Proklamation des Martial Law durch die Regierung den Mangel der erwähnten tatsächlichen Voraussetzungen nicht zu heilen [1]). Das englische Recht ersetzt also die Suspension der ordentlichen Verfassung durch Rechtsgeschäft (Verwaltungsakt) durch eine tatsächliche Suspension; das Martial Law tritt ein nicht als vorübergehende Außerkraftsetzung der ordentlichen Gewalt, sondern als Ersatz für die außer Gefecht gesetzte Zivilgewalt. Das Militär ist ein "rude substitute, when it is impossible for Courts of law to sit or to enforce the execution of their judgments" [2]). Die Diktatur ist also in England nicht Außerkraftsetzung von Teilen der Verfassung zum Zweck ihrer Wiederherstellung, sondern provisorischer Ersatz des durch die Tatsachen Beseitigten.

Den Zustand der tatsächlichen Suspension der ordentlichen Verfassung, der Voraussetzung des martial law ist, bezeichnet die englische Jurisprudenz als state of war (Kriegszustand). „War" (Krieg) ist hier nicht in dem Sinne einer Verteidigung des Staates nach außen gebraucht, sondern bedeutet eine Störung des inneren Friedens. Krieg gegen einen äußeren Feind führt nicht eo ipso zu einer Suspension der Verfassung und damit zum martial law: Dies würde nur im Falle einer Invasion fremder Truppen und des Übergreifens des Krieges auf englisches Staatsgebiet der Fall sein [3]). Ein state of war liegt vor, sobald die den ordentlichen Gerichten und Zivilbehörden zur Verfügung stehenden Zwangsmittel zur Durchsetzung der Staatsgewalt nicht mehr hinreichen. So sagt schon Coke [4]): „Martial Law herrscht nur, wo der Friede gestört ist. Friede ist aber, wenn die Kanzlei und die anderen Gerichte des Königs offenstehen, durch die jedem nach Herkommen Recht wird. Ist aber durch Invasion, Aufstand, Rebellion und dgl. der friedliche Lauf des Rechtes gestört und zum Stillstand gekommen, so daß die Gerichte sozusagen geschlos-

[1]) Vgl. Dicey a. a. O. S. 283: „Martial law, in the proper sense of that term, in which it means the suspension of ordinary law and the temporary government of a country or parts of it by military tribunals, is unknown to the laws of England" und weiter S. 286: „If then by martial law be meant the power of the government or of loyal citizens to maintain public order, at whatever cost of blood or property may be necessary, martial law is assuredly part of the law of England."

[2]) Dicey a. a. O. S. 541.

[3]) Baty a. a. O. S. 9; abweichend die Praxis der englischen Gerichte im Weltkrieg, vgl. unten S. 215.

[4]) Institutes Bd. I, S. 249/6.

sen sind und silent leges inter arma, dann bedeutet das Krieg." An einer anderen Stelle wird derselbe Gedanke so ausgedrückt: „wenn der Sheriff die Befehle des Königs nicht vollstrecken kann, dann ist tempus belli" [1]). Selbstverständlich ist damit nicht auf das äußere Kriterium des Offenstehens des Gerichtsgebäudes abgestellt, sondern gemeint ist die Frage, wieweit die Gerichte ihre Befehle durchsetzen können: "Something more than the mere existence of the Courts was necessary; their efficiency for the emergency was the essential point" [2]). Freilich ist dieses materielle Merkmal eines State of War ziemlich unbestimmt und schwer erkennbar — ein Mangel, der um so schwerer wiegt, als eine authentische Feststellung des Martial Law durch Verwaltungsakt fehlt.

Proklamation des Martial Law.

Nun kennt auch das englische Recht eine Proklamation des Material Law durch den König bzw. in den Besitzungen durch den Gouverneur. Zwar wurde in England seit 1780 eine solche Proklamation nicht mehr erlassen; nicht einmal die Chartisten-Unruhen haben Anlaß zu einer solchen Maßnahme gegeben. Doch finden sich in Irland (zuletzt 10. und 12. XII. 1920) [3]) und den Kolonien [4]) zahlreiche Beispiele derartiger Proklamationen. Aber sowenig die Proklamationen der Krone die Bedeutung eines Rechtssatzes haben (Ausschluß des Notverordnungsrechts, vgl. oben S. 200 f.), sowenig haben sie die Bedeutung eines Rechtsgeschäfts (Verwaltungsaktes). Die Proklamation des Martial Law, dem Schein nach der Erklärung des Belagerungszustandes entsprechend, hat einen rechtlich vollständig anderen Charakter. Während im alten preußischen Rechte die Erklärung des Belagerungszustandes den Militärbehörden bestimmte Befugnisse verschafft, eine Verschiebung und Erweiterung der staatlichen Kompetenzen zur Folge hat, ist eine Proklamation des Martial Law in England lediglich als Warnung (quoad terrorem populi) [5]), als Ankündigung des Einschreitens mit Waffengewalt aufzufassen; irgendeine rechtsbegründende Wirkung kommt ihr nicht zu. Die

---

[1]) Rolls zit. b. Phillimore in Journ. Soc. Compar. Legislation 2. Ser. X, Dec. 1902, p. 130.

[2]) Randall in 20 Michigan Law Review 589.

[3]) Der Wortlaut der Erklärung vom 10. XII. 1920 findet sich z. B. bei „J. O., Administration of Ireland 1920" (S. 404).

[4]) Überblick in Edinburgh Review 1902, S. 87 f.

[5]) So die älteste die Frage erörternde Entscheidung, der oben erwähnte Case of Proclamations (12 Co. Rep. 74).

Krone bzw. die Exekutivorgane erhalten durch die Proklamation keine Befugnis, die sie nicht schon vorher hatten [1]), So Lord Halsbury in der Entscheidung des Privy Council Tilonko v. Attorney-General of Natal (1907. A. C. 94): "The notion that martial law exists by reason of the proclamation is an entire delusion". Rechtlich erheblich ist eine solche Proklamation höchstens insofern als sie im Falle einer späteren richterlichen Nachprüfung der von den Militärbehörden vorgenommenen Handlungen eine Vermutung für das Bestehen eines tatsächlichen Ausnahmezustandes begründen kann [2]).

Freilich kann ein Spezialgesetz einer Proklamation weitgehende Wirkung beilegen, insbesondere ihr rechtsbegründende Kraft verleihen. So hat die unten näher zu behandelnde Emergency Powers Act 1920 [3]) bestimmt, daß mit dem Erlaß einer Proklamation eines Zustandes öffentlicher Not (emergency) die Krone ein weitgehendes Verordnungsrecht erlangt. Hier kommt der Proklamation also konstitutive und nicht bloß deklarative Wirkung zu. Ähnlich konnte nach der Defence of the Realm (Amendment) Act 1915 (5 Geo. 5, Ch. 34, S. 1 Z. 7), die britische Untertanen bei Vergehen gegen Kriegsverordnungen zur Aburteilung durch das ordentliche statt das Militärgericht berechtigte, dieses Recht im Fall besonderer militärischer Notwendigkeit durch königliche Proklamation für das ganze Land oder bestimmte Bezirke außer Kraft gesetzt werden [4]).

Räumliche Beschränkung des Martial Law.

Der Gedanke, daß die Existenz des Martial Law an die Existenz eines tatsächlichen state of war gebunden ist, kommt auch zum Ausdruck in der räumlichen Ausdehnung des Martial Law: Dieses beschränkt sich auf die Gebiete, in denen ein Kriegszustand in dem angegebenen Sinne besteht. Soweit dies nicht der Fall ist, gibt es kein Martial Law und keine Ausnahmebefugnisse der Militärbehörde. Entsteht beispielsweise in einer Grafschaft ein Aufruhr, so sind dadurch zwar die lokalen Gerichte und Zivilbehörden außer Kraft

---

[1]) Vgl. Dicey, Law of the Constitution, 8. ed. 1924, S. 545; Manual of Military Law, London 1914, S. 4. Vgl. auch die bei Hatschek a. a. O. Bd. II, S. 275 abgedruckte Proklamation Kitcheners in Südafrika 1901. Über die Praxis der südafrikanischen Gerichte im Burenkriege vgl. die bei Phillimore a. a. O. angegebenen Entscheidungen.

[2]) Vgl. Jenks, Government of the British Empire, London 1923, S. 212.

[3]) S. Anhang.

[4]) Auf diese Bestimmung stützte sich z. B. die Proklamation vom September 1918, durch die die irische Grafschaft Cork West als "special military area" erklärt und damit die ordentlichen Gerichte ausgeschaltet wurden ("I. O., Administration of Ireland 1920", S. 52).

gesetzt, nicht aber die angrenzenden Bezirke ihres ordentlichen Friedensschutzes beraubt. Daher gilt Martial Law nur im unmittelbar betroffenen Gebiet, nicht in den angrenzenden Teilen des Königreichs.

Diese in langer Praxis niedergelegte strenge Auffassung des englischen Rechts ist neuerdings unter dem Druck der Notwendigkeiten des modernen Kriegs und des Umschwunges in Kriegs- und Verkehrs-Technik abgeschwächt worden. Zum ersten Male im Burenkriege haben englische Gerichte anerkannt, daß auch Orte, die in erheblicher Entfernung vom Kriegsschauplatz liegen, dennoch eine militärische Zensur sich gefallen lassen müssen [1]. Ebenso ist im Weltkrieg das Vorliegen eines tatsächlichen State of War im englischen Mutterlande anerkannt worden, obwohl der Krieg, — von vereinzelten Luftangriffen und Küstenbeschießungen abgesehen, — dorthin nicht übergegriffen hatte und die Tätigkeit der ordentlichen Behörden keineswegs aufgehoben war. Allerdings war eine teilweise Suspension der ordentlichen Gerichte durch die Defence of the Realm Acts und die darauf beruhenden Regulations und ihr Ersatz durch Militärgerichte erfolgt [2], und diese gesetzliche Suspension wurde als Martial Law bezeichnet in derselben Weise wie eine tatsächliche Suspension. Allein auch soweit die Kognition der ordentlichen Gerichte erhalten blieb, waren diese der Meinung, daß sie nicht zu übersehen vermögen, wie weit die Veränderungen der modernen Kriegstechnik militärische Maßnahmen im Mutterlande erforderlich machen, und daß sie daher sich den Militärbehörden unterzuordnen haben [3]. Das Bedenkliche an diesen Entscheidungen liegt darin, daß dem Ermessen der Verwaltung ein viel weiterer Spielraum eingeräumt wird, als wenn das jedermann offenkundige Merkmal einer faktischen Invasion zugrunde gelegt wird. Nicht unberechtigt sind die Befürchtungen, die ein australischer Schriftsteller [4] äußert: „Wir haben stets eine reserve-power der Krone anerkannt, eine Kompetenz, die in Friedenszeiten eine gewisse unbestimmte Prärogative deckt, und die sich in Kriegszeiten zu einer ganz umfassenden Notstandskompetenz entwickeln mag. .... Aber wenn die Rettungsbefugnis ("saving power") der Regierung zugestanden wird nicht nur für den Fall einer wirklichen, sondern auch für den Fall einer bloß drohenden Invasion, so legt das eine

[1] Vgl. W. B. Morcom v. Postmaster General, Supreme Court of Natal, zitiert Journal of the Soc. of Comp. Leg. N. S. VI (1900) S. 515.

[2] Chalmers-Asquith p. 86.

[3] In re a Petition of Right, 3 K. B. 1915, S. 653, 659.

[4] Menzies, The Rule of Law during the war, Sidney 1917, S. 10.

erhebliche Ermessensfreiheit in die Hand der Exekutive. Ihre Ansicht über das Vorliegen eines Notstandes muß dann akzeptiert werden, wenn sie nicht ganz und gar unvernünftig ist, d. h. die Frage ist praktisch der Gerichtsbarkeit der ordentlichen Gerichte entzogen ... und der Exekutive eingehändigt." Das Ergebnis ist jedenfalls, daß an Stelle des Zustandes tatsächlicher Suspension ein solcher nur drohender Suspension genügt. Die Ablehnung dieser Auffassung des Martial Law will natürlich das Recht der Krone, auch ohne Vorliegen eines State of War zur Abwendung einer imminent danger einzugreifen, nicht in Frage stellen. "The prevention of any possible comfort or assistance to the enemy in time of war or rebellion, or any interference with the military operations of our own forces may require steps to be taken far from the seat of war. ... Whether any, and which, of these measures are lawfully taken will be judged in each case according to the circumstances thereof; not by any military tribunal, but by the ordinary Courts of law, whose jurisdiction is in no sense in abeyance [1])." Also Geltendmachung des Gedankens der Staatsnotwehr vor dem Richter, aber nicht Ausschaltung der Gerichtsbarkeit!

Zu ähnlichen Ergebnissen kommen einige andere Entscheidungen, die sich mit der Frage, ob die Tätigkeit der Gerichte mit dem Vorliegen eines State of War vereinbar ist, unter einem ganz anderen Gesichtspunkt befassen. Es ist nämlich möglich, daß die Militärbehörden, nachdem sie im Martial Law die höchste Gewalt ergriffen haben, nunmehr die Tätigkeit der ordentlichen Gerichte wieder ermöglichen. In diesem Falle stehen, — in scheinbarem Widerspruch zu dem von Coke überlieferten Rechtssatz (vgl. S. 212), — die Gerichte offen trotz Bestehen des Martial Law. Aber die Rechtsprechung ist sich darüber einig, daß dieser Widerspruch nur ein scheinbarer ist: denn tatsächlich werden die Gerichte hier nicht zu eigenem Recht, sondern als Beauftragte oder auf Grund einer Erlaubnis der Militärgewalt tätig. So entschied der Privy Council 1830 in der indischen Sache Elphinstone v. Bedreechund (1 Knapp 316, State Tr. N. S. 379), daß auch non flagrante, aber nondum cessante bello eine richterliche Kognition über militärische Akte unzulässig sei. Die grundlegende Entscheidung in dieser Beziehung erging im Jahre 1902 [2]) von dem Privy Council in Berufung gegen eine Entscheidung des Supreme Court der Kapkolonie. Bei Unruhen an der Grenze der Kapkolonie war ein Mann namens Marais im Auftrage

---

[1]) Harrison Moore, Act of State in English Law 1906, p. 61.

[2]) Ex parte Marais, 1902, A. C., S. 109 f.

der Militärbehörde in der Nähe von Kapstadt in einem von den Unruhen nicht betroffenen Bezirk verhaftet und in einen unter Martial Law stehenden Ort in der Nähe der Grenze geschleppt worden. Sein Gesuch um Habeas Corpus wurde abgelehnt, da die Gerichte in dem betreffenden Teil Südafrikas zwar tätig seien, aber nicht zu eigenem Recht, sondern lediglich auf Grund der Erlaubnis der Militärbehörde [1]). Das Gericht hat also den offenkundigen Mißbrauch der militärischen Immunität gedeckt; eine Praxis, die in ähnlichen Fällen zur Verschleppung von Zivilpersonen in Gebiete des Martial Law geführt hat.

Im Anschluß an diese und einige weniger klare Entscheidungen haben die englischen Gerichte den gewohnheitsrechtlichen Satz ausgebildet, daß ein Eingreifen der Gerichte in die Tätigkeit der Militärbehörde nicht zulässig ist, wenn sie während des Bestehens eines Kriegszustandes lediglich auf Grund militärischer Duldung tätig werden. So hat der irische Hig Court in den Unruhen des Jahres 1921 in verschiedenen Entscheidungen ausgesprochen, daß in Irland ein Kriegszustand bestehe und daher ein Rechtsmittel gegen Handlungen der Militärbehörde an die ordentlichen Gerichte nicht gegeben sei [2]). Damit tritt neben die gesetzliche Suspension der Habeas Corpus Act. eine tatsächliche, durch das Bestehen des Martial Law allein hervorgerufene. Kraft Verfassungsrechts hat der Tatbestand des state of war die Suspension des Grundrechtsschutzes zur Folge [3]). Es ist dieses ein spezieller Ausfluß des allgemeinen englischen Prinzips, die Militärbehörde in ihrer Aktion bei der Wiederherstellung der öffentlichen Ordnung grundsätzlich nicht zu beschränken, sondern ihr zunächst volle Handlungsfreiheit zu lassen, nachträglich aber ihre Handlungen einer Nachprüfung zu unterziehen.

---

[1]) a. a. O. S. 114: "When the Courts are sitting, it is no doubt time of peace, subject to that they are sitting in their own right and not merely as licencees of the military power." Vgl. die diese Entscheidung behandelnden 4 Art. in 18 Law Quarterly Review (1902) u. 195 Edinburgh Review (1902) S. 79.

[2]) In re Allen (55 Ir. L. T. R. 107) ferner R. (Carde) v. Strickland, R. (Ronayne and Mulcahy) v. Strickland (1921, 2 J. R. 317, 333). In Irland wurde diese Abhängigkeit ausdrücklich ausgesprochen durch eine Proklamation des Militärbefehlshabers vom 13. XII. 1902: ". . . . e) All law courts, corporations, councils and boards are hereby directed to continue to carry out their functions until otherwise ordered." (Abgedr. bei „I. O., Administration of Ireland", S. 409). Zu beachten ist allerdings, daß ex parte Marais als Entscheidung in Kolonialsachen für englische Gerichte nicht bindend ist (vgl. O'Sullivan, Military Law and the Supremacy of the Cicil Courts, S. 35), und dasselbe gilt von den zitierten irischen Entscheidungen.

[3]) Vgl. Rex v. Vine Street Police Station, 1 K. B. 1916, S. 268 f., insbes. S. 276.

Ende des Martial Law.

Ist Voraussetzung und zugleich wesentlicher Inhalt des Martial Law die Unmöglichkeit richterlicher Überprüfung der Ausnahmemaßnahmen, so bedeutet doch diese Suspension der richterlichen Gewalt nur ein Ruhen, keine temporäre Abschaffung. Da das Bestehen eines Kriegszustandes eine rein tatsächliche Frage ist und das Martial Law nicht durch einen Staatsakt verhängt wird, ist es Sache der ordentlichen Gerichte, festzustellen, ob ein state of war noch besteht oder ob der Frieden bereits wiederhergestellt ist. "The civil Courts are bound, when their jurisdiction is invoked, to decide wether or not there exists a state of war or armed rebellion, but once they decide there is a state of war or armed rebellion they have no power to prohibit, control, or interfere with any act of the military forces" [1]). Verneinen sie jedoch die Frage nach dem Vorliegen eines solchen, so haben sie Kognition über die Handlungen der Ausnahmeorgane und gewähren gegen die Maßnahmen der Militärbehörde Rechtsschutz. In dem Augenblick, wo mit der Rückkehr des öffentlichen Friedens die Ausnahmebefugnis der Militärbehörde auf Grund königlicher Prärogative ihr Ende erreicht, — und zwar ipso facto — endet auch die Zurückhaltung der Gerichte [2]): "The powers of the military authorities cease and those of the civil courts are resumed ipso facto with the termination of the disorder". Das Ende des state of war gibt den Gerichten die Überordnung über die Exekutive wieder. Das Ende das State of War ist nun genau wie sein Eintritt eine rein tatsächliche Frage. Sobald die Verhältnisse sich soweit beruhigt haben, daß von einem State of War nicht mehr die Rede sein kann, entfällt die Notwendigkeit eines Ersatzes der Zivilgewalt und damit die Rechtfertigung der von der Krone geschaffenen Militärdiktatur. Wenn auch nicht das Aufhören tatsächlicher Unruhen und Störungen allein als eine genügende Befriedigung angesehen werden kann, da der Schein der äußeren Ruhe trügerisch sein mag, so führen doch eine wirkliche Beruhigung und endgültige Wiederherstellung des gestörten Friedens ohne weiteres das Ende des Martial Law herbei. Die Ausübung der königlichen Prärogative "is strictly limited by, and must cease with, the necessity which gave rise to it" (Ridges p. 36). Üblicherweise ergeht auch hier eine königliche

[1]) So die irische Entscheidung R. (O'Brien) v. Military Governor of Military Internment Camp (1924) I. J. R. 32. Dicey, a. a. O. 544: "The existence of a state of peace is a question of fact to be determined in any case before the courts."

[2]) Vgl. Halsbury, Laws of England, Bd. VI, S. 403 und den gleich zu erörternden Fall Wolfe Tone.

Proklamation, die die Erklärung des Martial Law ausdrücklich widerruft, aber eine solche Proklamation hat lediglich die Bedeutung, eine eingetretene Tatsache festzustellen und ist in keiner Weise Voraussetzung für den Eintritt des ordentlichen Rechtszustandes. Mit dem Wegfall der äußeren Störung treten die ordentlichen Gerichte von selbst wieder in Kraft und erlöschen die Befugnisse der Ausnahmegewalt.

Die diesen Rechtssatz zum ersten Mal klar zum Ausdruck bringende Entscheidung ist der im Jahre 1789 von der King's Bench des irischen High Court in Dublin entschiedene Fall Wolfe Tone [1]. Ein Ire dieses Namens, der sich bei Unruhen hochverräterische Handlungen hatte zu Schulden kommen lassen, wurde von den zur Bekämpfung der Unruhen eingesetzten Militärbehörden gefangen und standgerichtlich zum Tode verurteilt. Allein die King's Bench, als das zuständige ordentliche Gericht, an welches der Verurteilte sich wandte, gewährte ihm einen Writ of Habeas Corpus gegen den Militärbefehlshaber, in dessen Gewalt er sich befand mit der Begründung, daß die Ruhe inzwischen wiederhergestellt sei, und daß daher eine Kognition der im Martial Law eingesetzten Militärgerichte nicht mehr in Frage komme, vielmehr jetzt allein das ordentliche Gericht zu einer solchen Aburteilung zuständig sei.

Die Ausnahmegewalt wird also stets in Schach gehalten durch die von ihr unabhängige richterliche Gewalt, die die Ausnahmegewalt kontrolliert und sie rechtlich zur Beendigung ihrer Aktion zwingen kann. Damit erreicht die rechtliche Kontrolle der Ausnahmegewalt das überhaupt mögliche Höchstmaß [2]. Es gibt also keine Theorie vom unüberprüfbaren acte de gouvernement, durch die eine richterliche Kognition über diese Fragen ausgeschlossen wäre [3].

---

[1]) 27 St. Tr. 614.

[2]) Die entgegengesetzte Auffassung, wonach allein dem König die Entscheidung über das Vorliegen der Voraussetzungen von Notstandsmaßnahmen zukommt, findet sich in dem berühmten Shipmoney Case (1637), 3 St. Tr. 844: "... we are also of opinion, that in such case your majesty is the sole judge, both of the danger, and when and how the same is to be prevented and avoided." Daselbst (Lord Finch): "Expectancy of danger, I hold, is sufficient ground for the king to charge his subjects; ... His averment of the danger is not traversable, it must be binding when he perceives and says there is a danger." Dies Urteil wurde durch Gesetz vom Mai (16 Cas. 1 ch 14) als rechtswidrig für nichtig erklärt.

[3]) Vgl. W. Harrison Moore, Act of State in English Law, London 1906, p. 48 ff.

Die Ausnahmegewalt und das ordentliche Gericht können nun freilich über das Vorliegen eines State of War in Konflikt kommen. Unter Umständen kann die Militärbehörde, wenn sie über das Bestehen eines State of War anderer Ansicht ist, auf eigenes Risiko einem richterlichen Befehl zuwiderhandeln. In diesem Fall bricht der offene Konflikt der beiden Staatsgewalten aus, bei der Recht gegen Macht steht: der Fall des „Boxkampfes" zweier Staatsgewalten, wie ihn Grau genannt hat (a. a. O. S. 165). Eine Lösung dieses Konfliktes ist nur durch Gesetz möglich. Das Parlament entscheidet durch Annahme oder Ablehnung das Indemnitätsgesetzes in letzter Instanz über den zwischen Gericht und Militärbehörde entstandenen Konflikt und damit über die Rechtmäßigkeit der militärischen Aktion.

Nachträgliche Überprüfung der Ausnahmemaßnahmen

Allein die englischen Gerichte beschränken sich nicht darauf, das Ende des State of War und der Diktatur festzustellen. Vielmehr erstrecken sie nunmehr — im Liquidationsstadium, d. h. nach Wiederherstellung der Verfassung — ihre Prüfung auf die Rechtmäßigkeit der einzelnen Maßnahmen [1]). Und hier entnehmen sie den grundlegenden Bewertungsmaßstab dem Gedanken der Staatsnotwehr, dem Martial Law im subjektiven Sinne als Begriff der Interessenabwägung. Diese Auffassung ist jedoch nicht zweifelsfrei und hängt zusammen mit der Theorie des Martial Law.

Ausgehend vom Martial Law als Diktatur, d. h. als inhaltlich nicht beschränkte Ausnahmegewalt hat die englische Theorie früher die Möglichkeit einer rechtlichen Bewertung des Martial Law überhaupt negiert, es als außerhalb des Rahmens jeder Rechtsordnung stehend angesehen; die Einordnung in die Rechtsordnung und die Beurteilung nach Rechtssätzen überhaupt abgelehnt. So z. B. Earl Grey anläßlich der Ceylondebatte im Oberhaus 1851: „Martial Law ist überhaupt kein Recht, sondern bedeutet, daß zur Erreichung der öffentlichen Sicherheit im Falle großer Not alles Recht beiseite gesetzt

[1]) A. A. Harrison Moore, a. a. O., der ein solches Prüfungsrecht für die nachweisbar im state of war vorgenommenen Handlungen ablehnt, aber zugibt, daß seine Auffassung im Widerspruch mit der Praxis steht (S. 25). Umgekehrt gehen einzelne Autoren weiter (so Richards in L. Q. R. a. a. O.) und vindizieren den Gerichten auch während der Dauer des Martial Law ein Nachprüfungsrecht bei offenbaren Willkürlichkeiten der Militärbehörde. Diese Auffassung ist jedoch vereinzelt und steht jedenfalls im inneren Widerspruch mit dem Grundsatz, daß das Fehlen einer eigenen Gerichtsgewalt während der Dauer des Martial Law die Kognition der Gerichte über die Militärbehörden überhaupt ausschließt.

und unter Anwendung militärischer Gewalt vorgegangen wird."[1]) Häufig zitiert wird auch der Ausspruch des englischen Juristen Hale: [2]) „Ausnahmerecht ist in Wahrheit nicht Recht, sondern etwas, was eher geduldet, denn als Recht erlaubt ist; und es kann nur deshalb geduldet werden, weil infolge von Rebellion die Durchsetzung jeden anderen Rechtes unmöglich geworden ist." In allen diesen Äußerungen findet derselbe Gedanke Ausdruck: die der Ausnahmegewalt zustehenden Befugnisse sind so schrankenlos und überragend, daß sie einer rechtlichen Würdigung nicht zugänglich sind; die Ausnahmemaßnahmen sind politische Akte, die richterlicher Kognition nicht unterliegen können, bei denen vielmehr der Ermessensspielraum so groß ist, daß eine objektive Bewertung ausgeschlossen ist.

Die moderne Auffassung, die durch Dicey's Introduction [3]) zum Abschluß gebracht worden ist, lehnt diese Ansicht ab. Allerdings waltet über den Inhalt der zur Wiederherstellung des Friedens nötigen Maßnahmen tatsächlich das freie Ermessen der Militärbehörden, die allein in der Lage sind, ihre Befehle durchzusetzen. Allein damit ist nicht gesagt, daß die Militärbefehlshaber nach Willkür vorgehen dürften, denn das Prärogativrecht des Martial Law „is in itself a part of the common law, not to be exercised arbitrarily, but "per legem" and "sub modo legis" (Lord Parmoor in de Keysers Hotel p. 567). In der Praxis findet dieser Genanke schon früher Anerkennung durch den Justice Blackburne in dem berühmten Fall des wegen der Proklamation des Martial Law und seiner Ausübung angeklagten Gouverneurs von Jamaica, Eyre (L. R. 3 Q. B. 487, 1868): "It has not been settled what is the Crowns Prerogative as to enforcing Martial Law, but it is by no means an unbounded wild and tyrannical prerogative, and if Martial Law exists at all, it must be strictly limited to necessity". Der Gedanke der Unmöglichkeit rechtlicher Beurteilung der Diktaturmaßnahmen wird also abgelehnt; die Militärbehörden haben keine andere Stellung wie die sonstigen Exekutivorgane der Krone und sind in keiner Weise privilegiert. Doch ist diese Auffassung noch keineswegs völlig durchgedrungen.

---

[1]) 115 P. D. (3. S.) S. 879, ähnlich die Entscheidung des Chief Justice Holt in 6 Mod. Rep. 180 (1704): "Martial Law is not a fixed law, but a transitory law, variable by the general, as occasion and circumstances require, according to the articles of war." Vgl. Wellington 1851: „Martial Law ist der Wille des Kommandierenden Generals."

[2]) History of the Common Law 1776, S. 36 f. Baty a. a. O. S. 17 bezieht diese Äußerung allerdings ausschließlich auf das Martial Law im Sinne des Disziplinarrechts, aber wohl zu Unrecht.

[3]) S. 544, ferner Emden a. a. O. 161.

So drückt sich der "Enneccerus" des englischen Rechts, die Commentaries von Stephen, noch jetzt durchaus vorsichtig aus: "There is considerable authority for saying that this prerogative is not a valid one, and that its existence has only been invented to find a plan within the Constitution for a jurisdiction that is admittedly extraconstitutional" (I, p. 204.). Aber er fügt hinzu: "Perhaps the soundest view to take is, that such an exercise of the prerogative, so far as it is lawfull at all, is lawfull only as an extension to a wider sphere of the undoubted right and duty of the Crown to put down local disorder, by force if need be. The existence of this latter right cannot be questioned." Damit ist die Möglichkeit einer richterlichen Beurteilung anerkannt. Zugleich wird der Bewertungsmaßstab angedeutet: Er ergibt sich aus der Aufgabe der Friedensbewahrung.

Beurteilungsmaßstab.

Hatschek hat diesen Maßstab, den wir in seiner Anwendung auf das Eingreifen außerordentlicher Diktaturgewalt als Staatsnotwehr bezeichneten (oben S. 194), formuliert als das „Prinzip des überwiegenden Interesses"[1]). War die zu prüfende Maßnahme im öffentlichen Interesse geboten, so muß der Richter sie als rechtmäßig anerkennen: öffentliches Interesse geht dem Privatinteresse vor. "Above the liberty of the subject is the safety of the realm" (R. v. Vine Street Police Station, 1 K. B. 1916 p. 268 ff.). Dieser Gedanke der Staatsnotwehr liegt in England um so näher, als hier der Exekutive in der Erfüllung ihrer Aufgaben keinerlei Vorzugsrecht gegenüber dem einzelnen Staatsangehörigen zusteht, dieselbe vielmehr dem ordentlichen Verfahren und den für alle geltenden Rechtssätzen unterworfen ist. "The Crown is in just the same position as regards any measures . . . it is in no better position, and no worse, than a private individual [2])." Wie der Einzelne in Notwehr sich verteidigen darf, nachher aber sein Verhalten rechtfertigen muß [3]), so darf der mit der Verteidigung der Verfassung Beauftragte notfalls Gewalt anwenden, muß aber nachher seine Maßnahmen vor dem Richter verantworten. In dieser nur relativen Präzision zeigt sich die „polizeiliche Natur" der Ausnahmegewalt. Kein Wunder, daß wir im Martial Law Rechtsbegriffe finden, die uns aus dem deutschen Polizeirecht ge-

---

[1]) A. a. O. p. I S. 614.

[2]) Baty a. a. O. p. 25.

[3]) Garsia, Constitutional Law 1925: „In defence of a man's liberty person or property, he may lawfully use any amount of force — even amounting to the infliction of death — which is necessary, reasonable and proportionable for repelling the attack." Vgl. Dicey a. a. O. S. 543.

läufig sind [1]). Zweck der Aufnahmebefugnisse ist die Aufrechterhaltung bezw. Wiederherstellung der öffentlichen Ordnung und die Erhaltung des Staates: Lediglich diese Aufgabe hat die Krone zu verfolgen; nur soweit ihre Maßnahmen diesem Zwecke dienen und durch ihn gefordert werden, sind sie rechtmäßig. Es ist der Grundsatz, daß nur *necessity* Ausnahmemaßnahmen zu rechtfertigen vermag.

Dabei hat die Tatsache, daß die Gerichte über die nähere Bestimmung dieses Maßstabes zu entscheiden haben, auf das materielle Recht in doppelter Richtung eingewirkt.

Einmal stellt die richterliche Nachprüfung nur implicite die Rechtmäßigkeit der Ausnahmeaktion, direkt aber nur die des einzelnen Aktes fest. "Every act must be justified an its own merits." [2]) Das führt zu einer gefühlsmäßigen Unterbewertung des Staatsinteresses, das im Einzelfall weniger plastisch hervortritt, gegenüber dem Privatinteresse. So führt der Gedanke der grundsätzlichen inneren Gleichartigkeit vom öffentlichen und privaten Interesse zu einer Verschärfung der Voraussetzungen für die Rechtmäßigkeit der Ausnahmeaktion. Der englische Richter sucht hier — bei aller Wahrung der notwendigen Bewegungsfreiheit der Exekutive — im Einzelfall möglichst streng zu sein.

So genügt es nicht, um eine Rechtmäßigkeit der angeordneten Maßnahmen darzulegen, daß dieselben im Staatsinteresse geboten war; es bedarf hierzu einer ganz besonderen Dringlichkeit: eine unmittelbare, dringende Notwendigkeit (actual and immediate necessity)[3]), eine überragende Bedeutung der getroffenen Maßnahmen (paramount importance), eine dringende Gefahr (imminent danger) [4]) wird gefordert. Maßnahmen nur vorbeugender Natur, die nicht der Abwehr einer unmittelbar bevorstehenden Gefahr dienen sollen, genügen diesen Erfordernissen nicht [5]). Ebensowenig Maßnahmen von bloßer "public necessity" (De Keysers Hotel p. 568/9). Freilich sind alle diese Be-

[1]) Vgl. Schmitts Kritik an Grau, StR LV, I, p. 92. [2]) Baty a. a. O. p. 21. Auch ein einmal vorgenommener Akt bedarf bei Fortdauer immer erneuter Rechtfertigung: Crown of Leon v. Admiralty, 1 (1921) K. B. 609.

[3]) De Keysers Hotel 1920 A. C. 552. Die Entscheidung Crown of Leon v. Admiralty 1 (1921) K. B. 604 fordert "instant and urgent necessity . . . That means that there must be a national emergency, an urgent necessity for taking extreme steps for the protection of the Realm." Vgl. den Report über die Featherstone-Unruhen 7. IX. 1893, C. 7234: "The whole action of the military when once called in ought to be based on the principle of doing, and doing without fear, that which is absolutely necessary to prevent serious crime."

[4]) Shipmoney Case 3 St. Tr. 825, Plaidoyer Holborns; De Keysers Hotel, 1920 A. C. 565.

[5]) Baty a. a. O. S. 79: "Merely precautionary steps — not taken in the face of an imminent danger — are not justifiable by the plea of necessity."

stimmungen ihrer Natur nach flüssig und einer genauen Abgrenzung unzugänglich; allein ihnen allen liegt der Gedanke zugrunde, daß das Eingreifen auf Grund königlicher Prärogative sich nur durch besondere Umstände rechtfertigen lasse und nur insoweit, als keine andere Möglichkeit der Abhilfe besteht.

Sind die Befugnisse der Krone fließend und ihre Rechtmäßigkeit nur von Fall zu Fall zu bestimmen nach Maßgabe ihrer Notwendigkeit, so ergibt sich daraus das Prinzip der Verhältnismäßigkeit des angewandten Mittels [1]). Nach der Intensität des Angriffs auf den öffentlichen Frieden bestimmt sich der Grad der zulässigen Abwehr. "The Common Law armes it (die Exekutive) with the power to use force. How much force? The answer is that the degree of force which may be used, is always strictly relative to the degree of force that has to be met." (Baty a. a. O.)

Hier entsteht nun das Problem der Bedeutung des Irrtums auf Seiten der Ausnahmeorgane.

Das englische Recht, ausgehend von der grundsätzlichen Gleichheit von öffentlichem und privatem Interesse erklärt den Irrtum der Ausnahmegewalt für irrelevant. Hatschek [2]) bezeichnet diesen Grundsatz als „objektive Notstandstheorie" des englischen Rechts. Es genügt nicht, wenn die Regierung der Ansicht war, daß ein hinreichender Anlaß zu einem unmittelbaren Eingreifen vorliege; nicht das Ermessen der Regierung ist entscheidend für die Rechtmäßigkeit der von ihr angeordneten Maßnahmen, sondern die objektive Sachlage.

Doch kann das nicht soweit führen, den Exekutivorganen die Verantwortlichkeit für unvorhersehbare Zufälle aufzubürden. Wie weit im Einzelnen das Erfordernis einer objektiven Notwendigkeit durchzuführen ist, ist zweifelhaft; man wird jedenfalls für die Beurteilung der Sachlage nur den Tatbestand zugrunde legen können, der den Organen der Ausnahmegewalt im Zeitpunkt ihrer Entschließung bekannt war. Entscheidender Maßstab für die Frage der Notwendigkeit ist danach das Urteil eines „reasonable man" im Zeitpunkt der Vornahme der Handlung [3]).

---

[1]) Der zitierte Report über die Featherstone-Unruhen sagt: "The force must always be moderated and proportional to the circumstances of the case and to the end to be attained." (Bicknell, Cases on Constitutional Law p. 161).

[2]) a. a. O. I S. 620.

[3]) Vgl. gut Baty a. a. O. S. 10 f. Wenn Dicey a. a. O. einen noch strengeren Standpunkt zu vertreten scheint, indem er tatsächliche Notwendigkeit der Ausnahmehandlung fordert, so dürfte doch der Unterschied zu der von Baty vertretenen Auffassung nur ein scheinbarer sein, da Dicey den Nachdruck auf

Zweifelhaft ist, wieweit daraus eine Überprüfung des freien Ermessens der Militärbehörde folgt. Sicher ist, daß Fragen bloßer Zweckmäßigkeit nicht nachprüfbar sind, sofern generelle Notwendigkeit zu derartigen Eingriffen besteht[1]). So Judge Salter in dem schon wiederholt zitierten Falle der Crown of Leon[2]): "The use which the crown makes of the subjects chattels during the requisition must always be justified by showing a state of public danger and emergency. But no one can doubt that the Crown has the right to use the requisitioned goods of the subject in any manner which a grave national emergency may make necessary". Ebenso Fragen rein militärischen Ermessens, so Justice Darling ebenda[3]): "Cases have been cited by the solicitor-general, which show that it is not the business of this court to look carefully into all the military necessities, to consider whether this manoeuvre or that should be performed, or whether the country should be defended by ships or by bajonets. That must be left, and there is ample authority for saying so, to the Executive, and this court cannot profess to interfere with the discretion of the military authorities. . . . We do not, and cannot, know what were the necessities of the time, that matter must be left to the Executive". Derselbe Gedanke findet sich in ähnlicher Fassung in De Keysers Hotel[4]): "As to the necessity for the taking over of the particular subject, the Crown authorities must be the judge of that." Entsprechend eine andere Entscheidung: "The decision of the competent military authority as to the necessity of the compulsory taking of private premises, provided he acted reasonably and in good faith, was conclusive"[5]).

Allein diese letztere Entscheidung führte schon weiter: Nur insoweit ist die Entscheidung der Exekutive endgültig, als sie reasonably and in good faith gehandelt hat, d. h.: "in such a way, that a Court of law could not say that they were obviously not acting bona fide, because they were acting so unreasonably, that no honest man could say that they could possibly have so acted" (a. a. O. p. 1672).

---

den Ausschluß von Willkür legt, nicht aber in Abweichung von Baty den Exekutivorganen die Verantwortung für unvorhersehbare Umstände zuschieben will.

[1]) Über ähnliche Kontroversen im preußischen Polizeirecht vgl. Stengel-Fleischmann III, S. 110 f. (Rosin); Brauchitsch-Genzmer 1918, I, S. 245 f.

[2]) Crown of Leon v. Admiralty Commissioners 1921 (1), K. B. 609.

[3]) S. 607.

[4]) 1920 A. C. p. 525.

[5]) Sheffield Conservative and Unionist Club v. Brighton 1916, 85. L. J. K. B. 1669 (zit. b. Emden a. a. O. 148).

Wenngleich also die Rechtmäßigkeit vermutet wird, ist doch der Einwand offenbarer Unsinnigkeit der angeordneten Maßnahme zulässig. Dasselbe gilt bei Willkürmaßnahmen, bei Überschreitung der dem freien Ermessen in subjektiver Hinsicht gezogenen Schranken [1]: findet das Gericht eine solche Abweichung von der pflichtmäßigen Motivation, so hat es Rechtsmittel zu gewähren. Die Gerichte sind also jedenfalls in der Lage, die Einhaltung der Schranken des freien Ermessens zu überwachen, wenngleich eine Nachprüfung der Ausübung des Ermessens selbst ausgeschlossen sein dürfte [2].

Weiter geht die richterliche Praxis gegenüber der Tätigkeit des Militärs und der Polizeiorgane bei kleineren Unruhen, wo es zur Einsetzung einer Militärdiktatur nicht kommt und daher die Frage nach einer die Notwehr rechtfertigenden Gefahr für den Staat nicht von der nach der Berechtigung der konkreten Notwehrhandlung getrennt werden kann. Hier, wo es sich um das Common Law-Recht handelt, Unruhen niederzuwerfen, pflegen die Gerichte der Notwendigkeit der Abwehrmaßnahme energischer nachzuprüfen. Es genügt also nicht, daß der betreffende Befehlshaber der militärischen oder polizeilichen Macht sich nach pflichtmäßigem Ermessen zum Eingreifen für befähigt halten durfte: er muß nachweisen können, daß seine Maßnahme objektiv notwendig war, um sie zu rechtfertigen.

Da in England nicht nur Straf-, sondern vielfach auch Zivilprozesse — so Schadenersatzklagen — unter Beiziehung von Geschworenen entschieden werden, entscheidet in letzter Linie über die Rechtmäßigkeit eines Eingriffes im Martial Law das Urteil einer Jury, — ein Urteil, was naturgemäß zu größerer Strenge neigen wird als das eines Beamten oder Offiziers, der mitten im Kampfe steht [3].

Um die volle Bedeutung dieser Macht der ordentlichen Gerichte zu erkennen, ist zu berücksichtigen, daß es in England eine Überwälzung der Haftung des Beamten auf den Staat grundsätzlich nicht gibt. Allerdings sind die Minister der Krone durch die königliche Prärogative gedeckt [4]. Allein grundsätzlich ist nach Common Law jeder Beamte oder Soldat [5] für die Rechtmäßigkeit der von ihm

[1] Vgl. R. v. Governor of Brixton Prison, exparte Sarno (1916 K. B. 742.).

[2] In ähnlichen Ergebnissen für den Art. 48 gelangt Leibholz, Gleichheit von dem Gesetz, (Berlin 1925) S. 105.

[3] Vgl. Dicey, Law of the Constitution, London 1924, S. 286; Laski, Grammar of Politics, London 1925, S. 557.

[4] Koellreutter, Verwaltungsrecht und Verwaltungsrechtsprechung, S. 197 ff.

[5] Denn: "A soldier differs from the ordinary citizen in being armed and ubject to discipline; but his rights and duties in dealing with crime are precisely he same as those of the ordinary citizen." (Manual of Military Law p. 233(III).

vorgenommenen Handlungen in vollem Umfange strafrechtlich und zivilrechtlich verantwortlich. Insbesondere entschuldigt ein rechtswidriger Befehl des Vorgesetzten den Untergebenen nicht [1]), wenngleich viele Entscheidungen den Standpunkt vertreten, daß nicht offensichtlich rechtswidrige Befehle befolgt werden müssen [2]). So die südafrikanische Entscheidung R. v. Smith [3]): "So long as the orders of the superior are not obviously and decidedly in opposition to the law of the land or well-known and established customs of the Army, they must meet with prompt, immediate and unhesitating obedience." Diese weitgehende persönliche Haftung, die auch auf die mit der Aufrechterhaltung des öffentlichen Friedens beauftragten Polizei- und Militärpersonen in vollem Umfange Anwendung findet, bedeutet eine für deutsche Begriffe außerordentlich weitgehende Steigerung der Verantwortlichkeit der handelnden Beamten. Dies geht so weit, daß der auf Befehl seines Offiziers in die aufrührerische Menge schießende Soldat einerseits Gefahr läuft, wegen unnötiger Vernichtung menschlichen Lebens die Todesstrafe wegen Mordes zu erleiden, andererseits, falls er dem durch die Notwendigkeit gerechtfertigten Befehle nicht Folge leistet, wegen Disziplinwidrigkeit kriegsgerichtlich erschossen zu werden [4]). So mit besonderem Nachdruck die Entscheidung R. v. Pinney (5 C. C. O. 254): "A person, wether a magistrate or a peace officer, who has the duty of repressing a riot, is placed in a difficult situation, for if, by his acts, he causes death, he is liable to be indicted for murder or manslaughter, and if he does not act he is liable to an indictment on an information for neglect, he is therefore bound to hit the precise line of his duty." Die darin liegende Härte wird von den englischen Juristen durchaus zugegeben [5]), allein die englische Jurisprudenz hält an diesem Satz hartnäckig fest, da nur so der einzelne Beamte gezwungen werden könne, sich seine Tätigkeit genau auf ihre rechtlichen Folgen zu überlegen, und bei Eingriff in die Rechte von Privaten mit größtmöglicher Schonung

[1]) Vgl. Dicey a. a. O. S. 298: "When a soldier is put on trial on a charge of crime, obedience to superior orders is not of itself a defence" und den dort angeführten Fall.

[2]) Keighley v. Bell, 1832. 5. C. u. P. 254.

[3]) Cape of Good Hope Rep. 561 (1900), zit. b. Thomas, Constitutional Cases p. 135.

[4]) Vgl. Dicey a. a. O. S. 548f.

[5]) Vgl. die Fälle Queen v. Nelson and Brand (Special Report F. Cockburn), Queen v. Eyre (1868 Finlasons's Report) und Philipps v. Eyre (6. Q. B. 1.) in denen der Gouverneur von Jamaika, Eyre und die ihm untergebenen Offiziere Nelson und Brand sich wegen der Erklärung und Handhabung des martial law zu verantworten hatten.

zu verfahren. Er muß, wie Dicey [1]) sich ausdrückt, genau die Linie des Rechts zwischen Nachlässigkeit einerseits und Übereilung andererseits zu finden wissen.

Allerdings pflegt die Krone die in Anspruch genommenen Beamten ohne Rücksicht auf den Ausgang des Prozesses finanziell zu decken (Emden a. a. O. p. 163). Allein die Folgen eines Prozesses für die Psyche und die soziale Stellung des Betroffenen werden dadurch natürlich nicht aus der Welt geschafft.

V. Defence of the Realm Acts.

Während das englische Recht, auch so weit es zu dem Hilfsmittel des Ausnahmegesetzes griff, im letzten Jahrhundert streng an dem Grundsatz der Spezialität festhielt, ist dieser Grundsatz zum erstenmal in der Ausnahmegesetzgebung zu Beginn des Weltkrieges in radikaler Weise durchbrochen worden. Die früheren Ausnahmegesetze von 1798, 1803 und 1804 beschränkten sich nicht darauf, die der Regierung übertragenen Vollmachten im Allgemeinen zu bezeichnen, sondern regelten die außerordentlichen Befugnisse und ihre Ausübung in allen Einzelheiten. Insbesondere hielten die genannten Gesetze daran fest, der Exekutive kein Verordnungsrecht einzuräumen, sondern das Parlament bestimmte abschließend die Kompetenzen der Ausnahmeorgane.

Ganz anders die Defence of the Realm Acts 1914 (DORA). Diese begrenzten die Kompetenzen der Diktaturgewalt nur durch eine in allgemeinen Ausdrücken gehaltene Bestimmung ihrer Aufgabe, und gewähren der Regierung innerhalb dieser Grenzen ein weitgehendes Verordnungsrecht. Dieser Umschwung des englischen Verfassungsrechts, der die Dora als „unprecedented in character" erscheinen läßt, bringt die Verschiebung der politischen Situation in der englischen Verfassung im letzten Jahrhundert klar zum Ausdruck. Die Gefahr eines Mißbrauchs der Diktaturgewalt zu einem persönlichen monarchischen Regime, die durch eine Ausschaltung der richterlichen Gewalt aus der Ausnahmeorganisation verhindert werden mußte und dem englischen Martial Law seinen politischen Charakter aufprägte, ist jetzt nicht mehr aktuell: die Stabilisierung des parlamentarischen Systems und das Fehlen einer monarchistischen Bewegung erlauben es, nunmehr der Regierung die Befugnis zur definitiven Normierung und zur Unterordnung der Justiz unter die Exekutive zu geben. In diesem Entwicklungsprozeß bedeutet die DORA zwar nicht den Abschluß, aber einen entscheidenden Wendepunkt.

---

[1]) A. a. O. S. 548 f.

Im folgenden soll nicht ein Überblick über die gesamte Kriegsgesetzgebung gegeben werden, vielmehr beschränkt sich die Darstellung auf den für uns wichtigsten Punkt: das richterliche Prüfungsrecht gegenüber den Notverordnungen [1]).

Das grundsätzliche Prinzip des möglichsten Schutzes individueller Interessen legt die an der Spitze der ganzen Emergency Legislation stehende Regulation Nr. 1 fest: "The ordinary avocations of life and the enjoyment of property will be interfered with as little as may be

---

[1]) Das Verordnungsrecht der Regierung war in S. 1 der verschiedenen DORA. enthalten. Nach der Defence of the Realm Consolidation Act vom 27. 11. 1914 (5 Geo 5 c. 8) lautete diese Bestimmung:

1 (1) His Majesty in Council has power during the continuance of the present war to issue regulations for securing the public safety and the Defence of the Realm, and as to the powers and duties for that purpose of the Admiralty and Army Council and of the members of his Majesty's forces and other persons acting in his behalf; and may by such regulations authorise the trial by courts-martial, or in the case of minor offenses by courts of summary jurisdiction, and punishment of persons committing offences against the regulations, and in particular against any of the provisions of such regulations designed —

a) to prevent persons communicating with the enemy or obtaining informations for that purpose or any purpose calculated to jeopardise the success of the operations of any of His Majesty's forces or the forces of his allies or to assist the enemy, or

b) to secure the safety of His Majesty's forces and ships and the safety of any means of communication and of railways, ports and harbours, or

c) to prevent the spread of false reports or reports likely to cause disaffection to His Majesty or to interfere with the success of His Majestys forces by land or sea or to prejudice His Majesty's relations with foreign powers, or

d) to secure the navigation of vessels in accordance with directions given by or under the authority of the Admiralty, or

e) otherwise to prevent assistance being given to the enemy or the successful prosecution of the war being endangered.

(4) For the purpose of the trial of a person for an offence under the regulations by courts-martial and the punishment thereof, the person may be proceeded against and dealth with as if he were a person subject to military law and had on active service committed an offence under s. 5 of the Army Act:

Provided that where it is proved that the offence is committed with intention of assisting the enemy a person convicted of such an offence by a court-martial shall be liable to suffer death.

Neben der allgemeinen Delegation zu Verordnungen „for the public safety and the defence of the Realm" steht also eine spezielle Delegation zu Strafverordnungen. Die auf Grund dieser Delegationen erlassenen Verordnungen bringt das „Manual of Emergency Legislation", herausgegeben in mehreren Auflagen (letzte von 1919) von Pulling im Stationery Office.

Die Erweiterungen der Delegation für Spezialgebiete durch die DORA (Amendement) Act. Nr. 2 1915 (5 Geo 5 c. 37) und die DORA (acquisition of land) Act 1916 (6 und 7 Geo 5 c. 63) können hier außer acht bleiben.

permitted by the exigencies of the measures required to be taken for securing the public safety and the safety of the Realm, and ordinary civil offences will be dealt with by the civil tribunals in the ordinary course of law. — The Admiralty, Army Council and Air Council and members of the Naval, Military and Air Forces and other persons executing the following regulations shall, in carrying those regulations into effect, observe these general principles."

Richterliche Nachprüfung.

Für die Zwecke der richterlichen Nachprüfung ergaben sich zwei verschiedene Probleme, je nachdem ob es sich um einen durch eine rechtsmäßige Verordnung gedeckten Akt oder um eine Rechtswidrigkeit der Verordnung selbst handelte. Im ersten Falle ergab sich die Frage, ob abgesehen von der Rechtsmäßigkeit der Verordnung der Akt unter dem Gesichtspunkt der necessity beanstandet werden könne, und wie weit in dieser Hinsicht das Ermessen der Exekutive nachgeprüft werden könne. In dieser Hinsicht entschied der Privy Council im Falle der Zamora (1916 (2) A. C. 77, 106), daß prinzipiell eine eidliche Versicherung des zuständigen Beamten über die Dringlichkeit einer Maßnahme für Zwecke der Landesverteidigung als genügender Beweis angesehen werden könne. "Those who are responsible for the national security must be the sole judges of what national security requires. It would be obviously undesirable that such matters should be made the subject of evidence in a Court of law or otherwise discussed in public."

Doch erkannte die Kings Bench in der Entscheidung Chine Mutual Steam Navigation Co. v. Maclay (1918, 1 K. B. 33), daß offenkundig durch die Emergency nicht geforderte Akte auch auf Grund einer rechtsmäßigen Verordnung nicht angeordnet werden können. Es handelte sich um die Requisition eines Dampfers, der nach den Anweisungen der Admiralität künftig auf Rechnung der Regierung fahren sollte: Die Requisition an sich wurde als berechtigt anerkannt, dagegen fordere der Zweck der Landesverteidigung nicht die Tätigkeit der Besatzung zugunsten der Regierung.

Bezüglich der Nachprüfung von Verordnungen sind eine Reihe von Entscheidungen ergangen, in denen die Nachprüfbarkeit bejaht wurde: so Chester v. Bateson (1920, 1 K.B. 829), die den Ausschluß der Klagbarkeit von Ansprüchen aus Mietverhältnissen durch Verordnung für "not necessary or a reasonable way to aid in securing the public safety and the defence of the Realm" erklärte, ebenso Newcastle Breweries v. R. (1920, 1 K. B. 854), Hudsons Bay Co.

v. Maclay (1920, 36 T. L. R. 469). Auch hier ist freilich die Frage der Überprüfbarkeit des Ermessens der Verwaltungsbehörden akut, und sie wird in derselben Weise wie beim Einzelakt beantwortet. "Where a regulation is of a character which would, in ordinary circumstances, fall within the statutory objects and purposes thus defined, the question may arise whether the regulation is in fact inside or outside this object and purpose. There is a clear authority to show that in such cases the Executive must be the judge and that the Courts cannot conduct an inquiry into the question whether the pulic safety and the defence of the Realm in fact call for a particular regulation. But it is quite possible to imagine a regulation which, having regard to its subject-matter, could not be regarded as made for the public safety and the defence of the Realm, and in such a case the courts would not hesitate to declare it invalid [1])."

Courts-martial unter der DORA.

Die Befugnis, Vergehen gegen die DORA - regulations durch Kriegsgerichte aburteilen zu lassen, bedeutet ebenfalls eine Abwendung von der bisherigen Praxis, wenngleich solche Ausnahmegerichte sich auch in früheren Spezialgesetzen finden. Regulation 56—58 enthalten die im einzelnen nicht näher interessierenden Ausführungsbestimmungen. Bemerkenswert ist, daß die DORA (Amendment) Act 1915 (5 Geo. 5 C. 34) die courts-martial durch die ordentlichen Schwurgerichte ersetzte und nur der Krone die Befugnis gab, "in the event of invasion or other special military emergency arising out of the present war" diese Bestimmung durch Proklamation außer Kraft zu setzen. Dies ist nur in einem Falle geschehen: in Irland durch Proklamation vom 26. IV. 1916 (St. R. O. Nr. 256). In allen Fällen galten die Courts-martial als Militärgerichte auf Grund der Army Act, waren also an die in dieser enthaltenen Verfahrensordnung gebunden im Gegensatz zu den nicht auf gesetzlicher Ermächtigung beruhenden klassischen Courts-martial. Immerhin hielt es die Indemnity Act von 1920, die die Kriegsgesetzgebung abschloß und liquidierte, für notwendig, die Urteile der auf Grund der DORA eingesetzten Courts-martial nachträglich zu legitimieren, um alle Zweifel über die Rechtskraft dieser Urteile auszuschließen.

VI. Indemnity Act.

Über der handelnden und damit zugleich provisorisch normierenden Diktatur und der über diese Handlungen definitiv, aber abhängig

[1]) Scott aa. O. S. 101.

normierenden richterlichen Gewalt steht als letzte Entscheidungsinstanz der frei normierende Gesetzgeber. Seine politische Kontrolle dient zugleich der Überleitung der Diktaturmaßnahmen in den ordentlichen Rechtszustand: sie vollzieht sich auf dem Wege der Indemnity Act [1]). Ihr Sinn ist die nachträgliche Legalisierung der Diktaturmaßnahmen mit rückwirkender Kraft. Allerdings hat der Gedanke der Staatsnotwehr die ursprüngliche Idee der Indemnity Act: Einordnung des außerhalb des Rechts stehenden Martial Law, verwässert zugunsten einer Einordnung der einzelnen Diktaturmaßnahmen. Trotzdem bleibt die Indemnity Act notwendig, da die kraft Common Law der Diktatur zustehenden Befugnisse zu einer wirksamen Verteidigung der Verfassung nicht ausreichen. Es bedarf gerade mit Rücksicht auf die Strenge der richterlichen Nachprüfung und die Enge der der Diktatur dabei gezogenen Schranken eines nachträglichen Eingreifens der Legislative. "It would be almost impossible to justify the things done in time of war by the plea of necessity which Common law courts alone recognize: but just because the courts know no other test, the legislature has to be called in to indemnify the executive against mistakes." (Baty a. a. O. S. 22.)

Die hier vertretene Theorie der Indemnity Act ist allerdings nicht unbestritten, doch ist sie die in England zurzeit unbedingt herrschende und mit den Entscheidungen allein in Einklang stehende, wie Dicey [2]) wohl überzeugend nachgewiesen hat. Ihre Beurteilung ist abhängig von der theoretischen Auffassung des Martial Law überhaupt.

Mitunter wird die Auffassung vertreten, daß das Indemnitätsgesetz notwendig sei, um überhaupt dem Handeln der Ausnahmegewalt rechtliche Bedeutung zu verschaffen. Dies ist z. B. die Ansicht Hatscheks [3]), der zu einem völligen Mißverständnis gelangt: „Nur wenn objektiv eine Staatsnot vorhanden gewesen ist, wenn die Regierung, die Beamten und das Individuum nützlich gehandelt haben, nur dann ergeht eine Indemnity Bill" (S. 619). Diese Auffassung würde zutreffen, wenn man das Martial Law als etwas außerhalb der Rechtsordnung Stehendes auffaßt, wie es die alte englische Theorie tut, allein sie übersieht das von jeher anerkannte Recht der Krone, die zur Aufrechterhaltung und Wiederherstellung des öffent-

---

[1]) Vgl. zum folgenden als neuestes Beispiel einer umfassenden Indemnity Act die Indemnity Act 1920 (10 u. 11 Geo. V C. 48), die durch die Entscheidung de Keysers Hotel veranlaßt wurde.

[2]) a. a. O. S. 547 ff.

[3]) a. a. O. I 619, II 273.

lichen Friedens unbedingt notwendigen Anordnungen zu treffen, und die daraus hervorgehende Rechtfertigung aller in diesem Rahmen bleibenden Akte kraft Gewohnheitsrechts. Gerade die so nicht gerechtfertigten Akte will die Indemnity Bill schützen. Allerdings bringt der Wortlaut der Indemnitätsgesetze diesen Unterschied regelmäßig nicht zur Geltung, doch ist es ja nicht erforderlich, innerhalb der durch Indemnitätsgesetze legalisierten Handlungen solche zu unterscheiden, die auch ohnehin legal wären; von praktischer Bedeutung wird dieser Unterschied ja nur, solange und soweit ein Indemnitätsgesetz noch nicht ergangen ist [1]).

Im Gegensatz zu dieser Auffassung vertreten Pollock [2]) u. a. den Standpunkt, daß ein Indemnitätsgesetz nur deklaratorisch ist, da alle bona fide, d. h. auf Grund pflichtmäßigen Ermessens, vorgenommenen Überschreitungen des objektiv Notwendigen rechtmäßig seien. Diese Auffassung, die auch z. B. von Clode [3]) geteilt wird, steht aber jedenfalls mit der neuen Judikatur nicht im Einklang [4]) und dürfte die Bedeutung der Indemnity Act unterschätzen. Sie ist auch überwiegend aufgegeben.

Eine Überleitung der Ausnahmemaßnahmen wird in dreifacher Richtung notwendig.

a) Hauptzweck der Indemnity Act ist der Schutz der zur Verteidigung der Verfassung handelnden Staatsorgane gegen zivil- und strafrechtliche Verantwortlichkeit, also Legalisierung aller bona fide getroffenen Einzelmaßnahmen. Dies wird erreicht durch den Ausschluß jeden gerichtlichen Verfahrens für alle Handlungen, die in gutem Glauben zur Beseitigung der Störung des öffentlichen Friedens begangen worden sind. Dabei wird vielfach der Regierung oder einem von ihr zu Beauftragenden die Befugnis erteilt, durch eine nachträgliche Erklärung bestimmte Akte als in gutem Glauben für die Wiederherstellung der öffentlichen Ordnung geschehen anzuerkennen. Einer solchen Erklärung kommt im Prozeß die Bedeutung einer (widerlegbaren) Vermutung zu. Eventuell wird auch der Fall der Entschädigung für derartige Handlungen bei dieser Gelegenheit

---

[1]) Wenn auch Indemnitätsgesetze regelmäßig ergehen, so bietet doch häufig erst ein gegen Militärpersonen usw. wegen ihrer Handlungen im Ausnahmezustand durchgeführter Prozeß Anlaß zum Ergehen eines solchen Gesetzes. Ein Beispiel bietet der Fall des Iren O'Brien (1923) — 2 KB 61 —, der Anlaß gab zu der Restoration of Order in Ireland (Indemnity) Act 1923, 13 u. 14 Geo 5 Ch. 11. Vgl. die betr. Debatten im englischen Parlament, P. D. 164, pp. 859, 1682, 1703 ff.

[2]) L. Q. R., XVIII, S. 157 ff.

[3]) Military Forces of the Crown II S. 151 f.

[4]) Dicey a. a. O S. 551 in eingehender Kritik.

geregelt [1]). Akte, die auch bona fide nicht begangen werden durften, schützt auch eine Indemnity Act nicht. Denn es ist nicht anzunehmen, "that the legislature, by enabling magistrates to justify under the Indemnity Bill, had released them from the feelings of humanity, or permitted them wantonly to exercise power, even though it were to put down rebellion" (Wright v. Fitzgerald, 27 St. Tr. 769).

Aus den so legitimierten Maßnahmen heben sich nun zwei Kategorien heraus, die regelmäßig besonders behandelt werden, indem die durch das Erfordernis der bona fides sachlich begrenzte Legitimation zu einer rein formellen absolutiert wird: Notverordnungen und Urteile der Ausnahmegerichte. Bei beiden erfordert die Bedeutung als generelle Maßnahme bzw. der Zweck der definitiven Normierung (man denke vor allem an Verhängung von Freiheitsstrafen) eine absolute Klarheit über ihre Rechtsgeltung. Diese verschafft ihnen die Indemnity Act.

b) Das Fehlen eines Notverordnungsrechtes schließt nicht aus, daß die Regierung im Ausnahmezustand allgemeine Anordnungen bekannt gibt und ihre Befolgung vorläufig erzwingt mit der Absicht, diesen Anordnungen die fehlende Rechtsgeltung nachträglich durch Indemnitätsgesetz zu verschaffen. Die der Regierung fehlenden Befugnisse werden also nachträglich ergänzt; damit stellen derartige allgemeine Anweisungen praktisch eine Antizipation eines späteren Gesetzgebungsaktes dar. Mit diesem Legalisierungsakt erlangen sie rückwirkende Gesetzeskraft [2]). Auch die auf Grund der DORA ergangenen Kriegsverordnungen sind mit Rücksicht auf die Beanstandungen einzelner Verordnungen seitens der Gerichte durch die Indemnity Act von 1920 nachträglich mit absoluter Rechtsgeltung bekleidet worden.

c) Dasselbe gilt von den Entscheidungen der Ausnahmegerichte. Mit dem Wegfall des Martial Law treten auch die Maßnahmen der Militärbehörden von selbst außer Kraft, da sie nur unter dem Gesichtspunkt der Gefahrenabwehr und nur bis zur Erreichung dieses Zieles berechtigt sind. Daher können die von den Militärgerichten verhängten Freiheitsstrafen während der Dauer des Martial Law unter dem Gesichtspunkt des unmittelbaren Zwanges durchgeführt werden; aber mit der Wiederherstellung geordneter Zustände verlieren sie diesen Sinn und damit ihre rechtliche Wirkung [3]). Um

---

[1]) So v. 1—3 der Indemnity Act 1920.

[2]) Vgl. über die ganz andere Auffassung der Ausnahmeverordnungen des Art. 48 RV. Jacobi in StRLV. I S. 129 (gegen Grau).

[3]) Vgl. Finlason, Commentaries upon Martial Law, S. 63 f.: Was von Seiten der Militärbehörde geschehen muß, wird notgedrungen anerkannt,

eine Vollstreckung der so verhängten Freiheitsstrafen nach Beendigung des Martial Law zu ermöglichen und ihre Überprüfung durch die ordentlichen Gerichte zu verhindern, ist es notwendig, derartige Entscheidungen nachträglich mit Rechtsgeltung zu versehen [1]).

Die praktische Bedeutung der Indemnitätsgesetze liegt darin, daß sie die Exekutive vollständig der parlamentarischen Kontrolle unterwerfen. Um sich von der alle unter Berufung auf den Ausnahmezustand Tätigen bedrohenden persönlichen straf- und zivilrechtlichen Verantwortlichkeit zu befreien, muß die Regierung die nachträgliche Zustimmung des Parlaments zu ihren Maßnahmen einholen und dieselben vor ihm rechtfertigen. Es liegt auf der Hand, daß die Sanktion einer etwaigen parlamentarischen Mißbilligung des Vorgehens der Regierung in England eine sehr viel durchgreifendere ist als in einem Recht, wo die von der Regierung getroffenen Maßnahmen lediglich dem Parlament vorgelegt werden müssen und als Sanktion einer Mißbilligung höchstens sofortiges Außerkrafttreten, meistens nur Pflicht der Regierung zur Außerkraftsetzung, daneben die Möglichkeit eines parlamentarischen Mißtrauensvotums steht [2]). Dadurch sichert sich das Parlament bei aller Wahrung der Handlungsfreiheit der Exekutive eine intensive Kontrolle der Verwaltung auch im Ausnahmezustand in einem außerordentlichen Umfange.

Es ist bei dieser Rechtslage verständlich, daß die Regierung auch in schwierigen Situationen stets enge Fühlung mit dem Parlament zu halten und sich möglichst sofort parlamentarische Deckung zu verschaffen sucht. Daß dies im allgemeinen nicht in der Form eines

---

aber nicht anerkannt wird "the power of punishment after the suppression of the outbreak". — Vgl. die ebenda S. 66 Fußnote zitierte Äußerung Mill's gegen die Strafgewalt der Ausnahmebehörden trotz grundsätzlicher Anerkennung des Notwehrrechts der Krone. A. A. allerdings Pollock in 18 L. Q. R. 1902, S. 157: "The acts done by necessity ... may be preventive as well as punitive."

[1]) Ridges a. a. O. p. 31 (e).

[2]) Hatschek a. a. O. und in Bd. 27 von Grünhuts Zeitschrift S. 1 ff. sucht gegen Friedmann (bei Stutz, Kirchenrechtliche Abhandlungen H. 5) nachzuweisen, daß das kontinentale Notverordnungsrecht durch ein auf Art. 14 der französischen Charte von 1814 zurückgehendes Mißverständnis des Institutes der englischen Indemnity Act entstanden ist. Nach ihm hat das monarchische Prinzip in dem kontinentalen Staat die Notwendigkeit nachträglicher parlamentarischer Legalisierung zu dem Erfordernis einer nachträglichen Vorlage an die Kammern abgeschwächt, wobei zugleich die Verantwortung aller auf Grund der Verordnungen handelnden Staatsorgane vor den ordentlichen Gerichten durch die rein politische Ministerverantwortlichkeit vor den Kammern ersetzt worden ist. Ein näheres Eingehen auf die Kontroverse erübrigt sich hier.

Ermächtigungsgesetzes geschieht, entspricht der vorsichtigen Praxis des englischen Verfassungsrechts: eine solche Vorwegnahme der Indemnity Act würde dem Grundsatz möglichster Kontrolle der Exekutive zuwiderlaufen, und ist daher wenig beliebt. Vertrauensvota und Kreditgewährungen müssen der Regierung genügende Sicherheit geben, daß ihre Handlungen später Gnade finden.

Andererseits kann die Regierung umgekehrt mit ziemlicher Sicherheit auf das Ergehen eines Indemnitätsgesetzes rechnen. Eine Verweigerung würde ja einem Mißtrauensvotum gleichkommen und den Sturz der Regierung bedeuten, wobei aus politischen Gründen eine Verweigerung auf die Dauer nicht einmal möglich sein dürfte. Tatsächlich ist ein Fall einer Verweigerung eines von der Regierung beantragten Indemnitätsgesetzes m. W. nicht vorgekommen. Das schwächt natürlich die Bedeutung der parlamentarischen Sanktion wieder ab [1]). Eine gewisse Sicherheit künftiger Indemnisierung ist auch zur Erhaltung der Handlungsfreudigkeit der in vollem Umfange verantwortlichen untergeordneten Organe unbedingt notwendig. Daher verweist gelegentlich der Militärbefehlshaber in seinen Anweisungen an die Exekutiv-Organe auf die Aussicht nachträglicher Legalisierung der in pflichtmäßigem Ermessen ohne Rücksicht auf die Rechtslage vorgenommenen Handlungen [2]). Daneben macht die Regierung von der Möglichkeit von Ermächtigungen durch Spezialgesetze, insbesondere der Suspension der Habeas Corpus-Act, weitgehend Gebrauch; doch sind derartige Gesetze eher als Beschränkung der der Exekutive an sich zustehenden außerordentlichen Befugnisse zur Durchbrechung geltenden Rechts anzusehen, denn als Erweiterung derselben.

VII. Die Emergency Powers Act 1920.

Von dem Prinzip, mit generellen Ermächtigungen an die Exekutive äußerst sparsam zu sein, ist nun das englische Parlament in den letzten Jahren für einen praktisch besonders wichtigen Fall in sehr bemerkenswertem Umfang abgewichen durch die im Jahre 1920 ergangene Emergency Powers Act [3]). Diese räumt für den Fall

---

[1]) Vgl. Laski, Grammar of Politics, p. 558, der eine eingehende Kritik der Technik der Indemnity Acts bringt, insbesondere auch die unerwünschte Folge des Ausschlusses jeden Klagerechts für Geschädigte.

[2]) Vgl. z. B. Kitcheners Proklamationen in den südafrikanischen Unruhen 1901, Hatschek a. a. O. S. 273.

[3]) 16 und 17 Geo V. c. 10, abgedr. u. a. b. Chalmers and Asquith p. 368. Vgl. Anlage. Hierzu Wilke, in DAZ. 22. V. 1926 Nr. 232/33 und in DJZ. 1926 S. 797; Ridges p. 161 f.

größerer Streiks der Regierung ein weitgehendes Verordnungsrecht ein. Dabei wird in offenbarer Anlehnung an kontinentales Vorbild das Entstehen dieses Verordnungsrechts lediglich an eine formelle Erklärung des Königs gebunden, ohne daß eine Nachprüfung der tatsächlichen Voraussetzungen durch die Gerichte möglich wäre [1]).

Hier ist also die Ausschaltung der politischen Rolle der Gerichte als Gegengewicht gegen die möglichen Übergriffe der Exekutive beendet, die Entwicklung ist abgeschlossen: die richterliche Nachprüfung wird auf die Feststellung eines formellen Aktes beschränkt und auf eine rechtstechnische Nachprüfung nicht der Diktaturgewalt, sondern der Diktaturorgane. Die Konsequenzen aus der Sicherstellung der Demokratie werden gezogen. Anlaß zu diesem Gesetz gab der Bergarbeiterstreik des Jahres 1920. Auch bei dem Generalstreik des Frühjahres 1926 und dem anschließenden, lang andauernden Bergarbeiterstreik ist dieses Gesetz von großer praktischer Bedeutung geworden. Sein wesentlicher Inhalt ist folgender:

Voraussetzung des Zustandes der emergency ist, daß von Personen oder Personenvereinigungen Handlungen vorgenommen werden oder drohen, die geeignet sind, die Versorgung der Gesellschaft mit Lebensmitteln, Wasser, Brennstoff, Licht oder Beförderungsmitteln zu gefährden (s. 1 (1)).

Liegen diese Voraussetzungen vor, so kann der König durch Proklamation das Vorliegen eines Notstandes (Emergency) erklären. Diese Erklärung gibt der Regierung ein inhaltlich unbegrenztes Verordnungsrecht mit Strafbefugnis; abgesehen von dem Ausschluß der Einführung einer Zwangsdienstpflicht oder einer Bestrafung des Streiks an sich (s. 1 am Ende). Die Ausführung der Verordnungen kann durch Verordnung einen Staatssekretär, Regierungsdepartment oder anderen Organen übertragen werden. Zuwiderhandlungen gegen die Verordnungen werden von den Friedensrichtern im summarischen Verfahren (d. h. ohne Zuziehung von Geschworenen), abgeurteilt. Ausnahmegerichte sind ausgeschlossen [2]). Die so verhängten Strafen und Urteile werden

[1]) Der Wortlaut des Gesetzes sagt, daß der König eine Proklamation erlassen könne, wenn er „der Ansicht sei" (engl. Text: if . . . it appears to his Majesty). Die englische Jurisprudenz entnimmt dem, daß es sich um einen Akt des königlichen Ermessens handle, der nicht durch den Richter kontrolliert werden könne.

[2]) Von Seiten der Arbeiterpartei ist wiederholt geltend gemacht worden, daß die Ersetzung von Kriegsgerichten (Courts-martial) durch die Friedensrichter eher eine Verschlechterung der Lage der Angeklagten darstelle. Denn

durch eine spätere Aufhebung der Verordnungen nicht berührt [1]). Die Verordnungen haben Gesetzeskraft, können also nicht beanstandet werden, weil die Voraussetzungen für den Erlaß einer Notstandsproklamation nicht gegeben seien oder weil sie nicht dem Zwecke des Gesetzes entsprechen [2]) (ultra vires). Dies ist wenigstens die Bedeutung, die die Judikatur dieser Klausel beilegt. Neuere Entscheidungen haben allerdings diese Auffassung wieder in Frage gestellt [3]). Große praktische Bedeutung hat dieser Streit wohl kaum, denn bei dem inhaltlich nahezu unbeschränkten Verordnungsrecht läßt sich schwerlich annehmen, daß etwas über den Rahmen desselben hinausgeht. So ermächtigen die Notstandsverordnungen von 1926, die im wesentlichen auf die Beschaffung und Verteilung von Kohle und Lebensmitteln Bezug haben, die örtliche Polizeibehörde zu Versammlungsverboten, zu Einschränkungen des Waffenhandels und Waffenbesitzes, zu Verhaftungen, Haussuchungen und Druckverboten bei bestimmten Voraussetzungen ohne richterliche Erlaubnis, usw. [4]).

So weitgehend diese Befugnisse sind, so darf doch ihre Bedeutung nicht überschätzt werden. Der Erlaß der Proklamation ist an das Vorliegen eines genau begrenzten, bestimmten Tatbestandes gebunden, und die englische Praxis läßt eine ausdehnende Auslegung oder analoge Anwendung derartiger Bestimmungen nicht zu. Die Geltungsdauer der Proklamation ist weiter zeitlich auf einen Monat beschränkt,

---

während ein Urteil eines Courts-martial nach Besänftigung der Leidenschaften vor dem ordentlichen Gericht nachprüfbar sei, sei dies bei den friedensrichterlichen Urteilen, die im beschleunigten Verfahren, also noch unter dem psychischen Druck der augenblicklichen Not, ergehen, nur beschränkt der Fall. Dabei wird auf die enge Verknüpfung der Friedensrichter mit der herrschenden Klasse hingewiesen (nur $^1/_{15}$ stehen auf Seiten der Arbeiterpartei), die die Zahl und Strenge der Verurteilungen wegen Zuwiderhandlungen gegen die Notstandsverordnungen bei dem jüngstvergangenen Streik erklären. Vgl. hierzu die Debatten im Unterhaus bei der wiederholten Erneuerung der Emergency Regulations, zuletzt November 1926 (P. D. 200 p. 855 ff., passim; ferner P. D. 196, p 2488—2509, passim). Wie man sieht, stößt die Verwendung der Gerichte als Ausnahmeorgane auf besonderen Widerstand!

[1]) Bennet v. Tatten 1918, 118 L. T. 788 (zu Regulations a. Grund der Defence of the Realm Acts).

[2]) So Baty 74 unter Berufung auf die Entscheidung Institute of Patent Agent v. Lockwood (1894 A. C. 347).

[3]) So R. v. Electricity Commissioners, 1924, 1. K. B. 191, zit. b. Emden a. a. O. p. 147.

[4]) Emergency Regulations (No. 7), 1926, 20. X. 1926, Statut. Rules and Orders 1926 Nr. 1334, s. 19, 21, 22, 33. Über die Stellung der Presse im Falle der emergency vgl. Pardey, Recht der englischen Presse, Hamburg 1928 S. 28.

wenn auch Wiederholung möglich ist. Zudem ist die parlamentarische Kontrolle eine äußerst intensive: der Erlaß einer Proklamation ist binnen 5 Tagen vor dem Parlament zu rechtfertigen; alle auf Grund derselben erlassenen Verordnungen sind diesem vorzulegen und treten binnen 7 Tagen nach der Vorlage außer Kraft, sofern sie nicht durch Resolution beider Häuser bestätigt werden, so daß eine parlamentarische nicht kontrollierte Herrschaft der Regierung gesetzlich höchstens 14 Tage dauern kann [1]). Auch kann auf diesem Wege jederzeit eine Abänderung oder Aufhebung dieser Verordnungen erfolgen. Daneben steht die Möglichkeit des Mißtrauensvotums und die Notwendigkeit der Bewilligung der für die Ausnahmeaktion notwendigen Mittel, so daß das Fehlen einer richterlichen Kontrolle durch eine weitgehende parlamentarische wettgemacht wird.

Eine Entscheidung, die für die hier erörterten Fragen von grundsätzlicher Bedeutung wäre, ist noch nicht bekannt geworden. Es kann daher noch kein Urteil darüber abgegeben werden, wie die Praxis der englischen Gerichte sich derartigen Versuchen der Typisierung des Ausnahmerechts in England gegenüberstellt. Es wird abzuwarten sein, ob das englische Recht auf diesem Wege fortschreitet oder ob der Versuch der Emergency Powers Act vereinzelt bleibt.

---

[1]) Daß die Notwendigkeit einstweiliger Maßnahmen bis zum Zusammentreten des Parlaments für die Regierung bei der Einbringung der Emergency Power Act von ausschlaggebender Bedeutung war, ergibt sich aus der Begründung im Parlament (Hansard P. D. 5 S. (133) S. 1402).

Anlage

An Act to make exceptional provision for the Protection of the Community in cases of Emergency.

29 th October 1920.

1. — (1) If at any time it appears to His Majesty that any action has been taken or is immediatly threatened by any persons or body of persons of such a nature and on so extensive a scale as to be calculated, by interfering with the supply and distribution of food, water, fuel, or light, or with the means of locomotion, to deprive the community, or any substantial portion of the community, of the essentials of life, His Majesty may, by proclamation (hereinafter referred to as a proclamation of emergency), declare that a state of emergency exists.

No such proclamation shall be in force for more than one month, without prejudice to the issue of another proclamation at or before the end of that period.

(2) Where a proclamation of emergency has been made the occasion thereof shall forthwith be communicated to Parliament, and, if Parliament is then separated by such adjournment or prorogation as will not expire within five days, a proclamation shall be issued für the meeting of Parliament within five days, and Parliament shall accordingly meet and sit upon the day appointed by that proclamation, and shall continue to sit and act in like manner as if it had stood adjourned or prorogued to the same day.

2. — (1) Where a proclamation of emergency has been made, and so long as the proclamation is in force, it shall be lawful for His Majesty in Council, by Order, to make regulations for securing the essentials of life to the community, and those regulations may confer or impose on a Secretary of State or other Government department, or any other persons in His Majesty's service or acting in His Majesty's behalf, such powers and duties as His Majesty may deem necessary for the preservation of the peace, for securing and regulating the supply

Gesetz betr. besondere Maßnahmen zum Schutze der Gesellschaft in Notstandsfällen.

(29. X. 1920.)

1. (1) Wenn Seine Majestät zu irgendeiner Zeit der Ansicht ist, daß von Personen und Personenvereinigungen Handlungen vorgenommen worden sind oder unmittelbar drohen, die nach Art und Bedeutung geeignet sind, durch Störung der Zufuhr und Verteilung von Lebensmitteln, Wasser, Brennstoff, oder Licht oder Beförderungsmitteln die Gesellschaft oder einen erheblichen Teil derselben lebenswichtiger Bedarfsgegenstände (Lebensbedürfnisse) zu berauben, so kann Seine Majestät durch Proklamation (im Nachfolgenden als „Notstandsproklamation" bezeichnet) erklären, daß ein Notstand vorliegt.

Eine solche Proklamation soll nicht länger als 1 Monat in Kraft sein, unbeschadet der Möglichkeit des Erlasses einer anderen Proklamation bei oder vor dem Ende dieses Zeitraumes.

(2) Ist eine Notstandsproklamation ergangen, so soll der Anlaß dazu sofort dem Parlament mitgeteilt werden. Ist das Parlament zu diesem Zeitpunkt infolge einer Vertagung oder Schließung, die nicht binnen 5 Tagen zu Ende geht, nicht versammelt, so ist eine Proklamation zu erlassen, daß das Parlament sich binnen 5 Tagen versammle, und das Parlament soll sich dementsprechend an dem in der Proklamation bestimmten Tage versammeln und tagen, und weiterhin tagen und in derselben Weise tätig sein als wenn es bis zu eben diesem Tage vertagt oder geschlossen gewesen wäre.

2. (1) Wenn eine Notstandsproklamation ergangen und solange diese Proklamation in Kraft ist, soll Seine Majestät mit Zustimmung des Geheimen Rates befugt sein, durch Kabinettsorder Verordnungen zur Sicherstellung der Lebensbedürfnisse der Gesellschaft zu erlassen, und diese Verordnungen können einem Staatssekretär oder anderem Regierungsdepartement oder irgend einer anderen Person, die im Dienste Seiner Majestät steht oder in seinem Namen handelt, solche Befugnisse und Pflichten übertragen oder auferlegen,

and distribution of food, water, fuel, light, and other necessities, for maintaining the means of transit or locomotion, and for any other purposes essential to the public safety and the life of the community, and may make such provisions incidental to the powers aforesaid as may appear to His Majesty to be required for making the exercise of those powers effective:

Provided that nothing in this Act shall be construed to authorise the making of any regulations imposing any form of compulsory military service or industrial conscription:

Provided also that no such regulation shall make it an offence for any person or persons to take part in a strike, or peacefully to persuade any other person or persons to take part in a strike.

(2) Any regulations so made shall be laid before Parliament as soon as may be after the expiration of seven days from the time when they are so laid unless a resolution is passed by both Houses providing for the continuance thereof.

(3) The regulations may provide for the trial, by courts of summary jurisdiction, of persons guilty of offences against the regulations; so, however, that the maximum penalty which may be inflicted for any offence against any such regulations shall be imprisonment with or without hard labour for a term of three month, or a fine of one hundred pounds, or both such imprisonment and fine, together with the forfeiture of any goods or money in respect of which the offence has been committed:

Provided that no such regulations shall alter any existing procedure in criminal cases, or confer any right to punish by fine or imprisonment without trial.

(4) The regulations so made shall have effect as if enacted in this Act, but may be added to, altered, or revoked by resolution of both Houses of Parliament or by regulations made in like manner and subject to the like provisions as the original regulations; and regulations made under this section shall not be deemed to be statutory

wie Seine Majestät es für notwendig erachtet, um den Frieden aufrecht zu erhalten, die Zufuhr und Verteilung von Lebensmitteln, Wasser, Brennstoff, Licht und anderen Notwendigkeiten zu sichern und zu regeln, die Verkehrs- oder Beförderungsmittel in Gang zu erhalten, und zu allen anderen Zwecken, die für die öffentliche Sicherheit und das Leben der Gesellschaft wichtig sind, und Seine Majestät kann in die besagten Befugnisse die Bestimmungen einschließen, die Seines Erachtens notwendig sind, um die Ausübung dieser Befugnisse wirksam zu gestalten;

Vorausgesetzt, daß nichts in diesem Gesetz als Ermächtigung ausgelegt werden soll, irgendwelche Verordnungen zu erlassen, die irgendeine Form militärischer oder industrieller Zwangsdienstpflicht einführen;

Vorausgesetzt weiter, daß keine derartige Verordnung es zum Vergehen machen darf, wenn sich irgendwelche Personen an einem Streik beteiligen, oder mit friedlichen Mitteln andere Personen überreden, sich an einem solchen zu beteiligen.

(2) Jede derartige Verordnung soll baldmöglichst nach ihrem Erlaß dem Parlament vorgelegt werden und soll nach Ablauf von 7 Tagen vom Zeitpunkt der Vorlage ab außer Kraft treten, sofern nicht durch eine Resolution beider Häuser ihre Geltung verlängert wird.

(3) Die Verordnungen können bestimmen, daß Personen, die sich Vergehen gegen die Verordnungen zuschulden kommen lassen, von Gerichten summarischer Gerichtsbarkeit [1]) abgeurteilt werden; jedoch soll die Höchststrafe, die wegen eines Vergehens gegen eine solche Verordnung verhängt werden darf, Gefängnis mit oder ohne harte Arbeit für eine Zeitdauer von 3 Monaten oder eine Geldstrafe von 100 £ oder Gefängnis- und Geldstrafe in dieser Höhe sein, zusammen mit dem Verfall von allem Gut oder Geld, mit Bezug auf welches dieses Vergehen begangen worden ist,

Vorausgesetzt, daß keine derartige Verordnung eine geltende Verfahrensordnung in Strafsachen ändern oder eine Befugnis zur Verhängung von Geld- oder Gefängnisstrafen ohne Urteil gewähren soll.

(4) Diese Verordnungen sollen als Bestandteile dieses Gesetzes gelten, jedoch können sie durch Resolution beider Häuser des Parlaments oder durch in gleicher Weise und unter denselben Voraussetzungen wie die ursprünglichen Verordnungen ergehende Verordnungen ergänzt, geändert oder aufgehoben werden, und auf

---

[1]) = Court of Summary Jurisdiction (Technische Bezeichnung für die im summarischen Verfahren urteilenden Friedensrichter).

rules within the meaning of section one of the Rules Publication Act, 1893.

(5) The expiry or revocation of any regulations so made shall not be deemed to have affected the previous operation thereof, or the validity of any action taken thereunder, or any penalty or punishment incurred in respect of any contravention or failure to comply therewith, or any proceeding or remedy in respect of any such punishment or penalty.

3. — (1) This Act may be cited as the Emergency Powers Act, 1920.

(2) This Act shall not apply to Ireland.

Grund dieses Abschnitts ergangene Verordnungen sollen nicht delegierte Verordnungen [1]) im Sinne des Abschn. 1 der Rules Publication Act 1893 sein.

(5) Der Ablauf oder die Aufhebung einer derartigen Verordnung berührt in keiner Weise ihre Geltung bis zu diesem Zeitpunkt oder die Rechtmäßigkeit einer auf Grund derselben vorgenommenen Handlung oder eine wegen einer Übertretung oder Nichterfüllung derselben verwirkte Vertrags- oder Kriminalstrafe oder ein Verfahren oder Rechtsmittel in bezug auf eine solche Strafe.

3. (1) Dieses Gesetz ist zu zitieren als „Gesetz betr. Notstandsbefugnisse, 1920".

(2) Dieses Gesetz soll auf Irland keine Anwendung finden.

---

[1]) = statutory rules. Die Rules Publication Act regelt die Formen der Veröffentlichung der „delegierten Gesetzgebung".

Der Ausnahmezustand im Irischen Freistaat

von Adolf Schüle.

Einleitung.

Common law im Irischen Freistaat.

Jede Untersuchung, die sich mit einem dem englischen Imperium zugehörenden Recht beschäftigt, muß von den grundlegenden Sätzen des common law ausgehen. Dies gilt besonders auch von dem nur zum Teil durch Gesetz (statute law) geregelten „Ausnahmerecht". Ein für Irland besonderes common law gibt es aber nicht. Das common law hat sich vielmehr innerhalb des United Kingdom of Great Britain and Ireland — das jetzige Gebiet des Freistaates also eingeschlossen — ohne prinzipielle Unterschiede entwickelt, und es ist nur zu fragen, ob der hartnäckige und politisch so bedeutsame Prozeß der Loslösung des Freistaatgebietes aus dem bisherigen Verband des United Kingdom auf das herkömmliche common law eingewirkt und es verändert hat. Dies ist grundsätzlich zu verneinen. Schon während des Zwischenzustandes, d. h. der Zeit zwischen dem Abschluß des Friedensvertrages mit London (6. 12. 1921 [1]), durch welchen dem Freistaat der Dominionstatus konzediert wurde, und dem Inkrafttreten der Verfassung (6. 12. 1922), war die Geltung des common law nicht unterbrochen [2]). Auch das Recht der neuen Verfassung von 1922 beruht auf den alten Sätzen des common law. Allerdings darf dieses nicht den für die Konstituierung des Freistaats wesentlichen Grundgesetzen, dem schon erwähnten Friedensvertrag und der Verfassung, widersprechen. Dieses Prinzip der kontinuierlichen Geltung des common law ist nirgends ausdrücklich vorgeschrieben; für den englischen Juristen ist es eine Selbstverständlichkeit. In Übereinstimmung mit dem common law sind durch Art. 73 Verf. auch die auf Südirland

[1]) Vgl. In re Reade [1927] I. R. 47.

[2]) Dáil Eireann, Parliam. Debates (Official Report) Vol. 1 p. 1422.

bezüglichen englischen Gesetze, das statute law, übernommen worden [3]).

Die weitgehende Übernahme englischer Rechtssätze und -Institute in das Recht des Freistaats erklärt es auch, daß wir in Südirland gegenüber den Problemen des Ausnahmerechts im allgemeinen dieselbe Einstellung [4]) wiederfinden, wie sie im englischen Mutterland sich entwickelt hat und heute noch vorhanden ist. Andererseits ist gerade die Erkenntnis dieser Einstellung eine der Voraussetzungen, ohne die das Recht eines der britischen Dominien überhaupt nicht verstanden werden kann.

I. Das Martial Law.

1. Die Stellung des martial law in der Verfassung.

Martial law.

Infolge der angeführten Kontinuität des Rechtszustandes vor und nach dem Inkrafttreten der Freistaatsverfassung finden wir auch das englische Rechtsinstitut des Martial law in das irische Recht übernommen [1]). Unter Martial law verstehen wir die im Falle eines Kriegszustandes oder einer bewaffneten Rebellion der Exekutive auf Grund des common law zustehenden Befugnisse, alle notwendigen Maßnahmen zu ergreifen, um die Ordnung wiederherzustellen. Im einzelnen wird man über die Richtigkeit dieser Formulierung streiten können, sie soll aber im allgemeinen nichts anderes ausdrücken, als was Dicey [2]) und die herrschende Meinung (etwa noch Leonhard [3])) mit dem Ausdruck „martial law" bezeichnen, eine Auffassung, die auch Heck [4]) seiner Darstellung zugrunde gelegt hat. —

Der Inhalt dieses Begriffes, die Voraussetzungen des Eintretens des Martial law und seine Folgen sind an anderer Stelle [5]) dargelegt

[3]) Dáil Deb. Vol. 1. p. 1434.

[4]) S. besonders unten I.

[1]) Sw. Mac Neill, Studies in the Constitution of the Irish Free State 1925 p. 81 ff.; Verfassungsberatungen, Dáil Deb. Vol. 1 zu Art. 6, 70, 72 passim; King (O'Brien) v. the Military Governor of the Military Internment Comp. etc. [1924] 1 I. R. p. 32; King (O'Conell) v. the Mil. Governor etc. 58. I. L. T. R. p. 49 f.; für die Übergangszeit (s. oben Einleitung): King (Childers) v. Officer commanding the troops at Portobello Barracks 56. I. L. T. R. p. 183; King (Johnstone) v. O'Suilleabhain and others 57. I. L. T. R. 17.

[2]) Dicey, Law of the Constitution 8th. ed. 1924. p. 583.

[3]) In Renton and Robertsons's Encyclopaedia of the laws of England Vol. IX. Art. martial law III. ff.

[4]) Heck, Ausnahmezustand in England oben p. 192 ff. (193).

[5]) von Heck, a. a. O. Es scheint mir aber keinesfalls richtig, den Begriff

worden und werden hier als bekannt vorausgesetzt. Das dort über das Martial law Gesagte gilt entsprechend auch für das südirische Recht, insoweit hier keine Abweichungen angeführt werden. Unsere Aufgabe kann daher lediglich sein, diejenigen (abweichenden) Probleme zu erörtern, die sich aus der Tatsache ergeben, daß der irische Freistaat eine eigene — und zwar im Gegensatz zu England eine geschriebene — Verfassung hat, daß dieser Verfassung „Grundrechte" eingefügt sind und endlich, daß der Freistaat den Status eines Dominion innerhalb des britischen Reiches besitzt.

Martial law als Bestandteil des Verfassungsrechtes.

Der Begriff des Martial law und der gesamte Inhalt dieses Rechtsinstitutes ist durch die Übernahme in das irische Verfassungsrecht nicht geändert worden. Das erscheint deshalb besonders interessant, weil Irland — eines der hauptsächlichsten Anwendungsobjekte dieser Rechtsformen — in der Vergangenheit und vor kurzem noch während der Unabhängigkeitskämpfe gegen England besondere Erfahrungen mit dem Martial law gemacht hat. Trotzdem hat man es unverändert übernommen. Die früher der Londoner Regierung nach Eintritt eines state of war zustehenden Prärogativbefugnisse sind in derselben Machtfülle auf die Exekutive des irischen Freistaates übergegangen. Bei der technischen Eingliederung dieses Rechtsinstitutes in die Verfassung ist diese nicht dem für das ganze britische statute law typischen, in der Verfassung auch sonst angewandten Brauch gefolgt, die als common law durch die Rechtsprechung langsam entwickelten Rechtssätze jetzt ausdrücklich zu formulieren. Als Ausnahme könnte höchstens Art. 70, Satz 2 und 3 angeführt werden, der die Voraussetzungen für die Einsetzung von Standgerichten regelt. Das ist aber nur ein kleiner Teil; die Hauptmasse der vielen Rechtsätze ist unausgesprochen geblieben und nicht in die Form von statute law gebracht worden. Das hängt mit der Tatsache zusammen, daß man es unterlassen hat, auch nur die prinzipielle Zulässigkeit des Martial law ausdrücklich und an

des Martial law aufzulösen (cf. p. 193 f.), bzw. einen doppelten Sinn zu unterscheiden, selbst wenn man die enge Verbindung der eben gewonnenen Begriffe betont. Denn unter Martial law werden vorwiegend nur bestimmte Prärogativrechte der Krone verstanden (subjektiv). Treten die tatsächlichen Voraussetzungen eines state of war or armed rebellion ein, so können diese Prärogativbefugnisse in die Tat umgesetzt werden, d. h. das Land wird auf Grund dieser Befugnisse „regiert". Die in diesem Fall herrschenden (objektiven) Rechtssätze sind aber von den Prärogativrechten nichts begrifflich Verschiedenes, sondern nur gewissermaßen die „Kehrseite", der Ausfluß der Prärogativrechte.

einer Stelle konzentriert [6]) in der Verfassung niederzulegen. Es finden sich vielmehr lediglich mehr oder minder ausführliche, auf das Martial law hinweisende Vorbehalte bei denjenigen Grundrechten, die als die politisch wichtigsten im englischen Verfassungssystem angesehen werden und an deren tatsächlicher Suspendierung der Eintritt des Martial law am prägnantesten zu erkennen ist: bei der Freiheit der Person (Art. 6), der Garantierung des ordentlichen Gerichtsverfahrens (Art. 70) und des Rechts auf Aburteilung durch Geschworene (Art. 72). Davon ist die Reservationsklausel in Art. 6, Abs. II, am wichtigsten.

Diese Art der Eingliederung dieses wichtigen Rechtsinstituts in eine geschriebene Verfassung verrät deutlich, daß die von der Exekutive eventuell in Anspruch zu nehmenden Befugnisse den jeweiligen Störungen der öffentlichen Ordnung in derselben Weise anpassungsfähig sein sollen, wie in England, wo eine geschriebene Verfassung nicht besteht. Auch werden hierdurch die nach der englischen Einstellung schwerwiegenden Nachteile vermieden, die mit jeder „starren", d. h. nur auf dem Wege eines Referendums zu ändernden Verfassung [7]) verbunden sind. Es braucht nicht betont zu werden, daß ein Ausbau dieses Common law-Institutes durch eine Art von „Ausführungsgesetz" völlig ausgeschlossen erscheint. Die Entwicklung des Martial law darf in keiner Weise behindert werden.

2. Die Rechtsgrundlagen des Martial law.

Wenn wir oben von Martial law als einer Summe bestimmter Befugnisse der Prärogative gesprochen haben, so war dies nicht ganz richtig. An anderer Stelle ist ausgeführt worden [8]), daß die englische Theorie und Rechtsprechung das Martial law nicht einheitlich auf diese Grundlage zurückführt. Vielmehr wird als Quelle der Martial law-Befugnisse weiterhin noch die in England allen Staatsbürgern durch das common law auferlegte Pflicht und das Recht herangezogen, für die Wiederherstellung der öffentlichen Ordnung tätig zu werden. Es wird aber — auch historisch — kaum möglich sein, eine saubere Scheidung der Grundlagen dieser Ausnahmebefugnisse herauszufinden; vielmehr wird man von einem unmittelbaren Zusammenhang dieser beiden Rechtssätze ausgehen müssen, wobei es sich, insoweit die Prärogative in Frage steht, um in der Stellung der Krone begründete qualifizierte und in ihrer Wirkung potenzierte Befugnisse handelt.

---

[6]) Etwa wie in Art. 48 der deutschen Reichsverf. von 1919.

[7]) Art. 50 d. Verf.

[8]) Oben p. 197 ff.

Prärogative im Irischen Freistaat.

Immerhin steht die Charakterisierung des Martial law als ein Recht der Prärogative so stark im Vordergrund, daß man sich mit der allgemeinen Frage beschäftigen muß, ob die Prärogative des Königs im irischen Freistaat (ausgeübt durch den General-Gouverneur) mit derjenigen im englischen Mutterland identisch ist [9]). Und zwar deshalb, weil die Frage der Prärogative im Dominion an sich nicht unbestritten ist, dann aber auch, weil nach Art. 2, Halbsatz 1 der irischen Verfassung alle Staatsgewalt vom Volke abgeleitet ist [10]). Dieser Grundsatz muß bei einer Betrachtung der Prärogative berücksichtigt werden, weil er den königlichen Vor-Rechten und der Stellung des by the Grace of God amtierenden Königs notwendig zu widersprechen scheint [11]). Durch die Art der Fundierung der Staatsgewalt unterscheidet sich auch die irische Verfassung von denjenigen aller anderen Dominien des britischen Reiches [12]).

Die Stellung der Krone und das Recht der königlichen Prärogative im Dominion ist durch die Entwicklung der Verfassung des British Commonwealth of Nations, die sich in den letzten Jahrzehnten vollzogen hat, stark geändert worden. Nach dem Bericht der Reichskonferenz von 1926 wird es nicht mehr möglich sein, von einer Einheit der englischen Krone im Rechtssinne zu sprechen [13]). Dagegen muß man nach wie vor davon ausgehen, daß die Stellung der Krone in den einzelnen Dominien untereinander — wenigstens prinzipiell — gleich ist. Das folgt schon aus den in II. des eben

---

[9]) Dabei darf nicht vergessen werden, daß die englische (übrigens im einzelnen durchaus unsichere) Theorie nicht nur diejenigen Rechte als der Prärogative eigen bezeichnet, die dem König (zum mindesten theoretisch) zu eigener Ausübung zustehen, wie z. B. die Verleihung von Ehren (King als fountain of honour), sondern insbesondere auch diejenigen nicht auf statute law beruhenden Befugnisse, die in seinem Namen durch das Kabinett und unter dessen Verantwortlichkeit ausgeübt werden.

[10]) Eine Konsequenz des Satzes, that all lawful authorithy comes from god to the people (Präambel des Ges., durch welches die Verf. in Kraft gesetzt wurde, 1922 Nr. 1).

[11]) Darrel Figgis, Irish Constitution p. 21.

[12]) Wenn Mac Neill a. a. O. p. 26 die Stellung des Freistaates innerhalb des britischen Reiches in all respects essentially privileged nennt, so erscheint dies zu weitgehend. Im allgemeinen hat der Freistaat den rechtlich allerdings nicht leicht erfaßbaren Status eines „Dominion“, wenn auch in Einzelheiten gegenüber Canada, der Südafrikanischen Union, Australien usw. Abweichungen bestehen.

[13]) So bisher insbesondere Lefroy, Canada's Federal System 1913 p. 21 und Canad. Const. Law 1918 p. 59; zur Reichskonferenz von 1926 siehe Heck, Der Aufbau des britischen Reiches 1927 p. 19 und die dort zitierte Literatur.

erwähnten Berichts niedergelegten Sätzen. Dieses Prinzip der Gleichheit, welches sich aus der früheren „Einheit" der Krone entwickelt hat bzw. von ihr übrig geblieben ist, verbietet es, daß die Prärogativrechte in einem Dominion größer oder kleiner sind als in einem anderen oder im Mutterland. Allerdings kann die Prärogative durch Reichs- oder, wo wie in den Dominien eigene Gesetzgebungskompetenzen bestehen, durch Landesgesetz eingeschränkt werden [14]), und es ist gerade die Frage, ob nicht Art. 2, Halbsatz 1 der Freistaatsverfassung mit seiner prinzipiellen Konstruktion der Staatsgewalt eine solche Beschränkung bewirkt. Es scheint mir aber nicht richtig, die genannte Verfassungsstelle in einem solchen einschränkenden Sinn auszulegen (einschränkend insofern, als ob man durch Art. 2, Halbsatz 1, Verf. gezwungen wäre, die Grundlagen des Martial law nicht mehr in den Prärogativbefugnissen zu suchen, sondern nur noch allein in der oben angeführten allen Staatsbürgern auferlegten common law-Pflicht und dem Recht, für die Wiederherstellung des Friedens tätig zu werden [15]). Es ist im englischen Verfassungsrecht nur in außerordentlich beschränktem Umfang zulässig, logische Grundsätze zur Auslegung selbst einer geschriebenen Verfassung heranzuziehen [16]). Auch Art. 2 der Freistaatsverfassung gehört zu den historisch bedingten, von der englischen Jurisprudenz einfach als Faktum hingenommenen Rechtsätzen, die eine derartige direkt-rechtliche Wirkung nicht haben. Außerdem werden durch Halbsatz 2 des Art. 2 und Art. 51 Verf. gerade die Exekutivbefugnisse allgemein der Krone wieder zugeschrieben, allerdings ohne daß in diesen Bestimmungen allein der Grund zu suchen ist, der es erlaubt, allgemein — und auch in unserer Frage der Grundlagen des Martial law — keine Beschränkung der Prärogativrechte durch Art. 2, H. S. 1 der Verfassung anzunehmen.

---

[14]) . . . the prerogative of the Queen, when it has not been expressly limited by local law or statute, is as extensive in her Majesty's colonial possessions as in Great Britain (Maritime Bank v. Receiver General [1982] A. C. 441); Lefroy a. a. O. p. 22 bzw. p. 60 B. Andere Schriftsteller (Keith, Responsible Government in the Dominions 1912 Vol. 1 p. 115 (1928 Vol. 1 p. 84); Chitty, Prerogative of the Crown p. 25 zit. bei Clement, Law of Canad. Constitution 1916 p. 124 u. ff.) wollen den Umfang der Prärogative auch noch durch den jeweiligen Status des Landesteils beschränkt wissen, eine Ansicht, die für den Freistaat als Dominion ohne Bedeutung ist (s. Anm. 12 oben).

[15]) So z. B. Philips v. Eyre 6 Q. B. p. 16.

[16]) . . . in England the institutions being empirical have resulted from experience, although men have often tried to explain them afterwards by a somewhat artificial and incongruous process of reasoning (A. C. Lowell, Government of England 1921 Vol. I. p. 15).

3. Die Entscheidungsgewalt über das Einsetzen von Maßnahmen auf Grund des Martial law.

Zuständigkeit des Kabinetts.

Gegenüber dem vorhergehenden, die theoretische Seite unseres Problems behandelnden Abschnitt soll jetzt gezeigt werden, wem praktisch die Entscheidung darüber zusteht, ob und welche besonderen Maßnahmen [17]) ergriffen werden sollen, um die gestörte öffentliche Ordnung wieder herzustellen. Prinzipiell und ausschließlich ist zu dieser Entscheidung das Kabinett des irischen Freistaates zuständig [18]). Man darf sich hierüber nicht durch die Tatsache täuschen lassen, daß z. B. die Einsetzung von Standgerichten oder irgendwelche anderen Maßnahmen im Namen des Generalgouverneurs [19]), des Vertreters der englischen Krone im irischen Freistaat, vorgenommen werden. Infolge der Dominioneigenschaft des Freistaates ist natürlich auch irgendein direktes Eingreifen der Londoner Regierung durch Maßnahmen auf südirischem Boden vollständig ausgeschlossen [20]). Die Zuständigkeit des irischen Kabinetts bedarf keiner weiteren Begründung, zum mindesten insoweit außerordentliche Maßnahmen ziviler Art (z. B. Einrichtung besonderer Verwaltungsbehörden) in Frage stehen. Werden die Militärstreitkräfte eingesetzt, so steht die Entscheidung hierüber dem Kabinett auch deshalb zu, weil ihm der Oberbefehl über die Militärstreitkräfte ausdrücklich übertragen ist [21]).

Stellung des General-Gouverneurs.

Die Mitwirkung des Generalgouverneurs bei der Entscheidung über die Einsetzung einer solchen Maßnahme ist tatsächlich auf ein Minimum beschränkt: d. h. er hat — wie überhaupt — nur die Stellung eines konstitutionell beschränkten Monarchen; er hat keine eigene Entscheidungsgewalt. Das Kabinett berät ihn mit eigener parlamentarischer Verantwortlichkeit, und der Gouverneur führt dessen Beschlüsse formell aus. Dies gilt nicht nur be

[17]) Über die Mannigfaltigkeit der Art dieser Maßnahmen cf. Heck, oben p. 204 ff.

[18]) Jenkyns, British Rule and Jurisdiction beyond the Seas, 1902 p. 105.

[19]) Das ist die Regel, wenn nicht durch Freistaatsgesetz etwas anderes vorgeschrieben ist.

[20]) Es sei denn, daß eine Verteidigung des Freistaates zur See in Frage steht (VII des Friedensvertrages zwischen Großbritannien und Irland v. 6. 12. 1921); ebenso Keith, Journ. of Comp. Legisl. III. Ser. Vol. 9. P. IV. p. 243.

[21]) s. 5. Defence Forces (Temporary Provisions) Act. 1923/1927 (Nr. 9. 1927), eine endgültige Änderung der früheren Praxis, wonach in den Dominien der Gouverneur den Oberbefehl über die Truppen innehatte (vgl. Keith, Resp. Gov. 1912 III. p. 1262/63).

der Entscheidung über die Ergreifung von besonderen Maßnahmen, sondern auch bei den „Proklamationen", durch welche die Exekutive in der Art einer Warnung die Ausübung der ihr durch Martial law zustehenden außerordentlichen Befugnisse ankündigt. —

An dieser kurzen Charakterisierung der Stellung des Generalgouverneurs in der irischen Verfassung hinsichtlich des Martial law läßt sich der tiefgreifende Unterschied ermessen, der sich in der staatsrechtlichen Stellung Südirlands gegenüber den Zeiten der englischen Verwaltung vollzogen hat [22]). Damals war der Lord Lieutenant allerdings auch nur der formelle Regent von Irland. Sein Chief Secretary aber, der die irische Verwaltung in Dublin tatsächlich leitete, war zumeist Mitglied des englischen Kabinetts und daher unmittelbar den Londoner Beschlüssen unterworfen. Heute ist eine ähnliche Einwirkung auf die Freistaatsregierung durch den Generalgouverneur verfassungsrechtlich unmöglich geworden.

Der General-Gouverneur besitzt aber auch nach der Verfassung keine Möglichkeit, im Falle eines Konfliktes mit der Regierung seinen Willen durchzusetzen. Wenn er das Kabinett, das sich auf eine Mehrheit im irischen Unterhaus stützen kann, entläßt [23]), ist nicht anzunehmen, daß er ein anderes die Entlassungsorder bestätigendes finden wird, welches im Dáil über eine absolute Mehrheit verfügt (Art. 53 Verf.). Auch könnte er in einem solchen Fall das ihm formell nach Art. 24 Verf. zustehende Recht zur Auflösung des Dáil nicht ausüben, weil er auch hierbei von dem Rat des Kabinetts abhängig ist (Art. 28, Satz 3). — Die Möglichkeit eines solchen Konfliktes ist aber so gut wie ausgeschlossen. Keith [24]) konnte 1912 noch eher mit einer solchen Meinungsverschiedenheit zwischen Kabinett und Gouverneur im Dominion rechnen. Durch die Beschlüsse der letzten Reichskonferenzen über die Stellung der Gouverneure in den Dominien, insbesondere seit 1917 und neuerdings 1926 [25]), ist die Stellung eines General-Gouverneurs mit derjenigen des Monarchen in England im allgemeinen identisch geworden [26]). Allerdings darf man nicht vergessen, daß für den Gouverneur nach wie vor die Möglichkeit besteht, seine eventuell auf Londoner Anweisungen beruhende

[22]) Vor dem Beginn des englisch-irischen Krieges (1919). Die Government of Ireland Act 1920 ist in Südirland nie zur Ausführung gekommen.

[23]) A. A. Keith, Resp. Gov. 1928 Vol. 1 p. 122, der ein solches Entlassungsrecht — m. E. ohne überzeugende Gründe — nicht für gegeben hält.

[24]) Resp. Gov. 1912 Vol. I. p. 275; 1928 Vol. 1 p. 98 und besonders 191.

[25]) Imperial Conference 1926. Summary of Procedings (Cmd. 2768); Bericht des Ausschusses für die Beziehungen zwischen den Reichsteilen IV. b.

[26]) Vgl. hierzu die Verhandlungen im Dáil (Deb. Vol. 1 p. 1253 ff.).

Stellungnahme vorzutragen und auf die Beschlüsse des Kabinetts persönlich einen Einfluß auszuüben. Der Vertreter der Krone hat sogar in jedem Fall die Pflicht, zu versuchen, das Kabinett von seiner abweichenden Ansicht zu überzeugen. Aber auch diese Einwirkungsmöglichkeit ist solange nicht sehr wichtig, als der Posten eines Generalgouverneurs des Freistaats mit einem Iren besetzt sein wird, wie es bisher der Fall war [27]).

4. Die Voraussetzungen der Prärogativbefugnisse.

Präsumption der open courts.

Die englische Theorie fordert als Voraussetzung für die Ausübung der Exekutivbefugnisse auf Grund des Martial law einen Zustand von Krieg oder bewaffnetem Aufruhr (state of war or armed rebellion). An sich kann z. B. die Behörde, die in einem Rechtsstreit auf Erlassung eines writ of Habeas Corpus die Inhaftierung des Klägers rechtfertigen muß [28]), dem Gericht Tatsachen und Beweismittel aller Art vorlegen, um es von dem Vorhandensein eines solchen Zustandes gestörter öffentlicher Ordnung zu überzeugen. Aber als Hauptargument fällt doch die Tatsache ins Gewicht, daß die ordentlichen Gerichte nicht mehr offen stehen, nicht mehr abgehalten werden können [29]). Diese, nach der Entscheidung ex parte Marais [30]) allerdings nicht einmal schlüssige Präsumption wird nahezu von allen Gerichten — zusammen mit anderen Tatsachen — der Entscheidung darüber zugrunde gelegt, ob die Voraussetzungen für die Handhabung der Martial law-Befugnisse gegeben waren.

Diese zur Erkenntnis über das Vorliegen eines state of war althergebrachte Präsumption ist durch die irische Verfassung (Art. 70, S. 3) erweitert worden. Standgerichte (courts-martial) sollen nämlich nicht errichtet werden .... in any area in which all civil courts are open ... [31]). Man hat lediglich das Wörtchen „all" eingefügt [32]). Die hierdurch herbeigeführte Änderung bedeutet eine erleichterte Anwendung der Praesumption, denn allein die Tat-

[27]) Auch der Nachfolger des bisherigen General-Gouverneurs, James Mac Neill, ist Ire.

[28]) Sie hat hierfür die Beweislast (King O'Brien) v. the Military Governor. N. D. U. [1924] 1. I. R. p. 38.

[29]) Dicey, a. a. O. p. 545; Leonhard (in Renton's Encycl.) a. a. O. p. 32.

[30]) A. C. 1902 p. 104 ff. (114); s. auch Heck, oben p. 216.

[31]) Die Tatsache, daß nicht alle ordentlichen Gerichte offen sind, ist eine allgemeine Voraussetzung für das Wirksamwerden des martial law, obwohl dieser Satz nur in Art. 70 (Verbot der Standgerichte) und nicht auch noch in Art. 6. II. Verf. steht.

[32]) Dáil Deb. Vol. 1 p. 1784.

sache der Schließung eines Gerichtes genügt, um einen Zustand gestörter öffentlicher Ordnung anzunehmen. Nach der bisherigen Terminologie mußte wohl die Mehrzahl der ordentlichen Gerichte geschlossen sein, ehe die Vermutung für einen state of war sprach. Umgekehrt wird man jetzt im irischen Freistaat auch dann erst wieder von einem Ende des Kriegszustandes, einem Wiederbeginn der Ordnung, sprechen können, wenn alle ordentlichen Gerichte in dem fraglichen Bezirk wieder abgehalten werden können [33]). im Ganzen vom Standpunkt des Rechtsschutzes keine Verbesserung, vielmehr eine Erleichterung für die Exekutive, vor Gericht den Zustand gestörter öffentlicher Ordnung nachzuweisen und ihre Handlungen dadurch vorläufig der Kognition der Gerichte zu entziehen.

5. Martial law und die Grundrechte.

Grundrechte im Irischen Freistaat.

Die englische Theorie des Verfassungsrechtes kennt keine Grundrechte im kontinentalen Sinne, kein Problem der Grundrechte und keinen besonderen Schutz von Grundrechten [34]). Hierzu im Gegensatz hat die irische Verfassung m. W. zum erstenmal im britischen Recht eine Reihe von Sätzen niedergelegt, die in ihrem Inhalt und in ihrer Formulierung unverkennbar auf die kontinentalen Vorbilder der Grund- und Freiheitsrechte der Bürger hinweisen. Man vergleiche die Art. 3, 6, 7, 8, 9, 10, 70, 71, 72; daß man solche Grundrechte hat festlegen wollen, geht auch aus der vor Artikel 1 des Entwurfs [35]) stehenden Überschrift „fundamental rights" hervor, die man nur deshalb nicht mit in den Text der Verfassung übernommen hat, weil man gegenüber denjenigen Rechtssätzen, die nicht dem genannten Titel unterstanden (z. B. Art. 70 ff.). Auslegungsschwierigkeiten befürchtete [36]). Bei den Verfassungsberatungen hat man sich zwar nicht ausdrücklich über den Sinn und den rechtlichen Gehalt dieser Sätze, der im einzelnen (z. B. Art. 9) keineswegs leicht zu ermitteln ist, ausgesprochen. Unzweifelhaft sind diese Rechtssätze aber — allgemein gesprochen — als eine Schranke für den Gesetzgeber gedacht, deren Übersteigung im Wege einer Verfassungsdurchbrechung oder einer Änderung der Verfassung durch die Vorschriften des Artikels 50 besonders erschwert werden sollte [37]). Diese Heraushebung einzelner Bürgerfreiheitssätze in

---

[33]) So auch King (O'Brien) v. Milit. Gov. a. a. O. p. 42.

[34]) Heck, oben p. 205.

[35]) Abgedruckt bei Figgis, a. a. O. p. 63 St.

[36]) Dáil Deb. Vol. 1 p. 649, 1664.

[37]) Allerdings kann die Verfassung während der ersten 8. Jahre, also bis

den Schutz und die Geltungskraft der Verfassung ist natürlich nur bei einer geschriebenen Verfassung möglich, aber gerade diese gegenüber dem englischen Recht so verschiedene rechtliche Fundierung legt auch die Frage nahe, ob und inwieweit diese Rechtssätze gegenüber den Befugnissen des Martial law Bestand haben.

Grundrechte und Martial law.

Dabei sieht man, daß keines der Grundrechte gegenüber den Exekutivbefugnissen auf Grund des Martial law geschützt ist. Sie alle müssen den Maßnahmen der Militärbefehlshaber, der Zivildiktatur oder irgendwelchen anderen Formen, in denen die Prärogative ihre Macht ausübt, weichen : eine Bestätigung der Tatsache, daß es für jedes Ausnahmerecht typisch ist, die Grundrechte in irgendeiner Weise zu suspendieren. Die Gründe für die Durchbrechungsmöglichkeit der Grundrechte [38]) sind verschieden. Einmal beruht diese Möglichkeit auf bestimmten Vorbehalten, die dem allgemeinen Prinzip beigefügt sind, so bei dem Schutz der Personenfreiheit (Art. 6) und bei dem Verbot der Ausnahmegerichte (Art. 70). Weiterhin sind gewisse Grundrechte nur „in accordance with law" geschützt (Unverletzlichkeit der Wohnung: Art. 7 und der Personenfreiheit: Art. 6). Diese Klausel bedeutet, daß jeder Eingriff auf Grund des common (und daher auch auf Grund des ihm zugehörenden Martial law) gestattet ist [39]).

zum 6. 12. 1930, im Wege der ordentlichen Gesetzgebung und ohne Referendum abgeändert werden, eine Annäherung an das englische Verfassungsprinzip. Bis zu dem genannten Datum muß aber jede Abänderung oder Durchbrechung der Verfassungssätze ausdrücklich geschehen; eine Abänderung des Textes der Verfassung wird im Titel des Gesetzes zum Ausdruck gebracht, z. B. Constitution (Amendement Nr. 5) Act. Handelt es sich aber lediglich um eine Verfassungsdurchbrechung, soll also gegenüber einem (anderen Zwecken dienenden) Gesetz, das der Verfassung widerspricht, der Einwand der Verfassungswidrigkeit nicht erhoben werden können, so erhält das Gesetz eine Reservationsklausel (z. B. Public Safety Act. 1927 s. 3; vgl. hierzu 61 J.L.T. p. 280). Bestrebungen, auch Verfassungsdurchbrechungen, jeweils im Titel des Gesetzes als solche zum Ausdruck zu bringen, waren bisher ohne Erfolg. Enthält das Gesetz keinen ausdrücklichen Vorbehalt, so kann es von der Verfassung derogiert werden. Über die Verfassungswidrigkeit entscheidet ausschließlich der High Court (Art. 65 Verf.). Andere Gerichte besitzen hierüber kein Prüfungsrecht. (Zur Frage der Verfassungsänderungen vgl. Dáil Deb. Vol. 4. p. 419, 20. p. 1146 ff.)

[38]) Es sollen hier nur die politisch und in bezug auf das Ausnahmerecht wichtigsten Grundrechte behandelt werden.

[39]) "Law" im Sinne von Art. 6 und 7 umfaßt daneben aber auch sämtliches statute law, die einfachen Gesetze. Daher sind Eingriffe z. B. in die Personenfreiheit nur verboten, insoweit sie nicht „rechtmäßig", sind, d. h. nicht auf einem Rechtssatz beruhen. Der Schutz geht also nicht weiter wie die ent-

Endlich bleibt aber noch diejenige Reihe von Grundrechten, deren Formulierung in der Verfassung in keiner Weise die Zulässigkeit einer Durchbrechung auf Grund des Martial law verrät. Das sind insbesondere das Recht auf freie Meinungsäußerung [40]), die Versammlungs- und Vereinsfreiheit (Art. 9) und endlich das im englischen Recht eine so bedeutende Rolle spielende Recht auf Aburteilung durch Geschworenengerichte (Art. 72). Ihre Durchbrechung auf Grund des Martial law ist aus dem Charakter und der Stärke dieser Ausnahmebefugnisse zu folgern, aus der Auffassung des Martial law als eines Selbsterhaltungsrechtes des Staates, demgegenüber alle individuellen Rechte zurückzutreten haben.

Auf welche Weise wird nun der an sich durch die Grundrechte bestehende Verfassungsrechtsschutz beim Inkrafttreten des Martial law aufgehoben? Ebenso wie im englischen Recht erfolgt auch hier keine direkte und ausdrückliche Außerkraftsetzung der verschiedenen Verfassungssätze, sei es im Wege einer besonderen Proklamation oder einer nur hierauf bezüglichen „Verordnung“. Das folgt schon aus dem Charakter der Martial law-Befugnisse, die ohne weitere Erklärung der Exekutive in die Tat umgesetzt werden. Auch eine indirekte Außerkraftsetzung oder Durchbrechung der Grundrechtssätze durch die Exekutive kommt nicht in Frage. Sie darf auf Grund des Martial law keine rechtsbeständigen „Verordnungen“ erlassen, die in die Freiheitsrechte eingreifen würden. Die Exekutive ist auf die Ergreifung von Maßnahmen beschränkt, um die Ordnung wiederherzustellen, selbst unter Außerrechtlassung der Grundrechte.

---

sprechenden Artikel anderer Verfassungen (z. B. Art. 7 der belgischen Verfassung v. 1831; Verfassung des Deutschen Reiches v. 1919. Art. 114 Abs. I). Die Klausel bedeutet aber nicht "in accordance with the normal and constant law". Die Freiheit der Person kann daher durch Gesetz zeitweise völlig entzogen werden (z. B. während außerordentlicher Umstände s. unten II. 2.), aber nicht dauernd; dies würde dem Prinzip des Art. 6 widersprechen (King [O'Connell] v. Military Governor 58 I. L. T. R. p. 55).

[40]) Einschließlich der „Preßfreiheit“. Diese, d. h. (nach englischem common law) die Freiheit jedes Staatsbürgers, seine Meinung im Rahmen der allgemeinen Strafgesetze in derselben Weise wie sonst auch durch die Presse frei zu äußern, soll auch in Art. 9 Verf. enthalten sein (Dáil Deb. Vol. 1 p. 1429 ff.). Jedoch ist ein Antrag, den Grundsatz der Preßfreiheit, das Verbot der Zensur und der Beschlagnahmen von Druckmaschinen usw. in die Verfassung ausdrücklich aufzunehmen, abgelehnt worden (a. a. O. p. 1432). Daher bietet Art. 9 gegen Beschränkungen der Preßfreiheit im Wege besonderer gegen die Presse gerichteter Bestimmungen (z. B. Zensur) keinen Schutz. S. 9 ff. Public Safety Act 1927 muß daher für verfassungsmäßig gehalten werden.

6. Die Indemnity Acts [41]).

Zuständigkeit zum Erlaß von Indemnity Acts.

Solange einer britischen Besitzung noch kein eigenes Gesetzgebungsrecht verliehen ist, nimmt das Westminsterparlament die Zuständigkeit zum Erlaß von Indemnitätsgesetzen selbst in Anspruch. Mit der Konzedierung solcher Rechte und jedenfalls mit der Erlangung des Dominionstatus geht diese Zuständigkeit auf das Dominionparlament über. So hat auch der irische Freistaat unter dem geltenden Verfassungsrecht schon mehrere Indemnitätsgesetze erlassen [42]). Daß das irische Parlament sich andererseits weigern würde, ein solches Indemnitätsgesetz bezüglich eines von der irischen Exekutive niedergeschlagenen Aufstandes zu erlassen [43]) oder gewissen Handlungen (oder gewissen Personen) keinen Schutz zu verleihen, ist nur theoretisch denkbar. In einem solchen Fall wäre auch das Londoner Parlament verhindert, ein solches Gesetz von sich aus zu erlassen, es sei denn, daß die Freistaatsregierung hierzu ausdrücklich einwilligt. Dies ist die im Bericht der Reichskonferenz von 1926 [44]) ausdrücklich niedergelegte Voraussetzung für den Erlaß von Reichsgesetzen mit Wirkung in einem Dominion.

Vetorecht der Krone.

Das königliche Vetorecht [45]) gegenüber den Dominiengesetzen hat gerade bei den Indemnity Acts früher eine gewisse Rolle gespielt, besonders wenn das Gesetz auch solche Handlungen legalisierte, die nicht in gutem Glauben vorgenommen worden waren [46]). Heute könnte nur dann eine Ausübung des Vetorechtes in Frage

[41]) Im allgemeinen s. Heck oben p. 231; wegen der besonderen Sätze s. Philipps v. Eyre, 4 Q. B. 225 ff., 6 Q. B. 1 ff.; s. ferner noch Rex v. Tilonko [1907] A. C. 461.

[42]) Indemnity (British Military) Act 1923, Indemnity Act 1923, Indemnity Act 1924.

[43]) Wie Nathan, South African Commonwealth 1919. p. 29 für Südafrika den Fall setzt.

[44]) A. a. O. I. C.

[45]) Über das Vetorecht der Krone im allgemeinen vgl. Heck, Aufbau S. 31. Gegenüber Freistaatsgesetzen ist aber nur reservation zulässig (Art. 41 Verf.; Keith, Resp. Gov. 1928. Vol. 1 p. 225). Die von Keith a. a. O. p. 318 bedingt vertretene Ansicht, es bestehe außerdem noch das Recht auf Disallowance, beruht m. E. auf einer zu engen Auslegung von Art. II. des englisch-irischen Friedensvertrags und seines Verhältnisses zur Verfassung.

[46]) Beispiel bei Keith, Resp. Gov. 1912 Vol. I. p. 275 Anm. 1 (1928 p. 192).

kommen, wenn die Dominionregierung der Krone einen entsprechenden Rat[47]) erteilen würde, was aber aus innerpolitischen und parlamentarischen Gründen kaum möglich sein wird.

Rechtswirkungen der Indemnity Acts.

Was endlich die Rechtswirkungen der Indemnity Acts betrifft, so ist besonders die Frage des Schutzes der auf Grund des Martial law handelnden Personen gegenüber zivil- oder strafrechtlicher Verfolgung von Interesse. Allerdings ist für die hiermit zusammenhängenden Fragen in erster Linie die Fassung des Gesetzes maßgebend. Im allgemeinen wird man aber von folgenden Grundsätzen ausgehen können: Aus dem Prinzip[48]), daß die Rechtswirkung eines Dominiongesetzes auf das Landesgebiet beschränkt ist und außerhalb des Dominions sich vollziehende Tatbestände durch solche Gesetze nicht geregelt werden können, folgt, daß der Freistaat nur diejenigen auf Grund des Martial law vorgenommenen Handlungen nachträglich legalisieren kann, die auf seinem Territorium vorgenommen worden sind[49]). — Die durch solche Handlungen geschädigten Personen können vor den Gerichten des irischen Freistaates nicht auf Schadenersatz wegen unerlaubter Handlung klagen; auch kann keine strafrechtliche Verfolgung innerhalb des irischen Freistaates gegen die durch das Indemnitätsgesetz Geschützten anhängig gemacht werden. Aber auch außerhalb des irischen Freistaates, in dem United Kingdom oder irgendeiner anderen britischen Besitzung, ist kein Recht auf Schadenersatz wegen unerlaubter Handlung gegeben. Hierbei handelt es sich nicht um eine Inkonsequenz gegenüber dem Prinzip der nur territorialen Geltung der Dominiengesetze, sondern um die Anwendung des aus dem englischen Eigentums- und Vertragsrecht hergeleiteten Satzes, daß bei der Verschiedenheit der gesetzlichen Bestimmungen (in England z. B. besteht ja das Indemnitätsgesetz nicht) die lex loci der lex fori vorzugehen habe[50]). Das englische oder kanadische Gericht hat

[47]) Bericht der Reichskonferenz von 1926 a. a. O. IV. c., Heck, Aufbau pp. 79, 31.

[48]) An welchem durch die Beschlüsse der Reichskonferenz von 1926 nichts geändert worden ist, s. Bericht a. a. O. IV. c., Heck a. a. O. p. 32.

[49]) 4 Q. B. 238. — Die Abweichung in s. 1 (1) Indemnity Act 1923 ist nur scheinbar und hängt damit zusammen, daß die Grenzfrage gegenüber Nordirland s. Zt. noch nicht geregelt war.

[50]) The rule, which obtains in respect of property and civil contracts, — namely, that an act . . . shall as regards its effect and incidents, if a conflict of law arises between the lex loci and the lex fori, be governed by the former, — appears to us to be applicable to the case of an act occasioning personal injury (4 Q. B. 239).

demnach südirisches Recht anzuwenden, und nach dessen Indemnitätsgesetz ist das Recht auf Schadenersatz genommen. Dieser Satz gilt jedenfalls gegenüber allen Klagen, die bei Erlaß des Gesetzes noch nicht rechtshängig geworden sind; gegenüber den schon rechtshängigen wird das Gesetz eine Regelung zu treffen haben.

Diesen in den oben zitierten Entscheidungen Philipps v. Eyre entwickelten Rechtssätzen über den Schutz gegenüber zivilrechtlicher Haftung kann aber nicht entnommen werden, daß z. B. der Beamte, der während der Herrschaft des Martial law eine strafbare Handlung begangen hat, auch gegenüber einer Strafverfolgung außerhalb des Freistaates geschützt wäre. Vielmehr ist anzunehmen, daß eine solche Verfolgung z. B. in England zulässig ist[51]). Ob eine solche stattfinden würde, ist eine andere Frage, da noch die Möglichkeit besteht, daß das Londoner Parlament ein Indemnity Act erlassen würde, das den Betreffenden auch außerhalb des Freistaates einer Strafverfolgung entzieht.

II. Die Staatsschutzgesetze.

1. Ihre Entwicklung.

Gesetz über die öffentliche Sicherheit
(Notstandsbefugnisse) 1923.

Als die Verfassung des irischen Freistaates durch eine feierliche Erklärung der englischen Krone am 6. 12. 1922 in Kraft trat, herrschte in Irland der Bürgerkrieg. Die Regierung war gezwungen, zur Wiederherstellung der Sicherheit des Landes sogleich mit den Befugnissen auf Grund des Martial law zu beginnen. Allein im Laufe des Jahres 1923 wurde die allgemeine Lage ruhiger, und das Kabinett mußte damit rechnen, daß die Gerichte bei der Prüfung der Rechtmäßigkeit von Handlungen der Exekutive eines Tages erklären würden, die öffentliche Ordnung sei wieder hergestellt, es liege kein state of war mehr vor. Eine solche Entscheidung mußte automatisch die Befugnisse der Regierung auf Grund des Martial law zum Erlöschen bringen, was insbesondere bewirkt hätte, daß alle von den Regierungstruppen im Bürgerkrieg Gefangenen hätten freigelassen werden müssen. Dies hielt aber die Regierung mit der Staatssicherheit noch nicht für vereinbar. Als der irische Court of Appeal sich nun mit einem Antrag auf Erlassung eines writ of Habeas Corpus befaßte, bei welchem

[51]) Keith, Resp. Gov. 1928 Vol. I p. 97; Hight and Bamford, Const. history and law of New Zealand. 1914 p. 330; vgl. auch Clode, military forces of the Crown 1869. Vol. II. p. 174.

incidenter über das Vorliegen der Voraussetzungen des Martial law zu entscheiden war[1]) und befürchtet wurde, die Entscheidung würde zu Ungunsten der Regierung ausfallen, versuchte diese sich durch die Einbringung eines Staatsschutzgesetzes einen Ersatz für ihre Prärogativbefugnisse zu verschaffen. Dieses Gesetz, die Public Safety (Emergency Powers) No. 2 Act 1923 (No. 29) erging am 1. August 1923[2]). Es war höchste Zeit, da der genannte Gerichtshof am 31. Juli 1923 tatsächlich entschieden hatte, daß die Voraussetzungen für die Handhabung der Martial law-Befugnisse infolge der Wiederherstellung der Ordnung nicht mehr gegeben seien.

Der Zustand des Landes war aber nicht derart, daß die Regierung nach dem Wegfall ihrer Martial law-Befugnisse ohne weiteres zu dem „normalen Rechtszustand" übergehen und mit ihm auskommen konnte. Das neue Gesetz übertrug daher der Regierung besondere Befugnisse. Sie erhielt die Möglichkeit, die früher Inhaftierten[3]) weiterhin in Gewahrsam zu halten, neue Verhaftungen vornehmen und gewisse Delikte schärfer bestrafen zu lassen. Die Geltungsdauer des Gesetzes war auf 6 Monate festgesetzt.

Die Gesetze über die öffentliche Sicherheit von 1924.

Nach Ablauf dieser Zeit zeigte es sich, daß die Regierung auch jetzt noch nicht ohne erweiterte Vollmachten die öffentliche Sicherheit und Ordnung aufrecht erhalten konnte. So wurden im Jahre 1924 nach Ablauf des Public Safety (Emergency Powers) No. 2 Act 1923 zwei weitere Ausnahmegesetze erlassen, die aber inhaltlich nichts Neues brachten. Das Public Safety (Arrest and Detention) Act. No. 1 (1924) enthält mit wenigen Änderungen diejenigen Teile des Gesetzes von 1923, die sich auf Verhaftung und Verwahrung beziehen. Dagegen stellte das Public Safety (Punishment of Offences) Act. No. 15. 1924 erneut diejenigen Handlungen unter Strafe, die auch durch das Gesetz von 1923 untersagt waren. Beide Gesetze von 1924 blieben nur ein Jahr in Kraft.

Es ist im Rahmen dieser Arbeit nicht notwendig, auf den Inhalt, die rechtliche Tragweite und auf das nicht immer leicht zu be-

---

[1]) In der Sache King (O'Brien) v. the Military Governor [1924] 1. I. R. p. 32 ff.

[2]) Über die Einzelheiten der Entstehungsgeschichte und insbesondere über diesen Wettlauf zwischen Gesetzgeber und Gericht vgl. Hanna, Journ. of Comp. Legisl. and intern. law Vol. VIII. P. II. p. 26 ff. und Parliam. Debates des Senats Vol. I. p. 1840; ferner die unter 1 zitierte Entscheidung.

[3]) Personen, die aus Sicherheitsgründen in Gewahrsam gehalten wurden, aber keine Freiheitsstrafen zu verbüßen hatten.

stimmende Verhältnis der Public Safety Acts 1923 und 1924 zur irischen Verfassung näher einzugehen. Bei ihnen handelt es sich lediglich um vorübergehende, zur Regelung besonderer Verhältnisse bestimmter Gesetze, deren Wert für uns aber darin besteht, daß sie zum Teil als Vorbild für die sogleich zu behandelnden Public Safety Acts 1926 und 1927 gedient haben. Sie können deshalb auch vergleichsweise zu deren Auslegung herangezogen werden. Andererseits unterscheiden sie sich von den neuen Gesetzen dadurch, daß die Ausübung der außerordentlichen Vollmachten der Exekutive nicht erst von einem besonderen Staatsakt, einer Proklamation, abhängig gemacht worden ist, sondern daß diese Vollmachten wegen der damals schon vorliegenden Störung der öffentlichen Ordnung sofort in Kraft getreten sind.

2. Die Public Safety Acts 1926 und 1927[4]).

Abgesehen von dem oben behandelten Martial law können wir die beiden Public Safety Acts 1926 und 1927 als das eigentliche Ausnahmerecht des Freistaates ansehen[5]). Mit dem Gesetz von 1926 ist die Verfassungspraxis dazu übergegangen, ähnlich dem Prinzip des französischen état de siège der Regierung schon im Voraus gewisse Sonderbefugnisse zu übertragen, die nur unter bestimmten Voraussetzungen und durch einen formellen Akt in Kraft gesetzt werden können. Auf sie kann die Regierung auch in der Zukunft rechnen, ohne erst beim Eintreten eines staatlichen Notstandes gezwungen zu sein, dem Parlament ein solches Gesetz abringen zu müssen. Das Public Safety (Emergency Powers) Act 1926, No. 42 ist von beiden Gesetzen das Wichtigere, weil es nicht befristet ist und dauernd in Kraft bleiben soll. Dagegen sollte das Public Safety Act 1927 (No. 31) ursprünglich nach 5 Jahren wieder außer Kraft treten. Neuerdings will man seine Geltungsdauer auf zwei Jahre beschränken[6]).

Gesetz über die öffentliche Sicherheit
(Notstandsbefugnisse) 1926.

Nach dem Public Safety (Emergency Powers) Act 1926 kann das Kabinett durch eine Proklamation[7]) erklären, daß ein öffentlicher

---

[4]) Siehe die Anlagen.

[5]) Wenn auch die Geltungsdauer des Gesetzes von 1927 nur begrenzt und sogar noch mit einer weiteren Abkürzung der Geltungsdauer (s. unten) zu rechnen ist, wird man nicht fehlgehen anzunehmen, daß gewisse Bestimmungen des Gesetzes in späteren Public Safety Acts wieder enthalten sein werden; insofern ist das Gesetz typisch.

[6]) Public Safety (Repeal) Bill 1927 (Meldung d. Times vom 11. 11. 27.)

[7]) Erstmals ergangen am 20. 11. 1926; übrigens gibt es auch noch „Pro-

Notstand vorliege (s. 1 [1]). Voraussetzung hierfür ist, daß das Kabinett der Meinung ist, dieser Notstand erfordere im öffentlichen Interesse eine Inkraftsetzung des II. Teils des Gesetzes. Über das Vorliegen dieser Voraussetzung entscheidet lediglich das Kabinett; eine Nachprüfung durch die Gerichte unter objektiven Gesichtspunkten, wie bei dem Martial law, kommt nicht in Frage. Doch ist die parlamentarische Kontrolle, welcher das Kabinett unterworfen ist, noch dadurch in ihrer Wirksamkeit verstärkt, daß jedes Haus des Parlaments, wenn es nicht tagt, durch die Proklamation sofort einzuberufen ist (s. 1 [3]). Dáil und Senat haben beide unabhängig voneinander das Recht, die Notstandsproklamation zu widerrufen[8]). Geschieht dies nicht, so erlischt diese selbständig nach 3 Monaten, es sei denn, daß sie durch einen neuen, von denselben Voraussetzungen abhängigen Beschluß des Kabinetts verlängert wird. Erlischt die Proklamation, so treten die Wirkungen des II. Teils außer Kraft, ohne daß jedoch die inzwischen vorgenommenen Handlungen ihre Rechtmäßigkeit verlieren[9]).

Mit dem Erlaß der erwähnten Proklamation tritt der II. Teil des Gesetzes in Kraft (s. 2). Hierdurch wird jedes Mitglied des Kabinetts ermächtigt, Personen, die der Begehung gewisser Verbrechen verdächtig sind, verhaften zu lassen oder in Gewahrsam zu halten. Haftgründe brauchen nicht angegeben zu werden[10]). Dasselbe Recht ist gewissen Offizieren der Polizei und des Heeres übertragen, jedoch darf die Haft eine Woche nicht überdauern (s. 4). Offiziere des Heeres können zu diesem Zweck unter gewissen Voraussetzungen Haussuchungen vornehmen (s. 5) [11]).

Außerdem sind sogen. Berufungskammern (Appeal Councils)

---

klamationen" auf Grund anderer Gesetze (s. 156 Defence Forces (Tempor. Provisions) Act 1923 No. 30).

8) Soweit der Senat in Frage steht, ein interessantes Beispiel einer Einwirkungsmöglichkeit auf die Regierung, die aber m. W. noch nicht praktisch geworden ist. Es handelt sich bei dem Widerruf auch nicht um einen Akt der Gesetzgebung, zu welchem übereinstimmende Beschlüsse beider Häuser notwendig sind (Art. 12 Verf.).

9) In Verwahrung genommene Personen sind jedoch nach Außerkrafttreten von Teil II wieder freizulassen. Dies ergibt sich aus den Debatten über die analoge Frage, ob nach dem Außerkrafttreten der Public Safety (Emerg. Pow.) No. 2 Act 1923 die Verwahrung weiterdauern dürfe (Dáil Deb. Vol. 4 p. 512 ff.; Senate Deb. Vol. 1 p. 1603).

10) Dáil Deb. Vol. 4 p. 1245.

11) Über die Verfassungsmäßigkeit dieser Eingriffe in die Freiheit der Person und den Grundsatz der Unverletzlichkeit der Wohnung (Art. 6 und 7) vgl. oben Anm. 39 S. 256 und King (O'Connell) v. the Military Governor 58 I. L. T. R. p. 52.

zu errichten[12]) (s. 6). Auf Antrag haben sie in nicht-öffentlicher Sitzung die Fälle zu untersuchen, in denen Personen auf Grund der angeführten Exekutivbefugnisse in Gewahrsam gehalten werden. Es ist selbstverständlich, daß die Gerichte, die natürlich während des Inkraftstehens des II. Teiles an sich geöffnet sind und Urteile fällen[13]), daneben nicht in der Lage sind, Eingriffe in die Personenfreiheit im Habeas Corpus-Verfahren nachzuprüfen[14]). Berichtet das appeal council an das Kabinett, die in Gewahrsam gehaltene Person sei der strafbaren Handlung nicht verdächtig, so muß diese nach einem Monat entlassen werden, es sei denn, daß ein Mitglied des Kabinetts der Berufungskammer neues Belastungsmaterial vorlegt oder Anklage wegen eines anderen unter Gefängnisstrafe stehenden Deliktes erhoben ist (s. 6 [5]).

Gesetz über die öffentliche Sicherheit 1927.

Das Public Safety Act 1927 No. 31[15]) bildet eine Ergänzung zu dem eben beschriebenen Gesetz und soll nach der Präambel weitere und bessere Vorsorge für die Erhaltung des Staates und der öffentlichen Sicherheit treffen. Aus diesem ergänzenden Charakter ist zu schließen, daß das Inkrafttreten des II. Teil des Gesetzes von 1926 eine Ausübung der Befugnisse auf Grund des Gesetzes von 1927 nicht ausschließt (und umgekehrt). Auch hier tritt ein bestimmter Teil des Gesetzes erst auf Grund einer Proklamation der Regierung in Kraft. Beide Proklamationen können gemeinsam oder alternativ erlassen werden. Ob für die Proklamation des Gesetzes von 1927 eine geringere und andersartige Störung der öffentlichen Ordnung

---

[12]) Nach Ansicht der Regierung üben diese A. C. aber keine rechtsprechenden Funktionen aus, was im Hinblick auf Art. 64 Verf. von Wichtigkeit ist. Es handle sich vielmehr lediglich um Komitees, die der Verwaltung angehören und das Kabinett in den fraglichen Haftsachen beraten (Dáil Deb. Vol. 4 p. 536). Die Rechtsprechung scheint diese — nicht ganz überzeugende — Ansicht zu teilen (vgl. die Auslegung des Begriffes der „judicial power" in 58. I. L. T. R. p. 53). Dagegen bezeichnet Hanna, Journ. of Comp. Legisl. intern. law Vol. VIII. P. II. p. 28 die appeal councils auch als „tribunals".

[13]) Senat Deb. Vol. 1 p. 1425.

[14]) Dáil Deb. Vol. 4 p. 438. Die parlamentarische Kontrolle ist demgegenüber nur ein schwacher Ersatz.

[15]) Im folgenden soll nur der III. und IV. Teil des Gesetzes näher behandelt werden. Allerdings statuiert auch der I. und II. Teil eine Reihe außerordentlich wichtiger Befugnisse, deren Untersuchung gerade im Hinblick auf die Vereinsfreiheit und das Recht auf freie Meinungsäußerung (Art. 9) interessant wäre. Sie gehören aber nicht in den Rahmen einer Untersuchung des Ausnahmerechtes.

vorausgesetzt wird, darüber kann man verschiedener Ansicht sein. Sie kann nämlich dann erlassen werden, wenn das Kabinett es zur Sicherung einer ordentlichen Ausübung der Rechtspflege und zur zuverlässigen Bestrafung von Verbrechen für notwendig hält, gewisse strafbare Handlungen durch Spezialgerichte aburteilen zu lassen (s. 20 [1])[16]. An sich scheinen diese Voraussetzungen gegenüber denen der zuerst angeführten Proklamation enger zu sein. — Das weitere Verfahren in bezug auf diese Proklamation, die Möglichkeit beider Häuser des Parlamentes, sie zu widerrufen, die Dauer der Proklamation: all dies ist hier in derselben Weise wie im 1. Teil des Public Safety Act 1926 geregelt und soll nicht wiederholt werden. Auch die während des Inkraftstehens des IV. Teils des Gesetzes von 1927 und auf Grund der dortigen Befugnisse vorgenommenen Handlungen verlieren durch das Erlöschen der Proklamation nicht ihre Rechtmäßigkeit; Urteile bleiben bestehen und können auch dann nicht durch ordentliche Rechtsmittel angefochten werden; ausgesprochene Strafen sind zu vollstrecken (s. 21).

Tritt mit dem Erlaß der Proklamation der IV. Teil des Gesetzes in Kraft, so kann die Regierung ein oder mehrere „Spezialgerichte" errichten (s. 22). Nach ihrer Zusammensetzung würde man sie besser als Militärgerichte bezeichnen. Sie sind zur Aburteilung einer Reihe, aus der Anlage des Gesetzes zu ersehenden, strafbaren Handlungen zuständig, gleichgültig, ob die Motive der Tat gemeiner Art oder politische gewesen sind[17]. Die Zuständigkeit ist ausschließlich; ein Verfahren vor den ordentlichen Strafgerichten ist insoweit ausgeschlossen, obwohl diese auch während des Inkraftstehens von Teil IV des Gesetzes weiterhin tätig sind[18]. Die Spezialgerichte können nur das in s 25 (1,2) angeführte Strafmaß anwenden[19] Das Verfahren ist nicht öffentlich und soll durch Verordnung geregelt werden (s 26); es soll grundsätzlich dem vor dem irischen Central Criminal Court angewandten Verfahren angepaßt werden[20], insoweit nicht bei den Spezialgerichten infolge des Fehlens der Geschworenen andere Vorschriften notwendig sind. Keine der Entscheidungen dieser Gerichte

---

[16]) Die Übereinstimmung des Public Safety Act 1927 mit der Verfassung bedarf keiner Erörterung, da das Gesetz in s 3 eine Änderung der Verfassung ausdrücklich vorsieht und gegenwärtig keine weiteren Erschwerungen für eine Verfassungsänderung vorgeschrieben sind (s. oben S. 256, Anm. 37).

[17]) Dáil Deb. Vol. 20 p. 852.

[18]) Dáil Deb. Vol. 20 p. 978.

[19]) Argumentum e contrario aus dem Fehlen vom s 1 (5). Publ. Saf. (Punishment of Offences) Temporary Act 1924. (No. 15); Dáil Deb. Vol. 6 p. 1582.

[20]) Dáil Deb. Vol. 20 p. 1486.

kann mit Berufung (appeal) angefochten oder durch writ of certiorari vor ein anderes Gericht gezogen werden (s. 25 [5]). Andererseits darf keine Entscheidung ohne vorherige Bestätigung vollstreckt werden (s. 24). Das Bestätigungsrecht, das dem englischen Militärgerichtsverfahren nachgebildet ist, steht einem Offizier zu, dem für die juristischen Fragen ein Berater (legal assessor) beigegeben wird [21]). Die Bestätigung hat sich auf die Schuld- und Straffrage zu erstrecken. Sie kann verweigert oder nur mit Abänderung erteilt werden. Endlich kann ein Urteil eines solchen Spezialgerichtes auch außerdem noch im Wege der Gnade gemildert werden. Hierfür ist der General-Gouverneur unter Verantwortung des Kabinetts zuständig.

3. Das Verhältnis der Public Safety Acts zum Martial law.

Einschränkung der Prärogative im allgemeinen; die Vorbehaltsklauseln.

Das Problem des Ausnahmerechtes im irischen Freistaat erscheint deshalb so interessant, weil neben die rechtlich rohere und politisch wirksamere Formation des Martial law neuartige Gesetze und Befugnisse getreten sind, deren Ähnlichkeit mit dem britischen Recht fremden Vorbildern nicht zu verkennen ist, die aber den Schwerpunkt im System der Verfassung keineswegs in demselben Maße verlagern wie das Martial law. Allerdings muß nun untersucht werden, in welchem Verhältnis diese beiden Gruppen von Befugnissen zueinander stehen. Allgemein kann man von dem in England entwickelten Grundsatz [22]) ausgehen, daß die Prärogative durch jedes Gesetz eingeschränkt wird, daß also die Exekutive nicht mehr auf ihre Prärogativrechte zurückgreifen kann, wenn eine bestimmte Materie durch Gesetz geregelt worden ist. Hiervon gibt es allerdings, soweit das Martial law in Frage steht, eine Ausnahme. Die irischen Gesetze enthalten nämlich in neuerer Zeit wieder sogen. Vorbehaltsklauseln [23]), so z. B. in s. 15 des Public Safety (Emerg. Pow.) Act 1923 und in s. 8 Public Safety (Powers of Arrest and Detention) Tempor. Act 1924 [24]). Diese Bestimmungen

[21]) Dáil Deb. Vol. 20 p. 1573 f.; Senate Deb. Vol. 9 p. 373.

[22]) Über das Nähere vgl. Heck oben p. 198, wozu nur zu bemerken ist, daß die p. 199 angeführte Entscheidung Egan v. Macready mit Rex v. Allen 55. I. L. T. R. 107 in Widerspruch steht und noch nicht zu erkennen ist, welcher Ansicht die Entwicklung folgen wird.

[23]) Die Bemerkung hierüber von Heck oben S. 199 bezieht sich nur auf England.

[24]) Trotz des verschiedenen Wortlauts besteht sachlich kein Unterschied zwischen beiden Klauseln.

haben den ausdrücklichen Zweck, zu verhindern, daß die außerordentlichen Befugnisse der Exekutive auf Grund des Martial law durch solche den Schutz der öffentlichen Ordnung betreffenden Gesetze eingeschränkt werden [25]), eine Lehre, die gerade in der Sache Egan v. Macready [26]) zur Grundlage des Urteils gemacht worden ist.

Einschränkung der Prärogative durch die Public Safety Acts.

Im Gegensatz zu den eben genannten Gesetzen und zu der bestimmten Absicht, die der Gesetzgeber mit diesen Vorbehaltsklauseln verfolgt hat, sind aber in den uns interessierenden Public Safety Acts 1926 und 1927 keine solchen Bestimmungen enthalten. An sich muß sich daher das Verhältnis dieser Gesetze zu den Befugnissen auf Grund des Martial law nach dem allgemeinen Grundsatz richten. Gerade in der Sache Egan v. Macready, die für unser Problem eine ausschlaggebende Bedeutung hat, ist aber die Frage aufgeworfen worden, ob sich ein bestimmtes Gesetz überhaupt dazu eigne, die Martial law-Befugnisse einzuschränken, ob es die Prärogative insoweit überhaupt einschränken könne. Die Restoration of order in Ireland Act 1920, die dort in Frage stand, sei nur erlassen worden, um einen Zustand gestörter öffentlicher Ordnung geringeren Grades und nicht einen state of war, einen Kriegszustand, zu regeln. Die Prärogative des Martial law werde durch ein solches, zur Regelung eines aliud bestimmten Gesetzes überhaupt nicht eingeschränkt. Die genannte Entscheidung hat die Frage nicht als unerheblich übergangen, sondern hat gerade erklärt, das fragliche Gesetz sei auch aus dem Grunde erlassen worden, um einen state of war im technischen Sinne zu regeln und wirke deshalb einschränkend. Dasselbe Problem ist auch bei den Public Safety Acts 1926 und 1927 zu erörtern. Allerdings sollte die Regierung durch sie in den Stand gesetzt werden, bestimmte außerordentliche Verhältnisse im Staat zu meistern, aber auch darüber hinaus noch eine nur als Kriegszustand zu bezeichnende Störung der öffentlichen Ordnung? Sicher ist, daß die Voraussetzungen, die für die Erlassung der beiden Proklamationen vorhanden sein müssen, eher auf einen minder schweren Staatsnotstand als auf einen Kriegszustand hinweisen und auch die Präambeln, die bei britischen Gesetzen zumeist Aufschluß über den Zweck des Gesetzes geben,

---

[25]) Dáil Deb. Vol. 4 p. 1267 ff.; Hanna, Journ. Comp. Legisl. III. Ser. Vol. VIII. P. II. p. 28.

[26]) 55 I. L. T. R. 197.

lassen kaum eine andere Deutung zu. Trotzdem wird man annehmen müssen, daß die Public Safety Acts 1926 und 1927 die Prärogative einschränken, denn für die Beurteilung der Frage, ob die genannten Gesetze nicht überhaupt eine andere Materie als das Martial law, (eine geringere Störung der öffentlichen Ordnung) behandeln sollen, müssen die Bestimmungen der Gesetze als Ganzes betrachtet werden. Dabei ist einmal festzustellen, daß die zur Erlassung der Proklamationen notwendigen Voraussetzungen jeweils in einem state of war enthalten sind, d. h. jedesmal auch dann vorliegen werden, wenn ein Kriegszustand gegeben ist. Ferner enthalten beide Gesetze Bestimmungen, die mit einem normalen Rechtszustand, einem „civil government"[27]), nicht mehr vereinbar sind. Dies gilt im besonderen von den Vorschriften des IV. Teiles des Gesetzes von 1927. Sind demnach in einem Zustand gestörter öffentlicher Ordnung, der an sich auch die Handhabung der Befugnisse auf Grund des Martial law rechtfertigen würde, Teil II, bzw. Teil IV der genannten Gesetze in Kraft gesetzt, so kann die Exekutive die in den Gesetzen geregelten Tatbestände in bezug auf das Verfahren und die Rechtsfolgen nur nach den gesetzlichen Bestimmungen behandeln. Sie kann hiervon abweichend nicht auf ihre Befugnisse auf Grund des Martial law zurückgreifen. Konkret ausgedrückt: sie kann z. B. bezüglich der Verhaftung von Personen nur nach dem II. Teil des Gesetzes von 1926 und bezüglich der Ausnahmegerichte und der Aburteilung bestimmter strafbarer Handlungen nur nach dem IV. Teil des Gesetzes von 1927 verfahren. Für andere, durch diese Gesetze nicht geregelte Tatbestände mag die Exekutive auf Grund des Martial law handeln.

Keine Rechtspflicht zum Erlaß
der Notstandsproklamationen.

Es ist selbstverständlich, daß die Regierung bei einem Zustand gestörter öffentlicher Ordnung, gleichviel, in welcher Schwere er eingetreten ist, keine rechtliche Verpflichtung hat, durch den Erlaß der Proklamationen bestimmte Teile der Public Safety Acts 1926 und 1927 in Kraft zu setzen. Das steht, insoweit eine Konkurrenz mit ihren Befugnissen auf Grund der Prärogative nicht in Frage kommt, außer Zweifel. Wie aber dann, wenn nicht nur eine geringere Störung, sondern ein zum Eingreifen auf Grund des Martial law berechtigender state of war eintritt: kann die Regierung es dann unterlassen, ihre Befugnisse auf Grund des angeführten statute law

[27]) Als begrifflichen Gegensatz zu Martial law; s. Egan v. Macready p. 200.

auszunützen und sich nur auf die Prärogative stützen? Der Fall differiert ja von dem entsprechenden der Restoration of Ireland Act 1920 und den oben II. 1 angeführten Public Safety Acts 1923 und 1924 grundlegend dadurch, daß die Regierung dort nicht die Wahl hatte, sich bestimmter gesetzlicher Befugnisse zu bedienen oder nicht, weil das Inkrafttreten ihrer gesetzlichen Befugnisse nicht von einer vorhergehenden Proklamation abhängig war. Es scheint mir eher eine verfassungspolitische Forderung als ein Rechtssatz zu sein, wenn man argumentieren würde, die Exekutive sei verpflichtet, sich jeweils derjenigen Rechte zu bedienen, die dem Staatsbürger größere Rechtssicherheit und verstärkten Schutz gewähren [28]. Man wird vielmehr infolge des Fehlens für eine andersartige Entscheidung verwertbarer Gesichtspunkte sagen müssen, daß die Exekutive bei einer Störung der öffentlichen Ordnung ohne weiteres zu den ihr auf Grund des Martial law zustehenden Befugnissen greifen darf, vorausgesetzt, daß die Gerichte die Voraussetzungen hierfür als gegeben ansehen. Es bleibt dann Sache des Parlamentes, zu entscheiden, ob es die Regierung zwingen will, durch die Erlassung der Proklamationen sich der gesetzlichen, ihre Prärogativbefugnisse beschränkenden Rechte zu bedienen oder ihre Handlungen weiterhin auf das unbeschränkte Martial law zu stützen.

III. Schluß.

Martial law und état de siége.

Wer es unternimmt, sich über das englische Ausnahmerecht zu informieren, wird eine Menge von Entscheidungen und in der Literatur eine Reihe von Darstellungen finden, die über die rechtlichen Einzelheiten des Martial law Aufschluß geben, die aber m. E. zumeist die allgemeine verfassungspolitische Bedeutung dieses Rechtsinstitutes nicht genügend hervorheben. Bei dem Martial law handelt es sich nämlich um nichts anderes als um die rechtliche Fundierung der Kämpfe während des Bürgerkrieges, soweit es sich um die Regierungspartei handelt, um die Rechtsformen, in denen die Regierung einen bewaffneten Aufstand niederwerfen läßt. Die Voraussetzungen des Martial law und die Machtfülle, die der Regierung übertragen wird, verraten deutlich den Grundgedanken,

[28]) Wobei es in Einzelfällen zweifelhaft sein kann, ob die Stellung des Staatsbürgers gegenüber den Exekutivbefugnissen auf Grund der Public Safety Acts günstiger ist: fehlt doch hier im Vergleich zum Martial law immer die gewichtige Nachprüfungsmöglichkeit der Handlungen der Exekutive durch die Gerichte.

daß für diese Exekutivbefugnisse in diesem Augenblick kein anderer Grundsatz gelten dürfe als: salus rei publicae suprema lex [1]). Es handelt sich darum, to repel force by force [2]), um einen Kampf „in the open field". Dieser Charakter des Martial law macht es durchaus fraglich, ob wir dieses Rechtsinstitut mit den kontinentalen „Ausnahmezuständen", mit dem état de siège, überhaupt vergleichen und somit auf eine Stufe stellen können. Im typischen Fall hat Martial law es mit einer erheblich größeren und grundlegenderen Störung der öffentlichen Ordnung zu tun als z. B. der état de siège. Daher auch der völlig andere Charakter.

Ausnahmerecht im United Kingdom und im Freistaat.

Die andersartige Struktur des Martial law erklärt es auch, warum dieses Rechtsinstitut in dem jetzigen United Kingdom — also ohne das Gebiet des Irischen Freistaats — schon nahezu 150 Jahre nicht mehr in Kraft gesetzt worden ist, und es kann mit einer gewissen Berechtigung die Frage aufgeworfen werden, ob diese Prärogativbefugnisse tatsächlich noch einen lebenden Bestandteil des Verfassungsrechts des United Kingdom bilden oder ob es sich insoweit nicht nur um historische Zuständigkeiten der englischen Regierung handelt, die im Laufe der Zeit obsolet geworden sind [3]), von denen man sich aber theoretisch nicht trennen kann. Im irischen Freistaat dagegen muß das Martial law als ein Teil des aktuellen, geltenden Verfassungsrechtes angesehen werden. Wenn es zudem auch schon praktisch erprobt worden ist, so ist dies nicht nur auf die bei Inkrafttreten der Verfassung herrschenden besonderen Zustände zurückzuführen; es kann vielmehr mit Sicherheit angenommen werden, daß die Regierung beim Ausbrechen größerer Unruhen erneut auf dieses Rechtsinstitut zurückgreifen wird, um den Bestand der Verfassung zu erhalten. Inwieweit sich andererseits der rechtlich feinere Typus der Sondergesetze, wie ihn die geschilderten Public Safety Acts darstellen, durchsetzen wird, ist nicht vorauszusehen. Die verfassungsrechtliche Lage dieser Sondergesetze unterscheidet sich nämlich grundlegend von ähnlichen Gesetzen in England. Dort ist das Parlament infolge des Fehlens von Rechtssätzen mit Verfassungsgeltungskraft, insoweit

---

[1]) Egan v. Macready 55. I. L. T. R. p. 200.

[2]) Tilonko v. Attorney General of Natal A. C. 1907. p. 94.

[3]) Ridges scheint sich schon früher diese Frage vorgelegt zu haben, wenn er schreibt: there seems no reason why . . . martial law should not be proclaimed in England, as well as in the colonies or Ireland (Const. law of England 1915. p. 36 Zff. 4).

es sich um die Rechte der Bürger handelt, in keiner Weise beschränkt und könnte die außerordentlich umfassenden, der Exekutive auf Grund des Martial law zustehenden Rechte durch ein Gesetz ausfüllen, regeln und ihr auf diese Weise übertragen. Nach der Verfassung des irischen Freistaates ist zwar die Exekutive bei der Handhabung des Martial law ebensowenig an die Grundrechte gebunden[4]) wie in England. Will sich aber die Regierung durch das Parlament auf dem Wege der Gesetzgebung außerordentliche Vollmachten übertragen lassen, so ist der Gesetzgeber durch die Verfassung beschränkt: das Gesetz muß mit der Verfassung übereinstimmen. Es ist also nicht so, daß der Gesetzgeber sich bei dem Eintreten eines state of war über die Verfassung hinwegsetzen kann, wie man vereinzelt aus parlamentarischen Äußerungen entnehmen könnte. Auch die Regierung hält sich ja bei der Handhabung des martial law „an" die Verfassung und handelt innerhalb ihrer weiten, aber verfassungsmäßigen Zuständigkeiten. Allerdings sind die Bestimmungen der Verfassung, besonders über die Grundrechte, weit genug gefaßt, um dem Parlament bei der Erlassung von Gesetzen zur Regelung außerordentlicher Verhältnisse ausreichenden Spielraum zu lassen.

---

[4]) Oben I. 5.

Anlagen

1. Public Safety (Emergency Powers) Act, 1926. (No. 42.)

An act to provide for the preservation of public safety and the protection of person and property during national emergencies and for matters connected therewith.

19 th November 1926.

Be it enacted by the Oireachtas of Saorstát Eireann as follows:

Part I.

Proclamation of Emergency.

Proclamation of national emergency.

1. — (1) If at any time the Executive Council is of opinion that a national emergency has arisen of such character that it is expedient in the public interest that the provisions of Part II. of this Act should be put into force, the Executive Council may by proclamation declare that a state of national emergency exists.

(2) A proclamation made under this Act shall (unless continued under this section) remain in force for three months only and shall then expire, but any such proclamation may from time to time be continued in force for three months by proclamation made by the Executive Council before the expiration of the original proclamation or the last continuance thereof.

(3) If at any time when a proclamation (whether original or continuing) is made under this Act, the Oireachtas or either House thereof stands adjourned to a day and hour more than five days after the making of the proclamation, the proclamation shall be expressed and shall operate to summon the Oireachtas or such house thereof (as the case may be) to reassemble at a convenient hour to be specified in the proclamation on a convenient day to be similarly specified not less than three nor more than five days after the making of the proclamation, and in every such case the Oireachtas or such house thereof, as the case may be, shall reassemble on the day and at the hour so specified as if it had stood adjourned to that day and hour.

Anlagen

1. Gesetz über die öffentliche Sicherheit (Notstandsbefugnisse) 1926, Nr. 42.

Gesetz betreffend die Erhaltung der öffentlichen Sicherheit und den Schutz von Personen und Eigentum während öffentlichen Notstands und damit zusammenhängende Materien.

(19. November 1926.)

Das Parlament des Irischen Freistaats erläßt hiermit folgendes Gesetz:

I. Teil.

Notstandsproklamation.

Notstandsproklamation.

1. — (1) Ist das Kabinett zu irgendeiner Zeit der Meinung, es sei ein derartiger öffentlicher Notstand eingetreten, daß es im öffentlichen Interesse geboten sei, die Bestimmungen des zweiten Teils dieses Gesetzes in Kraft zu setzen, so kann es durch eine Proklamation erklären, daß ein öffentlicher Notstand vorliege.

(2) Eine auf Grund dieses Gesetzes erlassene Proklamation bleibt (wenn sie nicht nach Maßgabe dieses Abschnittes verlängert wird) nur drei Monate in Kraft und tritt dann außer Kraft, doch kann die Geltung einer solchen Proklamation von Zeit zu Zeit durch eine von dem Kabinett vor dem Erlöschen der ersten Proklamation oder ihrer letzten Verlängerung erlassene Proklamation verlängert werden.

(3) Falls bei dem Erlaß einer (erstmaligen oder späteren) Proklamation das Parlament oder eines seiner Häuser auf einen, nach Tag und Stunde gerechnet, später als 5 Tage nach dem Erlaß der Proklamation liegenden Zeitpunkte vertagt ist, ist die Proklamation zu erlassen; sie hat gleichzeitig die Wirkung, daß das Parlament oder das betreffende Haus zu einem in der fraglichen Proklamation nach Tag und Stunde anzugebenden passenden Zeitpunkt, der nicht weniger als drei und nicht mehr als fünf Tage nach dem Erlaß der Proklamation liegen soll, einberufen wird, und in jedem dieser Fälle hat sich das Parlament oder das betreffende Haus an dem so festgesetzten Zeitpunkt wieder zu versammeln, als ob es auf diesen Tag und diese Stunde vertagt worden wäre.

(4) Every proclamation made under this section shall be forthwith published in the Iris Oifigiúil and shall also be laid before each House of the Oireachtas as soon as may be after it is made and if either such House shall, within the next subsequent twenty one days on which that House has sat, pass a resolution revoking such proclamation such proclamation shall forthwith expire but without prejudice to the validity of anything previously done under such proclamation.

Effect of proclamation.

2. — (1) Whenever and so often as a proclamation of a national emergency is made by the Executive Council under this Act then Part II. of this Act and the Schedule to this Act shall forthwith come into force and shall continue in force for so long as such proclamation remains or is continued in force and when such proclamation finally expires Part II. of this Act and the Schedule to this Act shall forthwith cease to be in force.

(2) Part II of this Act and the Schedule to this Act shall not have any force or effect save as and when provided by this section.

Part II.

Emergency Provisions.

Executive Minister may cause arrest and detention of certain persons.

3. — It shall be lawful for an Executive Minister to cause the arrest and, subject to the provisions of this Act, to order the detention in custody in any place in Saorstát Eireann of any person in respect of whom such minister shall certify in writing that he is satisfied that there is reasonable ground for suspecting such person of being or having been engaged or concerned in the commission of any of the offences mentioned in the Schedule to this Act.

Responsible officer may arrest certain persons.

4. — (1) It shall be lawful for a responsible officer to arrest and to detain in custody for any period not exceeding one week any person found committing or attempting to commit or whom such officer suspects of having committed any of the offences mentioned in the Schedule to this Act, and for the purpose of effecting any such arrest to enter on and search any premises in which any such person is known or reasonably believed to be.

(4) Jede auf Grund dieses Abschnitts erlassene Proklamation ist sogleich in dem Iris Oifigiúil [1]) zu veröffentlichen und nach Erlaß sobald wie möglich den beiden Kammern des Parlaments vorzulegen und tritt alsbald außer Kraft, wenn eines dieser Häuser innerhalb der nächsten 21 Sitzungstage einen die Proklamation widerrufenden Beschluß faßt, jedoch unbeschadet der Rechtsgültigkeit des auf Grund dieser Proklamation früher Geschehenen.

2. — (1) Sobald eine Proklamation eines öffentlichen Notstands von dem Kabinett auf Grund dieses Gesetzes erlassen wird, tritt der II. Teil dieses Gesetzes und der Anhang dieses Gesetzes sofort in Kraft und bleibt solange in Kraft, wie die Proklamation in Kraft bleibt oder verlängert wird, und wenn eine solche Proklamation endgültig erlischt, tritt der II. Teil des vorliegenden Gesetzes und der Anhang sofort außer Kraft.

Wirkung der Proklamation.

(2) Der II. Teil des Gesetzes und der Anhang sollen keinerlei Gültigkeit oder Wirkung haben, soweit dies nicht in diesem Abschnitt vorgesehen ist.

II. Teil.

Notstandsbestimmungen.

Mitglieder des Kabinetts können Verhaftung und Gefangenhaltung gewisser Personen veranlassen.

3. — Jeder Exekutivminister ist berechtigt, Personen, von denen er schriftlich versichert, er sei überzeugt, daß hinreichende Gründe für den Verdacht ihrer Mittäterschaft oder Teilnahme an einer der im Anhang aufgeführten strafbaren Handlungen vorliegen, verhaften und an jedem beliebigen Orte innerhalb des Irischen Freistaats gemäß den Bestimmungen dieses Gesetzes in Verwahrung nehmen zu lassen.

Verantwortlicher Offizier kann gewisse Personen verhaften.

4. — (1) Jeder verantwortliche Offizier ist berechtigt, Personen, die der Begehung oder des Versuchs der Begehung einer der im Anhang zu diesem Gesetz angeführten strafbaren Handlungen schuldig oder von ihm verdächtig befunden werden, zu verhaften und nicht länger als eine Woche in Verwahrung zu halten und zum Zweck der Durchführung der Verhaftung alle Grundstücke zu betreten und zu durchsuchen, in denen der Aufenthalt solcher Personen bekannt ist oder vernünftiger Weise vermutet werden kann.

---

[1]) Eine Art Staatsanzeiger des Irischen Freistaats.

(2) It shall be lawful for an Executive Minister subject to the provisions of this Act to order the detention in custody in any place in Saorstát Eireann of any person arrested under this section in respect of whom such Minister certifies in writing that he is satisfied that there is reasonable ground for suspecting such person of being or having been engaged or concerned in the commission of any of the offences mentioned in the Schedule to this Act.

(3) Whenever any person is arrested under this section such person shall, not later than one week after his arrest unless an order for his detention is made by an Executive Minister under this section, either be released, or be charged with one or more of the offences mentioned in the Schedule to this Act or with any other offence or offences and dealt with according to law, and shall for that purpose, if in military custody, be delivered into civil custody.

Entry of dwelling-house to make arrest.

5. — In any case where a responsible officer of the Defence Forces of Saorstát Eireann has reasonable ground for anticipating that it will be necessary to enter a dwelling-house for the purpose of affecting an arrest, to be made by him under this Act, it shall be the duty of such officer, wherever reasonably practicable, to arrange that a member of the Gárda Síochána is present at such entry, and the Minister for Defence and the Minister for Justice shall make such arrangements as may be necessary or desirable for this purpose.

Establishment of Appeal Councils.

6. — (1) As soon as may be after every occasion on which this Part of this Act comes into force there shall be established by an Executive Minister one or more Appeal Councils consisting of not less than three members of whom one shall be a practising barrister or solicitor of not less than five years' standing or shall be or have been a Recorder or County Court Judge in Ireland, or a Judge of the Supreme Court, High Court or Circuit Court, or a Justice of the District Court.

(2) . . . .

(3) Any person detained in custody under this Act, whether under an order of an Executive Minister or by the Military authorities, may in the prescribed manner request that an enquiry into the matter of his detention be made by an Appeal Council, and such Council shall

(2) Jeder Exekutivminister ist berechtigt, Personen, die gemäß den Bestimmungen dieses Abschnitts verhaftet worden sind und von denen er schriftlich versichert, er sei überzeugt, daß hinreichende Gründe für den Verdacht ihrer Mittäterschaft oder Teilnahme an einer der im Anhang dieses Gesetzes angeführten strafbaren Handlungen vorliegen, an jedem beliebigen Ort innerhalb des irischen Freistaats gemäß der Bestimmungen dieses Gesetzes in Verwahrung nehmen zu lassen.

(3) Eine Person, die nach Maßgabe dieses Abschnittes verhaftet worden ist, ist, sofern nicht ein Befehl für ihre Verwahrung von einem Exekutivminister nach Maßgabe dieses Abschnittes erlassen wird, spätestens eine Woche nach der Verhaftung entweder freizulassen oder einer oder mehrerer der in dem Anhang zu diesem Gesetz angeführten oder auch anderer strafbarer Handlungen anzuklagen, und es ist mit ihr nach dem Gesetz zu verfahren; zu diesem Zweck ist sie, falls sie sich in militärischem Gewahrsam befindet, in Zivilgewahrsam zu überführen.

Betreten von Wohnhäusern zur Verhaftung.

5. Falls ein verantwortlicher Offizier der Wehrmacht des Irischen Freistaats hinreichenden Grund zu der Annahme hat, daß es zur Durchführung einer von ihm nach Maßgabe dieses Gesetzes vorzunehmenden Verhaftung notwendig sei, ein Wohnhaus zu betreten, ist er verpflichtet, soweit dies tunlich erscheint, dafür zu sorgen, daß ein Mitglied der Gárda Síochána[2]) hierbei anwesend ist; die hierzu notwendigen oder wünschenswerten Vorkehrungen sind von dem Wehrminister und dem Justizminister zu treffen.

Errichtung von Berufungskammern.

6. — (1) Wenn dieser Teil des Gesetzes in Kraft tritt, sind sobald wie möglich durch einen Exekutivminister ein oder mehrere Berufungskammern zu errichten, die aus mindestens drei Mitgliedern bestehen, von denen eines ein mindestens seit fünf Jahren zugelassener praktizierender Anwalt (barrister oder solicitor) oder Recorder oder Grafschaftsrichter in Irland oder Richter des Supreme Court, High Court oder Circuit Court oder District Court sein muß.

(2) . . . .

(3) Jede nach Maßgabe dieses Gesetzes durch den Befehl eines Exekutivministers oder von einer Militärbehörde in Verwahrung genommene Person ist berechtigt, in der vorgeschriebenen Form

[2]) Irische Polizeitruppe.

thereupon with all convenient speed inquire in the prescribed manner into the case of such person and shall report in the prescribed form to such Executive Minister the result of such inquiry.

(4) At any inquiry under this section the Appeal Council shall be furnished with the reports or certificates in virtue of which the person whose case is being inquired into is being detained.

(5) When such an Executive Minister shall receive a report from an Appeal Council that there are no reasonable grounds for suspecting the person detained of having committed or being engaged or concerned in the commission of any of the offences mentioned in the Schedule to this Act he shall within one mouth from the receipt of the report, order his release unless —

(a) he shall refer back the report to the Appeal Council for the consideration of further evidence, or

(b) the person be charged with any offence punishable by imprisonment.

(6) An Executive Minister shall make regulations for the execution by Appeal Councils of the functions imposed on them by this section, and the word „prescribed" where used in this section means prescribed by such regulations.

(7) Every regulation made under this section shall be laid before each House of the Oireachtas as soon as may be after it is made, and if either House of the Oireachtas shall within twenty-one days on which such house has sat next after such regulation is laid before it pass a resolution annulling such regulation, such regulation shall be annulled accordingly, but without prejudice to the validity of anything already done under it.

Recognizances may be taken from persons released.

7. — (1) Whenever an Executive Minister shall propose to release any person arrested or detained under this Act the Minister may require as a condition of such release that such person should enter into a recognizance with two solvent sureties before a justice of the District Court in such amount as may be aproved by the Minister, the condition of such recognizance being that the person aforesaid shall be of good behaviour and keep the peace for such period not exceeding three years as shall be fixed by the Minister aforesaid.

(2) . . . .

den Antrag zu stellen, die Berufungskammer solle die Sache ihrer Verwahrung nachprüfen; die Kammer hat daraufhin mit tunlicher Beschleunigung in der vorgeschriebenen Weise den Fall des Antragstellers zu untersuchen und dem betreffenden Minister über das Ergebnis in der vorgeschriebenen Form Bericht zu erstatten.

(4) Zum Zweck einer Untersuchung auf Grund dieses Abschnittes sind der Berufungskammer die Berichte oder Urkunden vorzulegen, auf Grund deren die betreffende Person verwahrt gehalten wird.

(5) Wenn dem Exekutivminister von der Berufungskammer berichtet wird, es bestehe kein hinreichender Verdacht zu der Annahme, daß die verwahrte Person eine der in dem Anhang dieses Gesetzes aufgezählten strafbaren Handlungen begangen habe oder an der Begehung beteiligt sei, hat er innerhalb eines Monats nach Empfang des Berichtes ihre Freilassung anzuordnen, es sei denn,

a) daß er der Berufungskammer den Bericht zur Prüfung weiteren Beweismaterials zurückgibt, oder

b) daß gegen die betreffende Person wegen eines unter Gefängnisstrafe stehenden Deliktes Anklage erhoben wird.

(6) Jeder Exekutivminister hat zur Ausführung der den Berufungskammern durch diesen Abschnitt übertragenen Befugnisse Verordnungen zu erlassen und das Wort „vorgeschrieben" bedeutet, soweit es in diesem Abschnitt gebraucht wird, durch derartige Verordnungen vorgeschrieben.

(7) Jede auf Grund dieses Abschnittes ergangene Verordnung ist nach ihrem Erlaß baldmöglichst beiden Häusern des Parlaments vorzulegen, und wenn eines der Häuser binnen 21 Sitzungstagen nach der Vorlage einer solchen Verordnung beschließt, die Verordnung aufzuheben, tritt diese demgemäß außer Kraft, unbeschadet der Rechtsgültigkeit aller auf Grund derselben schon vorgenommenen Handlungen.

Sicherheitsleistung freigelassener Personen.

7. — (1) Stellt ein Exekutivminister den Antrag, eine nach Maßgabe dieses Gesetzes verhaftete oder in Verwahrung gehaltene Person frei zu lassen, so kann er als Bedingung der Freilassung verlangen, daß diese Person vor einem Distriktsrichter durch zwei zahlungsfähige Bürgen in einer von dem Minister für angemessen gehaltenen Höhe Sicherheit leistet, wobei die Freilassung davon abhängig zu machen ist, daß die genannte Person sich gut führt und während eines von dem genannten Minister zu bestimmenden Zeitraums von höchstens 3 Jahren nicht die öffentliche Ordnung stört.

(2) . . . .

Executive Minister may make regulations.

8. — . . . .

Definition of responsible officer.

9. — . . . .

Part III.

Short title.

10. — This Act may be cited as the Public Safety (Emergency Powers) Act, 1926.

Schedule.

1. Inciting persons to engage in an attempt to overthrow by violence the established form of Government of Saorstát Eireann or organising or otherwise assisting or encouraging any such attempt.

2. Unlawfully inducing or attempting to induce any officer of the Government of Saorstát Eireann to refuse, neglect or omit to discharge his duty as such officer.

3. Having possession without lawful authority of —
   a) any lethal firearm or other weapon of any description from which any shot, bullet or other missile can be discharged; or
   b) any ammunition for any such firearm or weapon; or
   c) any grenade, bomb or other similar missile, whether capable of being used with any such firearm or weapon or not; or
   d) any land mine or other similar explosive machine; or
   e) any dynamite, gelignite or other explosive substance; or
   f) any component part or ingredient of any such article or substance aforesaid.

4. Having possession without lawful authority of any article of clothing, equipment or accoutrement or any arms or ammunition belonging or issued to any member of the military or police forces of Saorstát Eireann.

5. Putting on or assuming without authority the uniform or any part of the uniform of any branch of the military or police forces of Saorstát Eireann.

Minister kann Verordnungen erlassen.

8. — . . . .

Definition des „verantwortlichen Offiziers".

9. — . . . .

III. Teil.

Gekürzter Titel.

10. — Dieses Gesetz kann, wie folgt, zitiert werden: Gesetz über die öffentliche Sicherheit (Notstandsbefugnisse) 1926.

Anhang.

1. Aufreizung von Personen zur Teilnahme an dem Versuch, die verfassungsmäßige Regierungsform des Irischen Freistaats mit Gewalt zu stürzen, oder Organisierung, sonstige Beihilfe oder Unterstützung eines solchen Versuchs.

2. Rechtswidrige Verleitung oder Versuch der Verleitung eines Beamten der Regierung des Irischen Freistaats, die Erfüllung seiner Amtspflicht zu verweigern, zu vernachlässigen oder zu unterlassen.

3. Unerlaubter Besitz von:
   a) tödlichen Schußwaffen oder Waffen anderer Art, aus denen irgendein Geschoß, Kugel od. dgl. abgefeuert werden kann; oder
   b) jeder Art von Munition für eine derartige Schußwaffe oder Waffe; oder
   c) jeder Art von Handgranaten, Bomben oder ähnlichen Wurfgeschossen, gleichgültig, ob mit oder ohne Schußwaffe brauchbar, oder
   d) jeder Art von Landminen oder ähnlichen anderen Explosionsmaschinen, oder
   e) von Dynamit, Gelignit oder sonstigen Explosivstoffen,
   f) von Teilen oder Bestandteilen aller derartiger Gegenstände oder Stoffe.

4. Unerlaubter Besitz von Kleidungs-, Ausrüstungs- oder Equipierungsstücken, oder von Waffen oder Munition, die einem Mitglied der militärischen oder polizeilichen Kräfte des Irischen Freistaates gehören oder an ihn ausgegeben waren.

5. Unerlaubtes Anlegen oder Tragen der Uniform oder von Teilen einer Uniform einer Waffengattung der militärischen oder polizeilichen Streitkräfte des Irischen Freistaates.

6. Assuming the name, designation or description of any rank, or of any member, of the military or police forces of Saorstát Eireann for the purpose of doing or procuring to be done any act which the person assuming such name, designation or description would not by law be entitled to do or procure to be done or his own authority.

7. Wrongful entry on and retention of possession of land without colour or pretence of title or authority.

8. Robbery under arms; that is to say, robbing or attempting to rob while armed with any offensive or apparently offensive weapon or instrument.

9. Arson; that is to say, unlawfully, setting fire or attempting to set fire to any house, factory, barn, haggard, workshop, or other building, or any agricultural property, food supplies for man or beast, or any other property of any nature or kind, movable or immovable, public or private, including standing trees and crops.

10. Unlawfully injuring or destroying or attempting to injure or destroy any house, factory, barn, haggard, workshop, or other building, or any agricultural property, food supplies for man or beast, or any other property of any nature or kind, movable or immovable, public or private, including standing trees and crops.

11. Unlawfully interfering with or preventing the lawful occupation, use or enjoyment of any land or premises.

12. Obstructing or attempting to obstruct the administration of justice.

13. Knowingly aiding, abetting, assisting in, or encouraging the commission of, or conspiring to commit, any of the offences mentioned in this schedule, or helping in the concealment or escape of any person guilty of any such offence.

14. — Any act the commission of which is under or by virtue of the Treasonable Offences Act, 1925 (No. 18 of 1925) treason or misprision of treason, or a felony or a misdemeanour.

6. Führung des Namens, der Abzeichen oder der Merkmale des Rangs oder der Zugehörigkeit zu den militärischen oder polizeilichen Kräften des Irischen Freistaats zwecks Vornahme oder Veranlassung von Handlungen, wozu die den Namen, das Abzeichen oder Merkmal führende Person von Rechts wegen nicht befugt wäre.

7. Rechtswidrige Besitznahme und Weigerung der Herausgabe von Land ohne den Schein oder Vorwand eines Rechtstitels oder einer Ermächtigung.

8. Raub mit Waffengewalt, d. h. Raub oder Versuch des Raubes unter Mitführung von zum Angriff geeigneten oder scheinbar geeigneten Waffen oder Werkzeugen.

9. Brandstiftung, d. h. rechtswidriges Inbrandsetzen oder Versuch des Inbrandsetzens eines Hauses, einer Fabrik, einer Scheune, eines Schobers, einer Werkstatt oder eines anderen Bauwerkes oder eines landwirtschaftlichen Besitzes, von Nahrungsmitteln für Mensch oder Tier oder von anderem Eigentum irgendwelcher Art, beweglich oder unbeweglich, öffentlich oder privat, einschließlich stehender Bäume und stehenden Getreides.

10. Rechtswidrige Beschädigung oder Zerstörung oder Versuch der Beschädigung oder Zerstörung eines Hauses, Fabrik, Scheune, Schobers, Werkstatt oder eines anderen Gebäudes, oder eines landwirtschaftlichen Besitzes, von Nahrungsmitteln für Mensch oder Tier oder von anderem Eigentum irgendwelcher Art, beweglich oder unbeweglich, öffentlich oder privat, einschließlich stehender Bäume und stehenden Getreides.

11. Rechtswidrige Störung oder Verhinderung rechtmäßigen Besitzes, Gebrauch oder Nutzung von Land oder Grundstücken.

12. Widerstand oder Versuch des Widerstands gegen die Staatsgewalt.

13. Vorsätzliche Unterstützung, Förderung, Beihilfe oder Anstiftung zur Begehung einer der in diesem Anhang aufgeführten strafbaren Handlungen, oder Begünstigung bei der Verbergung oder der Flucht einer Person, die eines solchen Deliktes schuldig ist.

14. Jede Handlung, deren Begehung gemäß dem Treasonable Offences Act 1925 (No. 18) als Verrat, Unterlassung der Anzeige eines Verrats, felony oder misdemeanour [3]) angesehen wird.

---

[3]) Die durch Geschworene abzuurteilenden Delikte zerfallen in treasons (Verrat), felonies und misdemeanours.

2. Public Safety Act, 1927.

An act to make further and better provision for the maintenance and preservation of the state and the public safety.

11 th august 1927.

Be it enacted by the Oireachtas of Saorstát Eireann as follows. —

Part I.

General,

Section.

2. Gesetz über die öffentliche Sicherheit 1927.

Gesetz betreffend weitere und bessere Vorsorge für die Unterstützung und Erhaltung des Staats und der öffentlichen Sicherheit.

11. August 1927.

Das Parlament des Irischen Freistaats erläßt hiermit folgendes Gesetz:

I. Teil [4]).

Allgemeine Bestimmungen.

Abschnitt:

II. Teil [4]).

Ungesetzliche Vereinigungen und Anderes.

---

[4]) Nur Inhaltsverzeichnis, vgl. oben S. 264, Anm. 15.

Part III.

Proclamation Authorising Spezial Courts.

Proclamation bringing Part IV. of this Act into force.

20. — (1) Whenever the Executive Council is of opinion that it is necessary in order to secure the due administration of justice and the shure punishment of crime that persons charged with any of the offences mentioned in the Schedule to this Act should be brought before and tried by special Courts established under this Act in lieu of the ordinary Courts, the Executive Council may by proclamation declare that Part IV. of this Act shall come into operation.

(2) . . . . . .

(3) . . . .

(4) . . . .

21. — (1) Whenever and so often as a proclamation is made by the Executive Council under this Part of this Act, Part IV. of this Act shall forthwith come into force and shall continue in force for so long as such proclamation remains or is continued in force and when such proclamation finally expires Part IV. of this Act shall fortwith cease to be in force but without prejudice to the validity of anything done thereunder or the continuing operation and effect of any conviction, sentence, order, or judgment made thereunder.

(2) Part IV. of this Act shall not have any force or effect save as and when provided by this section.

Part IV.

Establishment of special courts.

Establishment of special Courts.

22. — (1) As soon as may be after every occasion on which this Part of this Act comes into force there shall be established by the Executive Council one or more tribunals (in this Part of this Act referred to as special courts) consisting of three or more members

III. Teil.

Proklamation zur Einsetzung von Spezialgerichten.

Proklamation, die den IV. Teil des Gesetzes in Kraft setzt.

20. — (1) Ist das Kabinett zu irgendeiner Zeit der Meinung, es sei zur Sicherung einer ordentlichen Rechtspflege und zur zuverlässigen Bestrafung von Verbrechen notwendig, daß Personen, die einer der in dem Anhang zu diesem Gesetz angeführten strafbaren Handlungen beschuldigt sind, an Stelle der ordentlichen Gerichte von den nach den Bestimmungen dieses Gesetzes eingesetzten Spezialgerichten abgeurteilt werden sollen, so kann es durch eine Proklamation erklären, der IV. Teil des Gesetzes solle in Kraft treten.

(2) ....
(3) ....
(4) ....
} wie I. Teil, Abschnitt 1 (2, 3, 4). des Gesetzes über die öffentliche Sicherheit (Notstandsbefugnisse) 1926 [5]).

Wirkung der Proklamation.

21. — (1) Sobald eine Proklamation auf Grund dieses Teils des Gesetzes von dem Kabinett erlassen wird, tritt der IV. Teil dieses Gesetzes unverzüglich in Kraft und bleibt solange in Kraft, wie die Proklamation in Kraft bleibt oder verlängert wird, und wenn eine solche Proklamation endgültig erlischt, tritt der IV. Teil des Gesetzes sofort außer Kraft, jedoch unbeschadet der Rechtsgültigkeit des auf Grund der Proklamation früher Geschehenen oder der Rechtsbeständigkeit und Wirkung eines auf Grund der Proklamation erlassenen Schuldspruches, Strafurteils [6]), Befehls oder Urteils.

(2) Der IV. Teil des Gesetzes hat keinerlei Gültigkeit oder Wirkung, soweit dies nicht in diesem Abschnitt vorgesehen ist.

IV. Teil.

Errichtung von Spezialgerichten.

Errichtung von Spezialgerichten.

22. — (1) Wenn dieser Teil des Gesetzes in Kraft tritt, sind durch das Kabinett sobald wie möglich ein oder mehrere (in diesem Teil des Gesetzes als Spezialgerichte bezeichnete) Gerichte zu errichten, die aus mindestens 3 Mitgliedern bestehen; hiervon muß

---

[5]) S. oben Anlage 1.

[6]) In Strafsachen unterscheidet man die Erklärung, daß eine bestimmte Person schuldig ist (conviction) und weiterhin den eigentlichen Strafausspruch des Gerichtes (sentence).

of whom one (who may be or not be an officer in the Defence Forces of Saorstát Eireann) shall be a person certified by the Attorney-General to have legal knowledge and experience and the others shall be officers of the Defence Forces of Saorstát Eireann not below the rank of commandant.

(2) . . . .

(3) . . . .

23. — (1) Whenever and so long as this Part of this Act is in force, every person charged with any of the offences mentioned in the Schedule to this Act shall, if he has before the commencement of this Part of this Act been sent forward for trial by any Court, and is at such commencement awaiting trial by such court, be deemed to have been sent forward for trial by a special court, and, if he is sent forward for trial while this Part of this Act is in force, be sent forward notwithstanding anything contained in any other Act for trial by a special court.

(2) Every person sent or deemed to have been sent forward for trial by a special court shall, save as is hereinafter otherwise provided, be brought for trial to and be tried by a special court under and in accordance with this Part of this Act.

(3) Every person sent forward for trial by a special court who is when this part of this Act ceases to be in force awaiting trial by a special court shall on such cesser be deemed to have been sent forward for trial by the Central Criminal Court, and shall be brought for trial to and be tried by that Court accordingly.

Confirmation of convictions and Sentences by special courts.

24. — (1) No conviction or sentence by a special court shall be valid save if and in so far as the same is confirmed by the confirming authority under this section.

(2) The confirming authority shall be an officer of the Defence Forces of Saorstát Eireann nominated for the purpose by the Executive Council and not below the rank of colonel.

ein Mitglied (es kann ein Offizier der Wehrmacht des Irischen Freistaates sein oder nicht), nach dem Zeugnis des Attorney-Generals Rechtskenntnisse besitzen und juristische Erfahrung haben, und die anderen müssen Offiziere der Wehrmacht des Irischen Freistaates sein, nicht unter dem Rang eines commandant.

(2.) . . . .

(3.) . . . .

Zuständigkeit der Spezialgerichte.

23. — (1) Wenn und solange dieser Teil des Gesetzes in Kraft steht, ist jede Person, die eines der im Anhang zu diesem Gesetz angeführten Deliktes beschuldigt ist und die deswegen schon vor dem Inkrafttreten dieses Teils des Gesetzes einem Gericht zur Aburteilung überwiesen, deren Fall aber noch nicht verhandelt worden ist, so anzusehen, als ob sie einem Spezialgericht überwiesen worden wäre; wenn sie aber erst nach dem Inkrafttreten dieses Teils des Gesetzes überwiesen wird, ist sie ungeachtet etwaiger anderer gesetzlicher Bestimmungen einem Spezialgericht zu überweisen.

(2) Jede Person, die vor ein Spezialgericht gestellt worden ist oder so angesehen wird, als ob sie der Zuständigkeit eines solchen Gerichtes unterstehen würde, ist gemäß den Bestimmungen dieses Teils des Gesetzes durch ein Spezialgericht abzuurteilen, soweit die nachfolgenden Bestimmungen dieses Gesetzes nicht entgegenstehen.

(3) Jede Person, die vor ein Spezialgericht gestellt worden ist, ist beim Außerkrafttreten dieses Teils des Gesetzes so anzusehen, als ob sie der Zuständigkeit des Central-Criminal-Court unterstehen würde und ist demgemäß diesem Gericht zur Aburteilung zu überweisen.

Bestätigung von Schuldsprüchen und Strafurteilen der Spezialgerichte.

24. — (1) Schuldsprüche oder Strafurteile [7]) eines Spezialgerichts sind nur gültig, wenn und soweit sie durch die Bestätigungsbehörde gemäß den Bestimmungen dieses Abschnittes bestätigt worden sind.

(2) Die Bestätigungsbehörde besteht aus einem zu diesem Zweck von dem Kabinett ernannten Offizier der Wehrmacht des Irischen Freistaates, der mindestens den Rang eines Obersten hat.

---

[7]) S. oben. Anm. 6.

(3) The confirming authority may, in respect of any conviction or sentence by a special court, confirm with or without modification or refuse to confirm the same or order a new trial of the convicted person.

Sentences by special courts.

25. — (1) A special court shall whenever it finds a person to be guilty of treason or murder sentence such person to suffer death

(2) Save as is otherwise provided by this Act, a special court may inflict on any person found guilty by it of any offence other than treason or murder like punishment as but no greater punishment than the Central Criminal Court could lawfully inflict on a person found guilty before it of such offence.

(3) Every sentence and every order and judgment of a special court shall be carried out by the civil authorities and officers by whom and in the like manner as a like sentence, order, or judgment of the Central Criminal Court is required by law to be carried out.

(4) Every conviction, sentence, order, and judgment of a special court shall, save as is hereinafter provided, have the like consequences in law as a like conviction, sentence, order, or judgment of the Central Criminal Court would have and in particular shall confer on the civil authorities and officers carrying out the same the like protections and immunities as would be possessed by them when carrying out a like conviction, sentence, order, or judgment of the Central Criminal Court.

(5) No appeal shall lie from any conviction, sentence, order, or judgment of a special court and no special court shall be liable to be restrained in the execution of its powers under this Part of this Act by any other court nor shall any proceedings before a special court be removed by certiorari to any other court.

Powers of special courts in relation
to witnesses. etc.

26. — Every special court with respect to the following matters, that is to say:

a) the administering of oaths to witnesses,
b) the examination of witnesses orally,
c) enforcing the attendance of witnesses,
d) the production of deeds, books, papers, and documents,

(3) Die Bestätigungsbehörde kann jeden Schuldspruch oder jedes Strafurteil mit oder ohne Abänderungen bestätigen oder kann die Bestätigung verweigern oder ein neues Verfahren bezüglich der verurteilten Person anordnen.

Urteile der Spezialgerichte.

25. — (1) Eine Person, die von einem Spezialgericht des Verrats oder Mordes für schuldig befunden wird, ist zum Tod zu verurteilen.

(2) Soweit in diesem Gesetz nichts anderes vorgeschrieben ist, kann das Spezialgericht gegen eine Person, die eines anderen Deliktes als Verrat und Mord für schuldig befunden wird, dieselbe aber keine höhere Strafe aussprechen, wie sie der Central-Criminal-Court für die betreffende strafbare Handlung zu verhängen befugt ist.

(3) Jedes Strafurteil, jeder Befehl und jedes Urteil eines Spezialgerichtes ist von den Zivilbehörden und Beamten in derselben Weise zu vollstrecken wie ein Strafausspruch, Befehl oder Urteil des Central-Criminal-Court.

(4) Jeder Schuldspruch, jedes Strafurteil, jeder Befehl und jedes Urteil hat, vorbehaltlich nachfolgender entgegenstehender Bestimmungen, dieselben Rechtswirkungen wie ein Schuldspruch, Strafurteil, Befehl oder Urteil des Central-Criminal-Court gleicher Art; insbesonders genießen die Zivilbehörden und Beamten bei ihrer Vollstreckung denselben Schutz und dieselben Vorrechte, wie wenn sie einen Schuldspruch, ein Strafurteil, einen Befehl oder ein Urteil des Central-Criminal-Court gleicher Art vollstrecken würden.

(5) Gegen einen Schuldspruch, Strafurteil, Befehl oder Urteil eines Spezialgerichtes ist das Rechtsmittel der Berufung ausgeschlossen; auch soll das Spezialgericht in der Ausübung der ihm gemäß diesem Teil des Gesetzes zustehenden Befugnisse in keiner Weise durch ein anderes Gericht beschränkt werden, noch soll ein Verfahren vor einem Spezialgericht durch certiorari vor ein anderes Gericht gebracht werden können.

Befugnisse der Spezialgerichte in bezug auf Zeugen usw.

26. — Jedes Spezialgericht soll hinsichtlich der folgenden Angelegenheiten, nämlich:

a) der Vereidigung der Zeugen,
b) der mündlichen Vernehmung der Zeugen,
c) der Befugnisse, das Erscheinen der Zeugen zu erzwingen,
d) der Vorlage von Urkunden, Büchern, Papieren und Beweisstücken,

e) the punishment of persons refusing to give evidence or to produce documents, or guilty of contempt of the court,

shall have all such powers, rights, and privileges as are possessed by the Central Criminal Court for such or the like purposes.

Regulations.

27. — (1) An Executive Minister shall by order make regulations:

a) prescribing the procedure and practice of special courts and the forms to be used in relation to trials before such courts;
b) securing to every person tried by a special court the right to be represented at such trial by solicitor and counsel;

c) the times and places of sittings of special courts;
d) whenever more than one special court is established, the particular special court by which any particular person is to be tried;
e) any other matter or thing expedient or necessary for the purpose of carrying this Part of this Act into execution so far as relates to the trial or punishment of persons triable by a special court.

(2) Every regulation made under this section shall be laid before each house of the Oireachtas as soon as may be after it is made, and if a resolution is passed by either such House within the next subsequent twenty-one days on which that House has sat after such regulation is laid before it annulling such regulation, such regulation shall be annulled accordingly but without prejudice to the validity of anything previously done under such regulation.

Death penalty for unlawful possession of firearms.

28. — Any person found guilty by a special court of the offence under the Firearms Act, 1925 (No. 17 of 1925) of having possession of or using or carrying a firearm without holding a firearm certificate therefor, shall if the offence was committed while this Part of this Act is in force be liable to suffer death or penal servitude for life, or any term of years not less than three years, or to imprisonment with or without hard labour for any term not exceeding two years, and shall be sentenced by such court accordingly.

e) der Bestrafung von Personen, die sich weigern, Zeugnis zu geben oder Urkunden vorzulegen oder die sich einer Achtungsverletzung gegenüber dem Gericht schuldig gemacht haben,

dieselben Befugnisse, Rechte und Vorrechte haben wie der Central-Criminal-Court in diesen oder ähnlichen Fällen.

Verordnungen.

27. — (1) Ein Exekutivminister hat durch Verordnung Vorschriften zu erlassen:

a) über das Verfahren und die Praxis der Spezialgerichte, sowie über die bei der Aburteilung vor einem solchen Gericht anzuwendenden Formalitäten;

b) über die Sicherstellung des Rechts einer Person, die von einem Spezialgericht abgeurteilt wird, sich durch einen Rechtsanwalt (solicitor und barrister) verteidigen zu lassen;

c) über Zeit und Ort der Sitzungen der Spezialgerichte;

d) wenn mehrere Spezialgerichte errichtet werden, über die Verteilung der Zuständigkeit in den einzelnen Fällen;

e) über andere Sachen oder Gegenstände, die für die Ausführung dieses Teils des Gesetzes zweckdienlich oder notwendig sind, soweit es sich um das Verfahren oder die Strafvollstreckung der durch die Spezialgerichte abgeurteilten Personen handelt.

(2) Jede gemäß den Bestimmungen dieses Abschnitts erlassene Verordnung ist nach ihrem Erlaß baldmöglichst beiden Häusern des Parlaments vorzulegen und tritt alsbald außer Kraft, wenn eines der Häuser innerhalb der nächsten 21 Sitzungstage nach Vorlage einen Beschluß faßt, wodurch die Verordnung aufgehoben wird, jedoch unbeschadet der Rechtsgültigkeit der auf Grund der betreffenden Verordnung bisher vorgenommenen Handlungen.

Todesstrafe für unerlaubten Besitz von Schußwaffen.

28. — Wer von einem Spezialgericht des Besitzes, Gebrauchs, Mitführens von Schußwaffen, ohne einen Waffenschein zu haben, gemäß dem Schußwaffengesetz von 1925 (No. 17 von 1925) für schuldig befunden wird, wird, wenn die Tat zur Zeit des Inkraftstehens dieses Teils des Gesetzes begangen worden ist, mit dem Tode oder mit lebenslänglichem Zuchthaus oder mit Zuchthaus von mindestens 3 Jahren oder mit Gefängnis mit oder ohne Zwangsarbeit bis zu 2 Jahren bestraft.

Schedule.

Part I.

1. Any offence which is declared by the Treasonable Offences Act, 1925 (No. 18 of 1925) to be treason or a felony or a misdemeanour.

2. Any offence which is declared by this Act to be a misdemeanour.

3. Murder or attempted murder of or conspiracy to murder the Governor-General or any member of the Oireachtas or any Judge of the Supreme Court, the High Court, or the Circuit Court or any Justice of the District Court.

Part II.

1. The offence under the Firearms Act. 1925 (No. 17 of 1925) of having possession of or using or carrying a firearm without holding a firearm certificate therefor.

2. Any murder or attempted murder or conspiracy to murder in respect of which the Attorney-General, while Part IV. of this Act is in force, directs that the person charged therewith shall be sent forward for trial by a special court under the said Part IV.

Anhang.

I. Teil.

1. Jede strafbare Handlung, die in dem Treasonable Offences Act, 1925 (No. 18 von 1925) als Verrat, felonie oder misdemeanour bezeichnet wird [8]).

2. Jede strafbare Handlung, welche in diesem Gesetz als misdemeanour bezeichnet wird.

3. Mord oder Versuch des Mordes oder Verabredung zum Mord des General-Gouverneurs, eines Parlamentsmitgliedes, eines Richters des Supreme Court, High Court oder des Circuit Court oder eines Richters des District Court.

II. Teil.

1. Der Besitz, Gebrauch, das Mitführen von Schußwaffen ohne einen Waffenschein gemäß den Bestimmungen des Schußwaffengesetzes 1925 (No. 17 von 1925).

2. Mord, Versuch des Mordes oder Verabredung zum Mord, wenn der Attorney-General während des Inkraftstehens des IV. Teil des Gesetzes die Anweisung gibt, die beschuldigte Person sei gemäß den Bestimmungen des IV. Teil des Gesetzes durch ein Spezialgericht abzuurteilen.

---

[8]) Vgl. oben S. 283 Anm. 3.

Druck von Julius Beltz in Langensalza.

FSC
www.fsc.org
MIX
Papier | Fördert
gute Waldnutzung
FSC® C083411

Kolibri 360 GmbH
Ferdinand-Jühlke-Straße 7
99095 Erfurt, Deutschland
produktsicherheit@kolibri360.de